Lindenstraße

1000 Folgen in Text und Bild

Band 2

Schwarzkopf & Schwarzkopf Verlag

537 — Jeder Mensch ein Abgrund

Bei Zenkers und Sperlings hängt der Haussegen schief. Gabi will Andy nichts von der Tragödie erzählen. Kurt wird sowohl von Eva als auch von Momo abgewiesen. Sein Sohn lässt niemanden zu sich. Schließlich schafft es Eva zu ihm durchzudringen. Philipp hält es zu Hause nicht länger aus und zieht trotz des Chaos' zu Momo. Als Iffi endlich kommt, will Andy wütend wissen, was eigentlich los ist. Aber auch Iffi schweigt dazu. ■ Hajo hat Angst vor der OP. Er gesteht Berta seine große Liebe, bevor er in den Operationssaal geschoben wird. Berta ist erleichtert, als sie erfährt, dass alles ohne Komplikationen über die Bühne gegangen ist. ■ Erich freut sich, dass Helga ihre Trauerkleidung ablegt und erstmals nach Bennys Tod wieder eine farbige Bluse trägt. Seine Pläne für ihren Geburtstag schmettert sie jedoch ab. Sie ist noch nicht soweit.

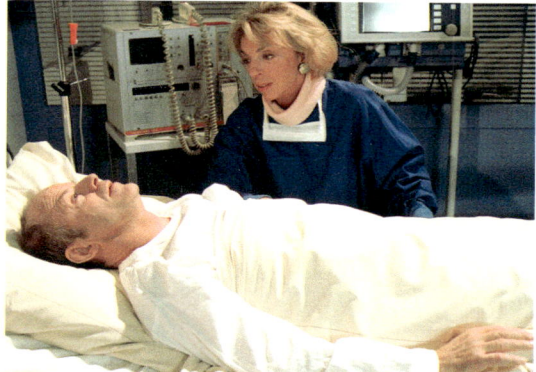

Buch: Martina Borger ■ Regie: Daniel Anderson ■ Kamera: Andreas König ■ Redaktion: Ronald Gräbe

538 | Platonisch

Momo lockt Kurt unter Iffis Namen ins »Hotel Gloria«. Als sein Vater wirklich erscheint verliert Momo die Beherrschung und geht auf ihn los. Später erfährt Eva vor dem Hotel, dass Kurt bereits im Krankenhaus ist und der ruhiggestellte Momo in die Psychiatrie eingeliefert wird. ■ Helga schüttet Marlene ihr Herz aus. Zu mehr als zu einer platonischen Beziehung ist sie momentan nicht in der Lage. Sie hadert den ganzen Tag mit sich. Schließlich macht sie sich hübsch und wartet mit einem liebevoll gedeckten Tisch auf Erich. Aber der ist mit Freund Leo im Akropolis versackt. Er kommt spät heim und fällt gleich betrunken ins Bett. ■ Unglücklich erzählt Urszula ihrem Freund Carsten von ihrer Schwangerschaft. Sie macht sich keine Hoffnungen mehr, Paolo als Mann an ihrer Seite zu haben. Carsten meint jedoch, man müsse sich holen, was man will.

Buch: Martina Borger ■ Regie: Daniel Anderson ■ Kamera: Andreas König ■ Redaktion: Ronald Gräbe

Kopfwäsche

Paolo kommt nicht an Urszula heran. Sowohl morgens im Salon, als auch abends in der Wohnung bleibt sie reserviert. Nachdem Rosi von Carsten erfahren hat, dass Paolo der Vater von Urszulas Kind ist, stellt sie ihn im »Casarotti« zur Rede. ■ Um Mary vor der Polizei zu schützen entführt Anna sie aus dem Krankenhaus und versteckt sie auf dem Dachboden. Die Polizei durchsucht Annas und Hans Wohnung vergeblich. Die Polizisten bitten Olaf und Else, die Augen nach der illegalen Mary aufzuhalten. ■ Momo ist immer noch in der Psychiatrie. Er liegt völlig abwesend im Bett und reagiert auch auf Eva nicht. Der behandelnde Arzt erklärt Eva, dass es durch den Schock bei ihm zu einer »abnormen Erlebnisreaktion« gekommen ist. Obwohl die Stimmung zwischen Eva und Kurt äußerst angespannt ist, bittet Eva ihren Mann bei ihr zu bleiben. Kurt ist unschlüssig.

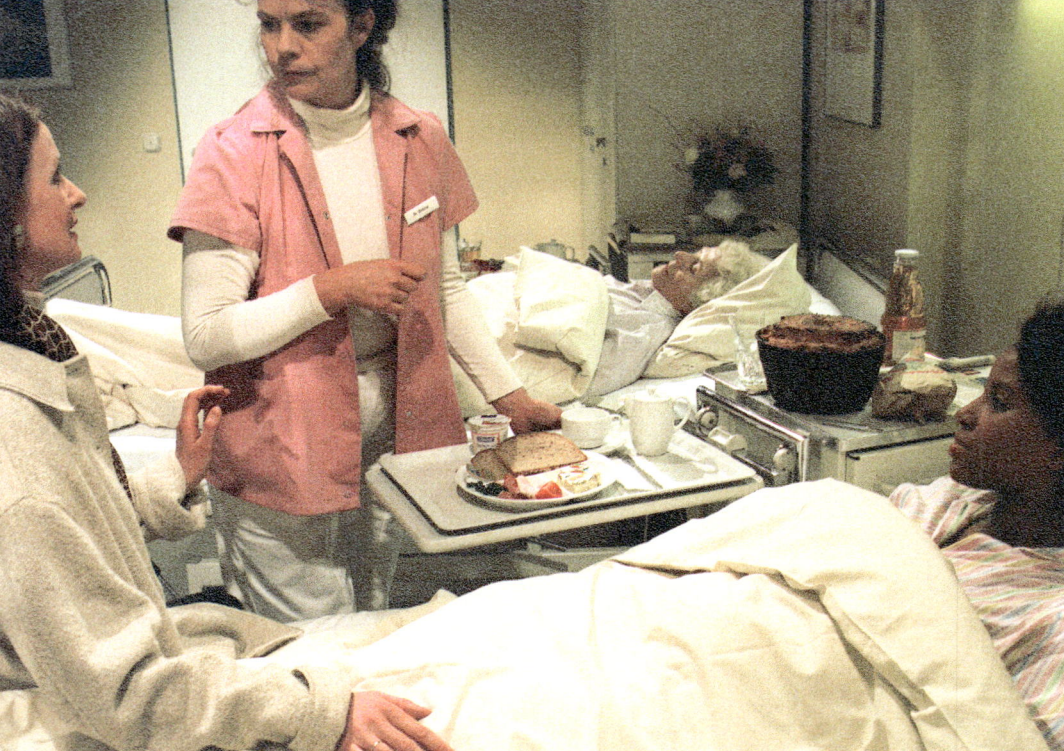

Buch: Martina Borger ■ Regie: Daniel Anderson ■ Kamera: Andreas König ■ Redaktion: Ronald Gräbe

540 Gute Seelen

Die österliche Stimmung bei Hans und Anna wird überschattet von Marys Schicksal. Anna wendet sich hilfesuchend an Helga. Nach kurzer Überlegung ist die bereit, Mary vorübergehend aufzunehmen. Der Umzug findet in der Nacht statt. ■ Amélie erzählt von ihren Ex-Männern und zeigt Fotos. Da sie kein Bild von Ernst-August hat, hilft Berta mit einem aus ihrer Sammlung aus. Priesnitz erkennt den Mann: Amélie war in zweiter Ehe mit einem Nazi verheiratet, der heute in einem Seniorenheim Nahe Würzburg lebt. Amélie will nichts davon hören und ist auch nicht bereit, darüber zu reden. Priesnitz möchte wissen, ob ihr der Mut fehlt. ■ Berta besucht Hajo und trifft auf Olli, Lisa und Else. Sie verabschiedet sich schnell wieder, da ihr der Trubel zuviel ist. Olli und Else werden spät abends von der Krankenschwester zum Gehen aufgefordert. Hajo braucht Ruhe.

Buch: Martina Borger ■ Regie: Daniel Anderson ■ Kamera: Andreas König ■ Redaktion: Ronald Gräbe

541 | Ohnmacht

Zwischen Priesnitz und Amélie kriselt es. Priesnitz wirft ihr Feigheit vor, Amélie dagegen erklärt, dass sie niemandem Rechenschaft schuldig ist. Außerdem habe sie sich schließlich von ihrem regimetreuen Ehemann getrennt. ■ Da bei Beimers ständig jemand zu Besuch kommt, muss Mary die meiste Zeit in ihrem Zimmer verbringen. Ein Umstand, den auch Klaus für unzumutbar hält. Abends erregt Annas später Besuch Elses und Olafs Misstrauen. Da Helga ihre Zeit scheinbar lieber mit Marlene und Anna verbringt, fühlt sich Erich immer mehr vernachlässigt. Wütend meint er, dass es so nicht weiter gehen kann. ■ Enrico liegt nach einer erneuten Gehirnoperation weiter im Koma. Die Chancen auf Heilung sind mehr als schlecht. Isolde ist verzweifelt. Als Paolo und Francesco im »Casarotti« streiten, beschließt sie, das Restaurant in Enricos Sinne weiterzuführen.

Buch: Martina Borger ■ Regie: Daniel Anderson ■ Kamera: Andreas König ■ Redaktion: Ronald Gräbe

Polterabend

Bei Valeries Polterabend bekommt Andy zufällig mit, dass Iffi und Kurt eine Affäre hatten. Nachdem er seine Tochter zornig zur Rede gestellt hat, will er mit Kurt abrechnen. Der ist aber nicht zu Hause — was ihm Prügel erspart. Gabi versucht, Andy zu besänftigen. ■ In Afrika wurde Marys Vater aus dem Gefängnis entlassen. Erich, der sich nach wie vor zurück gesetzt fühlt, ist schlecht gelaunt. Helga verspricht den Abend mit ihm zu verbringen, bleibt dann aber bei Valeries Polterabend hängen. Erich flüchtet ins »Akropolis«, wo Marlene heftig mit ihm flirtet. Als Helga heimkommt, ist Erich noch nicht da. Marlene fordert ihn auf, mit zu ihr zu gehen. ■ Tanja will Beate Geld für Studioaufnahmen leihen. Ludwig hält das für keine gute Idee, ebenso wie Tanjas Freundschaft zu Sonia. Aber Tanja ist froh, endlich eine Freundin gefunden zu haben.

Buch: Martina Borger ■ Regie: Daniel Anderson ■ Kamera: Thomas Dillmann ■ Redaktion: Ronald Gräbe

543 | Helga von Sinnen

Helga bemüht sich seit einer Woche verstärkt um Erich. Als Marlene ihr von ihrem Seitensprung mit Erich berichtet, wirft Helga sie entsetzt hinaus. Erich hingegen verführt sie am Abend und verzeiht ihm großmütig seinen Ausrutscher. Es darf jedoch niemals wieder passieren. ■ Eva und Philipp sorgen sich um Kurt, der gestern nicht heimgekommen ist. Nachdem sie bereits die Polizei verständigt haben, erhält Eva einen Brief von ihrem Mann. Er will Gras über die Sache wachsen lassen und für einige Zeit wegbleiben. Danach hofft er auf einen Neuanfang mit ihr. Eva ist ratlos. Iffi wird von Philipp abgewimmelt. ■ Else versucht mit allen Mitteln, Egon zurück zu erobern. Aber Egon genießt sein jetziges Leben und will weder zurück zu Else, noch in die gemeinsame Wohnung. Olli bietet Else an, vorübergehend zu ihr zu ziehen. Egon kann darüber nur lachen.

Buch: Martina Borger ■ Regie: Daniel Anderson ■ Kamera: Thomas Dillmann ■ Redaktion: Ronald Gräbe

544 Ansprachen

Olli wohnt nun bei Else. Lisa rät Else bei einem Besuch zu einer Wallfahrt. Vielleicht bringt ihr das ja Egon zurück. ■ Hajo lädt alle Nachbarn und Freunde zu einer »Nierenparty« ins »Akropolis« ein. Nachdem Iffi erneut versucht hat, Momo zu schreiben, geht sie auch zu Hajos Party. Else beschimpft sie schon beim Eintreten. Klaus rettet sie schließlich an seinen Tisch. Olaf schnappt sich seine Mutter und bringt sie heim. Auf dem Weg in seine Wohnung hört er Hundegebell und Marys besänftigende Stimme aus der Beimer Wohnung. ■ Isolde versucht mit allen Mitteln, sich von ihren quälenden Gedanken an Enrico abzulenken. Natale besucht seinen Bruder, um sich von ihm zu verabschieden. Aus der geplanten Sterbehilfe wird allerdings nichts. Natale bringt es nicht übers Herz, Enrico die Sauerstoffzufuhr abzudrehen. Er ist der Verzweiflung nahe.

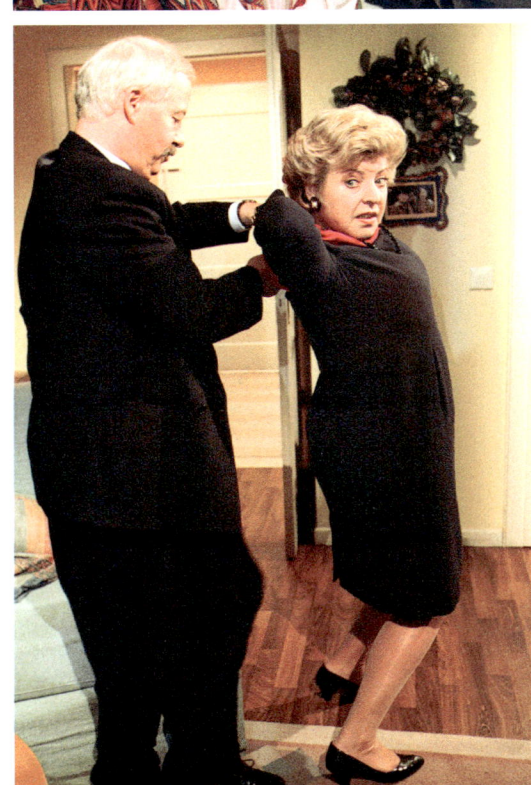

Buch: Martina Borger ■ Regie: Daniel Anderson ■ Kamera: Thomas Dillmann ■ Redaktion: Ronald Gräbe

545 | Impertinenzen

Else ist zu einer Wallfahrt aufgebrochen. Während ihrer Klavierstunde hören Berta und Lisa, wie Olli verzweifelt weint. Er hat 12.700 Mark Tageseinnahmen des Supermarktes auf dem Weg zur Bank in einer Telefonzelle liegen gelassen. Obwohl Berta ihm die Geschichte nicht abnimmt, lässt sie sich von Hajo überreden, das Geld von Dressler zu leihen. So kann sie Olli aus der Patsche helfen. ■ Olaf versucht vergeblich Klaus wegen der Stimme, die er in der vergangenen Woche gehört hat, auszuhorchen. Alarmiert verständigt Helga die besorgte Anna. Gemeinsam beschließen sie, dass Mary noch heute zurück zu Zieglers zieht. Obwohl die Aktion äußerst vorsichtig vonstatten geht, bekommt Olaf sie zufällig mit. ■ Amélie erzählt ihrer Enkelin endlich von ihrer Nazi-Vergangenheit. Für Julia bricht eine Welt zusammen. Nicht einmal Klaus kann sie beruhigen.

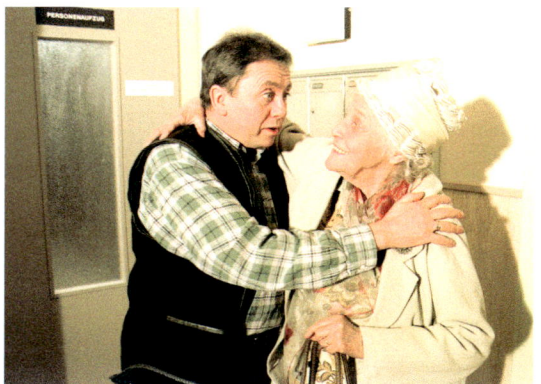

Buch: Martina Borger ■ Regie: Dominikus Probst ■ Kamera: Thomas Dillmann ■ Redaktion: Ronald Gräbe

546 | Fangfragen

Olaf gibt nicht auf. Er fragt Vasily über Aufenthaltsgenehmigungen für Ausländer aus. Dem fällt nur die Scheinehe ein. Abends steht Olaf wieder vor der Tür und konfrontiert Hans und Anna mit seinem Wissen über Mary. Beide sind bestürzt. ■ Obwohl Olli seine Schulden zurückzahlt, bleibt Berta ihm gegenüber skeptisch. Hajo lässt sich von Olli zu einem Spielbankbesuch überreden. Den nötigen Einsatz leihen sie von Egon. Und tatsächlich: Sie gewinnen. Hajo will das Geld sofort an Berta weitergeben, aber Olli schlägt vor, nur Egon auszuzahlen. Das restliche Geld soll für weitere Spielbankbesuche dienen. So können sie Berta bald das gesamte Geld auf einmal geben. ■ Während Paolo in Urszulas Wohnung auf sie wartet, klönt die mit Beate im »Akropolis«. Als Carsten von Paolos Besuch berichtet, läuft sie schnell heim, aber Paolo ist bereits gegangen.

Buch: Martina Borger ■ Regie: Dominikus Probst ■ Kamera: Thomas Dillmann ■ Redaktion: Ronald Gräbe

547 Lockende Ferne

Anna misstraut Olaf. Sie ist sich nicht sicher, was er wirklich vor hat. Olaf kommt vorbei, um Mary zu einem heimlichen Abendessen im Blumenladen einzuladen. Dort macht er der überraschten Mary einen Heiratsantrag. Er will ihr nur helfen, eine Aufenthaltsgenehmigung zu bekommen. ■ Kurt will in Afrika mit Iffi und Nico neu anfangen. Eva rastet aus, als er ihre Zustimmung für sein Vorhaben möchte. Auch zu Momo kann er nicht durchdringen; zu tief sitzt der Schmerz. Bei einem Rendezvous mit Iffi erfährt er, dass sie für eine Woche mit ihrer Familie nach Italien fährt. Geschockt will Kurt wissen, ob sie sich die Sache mit Afrika anders überlegt hat. ■ Hajo nimmt Olli aus Dankbarkeit mit zum Stammtisch im »Akropolis«. Zum Einstand macht Olli den Vorschlag, eine gemeinsame Reise zur Fußball-EM nach England zu organisieren. Alle sind begeistert.

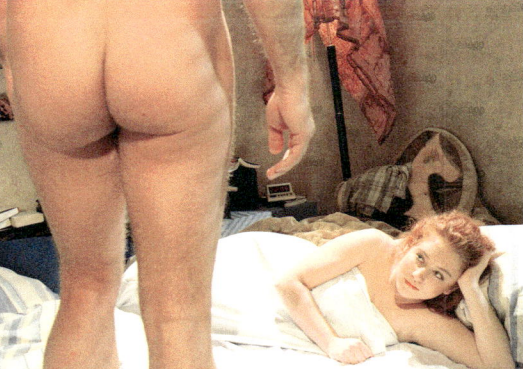

Buch: Maria Elisabeth Straub ■ Regie: Dominikus Probst ■ Kamera: Thomas Dillmann ■ Redaktion: Ronald Gräbe

548 | In Teufels Küche

Kurt hat es sich mit allen verscherzt und ist ständig auf der Flucht. Iffi begreift, dass sie keinen Feigling als Partner braucht und beschließt, nicht mit nach Afrika zu gehen. Abends stürzt Momo auf der Suche nach Kurt in die Wohnung. Da er ihn nicht findet, geht er auf Iffi los und würgt sie. ■ In ihrer Not will Mary den Heiratsantrag von Olaf annehmen, aber Anna bleibt skeptisch. Olaf beteuert, nur helfen zu wollen. Derweil hat sich Hans erkundigt. Abgesehen davon, dass sie wegen Marys Illegalität nur im Ausland heiraten könnten, muss die Ehe auch mindesten fünf Jahre lang Bestand haben, damit Mary eine von Olaf unabhängige Aufenthaltsgenehmigung bekommt. ■ Familie Zenker kehrt aus Italien zurück. Andys ohnehin schlechte Laune wird durch Phils Bitte an seinen Sohn, ihn im Gefängnis zu besuchen, noch verschlechtert. Max ist einverstanden.

Buch: Maria Elisabeth Straub ■ Regie: Dominikus Probst ■ Kamera: Kurt Mikler ■ Redaktion: Ronald Gräbe

549 | Fronleichnam

Rosi ist glücklich, dass Hubert heute aus dem Krankenhaus entlassen wird. Plötzlich und unerwartet verstirbt ihr Mann dann aber an einer Embolie. Rosi ist erschüttert. ■ Helga sagt ihre finanzielle Unterstützung für Onkel Franz' neues Seniorenheim an der Tauber zu. Damit wäre er wenigstens außer Reichweite. Als Klaus erklärt, dass es sich bei dem Heim um einen Alterssitz Rechtsradikaler handelt, zieht sie ihr Angebot empört zurück. Onkel Franz droht nun seiner Nichte, sie vor den Kadi zu zerren. ■ Iffi besucht Eva, aber die ist Iffi gegenüber sehr reserviert. Von Momo hat seit der vergangenen Woche niemand etwas gehört. Iffi appelliert an Evas Status als Nicos Großmutter und bittet sie, die Hälfte der Miete zu zahlen. Eva reicht es. Entrüstet will sie wissen, ob Momo oder Kurt der Vater von Nico ist. Angesichts dieser Frage rastet Iffi aus.

Buch: Maria Elisabeth Straub ■ Regie: Dominikus Probst ■ Kamera: Kurt Mikler ■ Redaktion: Ronald Gräbe

550 Des Menschen Wille

Onkel Franz hat seine Drohung wahr gemacht und kommt mit seinem Anwalt zu Helga ins Reisebüro. Wie vor sechs Monaten schriftlich fixiert soll Helga weiterhin die Hälfte der Heimkosten tragen. Wütend zerreißt Helga den Vertrag und weist den Herren die Tür. ■ Zu Huberts Beerdigung ist sogar Gundel aus Warnemünde angereist. Rosis Trauer schlägt beim Leichenschmaus in Empörung um, als sie zufällig Huberts Testament entdeckt. Nicht sie, sondern Lisa erbt. Hubert hat mehr als 25.000 Mark auf einem Geheimkonto angesammelt. Gabi rät, das Testament zu vernichten. Außer ihnen weiß ja niemand davon. Rosi kann das jedoch nicht mit ihrem Gewissen vereinbaren. ■ Iffi nimmt ihr Leben tatsächlich in die eigene Hand. Sie versucht erfolgreich bei verschiedenen Behörden Unterstützung zu bekommen. Andy ist begeistert, als er ihren Haushaltsplan sieht.

Buch: Maria Elisabeth Straub ■ Regie: Dominikus Probst ■ Kamera: Thomas Dillmann ■ Redaktion: Ronald Gräbe

551 Ausflüge

Gut gelaunt machen sich Egon, Olaf, Olli, Erich und Hajo auf nach England zur Fußball-EM. Noch vor der Abfahrt stiehlt Olli seinem Kumpel Olaf das Scheckheft. Kaum in England angekommen baut Hajo im Linksverkehr einen Unfall. Abends vermisst Egon sein Portmonee. Erich bezahlt alles mit seiner Kreditkarte. ■ Tanja und Sonia verbringen den Tag gemeinsam. In einer Zoohandlung kaufen sie einen Vogel, den sie im Wald frei lassen. Die beiden kommen sich näher. Aus einem Kuss wird eine leidenschaftliche Umarmung. ■ Rosi rächt sich posthum an Hubert wegen seines Testaments. Sie lässt sich eine Frisur machen, die ihm mit Sicherheit nicht gefallen hätte. Abends besucht Paolo die schwangere Urszula. Zufällig erfährt Francesco von Paolos Verhältnis und erpresst seinen Freund. Falls er nicht zahlt, will Francesco ihn auffliegen lassen.

Buch: Maria Elisabeth Straub ■ Regie: Dominikus Probst ■ Kamera: Thomas Dillmann ■ Redaktion: Ronald Gräbe

552 | Tips

Die Englandreise bleibt vom Pech überschattet. Die Eintrittskarten für das Endspiel verschwinden, und der Bus ist wieder einmal kaputt. Olli verkauft heimlich die gestohlenen Karten. Abends fallen 500 englische Pfund aus Ollis Hose. Perplex will Hajo wissen, woher Olli auf einmal so viel Geld hat. ■ Sonia bricht an Dresslers Geburtstag das Methadon-Programm ab. Als Tanja davon erfährt, geht sie zu ihr in den Plattenladen. Sonia ist enttäuscht, weil Tanja sich in der letzten Woche nicht gemeldet hat und fordert sie auf, sich zwischen ihr und Dressler zu entscheiden. Tanja ist unschlüssig. ■ Paolo erzählt Carsten von Francescos Erpressung. Empört heckt der mit Käthe einen Plan aus. Käthe soll Francesco als Frau verkleidet in eine verfängliche Situation bringen. Carsten wird Fotos machen, mit denen dann Francesco erpresst werden soll.

Buch: Maria Elisabeth Straub ■ Regie: Dominikus Probst ■ Kamera: Thomas Dillmann ■ Redaktion: Ronald Gräbe

553 | Zu spät

Die Stunde der Wahrheit: Amélie besucht mit Julia ihren Ex-Gatten Ernst-August. Amélie macht sich selbst schwere Vorwürfe wegen ihrer Vergangenheit. Julia hingegen ist enttäuscht, denn den senilen alten Mann kann man nicht mehr zur Verantwortung ziehen. ■ Mary gerät in Panik, als wieder einmal zwei Polizisten vor der Tür stehen. Kurz entschlossen nimmt sie Olafs Antrag nun doch an. Der verspricht Hans erneut, Mary nicht anzurühren. Er will ihr ein Visum für England besorgen, wo sie heiraten werden. Anna misstraut Olaf noch immer zutiefst. Sie hofft auf einen anderen Weg, um Mary in die Legalität zu helfen. ■ Die England-Urlauber sind zurück. Noch ahnt niemand, dass Olli hinter den Diebstählen während der Reise steckt. Lisa berichtet Olli von ihrer Erbschaft. Der ist nicht begeistert, dass sie erst mit 18 Jahren an das Geld kommt.

Buch: Maria Elisabeth Straub ■ Regie: Dominikus Probst ■ Kamera: Thomas Dillmann ■ Redaktion: Ronald Gräbe

554 | Grenzen

Mit gefälschtem Pass fahren Mary und Olaf nach England. Dort wollen sie ihre Scheinehe eingehen, um Mary vor der Abschiebung zu bewahren. Alles verläuft gut, und sie kommen ohne Komplikationen in Dover an. Daheim verrät Sarah das Geheimnis um Mary an Max, der gleich Phil davon schreibt. ■ Natale muss dringend nach Italien reisen und bittet Francesco, dass er Isolde zu Enrico begleitet. Geschockt von dessen Anblick ist Francesco abends dem Alkohol sehr zugetan, was von Carsten und Käthe prompt ausgenutzt wird. Käthe verkleidet sich als Frau und flirtet heftig mit Francesco. Carsten macht derweil die gewünschten Fotos. ■ Rosi ist außer sich vor Wut, da sie tatsächlich nur den Pflichtanteil erbt. Nicht einmal die Nachricht, dass Iffi einen Hortplatz für Nico hat, hebt ihre Stimmung. Sie beschließt, ab jetzt nur noch an sich selbst zu denken.

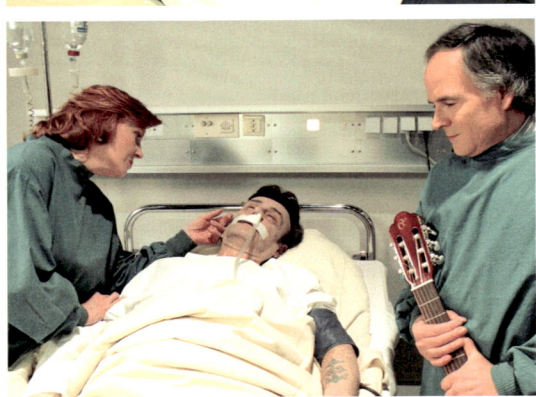

Buch: Hans W. Geißendörfer ■ Regie: Dominikus Probst ■ Kamera: Thomas Dillmann ■ Redaktion: Ronald Gräbe

555 | Gewissensqualen

Nach der Trauung fahren Mary und Olaf nach London. Die Ausfertigung von Marys Papieren in der Deutschen Botschaft dauert eine Woche. ■ Gabi besucht Anna, als die Polizei auftaucht. Jemand hat Anna und Hans angezeigt, weil sie Mary versteckt haben. Hans kommt vom Gerichtstermin mit Phil und berichtet, dass Phil ihn gewarnt hat. Er vermutet einen Zusammenhang zwischen Phils Drohung und der Anzeige. Gabi fühlt sich hintergangen und will nie wieder mit Anna sprechen. Als Max abends erklärt, dass er Phil von Mary geschrieben hat, ruft Andy bei Anna an. ■ Enricos Arzt ist gegen Sterbehilfe. Isolde bespricht sich mit Natale und Enricos Freunden. Nachdem Francesco und Paolo angesichts der kompromittierenden Fotos Frieden geschlossen haben, beratschlagen sie mit Carsten und Käthe, ob man Enrico von den lebenserhaltenden Maschinen abnabeln soll.

Buch: Hans W. Geißendörfer, Maria Elisabeth Straub ■ Regie: Dominikus Probst ■ Kamera: Thomas Dillmann ■ Redaktion: Ronald Gräbe

556 | Nur noch Kartoffeln

28. JUL 96

Tanja macht sich auf die Suche nach Sonia. Die ist seit Aufgabe des Methadonprogramms unauffindbar. Dressler überrascht derweil Tanja mit einer Reise nach Island. Damit geht ein Traum Tanjas in Erfüllung. ■ Pat will in München studieren. Bis sie eine Wohnung gefunden hat, wird sie bei Helga und Erich unterschlüpfen. Die beiden erzählen Else, dass Phil für 18 Monate ins Gefängnis muss. Am Stammtisch meint Erich zu Hajo, dass für ihn nur eine Spontanheirat in Frage kommt. Andernfalls ginge es immer schief. Leider seien Blitzhochzeiten in Deutschland unmöglich. Hajo hat eine Idee, wie man die Gesetze umgehen kann. ■ Isolde, Natale, Francesco und Paolo haben sich entschieden und erlösen Enrico von seinem Leiden, indem sie die Maschinen abstellen. Abends kommen Natale und Isolde die Tränen und sie fragen sich, ob ihr Eingreifen richtig war.

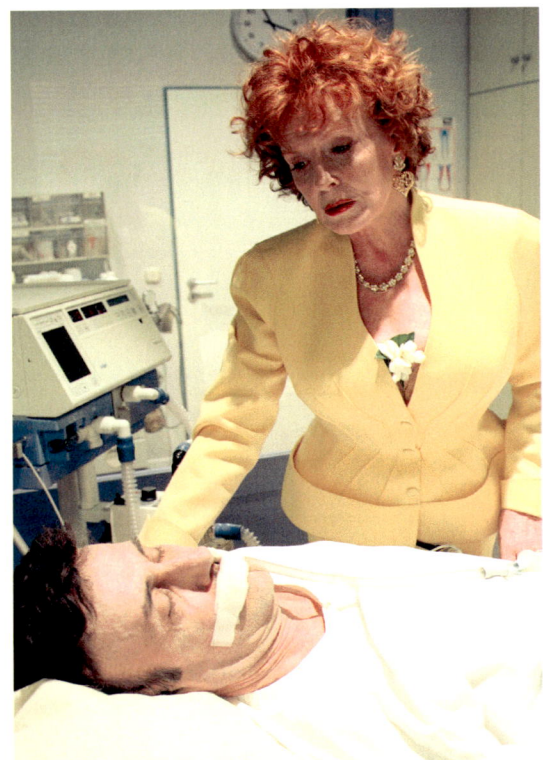

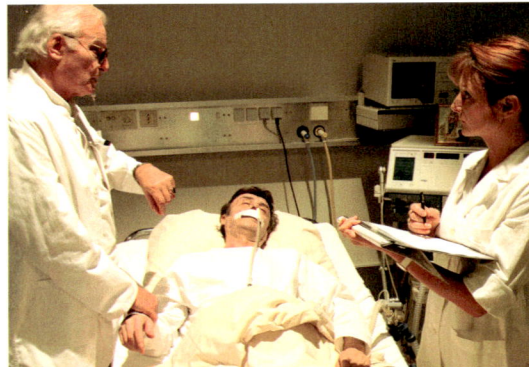

Buch: Hans W. Geißendörfer ■ Regie: Dominikus Probst ■ Kamera: Thomas Dillmann ■ Redaktion: Ronald Gräbe

557 Das Double

Nach Pats Ankunft zieht Klaus zu Julia in den Hobbykeller. Julia hat Kontakt zur militanten Tierschützergruppe »Salamander« aufgenommen. Im »Casarotti« stellt Hajo seinem Freund Erich eine Doppelgängerin von Helga vor. Frau Godemann soll an Helgas statt mit Erich das Aufgebot bestellen. Als Helga ihrem Erich später einen Heiratsantrag macht, lehnt er ab. Er will seinen Überraschungscoup nicht verderben. ■ Mary und Olaf kommen aus England zurück. Else trifft beim Anblick ihrer farbigen Schwiegertochter im wahrsten Sinne der Schlag. Sie muss in die Klinik. Obendrein wirft Olaf seinen Vater aus der Wohnung, um mit Mary allein zu sein. Egon zieht in Hajos Bus. ■ Sonia fordert Tanja bei einem Treffen auf, die Islandreise abzusagen. Doch Tanja will Ludwig nicht im Stich lassen. Sonia muss sich mit einem leidenschaftlichen Abschiedskuss begnügen.

Buch: Hans W. Geißendörfer ■ Regie: Dominikus Probst ■ Kamera: Thomas Dillmann ■ Redaktion: Ronald Gräbe

558 — Zweimal Mutter Beimer

Helga schmollt, weil Erich angeblich keinen Sinn in der Ehe sieht. Derweil bestellt Erich mit Frau Godemann heimlich das Aufgebot. ■ Klaus verbringt viel Zeit mit Pat. Julia fühlt sich vernachlässigt. Vergeblich versucht sie, Klaus zum Beitritt bei den radikalen Tierschützern zu bewegen. Klaus hat die Einberufung bekommen, will aber lieber Zivildienst ableisten. Abends kommt es zum Streit wegen Pat. Julia will wissen, ob Klaus bei der nächsten »Salamander«-Aktion mitmacht. Sie wollen 30 Hunde aus dem Versuchslabor einer Kosmetikfirma befreien. Klaus ist skeptisch. ■ Vasily rät seinen Eltern, zurück nach Griechenland zu gehen. Nur dort können Panaiotis' seelische Wunden heilen. Elena will Vasily aber nicht in der Fremde lassen. Auch Panaiotis sorgt sich um seinen Sohn. Vasily, der ein Auge auf Pat geworfen hat, kann die beiden beruhigen.

Buch: Hans W. Geißendörfer ■ Regie: Claus Peter Witt ■ Kamera: Jürgen Kerp ■ Redaktion: Ronald Gräbe

559 | 44 junge Hunde

18. AUG 96

Julia steht bei der Tierbefreiungsaktion Schmiere. Klaus verzichtet auf eine Teilnahme und bleibt zu Hause. Die Aktion verläuft gut, allerdings sind die Tiere in schlimmem Zustand und müssen eingeschläfert werden. Anschließend geht Julia zu Klaus und erlebt eine unliebsame Überraschung. Pat steht splitterfasernackt in Klaus' Zimmer. ■ Nach wie vor macht Eva und Philipp die verfahrene Familiensituation zu schaffen. Sie wollen ins Kino gehen. Aber beim Verlassen der Wohnung bringt Eva ihren Sohn unversehens auf die Lösung seines Computerproblems. Der eilt zurück an seinen Rechner und lässt Eva einfach stehen. ■ Elena und Panaiotis kehren zurück nach Griechenland. Nachdem Beate ihre Wohnung an Egon übergeben hat, versöhnt sie sich überraschend mit Vasily. Der hatte ihre Ehe bereits aufgegeben — und nun platzt Egon mitten in die Versöhnung.

Buch: Hans W. Geißendörfer ■ Regie: Claus Peter Witt ■ Kamera: Jürgen Kerp ■ Redaktion: Ronald Gräbe

560 Geschehen ist geschehen

Julia ist noch immer sauer und will nichts mehr von Klaus wissen. Derweil unternimmt Amélie alles, um Priesnitz nicht über den Weg zu laufen. Nach wie vor läuft sie ihrer Vergangenheit davon. Julia schafft es, die beiden Herrschaften wieder an einen Tisch zu bringen. ■ Philipp entdeckt zufällig, dass Momo als Stricher arbeitet. Er spricht ihn an und will ihn überreden, mit nach Hause zu kommen. Aber Momo stößt seinen Bruder weg und verschwindet. Philipp ist völlig schockiert. Zu Hause bemerkt Eva seine Niedergeschlagenheit und will wissen, was los ist. Weiß er etwas von Momo? Philipp ist verzweifelt. ■ Die hochschwangere Urszula wird ohnmächtig. Tanja bringt sie nach Hause. Dort erscheint kurz darauf Paolo mit der guten Nachricht, dass Gina mit den Kindern noch eine Weile in Italien bleibt. Er kann sich also intensiv um Urszula kümmern.

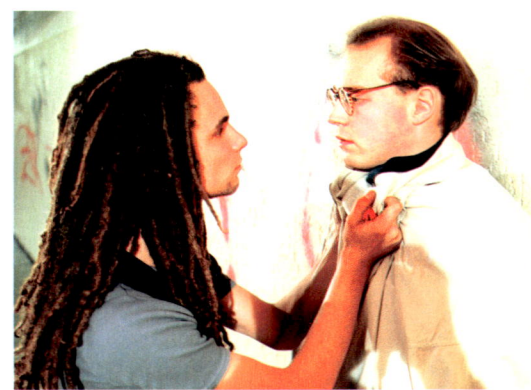

Buch: Hans W. Geißendörfer ■ Regie: Claus Peter Witt ■ Kamera: Jürgen Kerp ■ Redaktion: Ronald Gräbe

561 | Der Papagei

1. SEP 96

Philipp sucht Momo auf, doch der will seine Hilfe nicht annehmen. Eva ist ahnungslos, aber Philipp weiht Iffi ein. Schweren Herzens geht Iffi zu Momo. Aber der verschwindet gerade mit einem Freier. ■ Bei Urszula setzen die Wehen ein. Mit Paolo, Carsten und Käthe fährt sie in die Klinik. Abends wird die Geburt der kleinen Paula im »Casarotti« gefeiert. Unerwartet steht Gina in der Tür, um Paolo abzuholen. Als sie merkt, dass eine Geburt gefeiert wird, will sie wissen, wer der glückliche Vater ist. ■ Priesnitz zieht bei Amélie ein. Julia freut sich mit den beiden, bis Priesnitz seinen Papagei präsentiert. Julia ist entsetzt. Solange Amélie das zulässt, wird sie ihre Großmutter nicht mehr besuchen. Sie bietet an, das Tier zurück in seine Heimat und in die Freiheit zu bringen. Priesnitz und Amélie wollen sich jedoch nicht erpressen lassen.

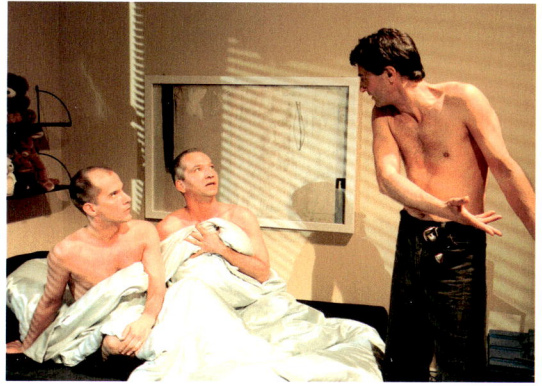

Buch: Hans W. Geißendörfer ■ Regie: Claus Peter Witt ■ Kamera: Jürgen Kerp ■ Redaktion: Ronald Gräbe

562 | Daheim

Else wird aus der Klinik entlassen und erwartet, dass Olaf sie pflegt. Doch weder ihr Sohn noch Egon wollen sich um sie kümmern. Egon besteht weiter auf der Scheidung. Als Mary später nach der Kranken sieht, bleibt Else aus Angst vor ihr stumm. ■ Als Prinzen und Prinzessin verkleidet begrüßen Carsten, Käthe und Irina die frisch gebackene Mutter mit dem Baby. Vor Gina gilt offiziell Giancarlo als Paulas Vater. ■ Julia will nichts mehr von Klaus wissen. Als Helga erfährt, dass Pat der Trennungsgrund war, ist sie entsetzt. Im Reisebüro kommt es deswegen zum Streit mit Erich, der die Sache nicht so eng sieht. Helga vereitelt mit ihrem Erscheinen einen weiteren Verführungsversuch. Kurz darauf teilt Pat ihr mit, dass sie sich ohnehin von Klaus trennen will, da er ihr bereits langweilig geworden ist. Unbemerkt belauscht Klaus das Gespräch.

Buch: Hans W. Geißendörfer ■ Regie: Claus Peter Witt ■ Kamera: Jürgen Kerp ■ Redaktion: Ronald Gräbe

563 | Der Biß

Julia bleibt Klaus gegenüber hart. Seine Erklärungs- und Versöhnungsversuche prallen an ihr ab. Im »Akropolis« sieht Klaus, dass Pat sich schnell getröstet hat. Sie knutscht innig mit Vasily. Traurig beobachtet Klaus, wie die zwei Arm in Arm verschwinden. ■ Julia täuscht ein Vorstellungsgespräch bei der Firma Vibra vor, um an Informationen über den Konzern zu kommen. Heimlich schnüffelt sie herum, macht sich Notizen und nimmt eine Katze mit. Das Tier zeigt sich für die Befreiungsaktion wenig dankbar: Als Julia sie im Hobbykeller füttern will, wird sie von der Katze gebissen. ■ Während Dressler mit dem Abendessen auf Tanja wartet, vergisst die beim Liebesspiel mit Sonia die Zeit. Wütend wirft Ludwig schließlich das Menü in die Mülltonne. Sonia will, dass Tanja ihren Mann verlässt, um ganz mit ihr zusammen zu sein. Tanja zögert.

Buch: Hans W. Geißendörfer ■ Regie: Claus Peter Witt ■ Kamera: Jürgen Kerp ■ Redaktion: Ronald Gräbe

564 | Liebe?

22. SEP 96

Erich lockt Helga unter einem Vorwand zum Standesamt und hält zum dritten Mal um ihre Hand an. Helga nimmt an — die Ehe wird besiegelt. Bei der anschließenden Feier im »Casarotti« überreicht Erich seiner begeisterten Braut das Hochzeitsgeschenk: Sie werden sechs Wochen mit dem Wohnmobil durch Kanada reisen. ■ Sonia wünscht sich zum Geburtstag, dass Tanja ihrem Mann die Wahrheit sagt. Tanja ist unschlüssig. Als Ludwig am Abend wissen will, was mit ihr los ist, geht sie in die Offensive. Sie gesteht, dass sie sich in eine Frau verliebt hat. Dressler ist am Boden zerstört. ■ Berta hält vor Lisa mit ihrer Meinung über Olli nicht hinterm Berg. Die berichtet ihrem Freund empört, was Berta über ihn sagt. Als Berta sich weigert, ihre Aussagen zurück zu nehmen, bringt Olli die Sprache auf die Spenderniere. Aufgebracht wirft Berta ihn aus Hajos Bus.

Buch: Hans W. Geißendörfer ■ Regie: Claus Peter Witt ■ Kamera: Jürgen Kerp ■ Redaktion: Ronald Gräbe

565 | Treue

29. SEP 96

Ludwig möchte den Schein wahren und Tanjas Geständnis geheim halten. Tanja will davon aber nichts wissen. Sie kann sein Selbstmitleid nicht ertragen und verschwindet. ■ Julia geht es zusehends schlechter. Als der Notarzt eintrifft, ist sie bereits bewusstlos. Nach Rücksprache mit dem Pharmakonzern wird klar, dass die befreite Katze zu Testzwecken mit Tollwuterregern infiziert worden war. Klaus trifft zu spät im Krankenhaus ein und erfährt durch Amélie und Berta von Julias Tod. Alle sind geschockt. ■ Berta und Hajo haben finanzielle Nöte. Hajo nimmt einen Modellbauauftrag an. Da Olli immer wieder die gespendete Niere erwähnt, stellt Hajo klar, dass er sich moralisch nicht erpressen lässt. Schließlich hatte er ihm Geld angeboten. Auch zwischen Berta und Lisa kommt es wegen Olli zu Differenzen. Lisa kündigt daraufhin den Klavierunterricht.

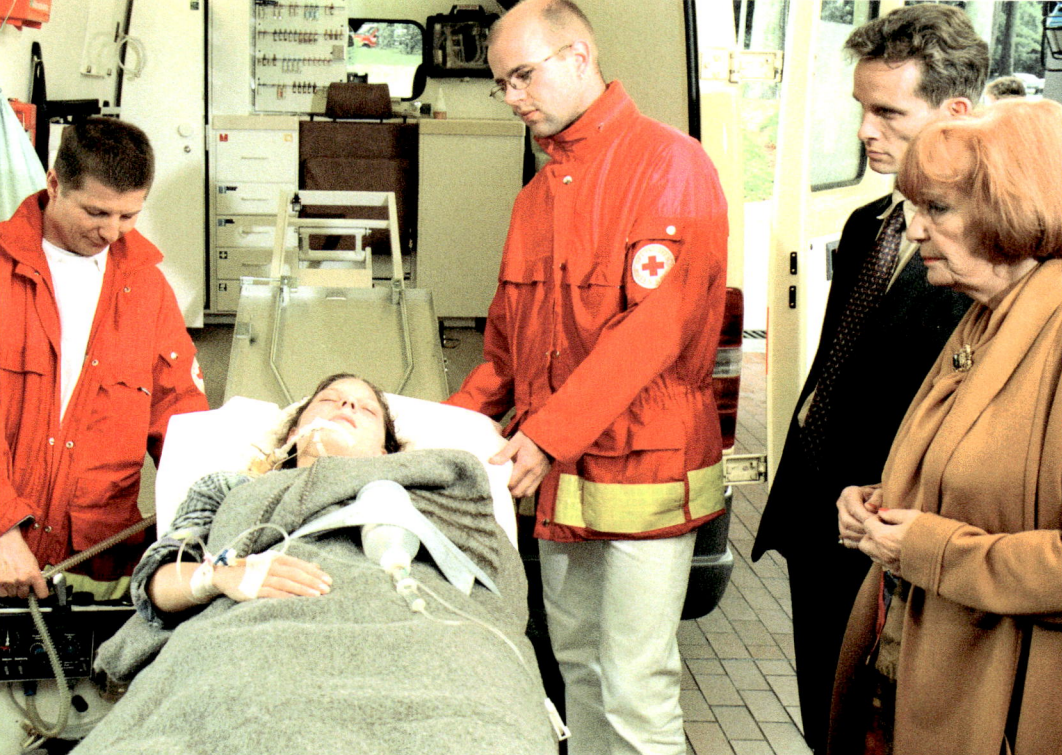

Buch: Martina Borger ■ Regie: Claus Peter Witt ■ Kamera: Jürgen Kerp ■ Redaktion: Ronald Gräbe

566 | Geschichte

Die Stimmung bei Zenkers ist angespannt. Andy ist mürrisch, weil Gabi keine Lust auf Sex hat. Gabi ist ärgerlich, weil Rosi nicht auf Max aufpasst. Und Valerie sorgt sich, weil sie nicht schwanger wird. Nachdem Andy abends von der todmüden Gabi wieder abgewiesen wird, will er verschwinden. Gabi sagt, er solle sich einen weiteren Seitensprung gut überlegen. ■ Klaus versucht vergeblich, Julias Eltern einen Brief zu schreiben. Niedergeschlagen geht er nachmittags kurz zu Hans' Geburtstagsfeier. Trost findet Klaus bei Iffi, die ihn zum Spaghettiessen einlädt. Als das Gespräch auf Matthias kommt, weint Klaus hemmungslos. ■ Pat hilft im »Akropolis« aus und erhält von Vasily Nachhilfe in deutscher Wiedervereinigungsgeschichte. Nachdem die letzten Gäste gegangen sind, wird Vasily von Pat mit einem Striptease überrascht. Vasily ist fasziniert.

Buch: Martina Borger ■ Regie: Claus Peter Witt ■ Kamera: Jürgen Kerp ■ Redaktion: Ronald Gräbe

567 | Ekel

Momo wird im Stricher-Milieu zusammengeschlagen. Philipp bringt ihn nach Hause. Für Eva bricht eine Welt zusammen, als sie die Wahrheit erfährt. Sie ekelt sich vor ihrem eigenen Sohn. Momo will auf keinen Fall zurück in die Klinik gehen. Lieber prostituiert er sich weiter als Stricher. Eva ist geschockt. Für eine Fortsetzung seiner Stricherkarriere wird sie ihn nicht gesund pflegen. ■ Else will nicht von Mary umsorgt werden. Auch Mary würde lieber einen Job annehmen und mit dem verdienten Geld Elses Betreuung bezahlen. Aber davon will Olaf nichts wissen. Er ist der Ansicht, dass Mary sich um ihre Schwiegermutter kümmern muss. ■ Andy ist frustriert. Gabi will noch immer keinen Sex mit ihm. Am Abend wird die renovierte Wohnung mit einer Party eingeweiht. Hans fällt erstmals auf, dass sowohl Klaus als auch Iffi reifer geworden sind.

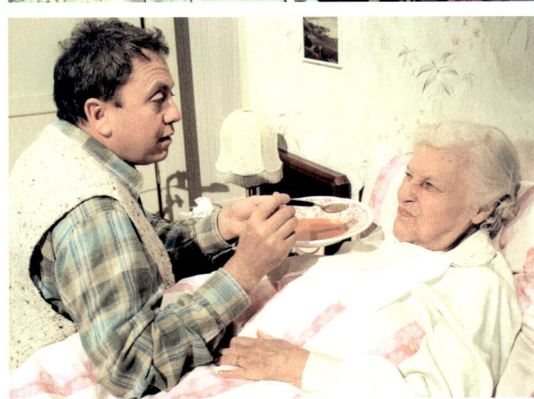

Buch: Martina Borger ■ Regie: Claus Peter Witt ■ Kamera: Jürgen Kerp ■ Redaktion: Ronald Gräbe

568 | Volljährig

Momos Arzt ist entschieden gegen Evas Vorschlag, ihren ältesten Sohn offiziell aus der psychiatrischen Behandlung zu entlassen. Da Momo seinen Sohn sehr vermisst, bittet Eva um einen Besuch von Iffi und Nico. Iffi kommt jedoch allein. Bei ihrem Anblick flippt Momo aus. ■ Klaus feiert seinen 18. Geburtstag bei Hans und Anna. Danach begleitet Hans ihn nach Hause und sagt ihm, wie stolz er auf ihn ist. Klaus ist gerührt. Iffi schenkt ihm einen Gutschein über »dreimal Spaghetti-Essen und Heulen«. Und Pat will, zu Klaus' Erstaunen, in ihrem Zimmer »ganz lieb« zu ihm sein. ■ Bei einem Überraschungsbesuch in Tanjas Praxis wird Ludwig unbemerkt Zeuge einer Eifersuchtsszene zwischen Tanja und Sonia, die wutentbrannt die Wohnung verlässt. Großzügig bietet er Tanja seine Schulter zum Ausweinen an. Außerdem könne sie jederzeit zu ihm zurückkehren.

Buch: Martina Borger ■ Regie: Claus Peter Witt ■ Kamera: Jürgen Kerp ■ Redaktion: Ronald Gräbe

569 | Drohgebärden

Olaf überwacht Mary, kommandiert sie herum und verbietet ihr, als Kindermädchen bei Hans und Anna zu arbeiten. Mary kümmert sich liebevoll um Else, die sie aber weiterhin schikaniert, wo es nur geht. ■ Hajo ist stolz auf sein Auftragsmodell. Bevor er es abgeben kann, taucht Olli auf und fordert das Geld für Lisas Klavierstunden zurück. Außerdem droht er, Bertas Schwarzarbeit anzuzeigen. Hajo weist ihm die Tür. Rachelustig gießt Olli ein Glas Honig über Hajos Modell. Er entschuldigt sich für sein »Missgeschick« und verschwindet. Amélie ist fest entschlossen, Lisa vor Olli zu beschützen und sie aus seinen Fängen zu befreien. Sie will nicht noch ein Kind verlieren. ■ Iffi bekommt Mathenachhilfe von Klaus, der für die Ablenkung dankbar ist. Er denkt sehr oft an Benny und ist froh, sich bei Iffi aussprechen zu können. Iffi ihrerseits möchte aber nicht über Momo reden.

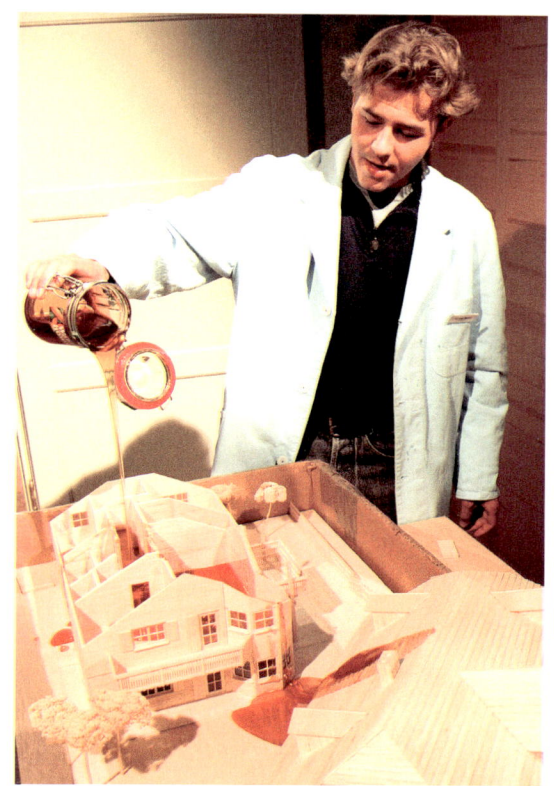

Buch: Martina Borger ■ Regie: Claus Peter Witt ■ Kamera: Jürgen Kerp ■ Redaktion: Ronald Gräbe

570 | Tiere

Während Hajo gerade das zerstörte Modell neu gebaut hat, lässt Olli sich weitere Gemeinheiten einfallen. Er lässt die Luft aus den Autoreifen und gibt Berta Hundekot in die Handtasche. Lisa fordert ihren Freund auf, Berta und Hajo in Ruhe zu lassen. Daraufhin ohrfeigt er Lisa und droht, den Mord an Matthias auffliegen zu lassen, falls Lisa ihn verlässt oder verrät. ■ Sarah kauft von ihrem Taschengeld heimlich einen Hamster. Schockiert fordern Anna und Hans sie auf, das Tier sofort zurückzubringen. Sarah ist außer sich vor Wut. ■ Rosi drangsaliert Wanda, wo sie nur kann. Als Wanda sie um Hilfe für Paula bittet, erhält sie eine Abfuhr. Da Rosi mit Paula nicht verwandt ist, denkt sie gar nicht daran, sich um das Baby zu kümmern. Nachmittags präsentiert sie die Kleine ihrer Canasta-Runde indes voller Stolz als ihre Urgroßnichte.

Buch: Martina Borger ■ Regie: Claus Peter Witt ■ Kamera: Jürgen Kerp ■ Redaktion: Ronald Gräbe

571 Wiedersehen macht Freude

10. NOV 96

Berta und Hajo sprechen mit Lisas Heimpsychologen. Sie sorgen sich, dass Olli einen schlechten Einfluss auf Lisa hat. Während Lisa anschließend den Tag in der Lindenstraße verbringt, wird Olli vom Stammtisch ausgeschlossen. ■ Helga und Erich kehren von ihrer Hochzeitsreise zurück. Zu Hause wartet bereits Marlene. Als Versöhnungsgeschenk will sie eine Hochzeitsnachfeier im »Casarotti« ausrichten. Helga und Marlene fallen sich in die Arme. Verwundert verzieht Erich sich zum Stammtisch. Dort entdeckt er Pat, die mit Andy knutscht, und macht ihr heftige Vorwürfe. ■ Derweil wendet sich Gabi wegen der sexuellen Probleme zwischen ihr und Andy an ihre Ärztin. Die vermutet, dass Gabi überlastet ist. Sie rät, wieder einmal etwas Schönes mit Andy zu unternehmen. Gabi bittet ihre Mutter, Max übers Wochenende zu betreuen. Aber Rosi hat Besseres zu tun.

Buch: Martina Borger ■ Regie: George Moorse ■ Kamera: Kurt Mikler ■ Redaktion: Gebhard Henke

572 | Abrechnung

17. NOV 96

Erich und Helga feiern im »Casarotti«. Erich ist wütend auf seine Tochter, die ihre Finger von keinem männlichen Wesen lassen kann. Die Krönung ist, dass sie selbst vor dem verheirateten Andy nicht Halt macht. Während Hans eine Rede hält, flirtet Pat mit Erichs Freund. ■ Urszula macht sich Sorgen um Paula. Sie muss das Kind ins Krankenhaus bringen. Als Paolo auf der Intensivstation erscheint, erzählt sie ihm, dass Paula seit einer Stunde ohne Bewusstsein ist. Paolo kann nicht bleiben, aber Carsten steht Urszula bei. ■ Wegen Diebstahls verliert Olli seinen Job im Supermarkt. Nachdem er mit Egon über dessen sexuellen Notstand gesprochen hat, lauert er Lisa an der Bushaltestelle auf. Er verlangt Geld für sein Schweigen im Fall Steinbrück. Anschließend will er sie für ein Schäferstündchen an Egon »verkaufen«. Egon reagiert fassungslos.

Buch: Martina Borger ■ Regie: George Moorse ■ Kamera: Kurt Mikler ■ Redaktion: Gebhard Henke

573 | Schulden

24. NOV 96

Paula leidet an Diabetes. In der Klinik lernt Urszula, ihrem Kind Insulin zu spritzen. Paolo macht sich Vorwürfe, die Krankheit vererbt zu haben. Im »Casarotti« bekommt er Probleme. Der neue Chefkoch Fausto droht mit Rauswurf. Noch kann Isolde ihre Hand schützend über ihn halten. ■ Während Olli vor Egon so tut, als sei der »Verkauf« von Lisa in der vergangenen Woche ein Scherz gewesen, zwingt er Lisa, auf den Strich zu gehen. Lisa flüchtet zu Hajo und Berta. Sie bittet die beiden, eine Weile bleiben zu dürfen. Allein im Zimmer, schreibt sie »Entschuldigung« auf ein Blatt Papier und will sich die Pulsadern aufschneiden. ■ Erichs Wut auf Pat hält an. Außerdem will seine Erbtante Betty Weihnachten bei Helga und ihm verbringen. Pat hat vor, in ein Appartement zu ziehen. Erich soll die Kosten dafür übernehmen. Dem platzt endgültig der Kragen

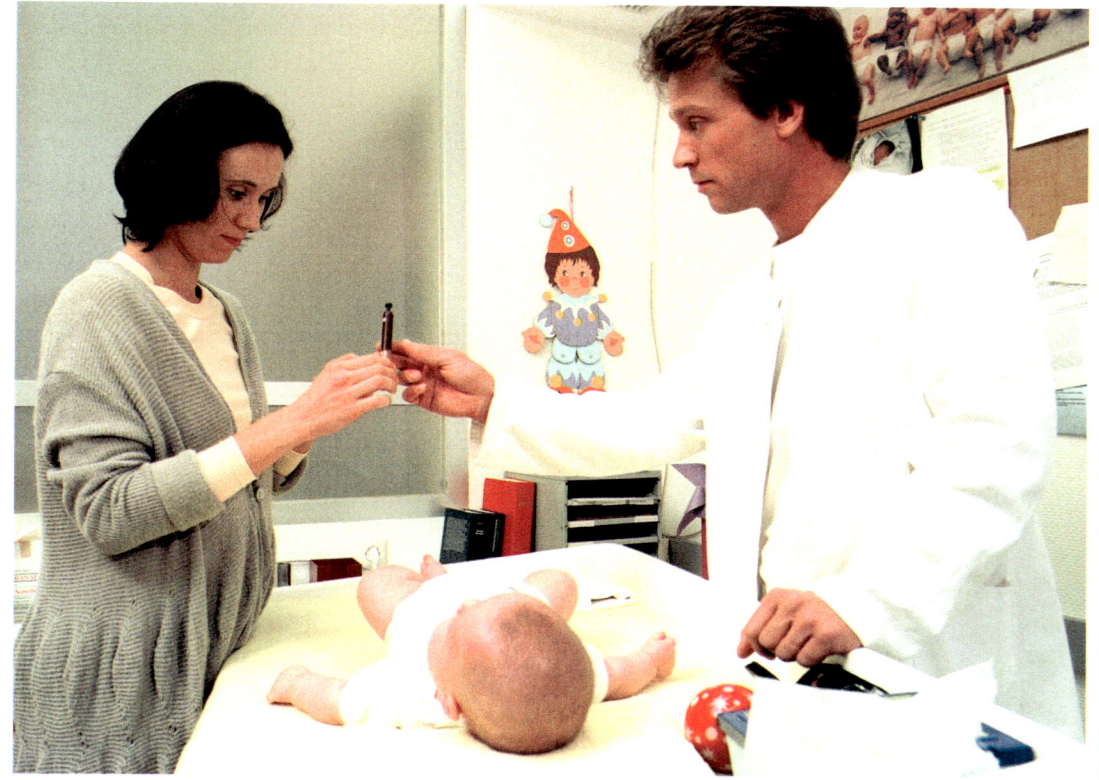

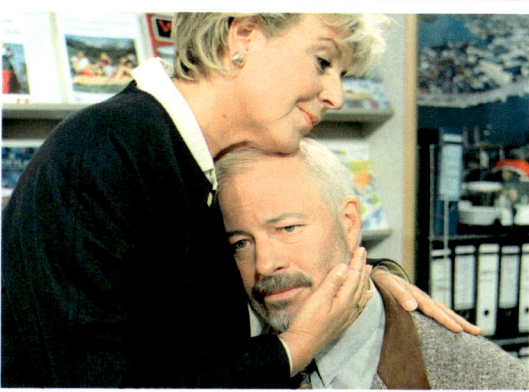

Buch: Martina Borger ■ Regie: George Moorse ■ Kamera: Kurt Mikler ■ Redaktion: Gebhard Henke

574 | Aphrodisiaka

1. DEZ 96

Andy entdeckt einen »Ehetest«, den Gabi in einer Frauenzeitschrift ausgefüllt hat. Alarmiert besucht er sie gleich mit Blumen im »Café Bayer« und lädt sie ins »Casarotti« ein. Während Andy Austern schlürft, unterhalten sie sich über deren aphrodisierende Wirkung. Bei Andy lösen sie allerdings einen allergischen Schock aus. Gabi holt einen Notarzt. ■ Lisa bleibt trotz aller Bemühungen verschlossen. Berta hat Angst vor einem weiteren Selbstmordversuch. Spät abends gelingt es Hajo, hinter Lisas Geheimnis zu kommen. Weinend erzählt sie, dass sie Matthias erschlagen hat. ■ Eva ist entsetzt über Philipps Mitteilung, dass Kurt ihn über Weihnachten nach Afrika eingeladen hat. Er besucht Momo in seiner neuen WG. Danach flüchtet Philipp vor Eva ins »Akropolis« und trifft dort Klaus. Die beiden beschließen, Weihnachten gemeinsam zu verbringen.

Buch: Martina Borger ■ Regie: George Moorse ■ Kamera: Kurt Mikler ■ Redaktion: Gebhard Henke

575 | Ruhestörung

Eva beschließt, ihr Leben zu ändern. Sie will umziehen und die Vergangenheit hinter sich lassen. Philipp ist von einem Umzug alles andere als begeistert. Über Weihnachten will er zu Kurt nach Afrika. Eva hat Angst, dass er dauerhaft zu Kurt gehen könnte und sie auch ihren zweiten Sohn verliert. ■ Carsten verliebt sich Hals über Kopf in Theo, einen alten Schulfreund von Käthe. Urszula ist genervt, weil Paolo so wenig Zeit für sie hat. Aber Paolo blickt zuversichtlich in die gemeinsame Zukunft. ■ Nach ihrem Geständnis erfährt Hajo von Lisa die ganze Wahrheit über Olli. Die Schuld an Matthias' Tod nimmt sie jedoch auf sich. Hajo erzählt ihr von seinem Gewissenskonflikt. Lisa kann ihn verstehen, ist aber froh, dass er sie nicht anzeigt. Als Olli sie abermals einschüchtern will, sagt sie ihm, dass Hajo alles weiß. Olli beeindruckt das wenig.

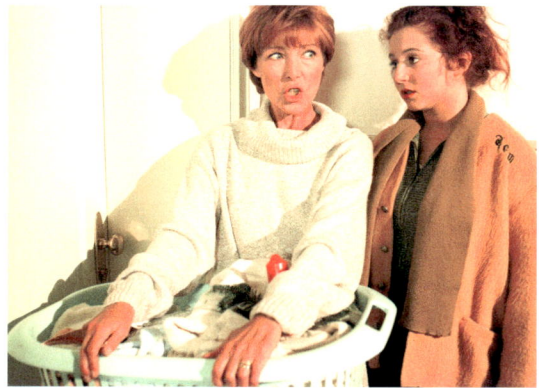

Buch: Martina Borger ■ Regie: George Moorse ■ Kamera: Kurt Mikler ■ Redaktion: Gebhard Henke

576 | Durchkreuzte Pläne

15. DEZ 96

Philipp berichtet Klaus, dass seine Mutter an den Starnberger See zieht, er aber in München bleiben will. Klaus schlägt begeistert die Gründung einer WG vor. Pat bietet sich als Mitbewohnerin an. Klaus verzichtet jedoch auf ihre Anwesenheit. Eva ist traurig, dass nun auch die Restfamilie auseinander fällt. ■ Aus Iffis Skiurlaub wird nichts, denn weder Andy und Gabi noch Rosi wollen Nico nehmen. Valerie bietet sich zwar an, aber Iffi will ihr das Kind nicht anvertrauen. Valerie ist gekränkt. ■ Tanja ist genervt von Sonias Geldverschwenderei. Die meint, Tanja solle sich endlich scheiden lassen und Ludwig richtig abzocken. Ludwig bittet Tanja, Weihnachten mit ihm zu verbringen, damit Frank vorläufig nichts von der Trennung erfährt. Tanja ist einverstanden. Als sie Sonia davon berichtet, flippt ihre Freundin aus und droht mit Trennung.

Buch: Martina Borger ■ Regie: George Moorse ■ Kamera: Kurt Mikler ■ Redaktion: Gebhard Henke

577 Gemütlich

22. DEZ 96

Unerwartet kommt Frank bereits einen Tag früher als angekündigt. Er merkt schnell, dass etwas nicht stimmt. Ludwig versucht erst noch, die Trennung zu verheimlichen, erzählt ihm dann aber weinend, was geschehen ist. Als Frank zur Scheidung rät, kommt es zum Streit zwischen Vater und Sohn. Abends steht Tanja wie geplant vor der Tür. Ludwig will öffnen. Frank aber verhindert das und fordert seinen Vater auf, sich zwischen ihm und Tanja zu entscheiden. ■ Tante Betty kommt über Weihnachten zu Helga und Erich. Während Helga und Betty sich gut verstehen, sind Erich und Klaus schnell genervt. Erich ist neidisch, als Klaus sich zu Philipp verzieht. ■ Beim Plätzchenbacken sprechen Anna und Mary über Olaf. Als der seine Frau abholt, stellt Anna ihn zur Rede und macht ihm Vorwürfe. Olaf blockt ab. Mary wusste schließlich auf wen sie sich einlässt.

Buch: Martina Borger ■ Regie: George Moorse ■ Kamera: Kurt Mikler ■ Redaktion: Gebhard Henke

578 | Alte Kamellen

29. DEZ 96

Ludwig teilt seiner verdutzten Frau mit, dass er sich scheiden lassen will. Sie soll 4.000 Mark Unterhalt bekommen, was Sonia viel zu wenig findet. Ludwig ist froh über seine Entscheidung. Außerdem will Frank wieder zu ihm ziehen. ■ Zum abendlichen Weihnachts-Festmahl hat Helga neben Betty und Pat auch Hans samt Familie eingeladen. Onkel Franz steht unerwartet in der Tür. Helga und Erich schenken Sarah ausgerechnet einen Hamster. Es kommt zum Eklat. Während Anna, Hans, Helga und Erich streiten, findet Onkel Franz Gefallen an Betty. ■ Carsten verabredet sich für den Abend mit Käthe und Theo. Er hofft inständig, dass Theo seine Gefühle erwidert. Abends liegen Urszula, Paolo und die Kinder zusammengekuschelt im Bett. Er verspricht, Gina im kommenden Jahr zu verlassen. Urszula ist zwar überglücklich, zweifelt jedoch, ob er das wirklich schafft.

Buch: Martina Borger ■ Regie: George Moorse ■ Kamera: Kurt Mikler ■ Redaktion: Gebhard Henke

579 | Happy New Year

5. JAN 97

Paolo hat Nägel mit Köpfen gemacht und Gina verlassen — allerdings nur per schriftlicher Erklärung. Gespannt warten Paolo und Urszula auf Ginas Reaktion. Die stürmt derweil wütend ins »Casarotti« und will Urszulas Adresse. ■ Mary dankt Olaf, dass er sie wirklich nicht anrührt. Sie hat jetzt keine Angst mehr vor ihm. Auch Anna ist beruhigt. Mary erzählt von ihrer Vermutung, dass hinter Olafs »Alpenverein« eine Frau steckt. Sie gesteht Anna, wie sehr John ihr fehlt. ■ Traditionelle Silvesterfeier im »Akropolis«: Olli wird von Hajo gleich nach seiner Ankunft wieder hinaus geworfen. Else sucht Egon, Olaf küsst Mary. Tante Betty verkündet Helga und Erich, dass sie ihren Aufenthalt verlängert, und Gina macht Paolo eine Szene vor aller Augen. Nur Eva begrüßt das neue Jahr allein und voller Selbstmitleid in ihrer Wohnung — und mit Selbstgesprächen.

Buch: Martina Borger ■ Regie: George Moorse ■ Kamera: Kurt Mikler ■ Redaktion: Gebhard Henke

580 — Etwas Warmes braucht der Mensch

12. JAN 97

Eva fällt der Abschied schwer. Sie zieht heute nach Starnberg. In der ausgeräumten Wohnung erinnert sie sich an gemeinsame Zeiten mit Kurt. Sie kämpft mit den Tränen. Lange bleiben die Räume allerdings nicht leer, denn Klaus und Philipp ziehen gleich ein. ■ Boris macht Mary beim Gemüseausliefern Komplimente. Olaf wird sofort argwöhnisch, unterstellt Mary eine Affäre und verbietet ihr jeglichen Kontakt zu Boris. Abends bedrängt er Mary und will mit ihr schlafen. Sie kann sich kaum wehren. ■ Beate erklärt Egon, dass sie ihre Wohnung aufgeben will und bietet ihm an, sie zu übernehmen. Egon will darüber nachdenken. Anschließend bittet sie Ludwig um Geld. Er lehnt, mit Verweis auf ihre Schulden bei Tanja, ab. Daraufhin will Beate die Wohnung in Percha für 250.000 Mark verkaufen. Von Carsten erhält sie dazu aber keine Einwilligung

Buch: Martina Borger ■ Regie: George Moorse ■ Kamera: Kurt Mikler ■ Redaktion: Gebhard Henke

581 | Anwälte

19. JAN 97

Nachdem Philipp und Klaus ganzen Scharen von Bewerbern die Wohnung gezeigt haben, klingelt als letzte Interessentin Dani Schmitz. Sie möchte mit ihrem Hund »Sahne« einziehen. Klaus und Philipp sind sich einig: Dani ist die Richtige. ■ Tanja bittet Ludwig, ihr Geld zu leihen. Mit Hinweis auf den freiwillig gezahlten Unterhalt lehnt er ab. Sonia schlägt vor, dass Tanja zu Ludwig zurückkehrt, bis er sie als Alleinerbin einsetzt. Tanja wirft ein, dass Ludwig noch 20 Jahre leben kann. In diesem Fall will Sonia nachhelfen. Aber davon möchte Tanja nichts wissen. ■ Mary fürchtet sich vor Olaf. Aus Angst vor einer Abschiebung bittet sie Anna, nicht mit Olaf zu sprechen. Hans knöpft ihn sich dennoch vor. Ihm gegenüber gesteht Olaf, dass er sich in Mary verliebt hat, verspricht aber, sie in Ruhe zu lassen. Zuhause geht er Mary deswegen heftig an.

Buch: Martina Borger ■ Regie: George Moorse ■ Kamera: Kurt Mikler ■ Redaktion: Gebhard Henke

582 | Überforderung

26. JAN 97

Als Ludwig die Tür öffnet, bittet zu seiner Überraschung Tanja um Einlass. Sie hatte Streit mit Sonia und will sie nie wieder sehen. Ludwig nimmt Tanja auf. Frank ist entsetzt. Tanja bietet kleinlaut an, wieder auszuziehen. Doch Ludwig ist überglücklich, dass er sie in seiner Nähe hat. Später deutet Frank gegenüber Egon an, dass Tanja sich gar nicht von Sonia getrennt habe. ■ Amélie trauert noch immer um ihre Julia. Gemeinsam mit Priesnitz denkt sie darüber nach, sich an einem schönen Ort nieder zu lassen. ■ Iffi kämpft mit Nico, dass er in den Hort geht. Schließlich kann sie nicht schon wieder den Unterricht schwänzen. Nach der Schule besucht sie die WG. Auch jetzt quengelt Nico wieder, weil er nach Hause möchte. Doch als Nico schläft, schleicht sich Iffi aus dem Haus. Unglücklicherweise wacht Nico auf und läuft in den Hausflur.

Buch: Martina Borger ■ Regie: George Moorse ■ Kamera: Kurt Mikler ■ Redaktion: Gebhard Henke

583 | Intensiv

2. FEB 97

Anna und Hans feiern ihren fünften Hochzeitstag. Mary bietet sich als Babysitterin an, damit die Eltern etwas Zeit für sich haben. Olaf fordert Anna empört auf, ihn vorher zu fragen, wenn sie Mary einspannt. ■ Iffi bedankt sich bei Egon, dass er Nico letzte Woche nach Hause gebracht hat. Gabi spricht mit ihrer Therapeutin über die akuten Sex-Probleme. Andy soll zum nächsten Gespräch mitkommen, worüber er nur lächeln kann. Als sie später krampfhaft versuchen, sich zu lieben, beenden die Sirenen eines Krankenwagens das Schäferstündchen. ■ Sarah und Tom wollen das Geschenk für ihre Eltern abholen. Die Radtour ohne Helme endet jedoch in einer Katastrophe. Tom wird von Pat, die ihr neues Auto Probe fährt, angefahren. Während Helga sich um die aufgelöste Pat kümmert, erfahren Anna und Hans im Krankenhaus, dass ihr Sohn in Lebensgefahr schwebt.

Buch: Martina Borger, Hans W. Geißendörfer ■ Regie: George Moorse ■ Kamera: Kurt Mikler ■ Redaktion: Gebhard Henke

584 | Hoffnung

9. FEB 97

Tom liegt noch immer schwer verletzt in der Klinik. Anna weicht kaum von seiner Seite. Mary macht sich heftige Vorwürfe. Ebenso wie Pat, die voller Schuldgefühle im Krankenhaus auftaucht. Während Anna ihre Freundin Mary beschwichtigt, bittet sie Pat; nicht mehr zu kommen. ■ Zwischen Tanja und Dressler scheint die Welt wieder in Ordnung zu sein. Frank und Egon trauen Tanja nicht und verfolgen sie mit dem Auto. Aber Tanja bemerkt ihre Verfolger. Spöttisch erzählt sie, wohin sie fährt. ■ Urszula und Paolo helfen Carsten, mit Theo anzubandeln. Endlich lädt Carsten seine Flamme zum Essen ins »Casarotti« ein. Dort täuscht Paolo Probleme mit der Platzreservierung vor und packt ihnen das Essen ein. Daheim hat Urszula bereits ein romantisches Candlelight Dinner arrangiert. Die beiden staunen, nehmen die Gelegenheit aber gerne wahr.

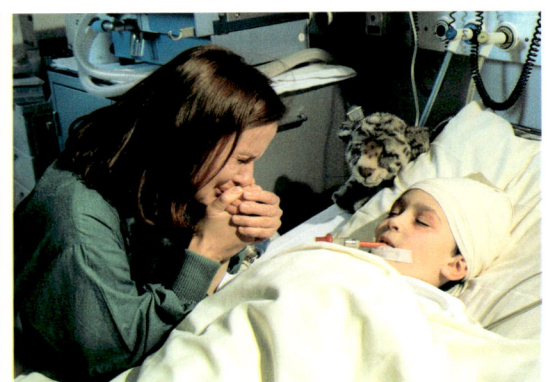

Buch: Martina Borger, Hans W. Geißendörfer ■ Regie: George Moorse ■ Kamera: Kurt Mikler ■ Redaktion: Gebhard Henke

585 | Das Todesurteil

Priesnitz hat einen bösartiger Hirntumor. Seine Lebenserwartung beträgt nur noch wenige Monate. Priesnitz bittet den Neurologen, die Diagnose nicht an Dressler weiterzuleiten, damit Amélie nichts erfährt. Im »Casarotti« sagt er Amélie, dass alles in Ordnung ist, und macht ihr überraschend einen Heiratsantrag. ■ Andy weigert sich standhaft, mit zur Eheberatung zu kommen. Er sieht keinen Sinn darin, über Sex zu reden. Gabi trifft Phil zufällig beim Zahnarzt. Beim Gehen vergisst sie ihre Handschuhe. Phil versteckt ein rotes Schokoladenherz in den Handschuhen und trägt sie Gabi hinterher. ■ Nach zwei Wochen im Koma wacht Tom endlich auf. Überglücklich berichtet Hans der Wohngemeinschaft von den guten Nachrichten. Auch Klaus freut sich sehr. Er beschließt, nicht weiter tatenlos zuzusehen, wie Kinder durch den wachsenden Verkehr gefährdet werden.

Buch: Martina Borger, Hans W. Geißendörfer ■ Regie: Daniel Anderson ■ Kamera: Dieter Christ ■ Redaktion: Gebhard Henke

586 | Zeichen und Wunder

23. FEB 97

Während Phil mit Max im Kino ist, versucht Gabi, ihre Cousine von dessen Wandlung zu überzeugen. Anna ist jedoch nicht gut auf Phil zu sprechen und meint, jemand wie er würde sich nicht ändern. Als Gabi später allein mit Phil in der Küche ist, wird aus einer kleinen Balgerei Leidenschaft. Gabi schwört sich, dass dies der einzige Ausrutscher bleiben wird. ■ Klaus will ein Bürgerbegehren organisieren, damit die Lindenstraße zur Tempo 30-Zone erklärt wird. Während sich Philipps und Danis Euphorie in Grenzen hält, findet er in Anna eine Mitstreiterin. ■ Mit Amélies und Priesnitz' Einverständnis zieht Hajo samt seinen Modellarbeiten in den Hobbykeller. Lisa hilft ihm dabei und bittet ihn erneut, er im Fall Matthias zu schweigen. Amélie und Priesnitz wollen baldmöglichst heiraten. Sie bitten Hajo und Berta, ihre Trauzeugen zu sein.

Buch: Martina Borger, Hans W. Geißendörfer ■ Regie: Daniel Anderson ■ Kamera: Dieter Christ ■ Redaktion: Gebhard Henke

587 | Pakete

Gabi bekommt während der Arbeit ein Päckchen von Phil. Sie schiebt einen Zahnarzttermin vor und fährt zu ihm, um die Affäre zu beenden. Kaum aber hat sie Phils Villa betreten, sind ihre guten Vorsätze dahin. Sie landen im Bett. ■ Onkel Franz hat den Prozess gewonnen. Helga muss weiter für sein Seniorenheim zahlen. Onkel Franz und Tante Betty feiern den Sieg ausgiebig im »Casarotti«. Derweil besprechen Klaus, Hans, Anna, Helga und Erich das geplante Bürgerbegehren. Um dieses zu beantragen, müssen sie Unterschriften sammeln. Als Erich gleich abwinkt, will Anna wütend wissen, ob ihm das schon zu viel sei für die Sicherheit der Kinder. ■ Olli taucht unvermittelt auf und will mit Lisa reden. Aber die ignoriert ihn geflissentlich. Olli erzählt ihr stolz, dass er morgen zur Bundeswehr geht. Er will ein neues Leben als guter Mensch beginnen.

Buch: Hans W. Geißendörfer, Maria Elisabeth Straub ■ Regie: Daniel Anderson ■ Kamera: Dieter Christ ■ Redaktion: Gebhard Henke

588 Umwidmung

9. MÄR 97

Nico ist krank. Iffi versucht vergeblich, eine Betreuung für ihn zu finden, und bleibt schließlich daheim. So verpasst sie die letzte Matheklausur vor dem Abi. Als Valerie meint, sie habe als Mutter versagt, wirft Iffi sie hinaus. Einzig ihr Schulfreund Sven kümmert sich um Iffi. ■ Für den Bürgerentscheid bekommt Klaus ganz unerwartete Unterstützung. Tante Betty entdeckt plötzlich ihr Interesse für Verkehrsberuhigung und macht sich daran, möglichst viele Lindensträßler für das Thema zu begeistern. ■ Erst erfährt Hajo, dass seine Auftragsfirma Konkurs angemeldet hat und er nicht bezahlt wird, dann bekommt Berta einen Brief vom Finanzamt. Sie muss für die Klavierstunden Steuern nachzahlen. Berta ist sicher, dass Olli dahinter steckt. Sie ist am Boden zerstört. Berta fragt sich, woher sie auf die Schnelle 30.000 bis 40.000 Mark nehmen soll.

Buch: Hans W. Geißendörfer, Maria Elisabeth Straub ■ Regie: Daniel Anderson ■ Kamera: Dieter Christ ■ Redaktion: Gebhard Henke

589 | Reiner Wein

16. MÄR 97

Hajo hat einen Folgeauftrag bekommen, was Bertas Laune sichtlich hebt. Amélie und Priesnitz geben sich das Ja-Wort. Abends wird die Eheschließung ausgiebig mit einem festlichen Mahl im »Casarotti« gefeiert. Am späten Abend gesteht Amélie ihrem Angetrauten, dass sie ohne ihn nicht mehr leben will. ■ Iffis Physiklehrer erklärt ihr, dass ihre Leistungen zu schlecht fürs Abitur sind. Verzweifelt sucht sie einen Babysitter für Nico. Als Gabi wegen eines angeblichen Zahnarzttermins ablehnt, flippt Iffi aus. Angesichts der verfahrenen Situation nimmt Iffi schließlich das Angebot von Boris an, Nico für einige Zeit mit zu sich auf den Bauernhof zu nehmen. ■ Klaus kritisiert Philipps gekünstelte Begründung für die Wehrdienst-Verweigerung. Er meint, man solle die wahren Gründe darlegen. Zwischen den beiden entbrennt eine heftige Diskussion.

Buch: Hans W. Geißendörfer, Maria Elisabeth Straub ■ Regie: Daniel Anderson ■ Kamera: Dieter Christ ■ Redaktion: Gebhard Henke

590 | Störungen

Priesnitz gesteht Amélie endlich, dass er unheilbar krank ist. Während sie große Angst vor dem Tod hat, sieht Priesnitz seinem Schicksal gelassen entgegen. Unter Tränen wiederholt Amélie, dass sie ohne ihn nicht mehr weiter leben möchte. Aber davon will Priesnitz nichts hören. ■ Carsten bereitet sich aufs dritte Staatsexamen vor, wird aber dauernd beim Lernen gestört. Von Theo lässt er sich noch gerne ablenken, seine Schwester wimmelt er jedoch schnell ab. Schließlich verzieht sich Carsten zu Dressler. Doch hier schüttet ihm Tanja ihr Herz aus. ■ Iffi fragt Boris, der vor dem Blumenladen gerade Mary mit Komplimenten überhäuft, nach Nico. Boris kann sie davon überzeugen, den Kleinen noch länger auf dem Hof in Giesenbach zu lassen. Momo kommt vorbei und besteht auf dem Besuchsrecht für seinen Sohn. Iffi möchte nicht, dass er Nico sieht.

Buch: Hans W. Geißendörfer, Maria Elisabeth Straub ■ Regie: Daniel Anderson ■ Kamera: Dieter Christ ■ Redaktion: Gebhard Henke

591 | Ruhm

Fausto verweigert der Mafia standhaft das Schutzgeld. Isolde beschließt, die Zahlungen heimlich vorzunehmen. Als die Mafiosi abends im »Casarotti« erscheinen, hoffen alle auf einen Sinneswandel von Fausto, aber er bleibt weiterhin hart. ■ Momos Versöhnungsvorhaben mit Iffi scheitert, weil sie nicht zu Hause ist. So besucht er seinen Bruder. Er druckst herum und fragt schließlich, ob er in die WG einziehen kann. Philipp ist von der Idee nicht begeistert. Er bespricht die Sache mit Dani und Klaus. Gemeinsam entscheiden sie sich dagegen. ■ Boris und Valerie bringen Nico zurück. Valerie fällt es schwer, sich von ihrem Neffen zu trennen. Boris dagegen macht sich auf die Suche nach Mary. Im Blumenladen erfährt er, dass Mary beim Friseur ist. Ganz plötzlich verspürt auch Boris den Drang nach einem neuen Haarschnitt. Valerie merkt davon nichts.

Buch: Hans W. Geißendörfer, Maria Elisabeth Straub ■ Regie: Daniel Anderson ■ Kamera: Dieter Christ ■ Redaktion: Gebhard Henke

592 | Krähenflug

Andy und Max planen eine Wochenendreise. Gabi gibt vor, arbeiten zu müssen, und animiert die beiden, allein zu fahren. Mit Phil plant sie dann ihre gemeinsame Zukunft. Abends trinkt Gabi sich Mut an und eröffnet dem erstaunten Andy, dass sie ihn wegen eines anderen verlassen wird. ■ Mary erträgt Olafs ständige Kontrolle nicht mehr. Bei einem Waldspaziergang erzählt sie Anna von ihrer Angst. Daheim konfrontiert Olaf sie mit ihren dreckigen Schuhen und unterstellt ihr ein Verhältnis mit Boris. Rasend vor Eifersucht schlägt er sie. ■ Die Mafia hat ihre Drohung wahrgemacht. Giancarlo liegt tot im »Casarotti«. Aber Fausto ist weiterhin entschlossen, nicht klein bei zu geben. Die Polizei wird hinzugezogen. Der Kommissar weiß, dass er es mit der Mafia zu tun hat. Aber alle streiten ab, Kontakt zu der kriminellen Vereinigung zu haben.

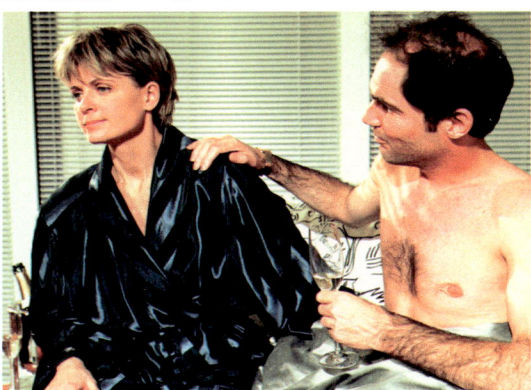

Buch: George Moorse ■ Regie: Daniel Anderson ■ Kamera: Dieter Christ ■ Redaktion: Gebhard Henke

593 | Familienschach

13. APR 97

Andy ist zu Iffi gezogen. Er vermisst Gabi und Max. Die erzählt unterdessen Anna von ihrer Liaison mit Phil. Anna ist völlig fassungslos. Phil hat Hans schließlich verleumdet und ihn um ein Haar hinter Gitter gebracht. Sie kündigt Gabi die Freundschaft und wirft sie hinaus. Damit nimmt das Schicksal seinen Lauf. Anna verrät Andy versehentlich, wer Gabis Liebhaber ist. Wütend stellt er Gabi im »Café Bayer« zur Rede und hinterlässt ein Chaos. Gabi flüchtet samt Max zu Phil. ■ Philipp teilt Momo mit, dass er nicht in die WG ziehen kann. Daraufhin rastet Momo aus. Dani und Klaus trösten Philipp, der noch immer ein schlechtes Gewissen hat. ■ Zurück von Mallorca vergewissert sich Priesnitz als erstes, ob Amélie noch immer zu ihrem Entschluss steht. Amélie ist sich absolut sicher, dass sie ohne ihren Mann nicht mehr leben möchte.

Buch: George Moorse ■ Regie: Daniel Anderson ■ Kamera: Dieter Christ ■ Redaktion: Gebhard Henke

594 | Bettgeschichten

20. APR 97

Andy liegt krank im Bett. Er will niemanden sehen und schickt auch Rosi und Valerie weg. In seiner Lethargie überhört er die Türklingel. Die Freude ist groß, als er Max später auf der Treppe entdeckt. Gabi und Phil kommen kurz darauf, um Max abzuholen. Gabi erlaubt, dass er ausnahmsweise bei Andy übernachten darf. ■ Ludwig ist glücklich, dass er sich mit Tanja wieder so gut versteht. Er ahnt nicht, dass sie mit Sonia einen Plan ausheckt. Tanja übt mit Sonia, Dresslers Unterschrift zu fälschen. Abends schleicht sie sich in die Praxis und schreibt einen Brief an Ludwigs Lebensversicherung. In dem Schreiben setzt sie sich selbst als alleinige Begünstigte ein und unterschreibt gekonnt mit Dresslers Namen. ■ Helga glaubt, dass Hans ein Verhältnis hat und konfrontiert Anna mit ihrem Verdacht. Die ist genervt von Helga und wirft sie hinaus.

Buch: Hans W. Geißendörfer, Maria Elisabeth Straub ■ Regie: Daniel Anderson ■ Kamera: Dieter Christ ■ Redaktion: Gebhard Henke

595 | Spielarten

27. APR 97

Iffi tröstet Andy, der sehr unter der Trennung von Gabi leidet. Als Momo seinen Sohn zu einem Spaziergang abholen will, erteilt Iffi ihm eine Abfuhr. Eva verspricht, Momo zu helfen, erwartet dafür aber im Gegenzug, dass er sich um eine Ausbildung bemüht. ■ Tanja fängt die geänderte Versicherungspolice ab. Sie ist nun alleinige Begünstigte, falls Ludwig etwas zustößt. Geld scheint auch von anderer Seite zu kommen: Während eines Streits mit Frank erklärt Ludwig, dass er sein Testament wieder ändern und Tanja als Alleinerbin einsetzen will. ■ Erich überrascht Helga mit dem Plan, ein Hotel in Irland zu kaufen. Helgas Begeisterung hält sich in Grenzen. Die Teilhaberschaft ist kostspielig, und den Geschäftspartner W. Snyder, einen angeblich guten Freund von Erich, kennt sie auch nicht. Tante Betty dagegen möchte sich das Objekt anschauen.

Buch: Maria Elisabeth Straub ■ Regie: Daniel Anderson ■ Kamera: Dieter Christ ■ Redaktion: Gebhard Henke

596 | Tanz in den Mai

4. MAI 97

Erich und Tante Betty haben das Hotel in Irland gekauft. Helga bleibt skeptisch, aber Erich beruhigt sie. Als Tante Betty beim gemeinsamen Abendessen erklärt, dass sie mit Pat für längere Zeit nach Irland gehen wird, hat Helga Mühe, ihre Freude zu verbergen. ■ Priesnitz geht es zusehends schlechter. Bei einem Spaziergang erklärt Amélie nachdrücklich, dass sie keinen Sinn in einem Leben ohne ihn sieht. Sie hat den Entschluss gefasst, ihm in den Tod zu folgen. ■ Momo, Iffi, Eva und Andy streiten fürchterlich um Nico. Iffi findet es eine Ungeheuerlichkeit, dass Eva einen Anwalt eingeschaltet hat. Die Diskussion endet in gegenseitigem Anbrüllen. Geschockt erfährt Iffi von Andys Seitensprung mit Eva. Iffi zieht einen Trumpf aus dem Ärmel und stellt Momos Vaterschaft in Frage. Auf Evas entsetzte Frage, ob Kurt der Vater ist, schweigt sie.

Buch: Maria Elisabeth Straub ■ Regie: Daniel Anderson ■ Kamera: Dieter Christ ■ Redaktion: Gebhard Henke

597 | Countdown

Beate hat alle gegen sich. Wegen akuter Geldnöte bittet sie Ludwig um die vorzeitige Auszahlung ihres Erbes. Aber Tanja ist dagegen. Im »Akropolis« will Beate mit Vasily sprechen. Aber der lässt sie abblitzen. Zudem muss sie aus der Wohnung in Percha ausziehen. Carsten hat die Wohnung vermietet, um die Hypothek abzahlen zu können. Sie stellt ihn vor die Wahl: Entweder sie kann in Percha bleiben oder sie zieht zu ihm. ■ Nachdem Iffi ihrem Vater gestanden hat, dass Momo hundertprozentig Nicos Vater ist, weint sie sich bei Philipp aus. Der steht ihr mit Rat und Tat zur Seite. Kurz darauf bittet Eva ihren jüngsten Sohn sich mehr um Momo zu kümmern. Aber Philipp weist sie ab. Sie soll sich nicht immer in sein Leben mischen. ■ Festlich gekleidet scheiden Amélie und Priesnitz in der mit Blumen geschmückten Wohnung freiwillig aus dem Leben.

Buch: Maria Elisabeth Straub ■ Regie: Daniel Anderson ■ Kamera: Dieter Christ ■ Redaktion: Gebhard Henke

598 | Schwanengesang

18. MAI 97

Wie angekündigt zieht Beate bei ihrem Bruder ein. Als sie abends jedoch heimkommt, findet sie eine Nachricht an der Tür. Die Klingel ist abgestellt. Sie soll ins Hotel gehen. Carsten hat zwar ein schlechtes Gewissen, erträgt seine Schwester aber nicht länger. ■ Olaf reagiert wieder einmal eifersüchtig auf Boris. Grund sind Valeries Hochzeitsfotos, auf denen Mary angeblich verliebt zu Boris schaut. Er lässt seine Frau nicht zu Anna gehen. Die verängstigte Mary soll ihn erst davon überzeugen, dass seine Eifersucht unbegründet ist. ■ Amélies Sohn und Priesnitz' Tochter lösen die Wohnung auf und streiten um das Erbe. Amélie hat Berta das Geld für die Steuerrückzahlung hinterlassen. Abends veranstalten Berta, Lisa und Hajo eine kleine »Trauerfeier« im Sinne der Toten: Bei Champagner und Kaviar erinnern sie sich an Amélie und Priesnitz.

Buch: Maria Elisabeth Straub ■ Regie: Claus Peter Witt ■ Kamera: Jürgen Kerp ■ Redaktion: Gebhard Henke

599 | Begehren

25. MAI 97

Olaf kündigt dem verdutzten Boris den Liefervertrag und lädt Mary abends ins »Akropolis« ein. Während Olaf ihr Rosen kauft, tritt sie in intensiven Blickkontakt mit Vasily. ■ Nachdem Philipps Verweigerungsantrag abgelehnt wurde, fragt er einen Rechtsanwalt um Rat. Der gibt ihm eine Broschüre mit Formulierungshilfen. Derweil sammelt Hans Unterschriften für das Bürgerbegehren. Carsten und Theo ziehen in die Marwitz-Wohnung und begießen den Umzug anschließend mit Beate und Käthe im »Akropolis«. ■ Während Tanja ihren Mann nicht länger abzocken will, überlegt Sonia, wie sie auf die Schnelle reich werden können. Da die Auszahlung von Ludwigs Lebensversicherung seinen Tod voraussetzt, arrangiert Sonia ein Treffen mit einem Profikiller. Dem gibt sie abends Dresslers Adresse. Derweil sitzt Tanja weinend und von Schuldgefühlen geplagt bei Ludwig.

Buch: Maria Elisabeth Straub ■ Regie: Claus Peter Witt ■ Kamera: Jürgen Kerp ■ Redaktion: Gebhard Henke

600 | Zwischen den Stühlen

1. JUN 97

Tanja geht es schlecht. Als sie Sonia erklärt, dass sie nichts mit Ludwigs Ermordung zu tun haben will, erpresst die Tanja mit der gefälschten Unterschrift. Sonia verlangt von Tanja 7.500 Mark und ein Foto Ludwigs. Beides übergibt Sonia später dem Killer. Der will demnächst zuschlagen. ■ Valerie versucht, die Kündigung des Liefervertrages rückgängig zu machen. Olaf besteht darauf, dass nur Valerie die Ware bringt und er zehn Prozent Skonto bekommt. Vasily bestellt Tischdekoration für das »Akropolis«. Als Mary die Blumen liefert, sucht Vasily Körperkontakt. Aber Mary hat Angst. ■ Iffi hat Lernprobleme. Philipp gibt ihr einen Korb. Glücklicherweise erklärt sich Klaus bereit, ihr zu helfen, nachdem Philipp dies abgelehnt hat. Als Klaus ihr das Speed wegnimmt, das sie heimlich nehmen wollte, bittet ihn Iffi, doch bei ihr zu bleiben. Klaus ist hin- und hergerissen.

Buch: Maria Elisabeth Straub ■ Regie: Claus Peter Witt ■ Kamera: Jürgen Kerp ■ Redaktion: Gebhard Henke

601 Reifeprüfung

Iffi kreidet Klaus immer noch an, dass er letzte Woche nicht bei ihr geblieben ist. Immerhin begleitet Klaus sie heute zum Bus und wünscht ihr viel Glück für die mündlichen Abiturprüfungen. Da Iffi sich auf ein anderes Thema vorbereitet hat, fällt sie jedoch durch. Von einer Nachprüfung will sie nichts wissen. ■ Um die Räumlichkeiten kennen zu lernen, lässt sich der Killer Kiermeyer von Dressler untersuchen. Danach verabredet er einen Termin für die kommende Woche. Berta ahnt nicht, dass dies Dresslers Todestag werden soll. Während Sonia sich ein Alibi überlegt, versucht Tanja Näheres über Kiermeyers Pläne zu erfahren. ■ Nach einem üppigen Abschiedsfrühstück machen sich Erich, Pat und Tante Betty auf den Weg nach Irland. Abends stoßen Helga und Marlene auf die Abreise an. Helga ist entschlossen, die Woche ohne Erich richtig zu genießen.

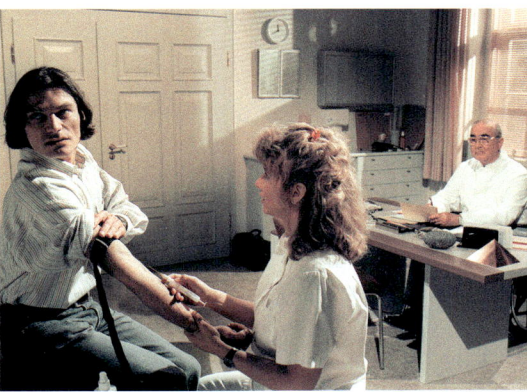

Buch: Maria Elisabeth Straub ■ Regie: Claus Peter Witt ■ Kamera: Jürgen Kerp ■ Redaktion: Gebhard Henke

602 | Reisen

Tanja überrascht Ludwig mit einer Spontanreise nach Griechenland. Während die beiden im Flugzeug sitzen, übergibt Sonia dem Auftragskiller die zweite Rate. Sie wähnt Ludwig bereits nicht mehr unter den Lebenden. Kiermeyer nimmt das Geld, erklärt, dass Ludwig gar nicht da war, und verschwindet. Auf Rhodos beichtet Tanja ihrem Mann den Mordplan. Dressler ist fassungslos. ■ Helga ist sauer. Erich bleibt wegen Problemen mit den Elektroleitungen länger in dem irischen Hotel. Ihr Ärger steigert sich, als sie von Dani, Klaus und Philipp vor die Tür gesetzt wird. Zudem versucht sie vergeblich, Erich zu erreichen. Als Tante Betty ihr mitteilt, er sei im Pub, legt sie wütend den Hörer auf. ■ Während Iffi nach London reist und nicht im Traum an eine Wiederholung der Abiturprüfung denkt, feiert Carsten im »Akropolis« sein bestandenes Examen.

Buch: Maria Elisabeth Straub ■ Regie: Claus Peter Witt ■ Kamera: Jürgen Kerp ■ Redaktion: Gebhard Henke

603 | Einsatz

Anna wirkt mit den Vorbereitungen für das Straßenfest überfordert. Trotz allem wird es ein großer Erfolg, und sie sammeln viele Unterschriften für das Bürgerbegehren. Abends wirft Anna ihrem Mann vor, sie zu oft allein zu lassen. Hans erklärt ihr, dass er seine Arbeit nicht vernachlässigen könne. ■ Während Tanja versucht, Ludwigs Vertrauen zurückzugewinnen, hat der an ihrem Geständnis zu knabbern. Am Strand kommt es zur Versöhnung zwischen ihnen. Tanja ist begeistert von der Idee, nach Rhodos überzusiedeln und Carsten die Praxis zu überlassen. ■ Gabi und Andy streiten über ein Besuchsrecht für Max. Angesichts Andys aggressiven Tons ergreift Gabi rasch die Flucht. Auch Phils Gesprächsversuch mit Andy endet im Desaster. Um ein Haar wäre dabei Cyril, Gabis Lieblingsfisch, auf der Strecke geblieben. Aber Phil kann ihn retten.

Buch: Maria Elisabeth Straub ■ Regie: Claus Peter Witt ■ Kamera: Jürgen Kerp ■ Redaktion: Gebhard Henke

604 | Matt

Anna fühlt sich ausgelaugt. Gabi kommt vorbei, sie will sich versöhnen. Aber Anna glaubt nicht, dass Phil sich geändert hat. Nach einem Schwindelanfall im Blumenladen bricht Anna in ihrer Küche zusammen. Der Notarzt gibt ihr etwas für den Kreislauf und verordnet ihr Ruhe. ■ Andy will um Max kämpfen. Aber sowohl sein Anwalt als auch Valerie raten ihm davon ab; das sei besser für Max. Im »Akropolis« betrinkt sich Andy und ist froh, als sich wenigstens Egon für Max interessiert. Er weiß nicht, wie es ohne Max weitergehen soll. ■ Olaf und Mary erhalten bei der Ausländerbehörde eine dreijährige Aufenthaltsgenehmigung für Mary. Im »Akropolis« unterhalten sich Mary und Vasily angeregt. Abends will Olaf von seiner Frau wissen, ob sie ihn mag. Er erklärt ihr, dass das Wort »platonisch« von den alten Griechen kommt. Mary blickt verträumt vor sich hin.

Buch: Maria Elisabeth Straub ■ Regie: Claus Peter Witt ■ Kamera: Jürgen Kerp ■ Redaktion: Gebhard Henke

605 Außer Kontrolle

Andy verpasst Max, der ihm ein Geschenk zum 50. Geburtstag bringen will. Traurig gibt Max stattdessen Rosi sein Präsent. Andy ist sehr betrübt, als er erfährt, dass Max schon weg ist. Anstatt zu feiern, betrinkt er sich mit Beate im »Akropolis«. ■ Im Botanischen Garten zögert Mary noch, sich Vasily anzuvertrauen. Aber während Olaf abends im »Akropolis« Karten spielt, erfährt Vasily im Blumenladen doch Marys ganze Geschichte. Sie werden dabei fast von Olaf erwischt, der auf der Suche nach neuen Spielkarten ist. Am späten Abend gesteht Mary ihrer Freundin Anna, dass sie sich in Vasily verliebt hat. Sie weiß nicht mehr ein noch aus. ■ Sarah fühlt sich benachteiligt und will Hans nicht länger als Vater akzeptieren. Sie möchte alles über ihren verstorbenen Vater Friedhelm wissen. Beim gemeinsamen Abendessen kommt es zum Streit.

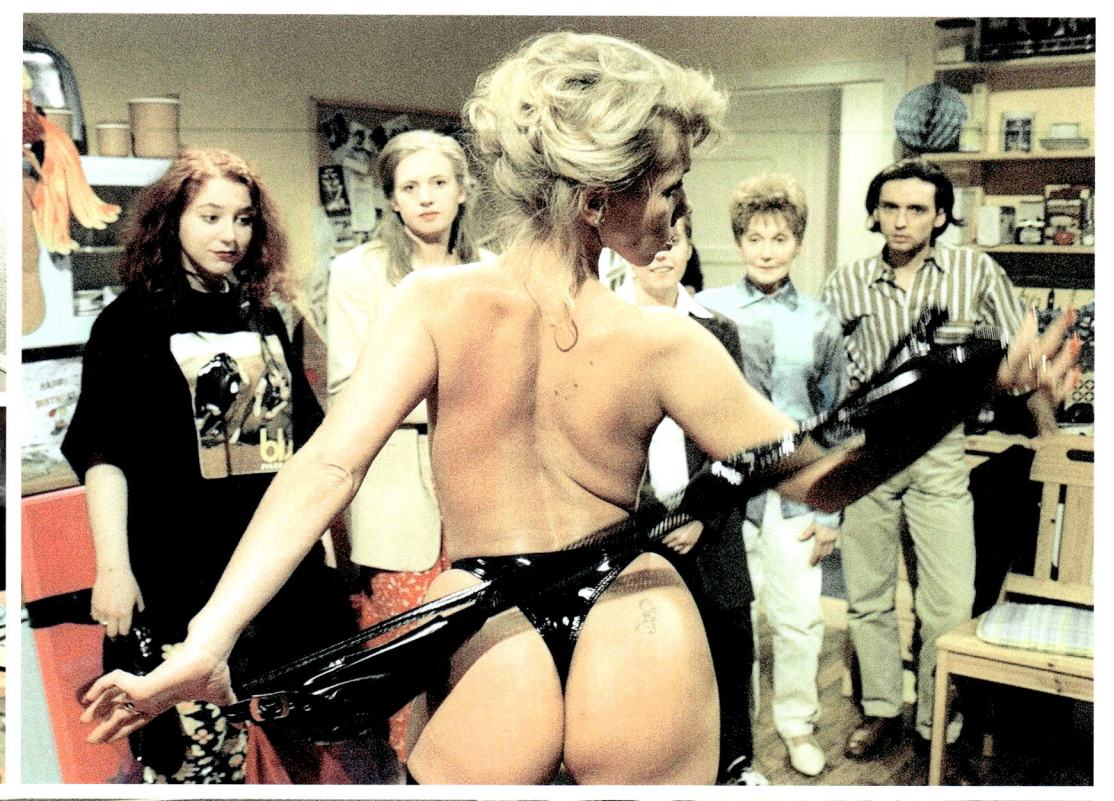

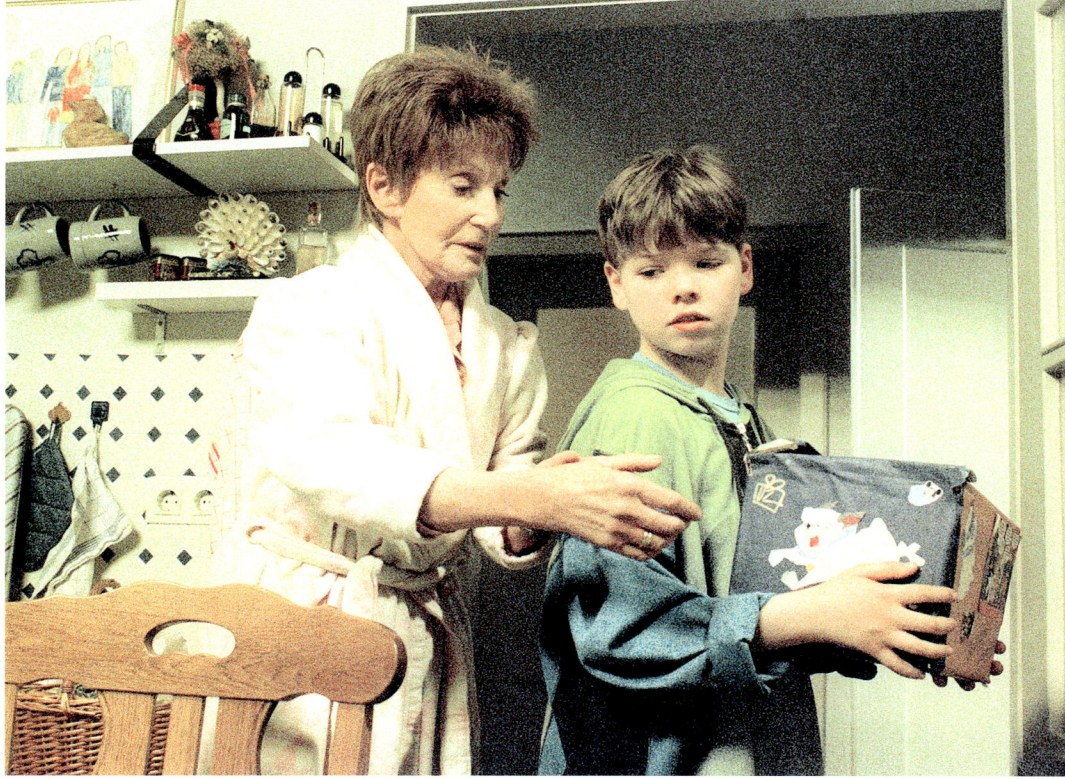

Buch: Hans W. Geißendörfer, George Moorse ■ Regie: Claus Peter Witt ■ Kamera: Jürgen Kerp ■ Redaktion: Gebhard Henke

606 — Flüstern und Schreie

13. JUL 97

Philipp hat sein Abitur bestanden. In der WG trifft Iffi auf Eva und Momo. Ein Streit zwischen Eva und Iffi wird handgreiflich; die beiden ohrfeigen sich. Abends versucht Iffi erneut, Klaus zu verführen, aber er lässt sich wieder nicht darauf ein. ■ Ängstlich versucht Mary, gegen ihre Gefühle anzukämpfen. Auch Vasily hat es schwer erwischt. Als Olaf mit Else ins Theater fährt, nutzen die beiden Verliebten die sturmfreie Wohnung. Aber Else und Olaf kommen früher zurück als geplant. Mitten im Liebesspiel steht Olaf plötzlich vor der Tür. Mary und Vasily schaffen es, Olaf abzulenken. Er bekommt nichts von dem Treiben mit. ■ Die Stimmung im »Casarotti« ist auf dem Nullpunkt. Fausto streitet in einem fort. Als Paolo kündigen will, tritt Isolde als Vermittlerin auf den Plan. Sie droht Fausto, ihn zu entlassen, wenn er sein Verhalten nicht ändert.

Buch: Hans W. Geißendörfer, George Moorse ■ Regie: Claus Peter Witt ■ Kamera: Jürgen Kerp ■ Redaktion: Gebhard Henke

607 | Der Ring

Damit Iffi ihr Vorstellungsgespräch im »Café Bayer« wahrnehmen kann, passt Dani auf Nico auf. Sie kann nicht verhindern, das Eva mit ihrem Enkel Eis essen geht. Während eines Spaziergangs nimmt Eva dem Kind etwas Blut ab. Derweil sucht Iffi ihren Sohn. Auf der Straße reißt sie Nico an sich. Es kommt zum Wortgefecht mit Eva. ■ Nachdem er Beate vor die Tür gesetzt hat, macht Carsten seinem Geliebten einen symbolischen Heiratsantrag. Theo nimmt an. Als Carsten jedoch wissen will, ob Theo ihn auch öffentlich heiraten würde, um für die Gleichstellung homosexueller Lebensgemeinschaften zu kämpfen, hält der seinen Verlobten für übergeschnappt. ■ Fausto und Paolo geraten erneut aneinander, und Isolde platzt der Kragen. Sie bietet Fausto an, das »Casarotti« zu pachten. Allerdings nur, wenn alle Mitarbeiter damit einverstanden sind.

Buch: Hans W. Geißendörfer, George Moorse ■ Regie: Claus Peter Witt ■ Kamera: Jürgen Kerp ■ Redaktion: Gebhard Henke

608 | Auf Grundeis

Eva triumphiert, weil der Bluttest Momos Vaterschaft eindeutig bewiesen hat. Iffi droht entrüstet mit einer Anzeige wegen Körperverletzung. Aber Momo versichert ihr, dass er seine Rechte nicht durchkämpfen wird. Langsam entspannt sich die Situation zwischen Iffi und Momo. Sie können sogar zusammen lachen. Momo hofft, dass sie es irgendwann schaffen werden, normal miteinander umzugehen. ■ Am Abend findet im »Akropolis« die Hochzeitszeremonie von Carsten und Theo statt. Beate katapultiert sich ins Aus, als sie erst Carstens Anzugsjacke mit Filzstift beschmiert und dann Wein über die Hose schüttet. Carsten wirft sie wütend aus der Wohnung. Die Party wird dennoch ein voller Erfolg. ■ Onkel Franz will zu Betty nach Irland fahren und erwartet von Helga und Erich ein kostenloses Ticket. Die beiden setzen den unverschämten Onkel vor die Tür.

Buch: Hans W. Geißendörfer, George Moorse ■ Regie: Claus Peter Witt ■ Kamera: Jürgen Kerp ■ Redaktion: Gebhard Henke

609 | Auf Gedeih und Verderb

Anna fährt zur Kur nach Wyk auf Föhr. Der Abschied fällt ihr schwer. Sarah, die bei Helga schläft, versucht sich abends unbemerkt aus dem Haus zu schleichen. Sie stolpert jedoch und reißt das Telefon herunter. Erschrocken will Helga wissen, was sie vor hat. Sarah verkündet, dass sie zu Anna fahren will. ■ Dressler erwischt Sonia, als sie sich in der Praxis einen Schuss setzt, und wirft sie hinaus. Aber Sonia startet einen Erpressungsversuch. Er soll ihr Stoff geben, ansonsten wird sie der Polizei von dem Mordplan berichten. Sie hat nichts zu verlieren. Ludwig hingegen riskiert, dass Tanja ins Gefängnis muss. ■ Iffi und Klaus flirten heftig miteinander. Philipp erzählt, dass sein Verweigerungsantrag nun doch anerkannt wird. Dani bringt aus der Disco einen roten Koffer mit. Nach dem Versuch, ihn zu öffnen, versteckt sie ihn unter ihrem Bett.

Buch: Hans W. Geißendörfer, George Moorse ■ Regie: Claus Peter Witt ■ Kamera: Jürgen Kerp ■ Redaktion: Gebhard Henke

610 | Flöhe hüten

10. AUG 97

Hajo nimmt einen großen Modellbau-Auftrag an, der ihm 30.000 Mark einbringt. Leider muss er dafür erstmal auf die geplante Mexikoreise mit Berta verzichten. Berta ist entrüstet und sieht nicht ein, die Reise zu verschieben. Hajo und sie brauchen dringend Zeit für sich. Schließlich verkündet sie, dass sie allein nach Mexiko will. Hajo ist fassungslos. ■ Dani ist verreist. Klaus, Philipp und Iffi beratschlagen, ob sie den ominösen roten Koffer öffnen sollen oder nicht. ■ Hans hat es in der vergangenen Woche geschafft, Sarah zum Bleiben zu bewegen. Nachdem er ihr ausführlich Friedhelms wahre Geschichte erzählt, gibt sie ihren Widerstand gegen Hans auf. ■ In Irland feiern Tante Betty und Onkel Franz ausgelassen in einem Pub. Das fröhliche Treiben endet abrupt. Tante Betty fällt beim Tanz tot um. Aufgelöst verständigt Onkel Franz seine Nichte.

Buch: Hans W. Geißendörfer, George Moorse ■ Regie: Claus Peter Witt ■ Kamera: Jürgen Kerp ■ Redaktion: Gebhard Henke

611 | Feuer

17. AUG 97

Obwohl er alles versucht, kann Hajo die geplante Abreise seiner Frau nach Mexiko nicht verhindern. Berta fährt ohne ihn. Derweil begleitet Else einen Elektriker durch alle Wohnungen. Der interessiert sich sehr für den roten Koffer in der WG. Er hätte ihn gern als Geschenk für seine Tochter. ■ Rosi ist aufgeregt. Sie hat ein Auge auf Pastor Traube geworfen und ihn zum Kaffeetrinken eingeladen. Das Treffen wird gestört, als Wanda Insulinspritzen für Paula holt. Wanda und der Pfarrer mögen sich auf Anhieb, was Rosi offensichtlich missfällt. Unter vier Augen macht sie Wanda heftige Vorwürfe. ■ Schock für Helga und Erich: Ihr Hotel in Irland ist abgebrannt, und Onkel Franz wird vermisst. Pat hält die beiden telefonisch auf dem Laufenden. Als sie spät am Abend noch einmal anruft, befürchtet Helga, dass sie Onkel Franz' Tod mitteilen will.

Buch: George Moorse ■ Regie: Dominikus Probst ■ Kamera: Kurt Mikler ■ Redaktion: Gebhard Henke

612 | Asche

Philipps Wehrdienst-Verweigerung wurde anerkannt und er hat eine Zivildienststelle gefunden. Dani ist aus dem Urlaub zurück. Mit ihren Mitbewohnern erfährt sie aus der Zeitung, dass der Besitzer des roten Koffers ermordet wurde. Dani, Klaus und Philipp beschließen, den Koffer zu öffnen. Darin sind lauter Geldscheine. ■ Erich, Pat und Onkel Franz kehren aus Irland zurück. Onkel Franz hatte nicht mitbekommen, dass er gesucht wurde und saß seelenruhig in einem Pub. Helga registriert entsetzt Erichs Vorhaben, das abgebrannte Hotel wieder aufzubauen. ■ Gabi unterbindet den Kontakt zwischen Andy und Max. Max büxt aus und will bei Andy wohnen. Das kann Gabi nicht dulden. Gemeinsam mit Phil holt sie Max wieder ab. Valerie bittet ihren Vater, mit Boris zu reden. Da Valerie immer noch nicht schwanger ist, soll Boris sein Sperma untersuchen lassen.

Buch: George Moorse ■ Regie: Dominikus Probst ■ Kamera: Kurt Mikler ■ Redaktion: Gebhard Henke

613 | Qualm

Rosi schafft es nicht, Pastor Traube und Wanda voneinander fernzuhalten. Der Pfarrer lädt Wanda zum Abendessen ins »Akropolis« ein. Rosi ist wütend. ■ Andy redet Boris wegen des Spermatests ins Gewissen. Boris windet sich, denn der ganze Vorgang ist ihm unangenehm. Andy wird von Gabi ins Krankenhaus gerufen. Max hat eine schwere Hirnhautentzündung und schwebt in Lebensgefahr. Iffi versucht Andy zu trösten, der um Max' Leben bangt. ■ Dani, Klaus und Philipp beratschlagen, was mit den 735.000 Mark aus dem Koffer geschehen soll. Während Philipp das Geld zur Polizei bringen will, schlägt Klaus vor, es zu verbrennen. Einzig Dani will das Geld behalten. Philipp will sich gerade durchsetzen und das Geld zur Polizei bringen, als es klingelt. Die drei haben Angst, dass der Mörder des Kofferbesitzers vor der Tür steht, und machen nicht auf.

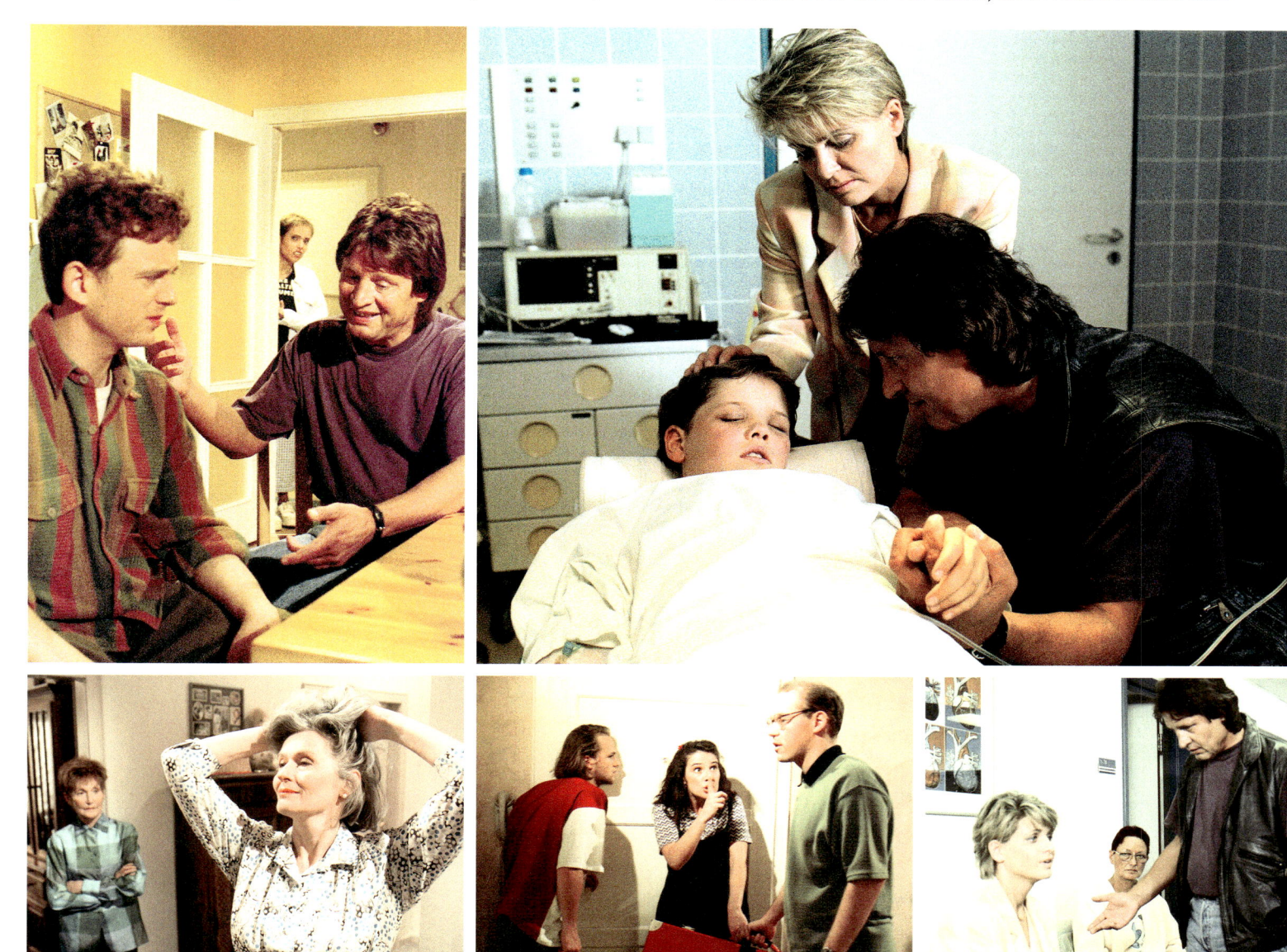

Buch: George Moorse ■ Regie: Dominikus Probst ■ Kamera: Kurt Mikler ■ Redaktion: Gebhard Henke

614 | Millionen

7. SEP 97

Tante Bettys Testamentseröffnung wird für Erich zum Alptraum. Entsetzt vernimmt er, dass nicht er, sondern Pat als alleinige Erbin eingesetzt wurde. Erich geht leer aus. Damit aber nicht genug. Pat verlangt, dass Erich und Helga ihre Schulden, die sie bei Tante Betty hatten, nun bei ihr abtragen. Die beiden sind fassungslos. ■ Liebevoll kümmert sich Andy um den schwerkranken Max. Damit Max ihn immer erreichen kann, schenkt er ihm ein Handy. Mit Phil und Gabi kommt es deswegen zum Streit. Andy verkündet, dass er die Scheidung eingereicht hat und um das Sorgerecht für Max kämpfen will. ■ Vasily hat die Einbürgerung beantragt. Seine Eifersucht auf Olaf, der mit Mary zusammen leben darf, wird größer. Mary kann sich jedoch frühestens in drei Jahren von Olaf scheiden lassen. Sie stellt Vasily vor die Wahl, abzuwarten oder sich zu trennen.

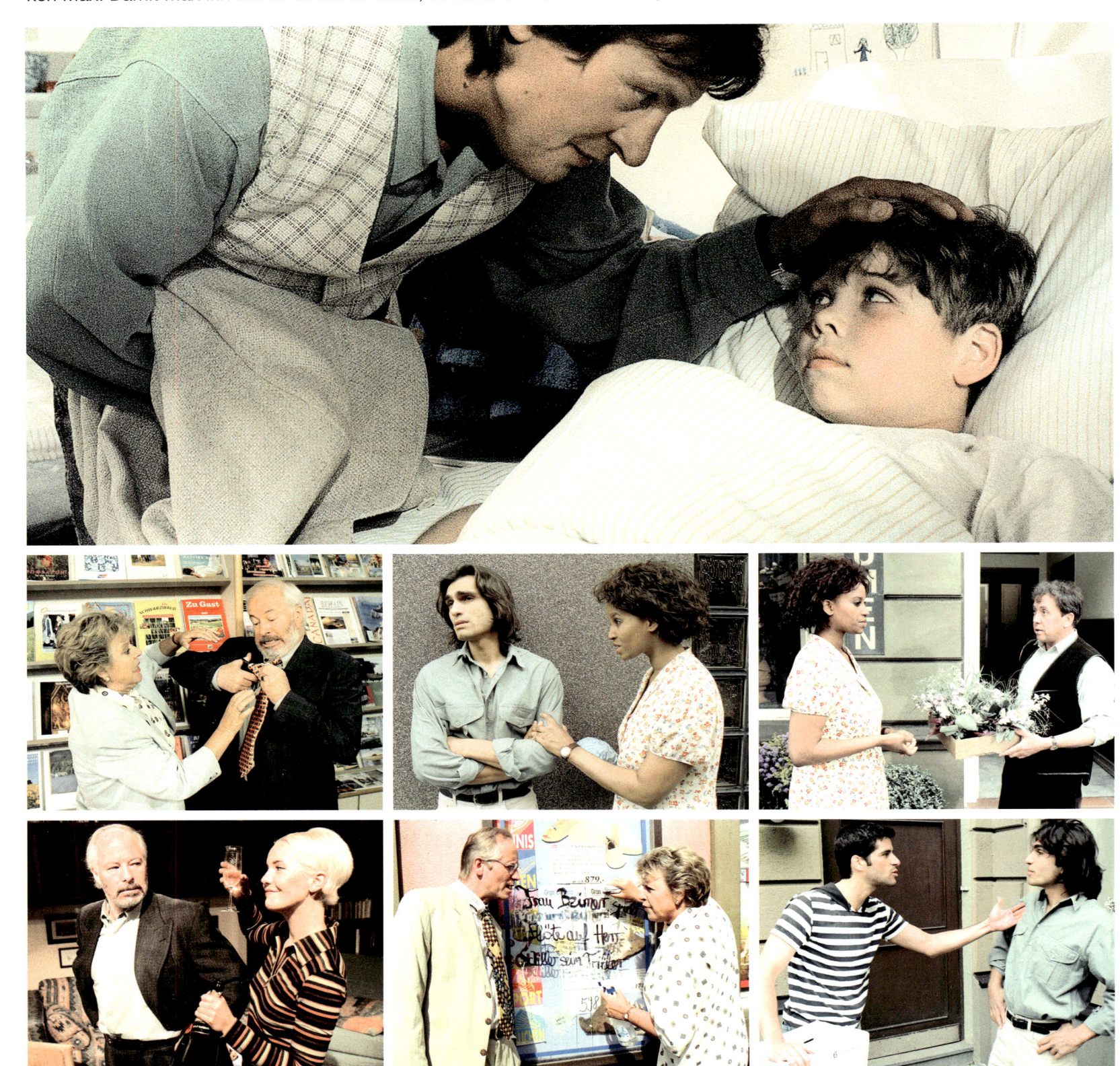

Buch: Martina Borger ■ Regie: Dominikus Probst ■ Kamera: Kurt Mikler ■ Redaktion: Gebhard Henke

615 | Nattern

14. SEP 97

Endlich bricht Pat ihre Zelte bei Helga und Erich ab. Die Freude hält sich allerdings in Grenzen, denn die beiden sind wegen der monatlichen Ratenzahlungen an Pat in finanzielle Bedrängnis geraten. Die Lösung zur Absicherung des Reisebüros sieht Helga in einem nachträglichen Ehevertrag. Erich ist fassungslos über diesen Vorschlag. Es kommt zum Streit, und Erich meint wütend, dann könne man sich ja gleich scheiden lassen. ■ Andy begleitet Boris zum Urologen. Boris geniert sich zunächst, liefert dann aber doch eine Spermaprobe. Währenddessen flirtet Andy mit der Sprechstundenhilfe. ■ Ludwig ist glücklich. Er fährt zurück zu Tanja nach Rhodos. Unbekümmert lässt er Carsten allein in der Praxis. Carsten hat ein ungutes Gefühl, denn eigentlich darf er ohne Dressler nicht praktizieren. Genau das wirft ihm Corinna bei einem Streit auch vor.

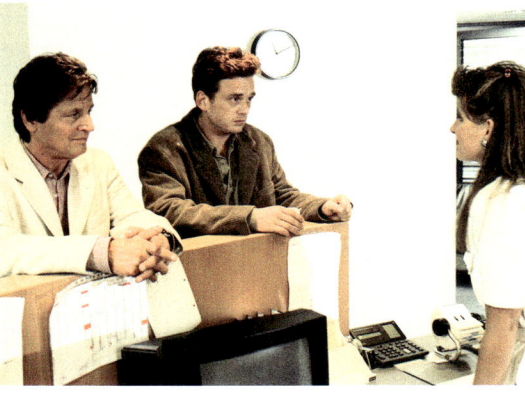

Buch: Martina Borger ■ Regie: Dominikus Probst ■ Kamera: Kurt Mikler ■ Redaktion: Gebhard Henke

616 | Teilhaber

Bei Helga und Erich hängt der Haussegen schief. Erich trifft sich mit Geschäftspartner W. Snyder. Helga weiß nicht, dass es sich um eine Frau handelt. Die beiden haben mit dem Geld der Versicherung den Hotelneubau bereits in die Wege geleitet. Helga hingegen sagt Erich, dass sie das Hotel verkaufen wollen. ■ Berta ist aus Mexiko zurück. Hajos Freude weicht, als er ein Buch mit Widmung eines gewissen Otmar Kirsch entdeckt. Nachdem ein fremder Mann Hajo dann am Telefon Bertas Namen ins Ohr säuselt, will er mit Berta reden. Aber die schläft schon. ■ Elena bittet Vasily, nach Griechenland zu kommen. Panaiotis hatte einen Herzanfall. Da Vasily fahnenflüchtig ist, darf er griechischen Boden nicht betreten. Mary versucht deshalb, Vasily von einem Flug in sein Heimatland abzubringen. Schließlich gesteht sie ihm, dass sie ein Kind von ihm erwartet.

Buch: Martina Borger ■ Regie: Dominikus Probst ■ Kamera: Kurt Mikler ■ Redaktion: Gebhard Henke

617 | Selbstbedienung

Hajo und Berta sind wie frisch verliebt. Gemeinsam schauen sie die Reisefotos aus Mexiko an. Hajo fällt mehrfach Herr Kirsch auf. Er macht sich über dessen Toupet lustig. Als Hajo just jenen Mann wenige Stunden später an der Bushaltestelle in der Lindenstraße erblickt, wird er stutzig und stellt Berta zur Rede. Berta hatte in Mexiko tatsächlich eine Affäre. Es kommt zu einem handfesten Streit. ■ Philipp bekommt mit, wie Dani einige Geldscheine aus dem roten Koffer nimmt. Dabei hatten sie vereinbart, das Geld auf keinen Fall anzurühren. Klaus dagegen meint, man könne ruhig einige Scheine ausgeben. ■ Gute Nachrichten aus Griechenland: Panaiotis ist nach einer Bypass-Operation auf dem Weg der Besserung. Mary dagegen geht es schlecht. Sie kämpft mit Übelkeit. Zudem rät ihr Anna, das Kind abzutreiben. Doch davon will Vasily nichts wissen.

Buch: Martina Borger ■ Regie: Dominikus Probst ■ Kamera: Kurt Mikler ■ Redaktion: Gebhard Henke

618 Wunschträume

Hans spricht mit Vasily über eine Abtreibung, aber der ist total dagegen. Während Olaf unterwegs ist, soll Mary den Laden hüten. Sie nutzt jedoch die Gunst der Stunde, um mit Vasily zu sprechen. Als sie zurückkommt, ist Olaf schon wieder da. Er glaubt, dass Mary noch ein Verhältnis mit Boris hat und ohrfeigt sie. ■ Im Hause Griese/Scholz herrscht Krisenstimmung. Berta flüchtet in die Arbeit, die jedoch wegen Corinnas Streitereien mit Carsten kein Vergnügen ist. In verwahrlostem Zustand taucht Beate auf. Carsten lädt sie ein, sich für einige Tage bei ihm zu erholen. ■ Pats Abreise nach Kanada steht bevor. So startet sie eine Abschiedstour. Doch weder Vasily noch Klaus sind an ihrem Besuch interessiert. Nur Andy zeigt sich entgegenkommend. Mitten ins gemütliche Beisammensein aber platzt Gabi. Max isst nicht mehr, da er zu Andy ziehen will.

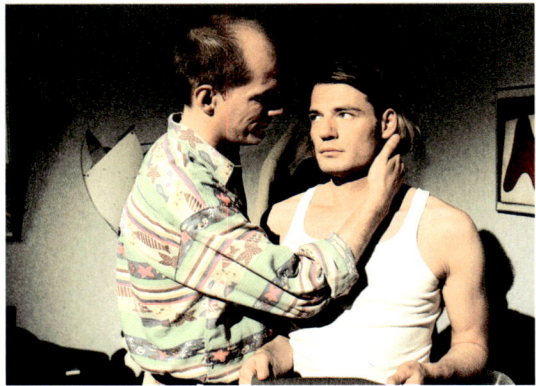

Buch: Martina Borger ■ Regie: Dominikus Probst ■ Kamera: Kurt Mikler ■ Redaktion: Gebhard Henke

619 | Giftmischer

Max ist noch immer im Hungerstreik. Und das, obwohl er wie verlangt wieder bei Andy wohnt. Als Gabi später Max abholen will, spricht Andy mit ihr. Damit hat Max bereits einen Teilerfolg erreicht. ■ Hajo hat noch immer an Bertas Seitensprung zu knabbern. Er will keine Erklärungen mehr hören. Schließlich reicht es Berta. Sie schlägt vor, dass er vorübergehend auszieht. Hajo packt tatsächlich seine Sachen. Beim Verlassen der Wohnung sagt er Berta, dass sie einen wie ihn kein zweites Mal finden wird. Berta antwortet nicht darauf. ■ Corinna belauscht ein Gespräch zwischen Carsten und Ludwig. Da er als Arzt im Praktikum nicht allein praktizieren darf, bittet Carsten seinen Stiefvater, die Praxis während der Griechenlandbesuche zu schließen. Aber Ludwig bleibt hart. Wenn es Carsten nicht passt, muss er sich eine andere Praktikumsstelle suchen.

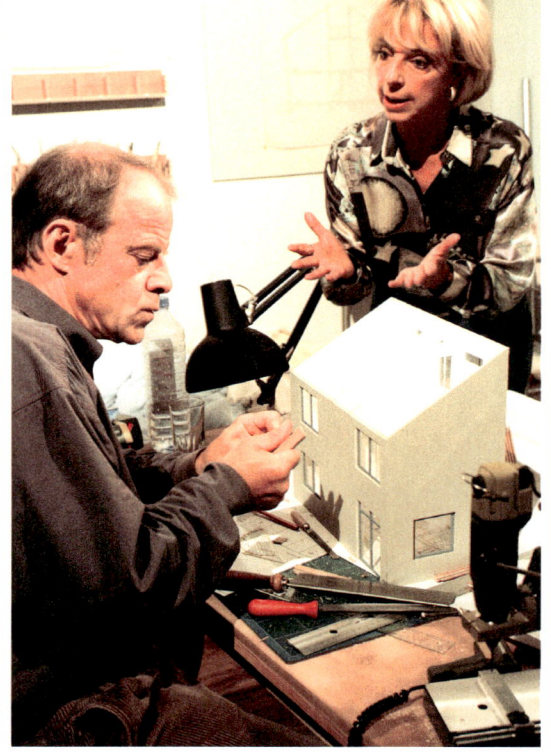

Buch: Martina Borger ■ Regie: Dominikus Probst ■ Kamera: Kurt Mikler ■ Redaktion: Gebhard Henke

620 Dolce vita

19. OKT 97

Max ist hin- und hergerissen. Ist er bei seiner Mutter, vermisst er Andy. Besucht er Andy, fehlt ihm Gabi. Am liebsten wäre er bei beiden zugleich. Andy erklärt ihm, dass das leider nicht geht.
■ Klaus entzieht sich mit einer Krankschreibung seinem Musterungstermin. Mit seinen Mitbewohnern beschließt er, das Geld aus dem roten Koffer aufzuteilen. Während Philipp mit dem Geld Momo unter die Arme greifen will, gehen Dani und Klaus ausgiebig einkaufen. Abends kommt Helga vorbei und entdeckt zufällig herumliegendes Kokain. Misstrauisch fragt sie, was es mit dem weißen Pulver auf sich hat. ■ Erich will nach Irland reisen, ohne dass Helga Verdacht schöpft. Er bittet W. Snyder, ihn wegen eines potenziellen Käufers nach Irland zu beordern. Helga ahnt nicht, dass Erichs Protest nur gespielt ist und redet ihm zu, so schnell wie möglich abzureisen.

Buch: Martina Borger ■ Regie: Dominikus Probst ■ Kamera: Kurt Mikler ■ Redaktion: Gebhard Henke

621 | In flagranti

Mary gibt einen Arzttermin vor, um sich mit Hans und Vasily wegen der Trennung von Olaf zu besprechen. Leider ruft Olaf beim Arzt an. Als er auch Boris nicht erreichen kann, wird er wütend. Bei Marys Rückkehr zerrt er sie ungehalten aus dem Laden. Carsten kommt vorbei und droht Olaf mit der Polizei. Der hält Marys Handgelenk weiter fest umklammert. ■ Helga hat Klaus zwar geglaubt, dass es sich bei dem Kokain um Milchpulver handelt, bittet Hans aber dennoch, mit Klaus zu sprechen. Der erklärt, dass Helga ihn nervt. Abends wartet Klaus mit Champagner und Kokain auf, um Iffi zu imponieren. ■ Ludwig sucht nun doch einen Stellvertreter. Rosi kommt mit gebrochenem Handgelenk in die Praxis. Carsten will sie zum Röntgen ins Spital überweisen, aber das will Rosi auf keinen Fall. Schließlich lässt Carsten sich überreden, den Arm selbst zu behandeln.

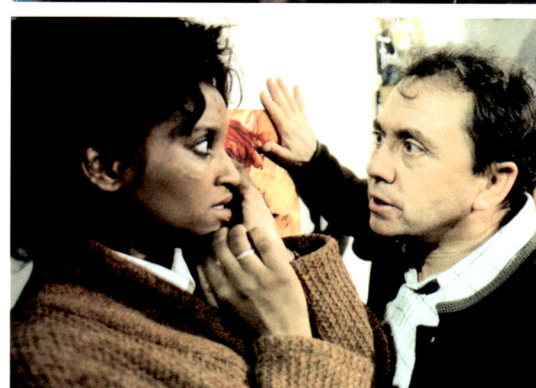

Buch: Martina Borger ■ Regie: Dominikus Probst ■ Kamera: Kurt Mikler ■ Redaktion: Gebhard Henke

622 | Canossagang

Mary und Vasily müssen sich verstecken. Sie werden vorübergehend zu einem Freund ziehen. Vasily spricht mit seiner Mutter über Mary. Er erzählt ihr alles und gibt ihr die Adresse, wo er in nächster Zeit zu erreichen sein wird. Derweil spricht Hans mit dem völlig geschockten Olaf und eröffnet ihm, dass Mary ihn wegen Vasily verlässt. Nachdem Olaf sich ein wenig von dem Schock erholt hat, bittet er Olli, ihm eine Waffe zu besorgen. ■

Paolo berichtet Isolde von der zugespitzten Lage im »Casarotti«. Es reicht ihm endgültig. Er kündigt. ■ Urszula bietet Beate einen Job an. Nachdem sie erst ablehnt, entscheidet sie sich doch dafür, in den Salon zurückzukehren. Isolde hingegen steckt in einer Sinnkrise. Sie fühlt sich allein und sieht keinen Grund, warum sie weiterleben sollte. Beate spricht ihr Mut zu und meint, sie brauche wieder eine Aufgabe.

Buch: Martina Borger ■ Regie: Dominikus Probst ■ Kamera: Kurt Mikler ■ Redaktion: Gebhard Henke

623 | Scheiden tut weh

9. NOV 97

Else und Egon werden nach 45 Ehejahren geschieden. Mit erstarrten Gesichtszügen gibt Else ihrem nunmehr Ex-Mann den Ehering zurück. Egon dagegen ist euphorisch. Er will Isolde zum Frühstück einladen, aber die lehnt dankend ab. ■ Wie versprochen besorgt Olli eine Pistole. Wenig später wird Hans von Olaf auf der Straße um ein letztes Gespräch mit Mary gebeten. Abends kommen Hans, Mary und Vasily zu Olaf. Olaf redet vergeblich auf Mary ein. Als Vasily das Gespräch für beendet erklärt, kommt es zur Katastrophe. Olaf zückt die Pistole. Während Vasily sie ihm abnehmen will, löst sich ein Schuss. Mary ist starr vor Schreck. ■ Isolde hat sich Beates Rat zu Herzen genommen. Sie kündigt Urszula den Pachtvertrag für den Salon. Das war nicht in Beates Sinn, aber Isolde besteht darauf, dass auch sie das Recht auf eine befriedigende Beschäftigung hat.

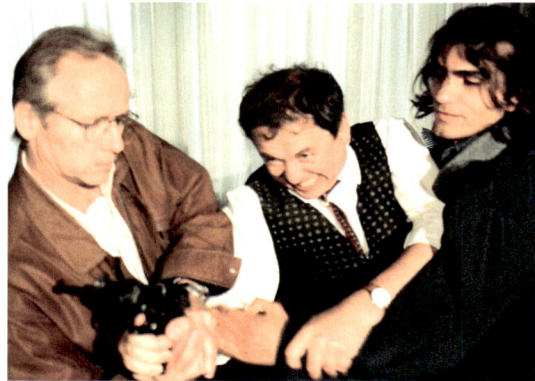

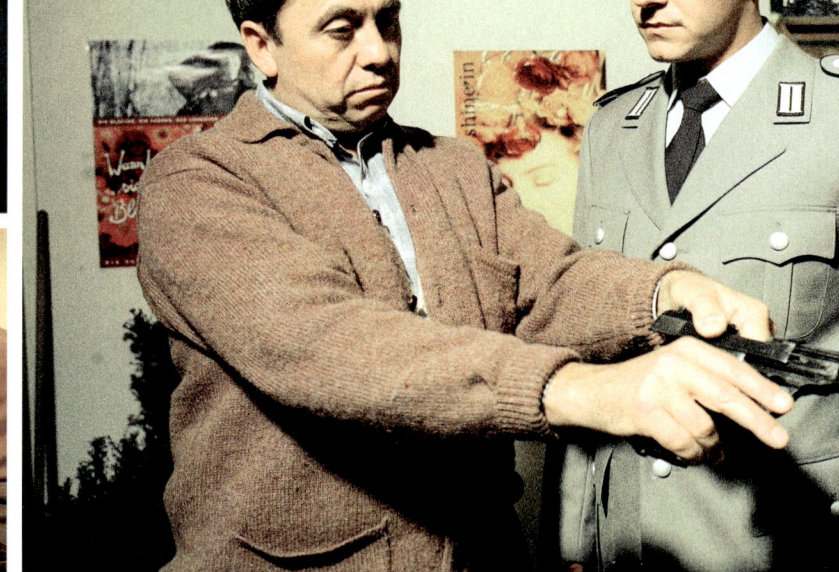

Buch: Martina Borger ■ Regie: George Moorse, Dominikus Probst ■ Kamera: Kurt Mikler ■ Redaktion: Gebhard Henke

624 Rache ist süß

16. NOV 97

Mary hat glücklicherweise nur einen Streifschuss abbekommen. Olaf bedankt sich bei Anna, dass sie ihn nicht angezeigt hat. Vasily ruft Mary an, weil er sie sehen möchte. Ängstlich mahnt Mary zur Vorsicht. ■ Helga möchte an Bennys Todestag mit Klaus zum Friedhof gehen. Aber der will das Grab lieber mit Dani und Philipp besuchen. Hans lädt Helga und Erich zum Abendessen ein. Aber Erich ist bereits verabredet. Während Helga abends bei Hans und Anna sitzt, vergnügt er sich mit Winifred in einem Restaurant. ■ Dr. Dagdelen stellt sich als Vertretungsarzt vor. Ludwig diagnostiziert, dass Rosis Handgelenk falsch zusammen gewachsen ist. Unter vier Augen macht er Carsten deswegen Vorwürfe. Nach Feierabend kündigt Corinna am Telefon an, dass sie Carsten die Approbation verbauen will. Sie wird ihn wegen des Kunstfehlers bei der Ärztekammer anzeigen.

Buch: Martina Borger ■ Regie: George Moorse, Dominikus Probst ■ Kamera: Kurt Mikler ■ Redaktion: Gebhard Henke

625 | Im Glashaus

23. NOV 97

Tenge-Wegemann berichtet von Corinnas Anzeige. Wütend will Carsten sie entlassen. Dagdelen versucht erfolglos, zu vermitteln. Rosis Handgelenk muss gebrochen werden, damit es wieder richtig zusammenwachsen kann. Sie gibt aber Carsten keine Schuld. ■ Marys und Vasilys Situation spitzt sich zu. Olaf und Else werden nicht müde, Lügen über Mary zu verbreiten. Olaf legt sogar einem befreundeten Richter, den er aus dem »Alpenverein« kennt, Marys Abschiebung nahe. Der Richter fühlt sich erpresst, hat aber kein Interesse daran, dass sein Freizeitvergnügen publik gemacht wird. Derweil teilt Vasily seiner entsetzen Mutter mit, dass er das »Akropolis« verpachten und mit Mary nach Emmendingen gehen will. ■ Beate wird wieder einmal von Carsten hinausgeworfen. Sie zieht in den Waschkeller. Dort stört sie jedoch Traube und Wanda bei einem Tête-à-tête.

Buch: Maria Elisabeth Straub ■ Regie: George Moorse ■ Kamera: Kurt Mikler ■ Redaktion: Gebhard Henke

626 | Morgenröte

30. NOV 97

Anna und Hans feiern den gewonnenen Bürgerentscheid. Auch Vasily und Mary sind guter Dinge. Vasily hat eine Wohnung und einen Job in Emmendingen gefunden. Glücklich erzählen sie Hans, dass Olaf der Trennung zugestimmt hat. Sie ahnen nicht, dass der mit Richter Walden einen miesen Plan aushecht. ■ Isolde feiert einen der traurigsten Geburtstage ihres Lebens. Außer dem verliebten Egon denkt niemand an sie. Seine Einladung ins »Akropolis« schlägt sie aber aus. ■ Erich will nach Irland fliegen, um Snyder wegen des angeblich verpatzten Hotelverkaufs zur Rede zu stellen. Abends gibt er vor, zum Stammtisch zu gehen, trifft sich jedoch mit Winifred. Derweil besucht Helga ihren genervten Sohn in der WG. Frustriert sucht sie ihren Gatten im »Akropolis«. Dort aber ist er nicht. Helga will wissen, was Egons hämisches Grinsen zu bedeuten hat.

Buch: Maria Elisabeth Straub ■ Regie: George Moorse ■ Kamera: Kurt Mikler ■ Redaktion: Gebhard Henke

627 | Retour

7. DEZ 97

Helga ist beruhigt. Angeblich hat Erich vergangene Woche nur ihr Weihnachtsgeschenk besorgt. Überraschend taucht Helgas Verehrer Lösch auf und lädt sie in die Operette und zum Abendessen ein. Eifersüchtig wartet Erich mit dem selben Programm auf. ■ Mary und Vasily sind glücklich. Alles scheint sich zum Guten zu wenden. Abends geschieht jedoch das Unfassbare. Die Polizei holt Mary ab. Sie soll sofort nach Nigeria abgeschoben werden. Vasily versucht mit aller Kraft, die Abschiebung zu verhindern. Spät kommt er vom Flughafen zurück und berichtet verzweifelt, dass er nichts für Mary tun konnte. ■ Max' einziger Weihnachtswunsch ist, das Fest gemeinsam mit Gabi und Andy zu feiern. Andy erklärt ihm, dass das nicht geht. Als Rosi ihrem Schwiegersohn freudestrahlend erzählt, dass Phil ihr die Miete erlassen hat, setzt er sie entnervt vor die Tür.

Buch: Maria Elisabeth Straub ■ Regie: George Moorse ■ Kamera: Kurt Mikler ■ Redaktion: Gebhard Henke

628 | Hinterm Mond

14. DEZ 97

Nachdem ihr sowohl Dr. Dagdelen als auch Egon von der Salonübernahme abraten, nimmt Isolde von ihrem Plan Abstand. Sie überrascht Urszula mit einer Pachtverlängerung. ■ Gabi hat beschlossen, dass sie Weihnachten mit Max und Andy verbringen will. Andy gerät trotzdem in ein Wortgefecht mit ihr, und Max flieht weinend zu Rosi. ■ Olaf versucht vergeblich, Richter Walden zu erreichen. Währenddessen erfährt Vasily beim Ausländeramt, dass Marys Abschiebung zwar illegal war, er aber trotzdem nicht mit Hilfe rechnen kann. Daraufhin beschließt er, selbst nach Nigeria zu fliegen. Als Egon von Olafs Tat erfährt, entschuldigt er sich bei Vasily für seinen Sohn. Olaf kommt kurz darauf ins Lokal, da stürzt sich Vasily auf ihn. Egon geht zwar dazwischen, aber nur um Olaf selbst zu verprügeln. Anschließend sagt er sich für immer von seinem Sohn los.

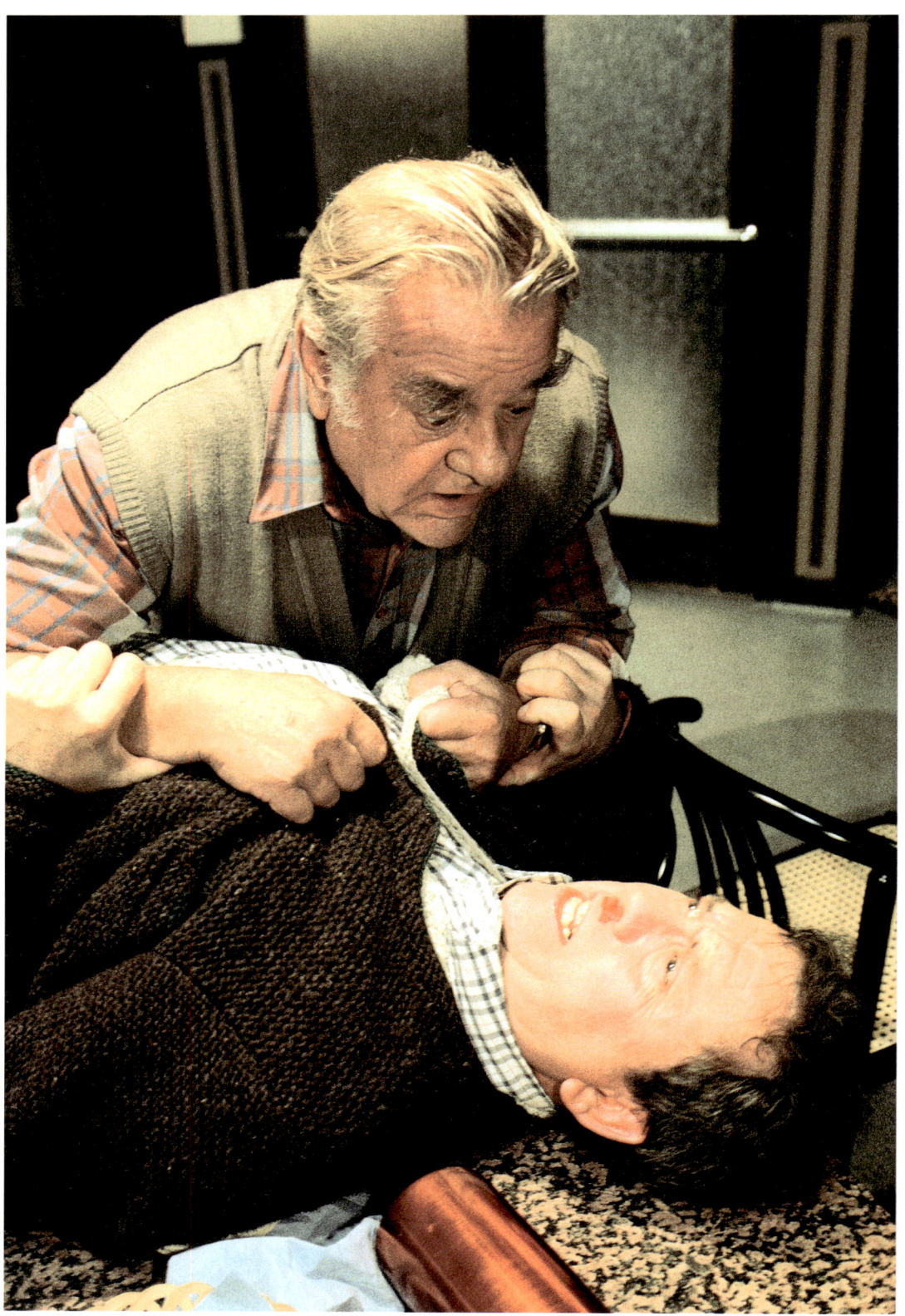

Buch: Maria Elisabeth Straub ■ Regie: George Moorse ■ Kamera: Kurt Mikler ■ Redaktion: Gebhard Henke

629 | Schatten

21. DEZ 97

Olaf beobachtet Vasilys Abreise nach Nigeria. Der will dort nach Mary suchen. Nachdem Olafs Versöhnungsversuch mit Egon scheitert, bespricht er mit Richter Walden die Scheidungsmodalitäten. ■ Dressler und Tanja kehren von Rhodos zurück. Bei einem zufälligen Treffen macht Sonia ihrer Ex-Geliebten heftige Vorwürfe. Kurz darauf sucht sie Tanja in der Wohnung auf, und die beiden sprechen sich aus. Aber abends taucht Sonia erneut auf. Sie droht, sich den »Goldenen Schuss« zu setzen, wenn Tanja nicht sofort zu ihr zurückkehrt. ■ Helga ist entschlossen, nach Irland zu fliegen, um den Grundstücksverkauf selbst in die Hand zu nehmen. Erich kann die Reise in letzter Sekunde verhindern. Pat kommt und fordert ihr Geld ein. Abends wird Erich von Winifred mit der Aussicht getröstet, dass er Helga Ende nächsten Jahres ein neues Hotel präsentieren kann.

Buch: Maria Elisabeth Straub ■ Regie: George Moorse ■ Kamera: Kurt Mikler ■ Redaktion: Gebhard Henke

630 | Süßer die Glocken...

28. DEZ 97

Klaus geht seiner Mutter konsequent aus dem Weg. Aus Sorge lässt Helga die WG-Tür vom Schlüsseldienst öffnen und überrascht Dani, Klaus und Philipp in der Badewanne. Klaus flippt aus und macht ihr schwere Vorhaltungen. Onkel Franz tröstet seine weinende Nichte und bietet an, mit Klaus zu sprechen. Dafür will er eine Woche bei ihr wohnen. Helga zögert. ■ Anna und Hans träumen vom eigenen Haus und überlegen einen Sparplan.

Hans erfährt telefonisch, dass Vasily in Nigeria noch nicht weitergekommen ist. ■ Ludwig und Tanja haben neben Carsten und Theo auch Tenge-Wegemann samt Gattin zum Essen eingeladen. Sonia trübt die anfangs heitere Stimmung, indem sie Intimitäten über sich und Tanja ausplaudert. Tenge-Wegemann und seine Gattin gehen daraufhin. Tanja entschuldigt sich bei Ludwig: Sie könne Sonia nicht die Stirn bieten.

Buch: Maria Elisabeth Straub ■ Regie: George Moorse ■ Kamera: Kurt Mikler ■ Redaktion: Gebhard Henke

631 | Frisch gewagt

4. JAN 98

Andy beginnt das neue Jahr mit Rita. Als die beim Brunch mit Gabi zusammentrifft, kommt es zum Streit. Entgegen aller Absprachen will Gabi ihren Sohn nun keinesfalls bei Andy lassen. Der rastet aus, und Max verzieht sich zu Rosi. ■ Anna und Hans starten ihr Sparprogramm. Um die Heizkosten zu drosseln, werden als erstes Wohnsäcke angezogen. Helga kommt vorbei. Sie macht sich weiter Sorgen um Klaus. Hans aber hält zu seinem Sohn. Als Vasily abends unerwartet vor der Tür steht, stürmt Anna auf ihn zu und will wissen, ob er Mary lebend gefunden hat. ■ Onkel Franz macht sich in der WG nützlich. Während Klaus zunehmend genervt ist, haben Dani und Philipp nichts gegen seine Anwesenheit. Abends treffen sich die drei mit Eva und Momo. Momo verkündet, dass er die Fotografenlehre nicht beginnen, sondern wieder als Fahrradkurier arbeiten will.

Buch: Maria Elisabeth Straub ■ Regie: George Moorse ■ Kamera: Kurt Mikler ■ Redaktion: Gebhard Henke

632 | Verschnupft

11. JAN 98

Max ist nicht aus der Schule zurückgekehrt. Andy macht sich auf die Suche. Erst glaubt er, dass Gabi dahinter steckt, aber die streitet es ab. Bei einer Krisensitzung geben sich Andy, Gabi und Phil gegenseitig die Schuld an Max' Verschwinden. Andy verdächtigt Phil, seinen Sohn entführt zu haben. Gabi nimmt ihren Geliebten in Schutz. Sie kann aber Andys Frage, warum sie sich so sicher ist, nicht beantworten. ■ Theo hat ein Vorstellungsgespräch in Gera. Carsten ist entsetzt, als er nachschaut, wo Gera liegt. Sie werden dann eine Wochenend-Beziehung führen müssen. Käthe und Beate hingegen plädieren dafür, das Angebot anzunehmen: Käthe, weil er in Carsten verliebt ist, und Beate, weil sie einen Schlafplatz braucht. ■ Hans hat sich durchs Sparprogramm eine Erkältung zugezogen. Vasily berichtet ihm vom Umgang mit Abschiebehäftlingen in Nigeria.

Buch: Maria Elisabeth Straub ■ Regie: George Moorse ■ Kamera: Kurt Mikler ■ Redaktion: Gebhard Henke

633 | Letzte Runde

18. JAN 98

Noch immer ist Max spurlos verschwunden. Andy bezichtigt weiterhin Phil als Drahtzieher. Als Gabi von Phil wissen will, ob er wirklich nichts damit zu tun hat, ohrfeigt der sie. Gabi flüchtet zu Rosi. Abends kommt Andy mit einer alarmierenden Nachricht. Ein Junge wurde ins Krankenhaus eingeliefert. Gabi soll sofort mitkommen und ihn identifizieren. ■ Isolde meint, ihrem Leben endlich wieder einen Sinn geben zu können und kümmert sich um kranke Kinder. Ihre Bemühungen sind wenig erfolgreich. Schließlich nimmt sie sich ein Herz und wagt den Weg ins »Casarotti«. Doch Fausto wiegelt ihr Ansinnen, wieder bei ihm zu arbeiten, barsch ab. ■ Theo hat die Stelle in Gera bekommen und ist überglücklich. Carsten bedrückt jedoch der Ausblick auf die sich nun anbahnende Wochenend-Beziehung. Am meisten quält ihn die Frage, ob Theo ihm treu bleiben wird.

Buch: Maria Elisabeth Straub ■ Regie: George Moorse ■ Kamera: Kurt Mikler ■ Redaktion: Gebhard Henke

634 | Bangen und Hoffen

25. JAN 98

Die Beziehung von Gabi und Phil scheint den derzeitigen Belastungen nicht gewachsen zu sein. Es kriselt. Und Max ist noch immer verschwunden. Verzweifelt weint Gabi sich bei Anna aus. Sie ist wütend auf Phil und hat ein schlechtes Gewissen. ■ Während Corinna erfolglos versucht, Rosi zu einer Schmerzensgeldklage gegen Carsten zu motivieren, bedrängt Sonia ihre Ex-Freundin in der Wohnung. Nervös fragt Tanja, was Sonia von ihr will. Bei Ludwigs Rückkehr in die Wohnung gesteht Tanja, dass sie Sonia in der vergangenen Woche Geld für einen Urlaub gegeben hat. Tanja fühlt sich daher verantwortlich für Sonias Rückfall. ■ Isolde ist am Boden zerstört. Nicht einmal der Kater, den sie sich geholt hat, wollte bei ihr bleiben. Egon kommt vorbei und wird Nutznießer von Isoldes Depression. Verzweifelt bittet sie ihn, bei ihr zu bleiben. Egon ist glücklich.

Buch: Martina Borger ■ Regie: George Moorse ■ Kamera: Kurt Mikler ■ Redaktion: Gebhard Henke

635 | A Dieu

1. FEB 98

Ludwig bietet Sonia 50.000 Mark, wenn sie für immer verschwindet. Aber Sonia will Morphium. Zögernd hält Ludwig die Ampullen in der Hand und gibt sie ihr. Kurz darauf ist Sonia tot. Als Ludwig abends Tanja von Sonias Tod erzählt, muss die sich übergeben. ■ Egon ist immer noch trunken vor Glück. Als er Isolde Blumen vor die Tür legt, kommt es zu einer unschönen Szene mit Else. Da Isolde ihm seit einer Woche aus dem Weg geht, holt er sich Rat bei Hajo. Der erzählt es gleich Berta weiter. Empört stellt Isolde den nichtsahnenden Egon zur Rede. Sie macht ihm klar, dass die Nacht mit ihm ein nicht zu wiederholender Ausrutscher war. ■ Bei einer Diskussion mit Beate kommt Paolo zufällig an ihre Jacke. Eine Geldbörse und Hilmars Hundepass fallen hinaus. Geschockt fragt Paolo, ob sie die Sachen gestohlen hat. Aber Beate schaut ihn nur grimmig an.

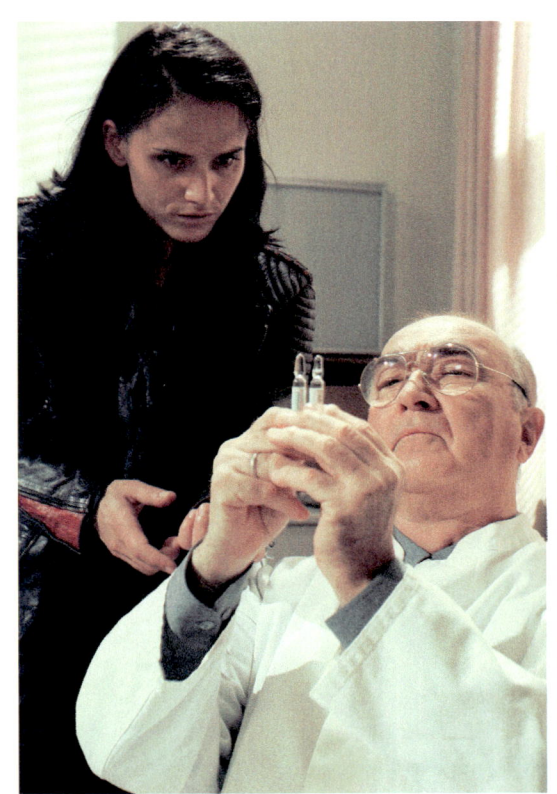

Buch: Martina Borger ■ Regie: George Moorse ■ Kamera: Kurt Mikler ■ Redaktion: Gebhard Henke

636 | Argwohn

8. FEB 98

Onkel Franz besucht Erich und Helga. Zu Erichs Entsetzen hat er einen Käufer für das Hotel in Irland gefunden. Erich ist die Situation äußerst unangenehm. Es wäre nun an der Zeit, mit der Wahrheit rauszurücken – sowohl was den Neubau des Hotels als auch die wahre Identität von W. Synder betrifft. Aber Erich lügt weiter und sagt, dass das Hotel bereits verkauft ist. ■ Tanja geht es gesundheitlich nicht gut. Nach eingehender Untersuchung stellt Ludwig unerwartet eine Schwangerschaft fest. Er sucht das Gespräch mit seiner Frau. Aber Tanja hat sich bereits entschieden. Sie will ihr gemeinsames Kind nicht austragen. Ludwig ist fassungslos. ■ Paolo im Kinderstress: Neben Irina und Paula muss er sich jetzt auch um seine beiden Töchter Marcella und Giovanna aus der Ehe mit Gina kümmern. Mit Urszula kommt es deswegen zu einer Auseinandersetzung.

Buch: Martina Borger ■ Regie: George Moorse ■ Kamera: Kurt Mikler ■ Redaktion: Gebhard Henke

637 | Verführt

Während Ludwig noch auf Tanja einredet, um eine Abtreibung zu verhindern, hat Tanja die längst hinter sich. Ludwig entdeckt zufällig die Medikamente zur Rückbildung der Gebärmutter. Als Tanja ihm von der Abtreibung erzählt, kommen ihm die Tränen. ■ Philipp will seinen Anteil vom Koffer-Geld in einer Eigentumswohnung anlegen. Als er mit Klaus nachzählen will, ist das Geld verschwunden. Kurz darauf erscheint Dani. Sie hat das Geld versteckt, damit Hülsch, der die Heizungen und Fenster kontrolliert hat, nicht aus Versehen darauf stößt. ■ Helga geht mit Herrn Lösch in die Operette. Nach einem anschließenden Barbesuch lädt er sie noch auf einen Drink in sein Hotel ein. Derweil feiert Erich mit Winifred den ersten Jahrestag ihrer Partnerschaft. Die Feier endet mit einem Kuss. Erich zögert, ob er ihr Angebot annehmen und über Nacht bleiben soll.

Buch: Martina Borger ■ Regie: George Moorse ■ Kamera: Kurt Mikler ■ Redaktion: Gebhard Henke

638 | Rache

22. FEB 98

Während Helga sich heimlich mit Lösch trifft, eilt Erich zu Winifred. Beide Verabredungen finden im selben Hotel statt. Um ein Haar treffen die Pärchen dort aufeinander. Zu fortgeschrittener Stunde versucht Lösch, die sich zaghaft wehrende Helga zu verführen. Sie gibt ihre Abwehrhaltung schnell auf. ■ Corinna stachelt Rosi erneut an, Carsten zu verklagen. Rosi kommt ins Grübeln. Traube hilft ihr schließlich, ein entsprechendes Schreiben aufzusetzen. Gabi, die immer noch kein Lebenszeichen von Max hat, kommt zu Besuch. Selbstquälerisch wirft sie sich die Trennung von Andy vor. Mit Phil hat sie endgültig abgeschlossen. Sie bittet Rosi, bei ihr bleiben zu dürfen. ■ Philipp ist entschlossen, sein Geld in einer Immobilie anzulegen. Nachdem Momo beinahe die Scheine entdeckt, macht er auch Klaus klar, dass das Geld schleunigst aus dem Haus muss.

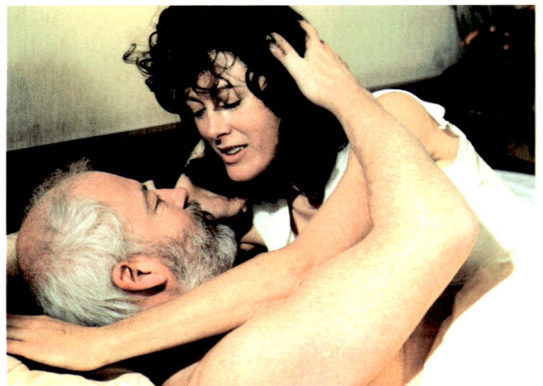

Buch: Martina Borger ■ Regie: George Moorse ■ Kamera: Kurt Mikler ■ Redaktion: Gebhard Henke

639 | Manöver

1. MÄR 98

Gabi wohnt immer noch bei Rosi. Zu Phil will sie keinesfalls zurück. Auf Annas Rat hin trifft sie sich mit Andy im »Akropolis«. Dort berichtet Vasily aufgeregt, dass Mary gefunden wurde. Kleinlaut sagt Gabi ihrem Mann, dass sie sich von Phil getrennt hat. Erstaunt will Andy wissen, ob sie jetzt etwa zu ihm zurück möchte. ■ Carsten ist zu Tode betrübt über Theos neuen Job in Gera. Zudem erzählt ihm Corinna von Rosis Klage. Carsten erklärt Rosi, dass sie damit seine berufliche Zukunft aufs Spiel setzt. Entsetzt zerreißt Rosi ihr Schreiben und will nichts mehr von Schmerzensgeld hören. ■ Hinter dem Rücken des anderen vergnügen sich Helga und Erich mit ihren jeweiligen Affären. Erich überlegt, für ein paar Tage nach Irland zu fahren, um das Irlandprogramm des Reisebüros zu erweitern. Großzügig drängt Helga ihn geradezu zu einer ganzen Woche.

Buch: Martina Borger ■ Regie: George Moorse ■ Kamera: Kurt Mikler ■ Redaktion: Gebhard Henke

640 | Schnäppchen

8. MÄR 98

Voneinander getrennt feiern Andy und Gabi den elften Geburtstag von Max. Andy sagt Valerie, dass eine Versöhnung mit Gabi für ihn nicht in Frage kommt. ■ Dani ist geknickt, weil sie durch die Führerscheinprüfung gerasselt ist. Klaus und Philipp besichtigen eine Neubauwohnung. Klaus kommt der Makler Panowski bekannt vor, er weiß nur nicht, woher. Philipp will die Wohnung nehmen, und Panowski vereinbart einen kurzfristigen Termin mit seinem Notar. ■ Urszula beobachtet zufällig, wie Beate sich an Gabis Sachen zu schaffen macht und ihr Portmonee stiehlt. Kurzerhand kündigt sie Beate fristlos. Nun steht Beate ohne Job und Wohnung da. Weder Vasily noch Ludwig oder Carsten wollen sie aufnehmen. Derweil erfährt Urszula, dass Wanda zu Traube ziehen und ihn heiraten wird. Verzweifelt fragt sie, wie sie ihr Leben ohne Wandas Hilfe schaffen soll.

Buch: Martina Borger ■ Regie: George Moorse ■ Kamera: Kurt Mikler ■ Redaktion: Gebhard Henke

641 | Schluß mit lustig

15. MÄR 98

Seit Wanda für die Kinderbetreuung ausfällt und Beate im Salon fehlt, ist Urszula im Dauerstress. Als Paolo dringend zu Gina muss, gibt es Streit. ■ Klaus und Philipp wollen die Eigentumswohnung durch Panowskis Vermittlung kaufen. Beim Notar wird der Kaufvertrag aufgesetzt, der ihnen in den nächsten Tagen zugestellt werden soll. Da sie den Kauf nicht über die Bücher laufen lassen möchten, zahlen sie bar und ohne Quittung. Auf die anfängliche Euphorie folgt große Ernüchterung: Die Wohnung ist bereits belegt. Sie stellen Panowski zur Rede, aber der tut so, als habe er die beiden nie zuvor gesehen. ■ Iffi kündigt fristlos im »Café Bayer«, als sie erfährt, dass Gabi wieder dort arbeiten wird. Andy bringt sie auf eine gute Geschäftsidee. Sie will eine Fahrradwerkstatt eröffnen. Dani, die angeblich geerbt hat, bietet ihr finanzielle Hilfe an.

Buch: Martina Borger ■ Regie: George Moorse ■ Kamera: Kurt Mikler ■ Redaktion: Gebhard Henke

642 | Partner

Klaus besteht die Fahrprüfung. Erich hat ihm die noch fehlenden 700 Mark beigesteuert, weil Helga und Klaus noch immer verkracht sind. Im »Akropolis« beginnt Klaus einen Aushilfsjob. Vasily meldet sich aus Afrika. Er hat Mary endlich gefunden. Sie ist in einem Gefängnis in Benin City. ■ Iffi setzt ihr Vorhaben mit Andys und Valeries Hilfe in die Tat um. Sie mietet das Ladenlokal neben dem Blumenladen und beginnt mit der Renovierung. Sie ist überzeugt, dass die Fahrradwerkstatt ein voller Erfolg werden wird. ■ Olaf wird boykottiert. Das Geschäft läuft nicht mehr. Da taucht Olli bei Olaf auf und schlägt ihm ein einträgliches Geschäft mit Bundeswehrbekleidung vor. Gegen 35 Prozent Gewinnbeteiligung will Olaf die Sachen im »Alpenverein« verkaufen. Da hat er eine noch lukrativere Idee. Er schlägt dem erstaunten Olli vor, mit Waffen zu handeln.

Buch: Hans W. Geißendörfer, George Moorse ■ Regie: George Moorse ■ Kamera: Kurt Mikler ■ Redaktion: Gebhard Henke

643 | Kleine Fluchten

29. MÄR 98

Hajo überrascht Berta mit einer gemeinsamen Reise nach Wien. Da Lisa sehr traurig wirkt, lädt Hajo sie kurzerhand mit ein. Berta ist überzeugt, dass Lisa sich in Hajo verguckt hat, und reagiert entsprechend aufgebracht über sein Angebot. Sie stellt ihren Lebensgefährten vor die Wahl. Entweder er lädt Lisa wieder aus oder er kann seine Koffer packen. Hajo ist empört und will sich von ihr nichts befehlen lassen. ■ Während Olaf weiterhin von den Nachbarn gemieden wird, will Olli seine Beförderung mit ihm feiern. Der gesellige Abend fällt jedoch ins Wasser, da die bestellten Prostituierten krank sind. ■ Heimelige Wohnsackatmosphäre: Anna hilft Rosi beim Verfassen eines Gedichtes für ihre Freundin. Klaus kommt mit Neuigkeiten von Mary vorbei. Vasily darf zwar nicht zu ihr ins Gefängnis, aber Marys Mutter hat eine Nachricht hinausgeschmuggelt.

Buch: Hans W. Geißendörfer, George Moorse ■ Regie: George Moorse ■ Kamera: Kurt Mikler ■ Redaktion: Gebhard Henke

644 | Al Gusto

5. APR 98

Erich ist geschäftlich unterwegs. In der Beimerschen Wohnung träumt Lösch von einer Zukunft mit Helga. Er fragt, ob sie Erich verlassen und mit ihm nach Gelsenkirchen ziehen will. ■ Hajo soll Lisa endlich erklären, dass sie nicht mit nach Wien kann. Hajo ziert sich zunächst, geht dann aber doch zu Lisa. Sie reagiert gelassen. Es reicht ihr zu wissen, dass Hajo sie überhaupt mitnehmen wollte. Berta verdächtigt Helga, eine Affäre mit Lösch zu haben. Hajo möchte am liebsten sofort Erich einweihen. ■ Vasily liest einen Brief von Mary vor. Ihr und dem Kind geht es gut. Solange sie sich Vasilys Liebe sicher ist, wird sie die Strapazen aushalten. Skeptisch wird im »Akropolis« Andys Vorschlag einer flexiblen Preisgestaltung ausprobiert. Zum Erstaunen aller geht das »Al Gusto«-Konzept auf. Danach zahlt jeder so viel, wie ihm das Gebotene wert ist.

Buch: Hans W. Geißendörfer, George Moorse ■ Regie: George Moorse ■ Kamera: Kurt Mikler ■ Redaktion: Gebhard Henke

645 | Meister Lampe

12. APR 98

Helga und Erich sind wie frisch verliebt. Als Lösch seine Geliebte erneut bittet, mit ihm nach Gelsenkirchen zu gehen, kann sie sich nicht entscheiden. Sie braucht Zeit. Berta und Hajo bekommen Helgas wechselhafte Flirts mit. Hajo meint, man soll Erich langsam mitteilen, was zwischen Helga und Lösch läuft. Aber Berta ist dagegen. ■ Aus der Reise nach Wien wird nichts. Als Lisa einen neu gelernten Judo-Griff an Hajo ausprobiert, geht der zu Boden und schlägt mit dem Steißbein auf. Er kann sich kaum noch bewegen. ■ Philipp verlangt von Klaus dessen Mietanteil. Da Klaus aber weder flüssig ist noch einen Job in Aussicht hat, bittet er Onkel Franz um Geld. Der ist einverstanden – unter der Bedingung, dass Klaus sich mit Helga versöhnt. Klaus verzichtet und nimmt heimlich 3.000 Mark von Dani. Die wiederum fällt erneut durch die Fahrprüfung.

Buch: Hans W. Geißendörfer, George Moorse ■ Regie: George Moorse ■ Kamera: Kurt Mikler ■ Redaktion: Gebhard Henke

646 | Brüche

19. APR 98

Dani verdächtigt Momo, ihr Geld gestohlen zu haben. Kleinlaut gesteht Klaus, dass er es genommen hat. Er berichtet Dani auch von der Pleite beim Wohnungskauf. Fassungslos nimmt Dani ihre Sachen und geht. Klaus versucht vergeblich, sie aufzuhalten. Philipp kommen die Tränen. ■ Entschlossen geht Hajo zum Reisebüro, um Erich von Helgas Verhältnis zu unterrichten. Bestürzt sieht er durchs Fenster, dass auch Erich sich mit einer Frau vergnügt. Daraufhin will Berta bei Helga vorfühlen. Die beiden reden jedoch aneinander vorbei. Abends gesteht Lisa dem fassungslosen Hajo ihre Liebe. ■ Boris ist genervt von Valeries Kinderwunsch. Er erzählt Andy, dass sie sich nun künstlich befruchten lassen will. Derweil berichtet Valerie ihrer Stiefmutter im »Café Bayer«, dass ein Kind für sie zur Selbstverwirklichung gehört. Gabi denkt traurig an Max.

Buch: Hans W. Geißendörfer, George Moorse ■ Regie: George Moorse ■ Kamera: Kurt Mikler ■ Redaktion: Gebhard Henke

647 | Der Lenz ist da

26. APR 98

Lisas unerwartetes Geständnis hat Hajo verwirrt. Vor der Klavierstunde nimmt er sie ins Gebet. Leider ohne großen Erfolg. Kaum ist Berta aus der Wohnung, wagt Lisa einen erneuten Vorstoß und sagt Hajo noch einmal, dass sie ihn liebt. ■ Olafs Blumenladen welkt mangels Kundschaft vor sich hin. Er überlegt, einen Blumen-Lieferservice zu eröffnen. Olli bringt ihm vier Handgranaten, die Olaf im »Alpenverein« verkaufen will. ■ Isolde kommt guter Dinge von Ischia zurück. Ihre Euphorie erhält einen Dämpfer durch Fausto, der mit seiner cholerischen Art auf dem besten Wege ist, das »Casarotti« in Grund und Boden zu wirtschaften. Entsetzt droht sie mit Kündigung des Pachtvertrages. Wutentbrannt geht Fausto abends im »Akropolis« auf Isolde los. Egon stellt sich vor sie. Nachts wird er dafür von Fausto und einigen Helfern zusammengeschlagen.

Buch: Hans W. Geißendörfer, George Moorse ■ Regie: George Moorse ■ Kamera: Kurt Mikler ■ Redaktion: Gebhard Henke

648 | Auf Kriegsfuß

3. MAI 98

Iffis Fahrradwerkstatt läuft so gut, dass sie Klaus über die Ferien einstellen kann. Bei einer Fahrradtour küssen sich die beiden. Als Klaus spätabends noch einmal bei ihr vorbeischaut, erklärt ihm Iffi, dass er das Küssen noch üben muss. Klaus ist enttäuscht. ■ Seit die Schläger auf Egon eingeprügelt haben, ist Fausto verschwunden – allerdings nicht ohne vorher das »Casarotti« in seine Einzelteile zu zerlegen. Isolde fragt sich verzweifelt, was aus dem Lokal werden soll. Zudem hat sie Stress mit der eifersüchtigen Else. Während Egon noch im Krankenhaus liegt, kippt sie Isolde ihren Müll vor die Wohnungstür. ■ Carsten hat alles für das lange Wochenende mit Theo vorbereitet. Mitten in die Wiedersehensfreude platzen Susanne und Georg aus Gera. Als die beiden wie selbstverständlich mitessen wollen, reicht es Carsten und er wirft sie hinaus.

Buch: Hans W. Geißendörfer, George Moorse ■ Regie: George Moorse ■ Kamera: Kurt Mikler ■ Redaktion: Gebhard Henke

649 | Mama

Nico überrascht Iffi bereits frühmorgens mit einem Muttertagsgeschenk. Rosi möchte ihre Familie beim Kaffeetrinken wieder vereinen. Andy hat eigentlich keine Lust dazu, aber Iffi kann ihn überreden. Abends erfährt Andy von Gabi, dass sie Max durch eine Hellseherin suchen will. Andy hält nichts von der Idee, aber Gabi bittet ihn inständig um Unterstützung. ■ Hajo schenkt Berta ein Tandem, das sie gleich ausprobieren. Sie haben allerdings ihre liebe Mühe, sich mit dem Gefährt fortzubewegen. Der Ausflug endet mit einem schmerzlichen Sturz im Park. Sowohl die Radler als auch das Tandem sind danach lädiert. ■ Sonias Tod nimmt Tanja mehr mit als gedacht. Sie ist apathisch und hat kein Interesse mehr an ihrem Mann. Zu Lebzeiten ist es Sonia nicht gelungen, die Dresslersche Ehe zu zerstören; aber nach ihrem Tod scheint sie ihren Willen zu bekommen.

Buch: Hans W. Geißendörfer, George Moorse ■ Regie: George Moorse ■ Kamera: Kurt Mikler ■ Redaktion: Gebhard Henke

650 | Bombenstimmung

17. MAI 98

Die Hoffnung stirbt zuletzt. In ihrer Not will Gabi ihren Sohn mit Hilfe einer Hellseherin ausfindig machen. Andy hält nach wie vor nichts von der obskuren Methode, lässt sich aber zu einem Treffen mit Muriel Müller überreden. Kurz davor kommt es jedoch zu einem unvorhergesehenen Unfall mit ihr. Nach einem Streit mit Andy verlässt Muriel wütend die Wohnung. ■ Niemand denkt an Elses Geburtstag. Nur Olaf bringt ihr ein paar Blümchen vorbei. Abends feiert er lieber mit Olli. Mit viel Alkohol und bezahlter weiblicher Gesellschaft begießen die beiden ihre Geschäfte. In ausgelassener Stimmung jongliert Olli mit Handgranaten. Eine fällt ihm hinunter und geht los. ■ Nachdem Erich mit Helga an Bennys Grab war, trifft er sich mit Winifred im Reisebüro. Unerwartet taucht Helga auf. Geschickt rettet Erich die Situation; Helga bemerkt nichts.

Buch: Hans W. Geißendörfer, George Moorse ■ Regie: George Moorse ■ Kamera: Kurt Mikler ■ Redaktion: Gebhard Henke

651 | Rückkehrer

24. MAI 98

»Vitamin B« und viel Geld ermöglichen Marys Entlassung aus dem Gefängnis. Glücklich fährt Vasily zum Flughafen, um sie abzuholen. Elena und Anna bereiten derweil alles für die Rückkehr vor. Mary und Vasily verpassen sich, weil Mary mit dem Zug und nicht mit dem Flugzeug aus Frankfurt kommt. Erst im »Akropolis« kann Vasily sie endlich in die Arme schließen. Aber die hochschwangere Mary bricht erschöpft zusammen. ■ Else kümmert sich um Olaf, der nach der schweren Explosion immer noch im Spital liegt. Sie überbringt ihm die Nachricht, dass die Pacht für den Laden zum zweiten Mal angemahnt wurde. Auf dem Heimweg wird Else vor ihrer Wohnungstür von Olli überfallen. ■ Eigentlich ist Dani nur gekommen, um ihre Sachen abzuholen. Aber Philipp und Klaus bitten sie inständig, zu bleiben. Die drei versöhnen sich schließlich und schmieden Zukunftspläne.

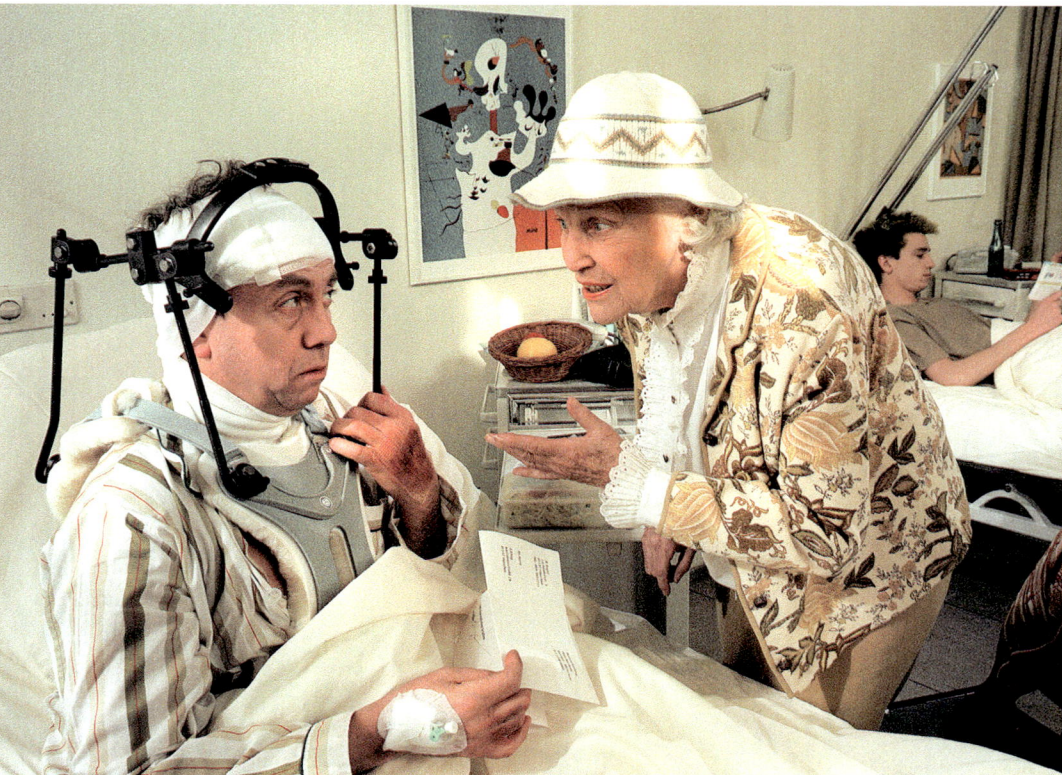

Buch: Michael Meisheit ■ Regie: Patrick Winczewski ■ Kamera: Dieter Christ ■ Redaktion: Gebhard Henke

652 | Ein Regentag

31. MAI 98

Geschwächt, aber überglücklich hat Mary ihren Sohn Alexandros zur Welt gebracht. Vasily erfährt vom behandelnden Arzt, dass sein Sohn mit einer schweren Infektion geboren wurde. Er wird daran sterben. Vor Mary schafft es Vasily, die Fassung zu bewahren. Daheim brechen seine Gefühle aus ihm heraus. Voller Wut und Verzweifelung wirft er die Gäste aus dem »Akropolis«. ■ Die WG feiert Klaus' bestandenes Abitur. Übermütig beschließen sie, einen Kinderstreich von Klaus und Manoel zu wiederholen. Sie legen in Zeitungspapier eingewickelten Hundekot vor Elses Tür und zünden das Ganze an. Unerwartet kommt Helga vorbei und tritt das Kotpäckchen aus. Dabei fängt sie plötzlich Feuer. ■ Hajo repariert, zu Bertas Entsetzen, das Tandem in der Wohnung. Lisa kommt nach längerer Pause zum Klavierunterricht mit der Nachricht, dass sie frisch verliebt ist.

Buch: Michael Meisheit ■ Regie: Patrick Winczewski ■ Kamera: Dieter Christ ■ Redaktion: Gebhard Henke

653 | Absturz

Alexandros ist gestorben. Mary, die von alledem noch nichts ahnt, hat sich unterdessen soweit erholt, dass sie das Krankenhaus verlassen kann. Da Mary sehr geschwächt ist, erfährt sie die grausame Wahrheit noch in der Klinik von einem Arzt. Derweil schwört Vasily, dass er Olaf, dem er die Schuld am Tod seines Kindes gibt, für immer aus der Lindenstraße vertreiben wird. ■ Helga hat sich in der vergangenen Woche die Beine verbrannt, als sie mit Isoldes Hilfe das Feuer vor Elses Tür gelöscht hat. Im Reisebüro hört sie zusammen mit Erich den Anrufbeantworter ab. Lösch hat eine Nachricht für Helga hinterlassen. Helga ist erleichtert, dass Erich keinen Verdacht schöpft und nicht eifersüchtig reagiert. ■ Egon plant eine Reise mit Isolde nach Paris zur Fußballweltmeisterschaft. Als sie verspricht, es sich wohlwollend zu überlegen, ist Egon glücklich.

Buch: Michael Meisheit ■ Regie: Patrick Winczewski ■ Kamera: Dieter Christ ■ Redaktion: Gebhard Henke

654 | Abseitsfalle

14. JUN 98

Andy, Egon und Erich schauen bei Hajo in fröhlicher Runde das WM-Spiel an. Isolde beschwert sich über den Lärm. Wütend sagt sie Egon ab. Sie wird auf keinen Fall mit ihm zum WM-Finale nach Paris fahren. ■ Mary hat Angst vor Olafs Entlassung aus dem Krankenhaus. Vasily versucht, sie zu beruhigen. Er ist immer noch entschlossen, Olaf zu vertreiben. Zu diesem Zweck mietet er den Blumenladen an, denn er weiß jetzt, wie er sein Lokal vergrößern und Olaf gleichzeitig Schaden zufügen kann. ■ Olaf kommt heim. Aber weder der Wohnungs- noch der Ladenschlüssel passen ins Schloss. In der Hoffnung, dass seine Mutter Bescheid weiß, geht er zu ihr. Bei Else trifft er unerwartet auf Olli. Der nötigt Else seit einer Woche, ihn zu verstecken. Aufgebracht will Olaf ihn hinaus werfen, aber Olli droht mit der Polizei. Das könnte auch Olaf zum Verhängnis werden.

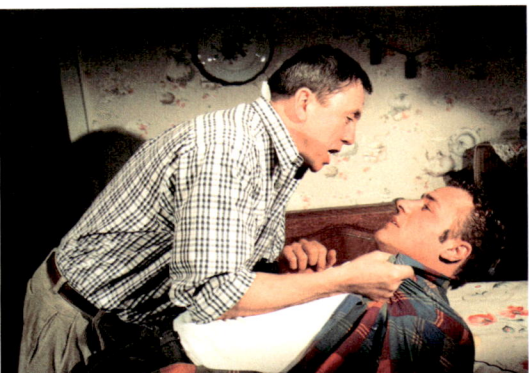

Buch: Michael Meisheit ■ Regie: Patrick Winczewski ■ Kamera: Dieter Christ ■ Redaktion: Gebhard Henke

655 | Allergien

21. JUN 98

Tanja kann Sonias Tod einfach nicht verwinden. Um sie aufzuheitern, schenkt Ludwig ihr einen Papagei. Genau das Falsche: Das gefiederte Tier erinnert seine Frau an den Tag, als sie mit Sonia einen Vogel frei ließ. Tanja glaubt, dass Ludwig sich an ihr rächen will. ■ Hülsch droht mit der Polizei, wenn Olaf seine Wohnung nicht räumt. Unfreiwillig lagert Olaf seine Sache in der Garage ein. Danach wird er von Vasily aufgefordert, ihm endlich den Blumenladen zu übergeben und die Lindenstraße für immer zu verlassen. Olli bittet Olaf, Informationen über die Fremdenlegion zu besorgen. ■ Klaus, der sich seit Wochen erfolgreich vor der Musterung drückt, schmiedet mit Philipp und Dani Urlaubspläne. Sie wollen die USA mit einem Wohnmobil bereisen. Außerdem werden sie dem Betrüger Panowski das Handwerk legen. Dani will dafür den Lockvogel spielen.

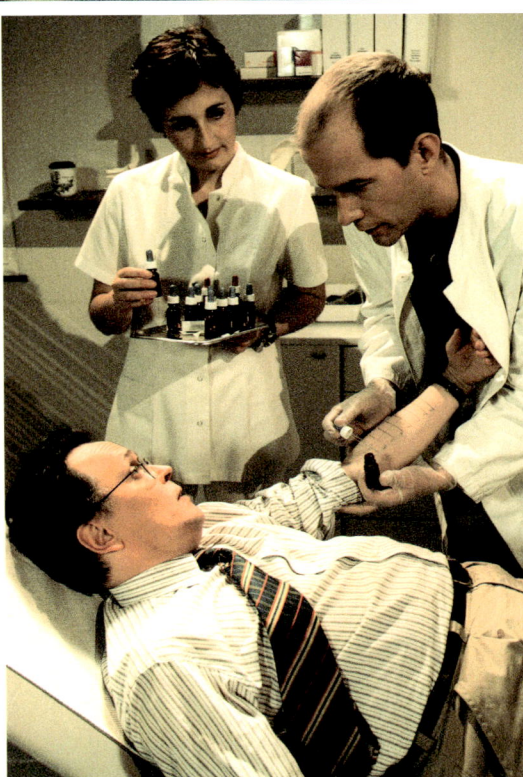

Buch: Hans W. Geißendörfer, Michael Meisheit ■ Regie: Patrick Winczewski ■ Kamera: Dieter Christ ■ Redaktion: Gebhard Henke

656 | Unter Zwang

28. JUN 98

Ludwig übergibt Carsten die Praxis nur, wenn er einen Doktortitel vorweisen kann. Carsten wird nachdenklich. Derweil kämpft Ludwig weiter um Tanja. Die teilt ihrem Mann jedoch entschlossen mit, dass sie ihn endgültig verlassen wird. Kurz darauf geht sie tatsächlich fort. ■ Hajo überrascht Berta zum Geburtstag mit einer gemeinsamen Reise nach Leipzig. Lisa versucht vergeblich, die Reise zu verhindern. Sie stiehlt zwar die Hotelgutscheine, aber Hajo besorgt im Reisebüro Zweitunterlagen. Vor ihrer Abreise übergibt Hajo den Wohnungsschlüssel an Erich. Der nutzt die Gunst der Stunde und verabredet sich gleich mit Winifred. Er ahnt nicht, dass Berta ihren Schlüssel an Helga abgegeben hat. ■ Klaus wird von der Polizei abgeholt und zur Musterung gebracht. Überraschenderweise ist er untauglich. Er feiert die freudige Nachricht mit Dani und Philipp.

Buch: Anne Neunecker ■ Regie: Patrick Winczewski ■ Kamera: Dieter Christ ■ Redaktion: Gebhard Henke

657 | Die nackte Wahrheit

5. JUL 98

Obwohl sich Berta und Hajo in Leipzig eine schöne Zeit machen wollten, geraten sie immer wieder wegen Kleinigkeiten aneinander. Schließlich begraben sie ihre Zankereien und entscheiden, bereits heute zurück nach München zu fahren. ■ In München verabredet sich Helga für den Abend mit Lösch in der Griese-Wohnung. Sie ahnt nicht, dass auch Erich seine Winifred dorthin eingeladen hat. Alle vier freuen sich auf den Abend. ■ Der Zufall will es, dass die beiden Paare es schaffen, sich in derselben Wohnung nicht zu begegnen. Jedes Paar für sich gibt sich seinen Gefühlen hin, als Berta und Hajo übermüdet eintreffen. Sie sehen nicht, dass ihre Wohnung zweckentfremdet wurde. Sowohl Erich und Winifred als auch Helga und Lösch können sich unauffällig aus der Wohnung stehlen. Im Flur treffen die vier halb bekleideten Ehebrecher überrascht aufeinander.

Buch: Hans W. Geißendörfer ■ Regie: Claus Peter Witt ■ Kamera: Jürgen Kerp ■ Redaktion: Gebhard Henke

658 | Denn erstens kommt es anders...

12. JUL 98

Helga und Erich sind wieder glücklich miteinander. Sie versprechen sich mehr Ehrlichkeit für die Zukunft. Doch das geht gleich schief. Erich schlägt einen gemeinsamen Urlaub im Claron Bridge vor. Helga ist zutiefst enttäuscht, dass er das Hotel hinter ihrem Rücken wieder aufgebaut hat – dazu noch mit Winifred. Dennoch weist sie den hoffnungsfrohen Lösch ab. ■ Panowski soll ans Messer geliefert werden. Dazu wird Dani von der Polizei mit einer Wanze ausgestattet. Doch der Makler hat anscheinend Lunte gerochen. Er verkauft Dani ganz legal eine Wohnung. Somit ist auch Danis Geld weg. Im Gegensatz zu ihren Mitbewohnern hat die jedoch wirklich eine Wohnung. Zudem trifft sie sich häufig mit Momo, der abends auch bei ihr bleibt. ■ Gung wird Egon zum WM-Finale nach Paris begleiten. Vom Fußballfieber mitgerissen, lernt er unermüdlich Fußballregeln.

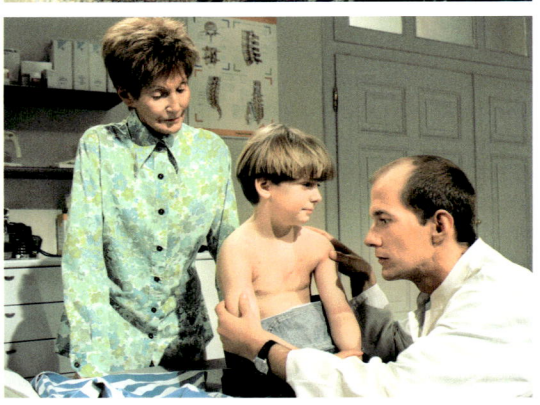

Buch: Anne Neunecker ■ Regie: Claus Peter Witt ■ Kamera: Jürgen Kerp ■ Redaktion: Gebhard Henke

659 | Auf in die Fremde

19. JUL 98

Mary streicht gerade den ehemaligen Blumenladen an, als es zu einer Konfrontation mit Noch-Ehemann Olaf kommt. Am Ende ihrer Kräfte bittet sie Vasily, mit ihr fortzugehen. Derweil bekommt Olaf von einem Unbekannten Informationen über die Fremdenlegion. ■ Gina hat einen reichen Mann kennen gelernt. Urszula hofft, dass Paolo so bald wie möglich weniger Unterhalt zahlen muss. Iffi ist völlig überlastet. Aufgrund von Altlasten ist Nicos Kindergarten vorerst geschlossen. Jetzt muss sie sich neben der Arbeit auch um ihren Sohn kümmern. Carsten bringt sie schließlich auf die rettende Idee, Nico zum Kurzurlaub zu Tante Gundel nach Warnemünde zu bringen. ■ Egon ist in Paris auf tragische Weise ums Leben gekommen. Seine Leiche wird nach München überführt werden. Else ist fassungslos über Egons Tod und sieht auch in ihrem Leben keinen Sinn mehr.

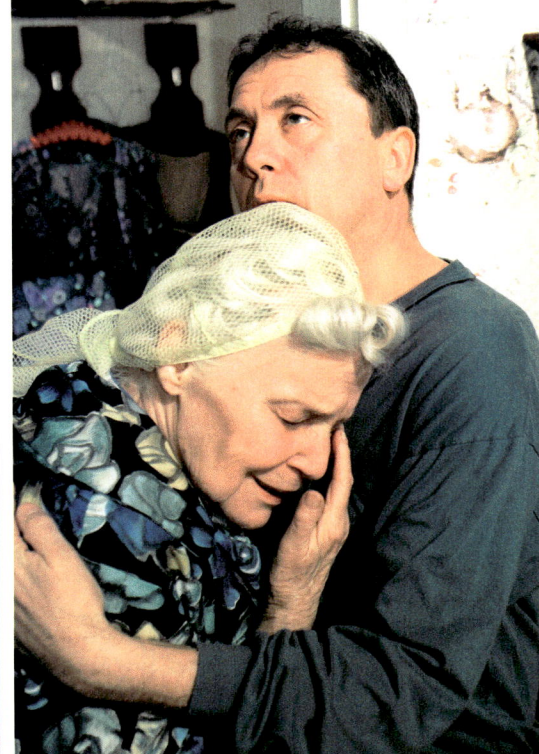

Buch: Hans W. Geißendörfer, Anne Neunecker ■ Regie: Claus Peter Witt ■ Kamera: Jürgen Kerp ■ Redaktion: Gebhard Henke

660 | Anstoß

26. JUL 98

Carsten hat zum ersten Hochzeitstag eine kleine Feier vorbereitet. Doch Theo bringt sich Arbeit mit und ist obendrein völlig erledigt. Er findet, dass Carsten viel zuviel Zeit in seine Doktorarbeit steckt und schlägt vor, einen Ghostwriter zu engagieren. ■ Da seit Einführung des Sparplans im Hause Beimer-Ziegler auch die Süßigkeiten abgezählt werden, beginnen die Kinder, im »Café Bayer« zu stehlen. ■ Als Vasily den betrunkenen Andy heimbringt, äußert der den Verdacht, Olaf könne etwas mit Max' Verschwinden zu tun haben. Vasily hat eine perfide Idee. Er versteckt ein Kinderpornoheft in Olafs Garage und wirft einen anonymen Brief in Rosis Briefkasten. Sofort schauen sich Gabi und Andy in der Garage um. Sie finden das Kinderpornoheft und eine Unterhose von Max. Aufgebracht stürzt Andy zu Klings und greift Olaf an. Else ruft die Polizei.

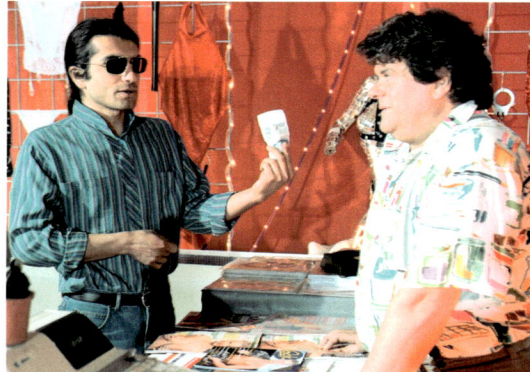

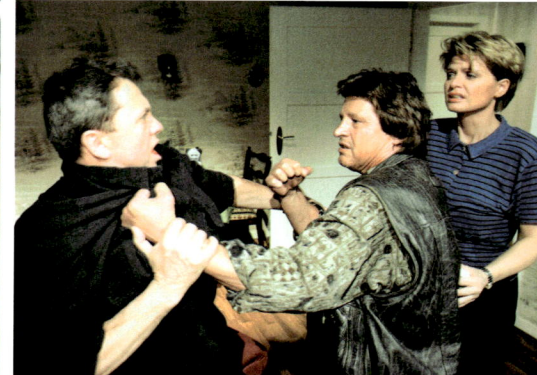

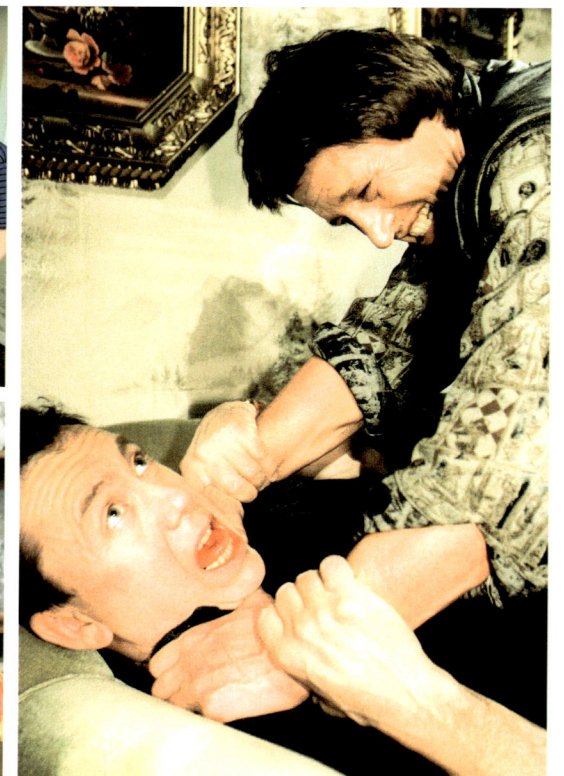

Buch: Anne Neunecker ■ Regie: Claus Peter Witt ■ Kamera: Jürgen Kerp ■ Redaktion: Gebhard Henke

661 | Flucht nach vorne

2. AUG 98

Vasilys Lügen haben Erfolg. Olaf hat die vergangene Woche im Gefängnis verbracht. Alle sind nun endgültig gegen ihn. Zusätzlich zu anonymen Anrufen werden seine Fenster eingeworfen und er erhält Lokalverbot im »Akropolis«. Vasily wiegelt die Stammtischbrüder weiter auf. Schließlich verbünden sich sogar Andy und Phil gegen Olaf. Phil will alles tun, um Olaf aus der Lindenstraße zu verjagen. ■ Sarah, Sophie und Tom werden immer erfinderischer, um an Geld zu kommen. Sarah und Sophie betteln auf der Straße. Derweil erwischt Gabi ihren Neffen, als er ihr 10 Mark stiehlt. Geschockt stellen Hans und Anna die Kinder zur Rede und beenden das Sparprogramm. ■ Lisa muss eine Nachprüfung machen, damit sie die Mittlere Reife schafft. Ihre Beziehung zu Johannes wird reifer. Nach einem Gespräch mit Berta lässt Lisa sich von Ludwig die Pille verschreiben.

Buch: Anne Neunecker ■ Regie: Claus Peter Witt ■ Kamera: Jürgen Kerp ■ Redaktion: Gebhard Henke

662 | Nervende Mütter

9. AUG 98

Traube will Wanda heiraten und hat entschieden, dass sie nicht länger als Babysitter zur Verfügung steht. Gina teilt Paolo im »Akropolis« mit, dass sie heiraten wird. Daraufhin fasst sich auch Paolo ein Herz und bittet Urszula, seine Frau zu werden. ■ Klaus ist finanziell inzwischen so am Boden, dass er Helga um Unterhalt bittet. Aber seine Mutter lehnt entschieden ab. Daraufhin überlegt Klaus, sie zu verklagen. Während Helga und Eva sich beieinander ausweinen, will Philipp von Klaus wissen, ob er ernsthaft mit seiner Mutter vor Gericht gehen will. ■ Tante Gundel hat Iffi und Nico nach Warnemünde eingeladen. Als Iffi ihrem Sohn davon erzählen will, kann sie ihn nicht finden. Aufgebracht sucht Iffi ihn überall, aber Nico bleibt verschwunden. Schließlich bringt ausgerechnet Olaf ihn heim. Iffi ist misstrauisch, was er mit Nico getan hat.

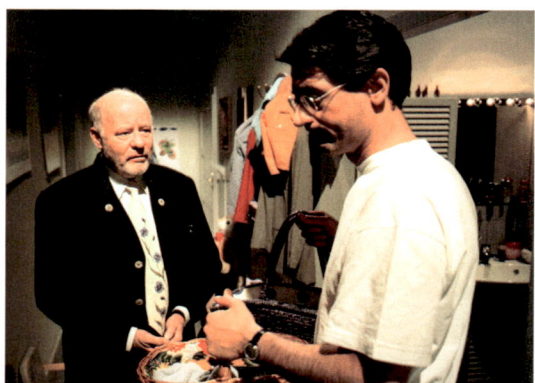

Buch: Hans W. Geißendörfer ■ Regie: Claus Peter Witt ■ Kamera: Jürgen Kerp ■ Redaktion: Gebhard Henke

663 | Selbstjustiz

16. AUG 98

Die Doppelbelastung aus Praxisbetrieb am Tag und Doktorarbeit in der Nacht zehrt an Carstens Kräften. Er trifft sich nun doch mit dem Ghostwriter Conrad. Abends ist er mit Ludwig und Tenge-Wegemanns zum Essen verabredet. Unverhofft treffen sie auf Tanja, die in Begleitung eines Mannes ist. Ludwig glaubt, dass Tanja wieder bei der Begleitagentur arbeitet. Nach dem Essen spricht er sie an und bittet Tanja, zumindest für heute mit ihm nach Hause zu kommen. ■ Gina stellt Paolo vor vollendete Tatsachen. Sie zieht mit ihrem Freund für ein Jahr nach Amerika und überlässt ihm die Töchter. Urszula nimmt Marcella und Giovanna herzlich auf. ■ Olafs öffentliche Ächtung trifft auch Else. Nachdem sie einen Kreislaufzusammenbruch erlitten hat, stürzt Olaf ins »Akropolis« und appelliert an die Nachbarn, seine Mutter aus der Sache heraus zu halten.

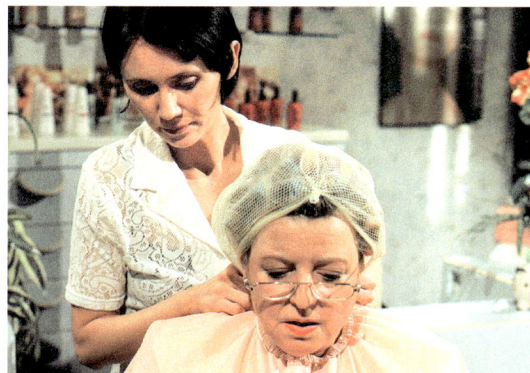

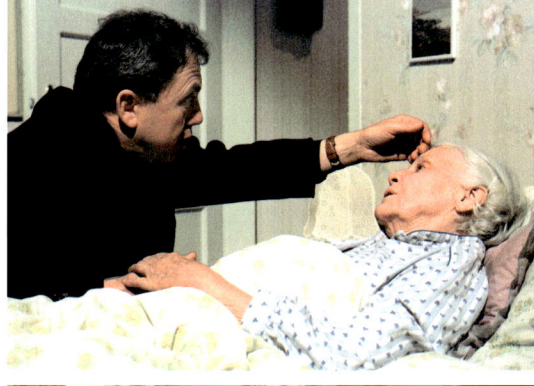

Buch: Hans W. Geißendörfer ■ Regie: Claus Peter Witt ■ Kamera: Jürgen Kerp ■ Redaktion: Gebhard Henke

664 | Heimkehr?

23. AUG 98

Ludwig vermisst Tanja schmerzlich. Auf seine Nachricht auf ihrem Anrufbeantworter meldet sich Tanja nicht. Carsten versucht vergeblich, ihn aufzumuntern. Conrad, der Carstens Doktorarbeit schreibt, will auf einmal mehr Geld. Zufällig hört Dagdelen das Gespräch mit. ■ Vasilys schlechtes Gewissen meldet sich immer häufiger und beschert ihm schlaflose Nächte. Schließlich erzählt er Mary von seiner Tat. Marys Reaktion ist für Vasily mehr als unerwartet: Sie will, dass er Andy und Gabi die Wahrheit sagt und Olaf so entlastet. ■ Andy holt Gabi aufgeregt aus dem »Café Bayer«. Sie sollen sofort in ein Münchner Krankenhaus kommen. Gemeinsam eilen sie in die Klinik. Als später Mary und Vasily mit ihnen sprechen möchten, erfahren sie von Andy die schreckliche Wahrheit. Max ist tot. Er wurde von einem 38-jährigen Familienvater ermordet.

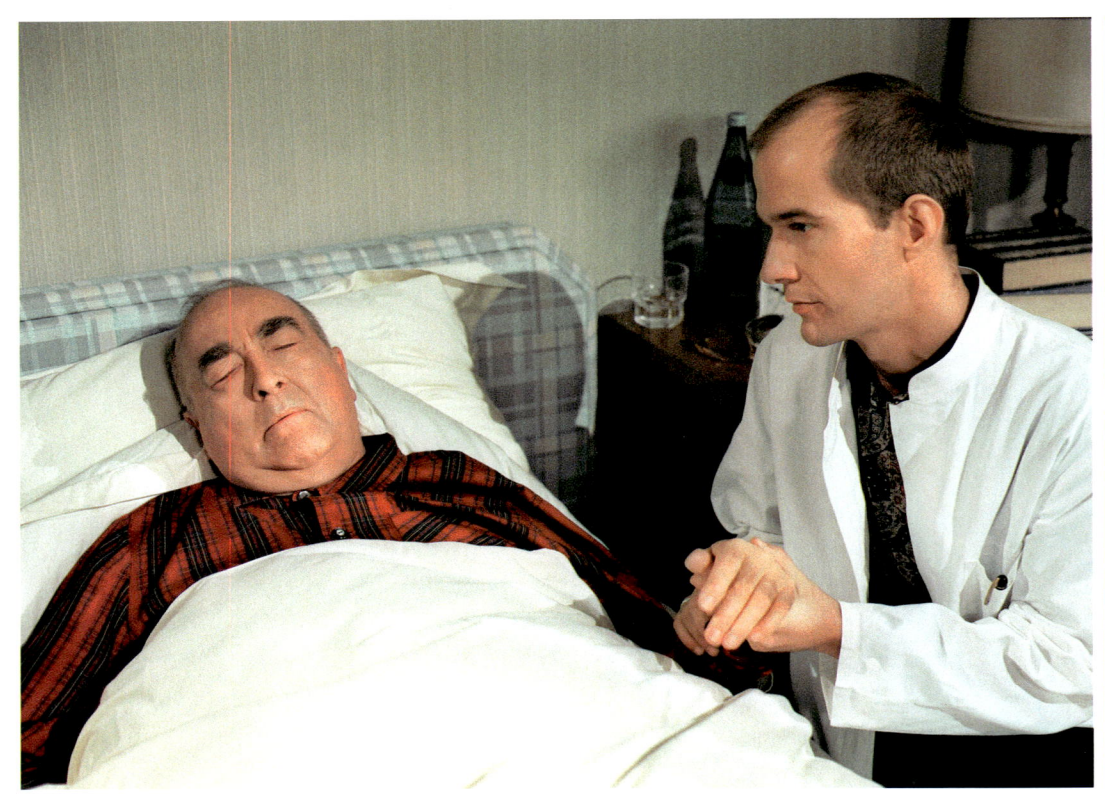

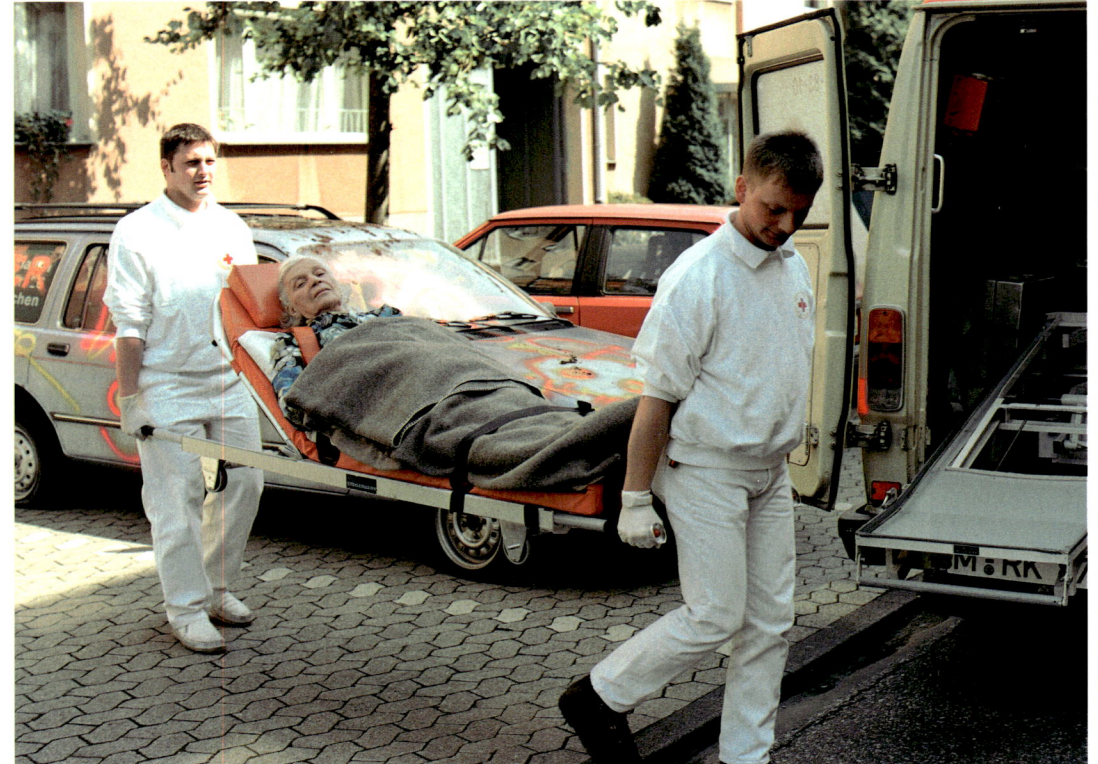

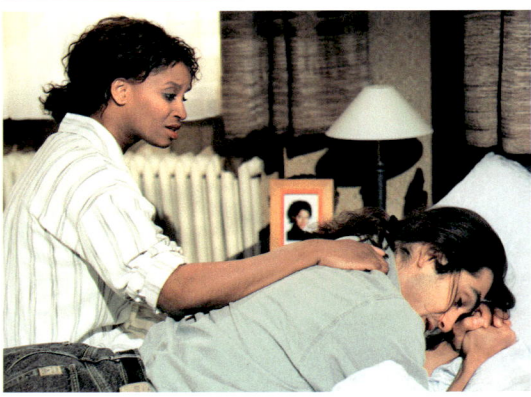

Buch: Hans W. Geißendörfer ■ Regie: Claus Peter Witt ■ Kamera: Jürgen Kerp ■ Redaktion: Gebhard Henke

665 | Trauer und Bosheit

30. AUG 98

Paolo und Urszula sind von den Streitereien der Kinder genervt. Glücklicherweise hilft Wanda. Traube fühlt sich dadurch vernachlässigt. Wanda soll sich zwischen ihm und den Kindern entscheiden. Ihre Wahl fällt auf ihn. ■ Ein seltsamer Fremder ist auf der Suche nach Erich. Er findet ihn schließlich bei Max' Beerdigung. Der Unbekannte ist Ire und verlangt von Erich, dass er ihn als Hotelmanager einstellt. Ansonsten will er der Polizei eine interessante Geschichte zukommen lassen. ■ Schweren Herzens entschuldigt sich Vasily bei Olaf für die Intrigen – ohne zu erwähnen, dass er der Drahtzieher war. Olaf nimmt die Entschuldigung nicht an. Im Gegenteil, er will seinen Laden zurück. Tanja schaut derweil nach Dressler und legt sich zu ihrem schlafenden Mann ins Bett. Abends bittet Gabi ihren Noch-Ehemann, über Nacht bei ihm bleiben zu dürfen.

Buch: Martina Elbert, Hans W. Geißendörfer, Nicolai Wurz ■ Regie: Claus Peter Witt ■ Kamera: Jürgen Kerp ■ Redaktion: Gebhard Henke

666 | Schwindeln

6. SEP 98

Falls Erich den Iren als Geschäftsführer im Claron Bridge einstellt, will der über die Brandstiftung schweigen. Während Erich die Polizei und die Versicherung heraushalten will, reagiert Helga. Mit ihrem Anruf bei der Versicherung überrascht sie sowohl Erich als auch den Iren. ■ Im »Akropolis« beschließt die WG, Gung als Bundestagskandidat antreten zu lassen. Überraschend taucht Beate auf. Dani bietet ihr an, in ihrer Eigentumswohnung zu übernachten. ■ Während Berta mit Isolde ins Konzert geht, bleibt Lisa bei Hajo. Wieder versucht sie, ihn anzumachen und wirft sich ihm halbnackt an den Hals. Hajo ist völlig überfordert mit der Situation. Unerwartet kommt Berta zurück. Hajo hilft Lisa aufgebracht, sich anzuziehen, aber Berta steht bereits im Raum. Fassungslos über das Bild, das sich ihr bietet, wirft sie die beiden aus der Wohnung.

Buch: Joachim Friedmann ■ Regie: Claus Peter Witt ■ Kamera: Jürgen Kerp ■ Redaktion: Gebhard Henke

667 | Abreisen

13. SEP 98

Nach Helgas Anruf bei der Versicherung sitzt sie mit Erich vor einem riesigen Schuldenberg. Allerdings bietet die Versicherung nun Erich den Geschäftsführerposten im Claron Bridge an. Helga ist entschlossen, mit ihm nach Irland zu gehen. Für das Reisebüro will sie Dagdelens Schwester einstellen. Zudem bittet sie Klaus, stundenweise im Büro zu arbeiten. ■ Berta glaubt Hajo, dass er nichts von Lisa will oder wollte. Mit Lisa möchte sie allerdings nichts mehr zu tun haben. Sie blockt alle Erklärungsversuche von Lisa ab. ■ Iffi zieht zu ihrem neuen Freund nach Rostock. Dani verweist auf Iffis Schulden bei ihr. Unbekümmert bietet die ihr daraufhin die Fahrradwerkstatt an. Dani ist fassungslos. Die Idee, Gung zur Bundestagswahl aufzustellen, kommt überall gut an. Die WG bricht mit einem Bus auf, um Plakate im gesamten Bundesgebiet zu verteilen.

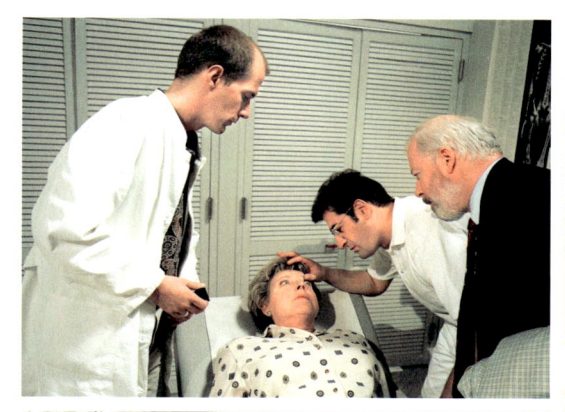

Buch: Joachim Friedmann ■ Regie: Claus Peter Witt ■ Kamera: Jürgen Kerp ■ Redaktion: Gebhard Henke

668 | Enge

Während bei Paolo und Urszula das gewohnte Chaos herrscht, löst sich Wanda aus Traubes Umklammerung. Sie zieht aus und bittet Rosi, wieder bei ihr wohnen zu können. Rosi ist einverstanden, stellt aber klare und beinahe unerfüllbare Bedingungen. ■ Helga ist hellauf begeistert von Canans Arbeit im Reisebüro. Auch Klaus ist nicht uninteressiert. Er hat ein Auge auf die hübsche Schwester von Dr. Dagdelen geworfen. Pat weilt in München. Sie hat mit Erich vereinbart, dass sie während Helgas Aufenthalt in Irland in der Beimer-Wohnung bleiben darf. Da hat sich allerdings schon Onkel Franz einquartiert. Pat nimmt es gelassen und begleitet ihn und seine Freunde aufs Oktoberfest. ■ Anna ist schwanger. Hans ist darüber nicht sonderlich erfreut. Er fühlt sich zu alt, um noch einmal Vater zu werden. Erschrocken fragt Anna, ob er eine Abtreibung will.

Buch: Joachim Friedmann ■ Regie: Claus Peter Witt ■ Kamera: Jürgen Kerp ■ Redaktion: Gebhard Henke

669 Du hast die Wahl

27. SEP 98

Else ist fassungslos: Ein Türke, der auch noch Arzt ist, zieht in »ihr« Haus ein. Das passt nicht in ihr Weltbild. Canan hingegen begeistert die Männer. Wie Klaus ist auch Philipp von der attraktiven Türkin verzückt. ■ Während Anna auf keinen Fall abtreiben will, fühlt Hans sich einem weiteren Kind nicht gewachsen. Als sie streiten, taucht unerwartet Zorro auf. Er macht seinem Ruf alle Ehre. Nachdem er einen Strommast umgesägt hat, muss er sich nun verstecken. Valerie kommt zufällig vorbei und flirtet heftig mit ihrem alten Freund. Zorro bittet Hans unter vier Augen, ihm einen neuen Pass zu besorgen. Hans ist konsterniert, dass Zorro ihn um eine Straftat bittet. Aber Zorro erinnert an ein Versprechen, dass Hans ihm einst gegeben hat. ■ Bei der Wahlparty im »Akropolis« geht es hoch her. Leider hat Gung keine einzige Stimme bekommen.

Buch: Joachim Friedmann ■ Regie: Claus Peter Witt ■ Kamera: Jürgen Kerp ■ Redaktion: Gebhard Henke

670 | Geburtstagswünsche

4. OKT 98

Während Anna in Giesenbach weilt, trifft sich Valerie mit Zorro in Annas Wohnung. Hans überrascht die beiden beim Sex. Er ist zwar fassungslos, verspricht aber dennoch, Boris nichts zu erzählen. Abends schläft Valerie mit ihrem Mann. Sie ist sich sicher, dass sie diesmal schwanger geworden ist. Derweil hat sich Zorro mit Hans' Pass aus dem Staub gemacht. Er hinterlässt nur eine kurze Nachricht. Anna und Hans vermuten, dass er Richtung Marokko will. ■ Philipp und Klaus werden zu Konkurrenten im Wettkampf um Canan. Beide setzen alles daran, ihr Interesse zu wecken. In der WG kommt es zum Disput, als Dani ihre Mitbewohner vor vollendete Tatsachen stellt und ihnen mitteilt, dass Momo bei ihr einziehen wird. ■ Ludwig begrüßt Carsten und Dagdelen zu einem Abschiedsabendessen. Er wird nächste Woche mit Tanja nach Rhodos aufbrechen.

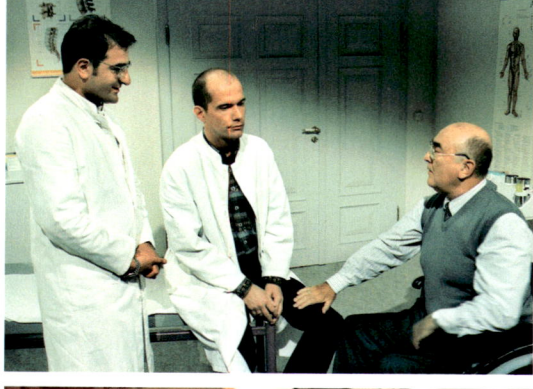

Buch: Joachim Friedmann ■ Regie: Susanne Zanke ■ Kamera: Kurt Mikler ■ Redaktion: Gebhard Henke

671 | Gute Gründe

11. OKT 98

Theo platzt in den Praxisbetrieb und teilt Carsten mit, dass er aus der gemeinsamen Wohnung auszieht. Dort starten die beiden den Versuch einer Aussprache. Derweil nimmt Dagdelen in der Praxis die fertige Doktorarbeit von Conrad entgegen und bringt sie Carsten. Der meint traurig zu Theo, dass dieser Betrug das Einzige ist, was von ihrer Liebe übrig bleibt. Gefühlskalt sagt Theo, dass er die Arbeit ja nicht abgeben muss. ■ Hans zuliebe verabredet Anna einen Termin für eine Abtreibung. Wohl ist ihr dabei nicht. Als Hans schließlich erklärt, dass er das Kind doch möchte, ist Anna mehr als erleichtert. ■ Mary geht es nicht gut. Sie hat Alpträume von ihrer Gefängniszeit, und Elena hat ständig etwas an ihr auszusetzen. Fausto kommt ins »Akropolis«, als sei nie etwas geschehen. Paolos Idee, ein Kochbuch zu schreiben, nimmt er begeistert an.

Buch: Frank Grützbach ■ Regie: Susanne Zanke ■ Kamera: Kurt Mikler ■ Redaktion: Gebhard Henke

672 | Kriegserklärung

18. OKT 98

Lisa möchte Arzthelferin werden. Dagdelen bietet ihr ein vierwöchiges Praktikum an. Daheim wartet eine Überraschung auf den Arzt. Unangemeldet steht sein Vater in der Tür. Er hat seine Arbeit verloren. ■ Die Ehe von Mary und Olaf wurde aufgelöst. Mary ist erleichtert; der Hochzeit mit ihrem geliebten Vasily steht nun nichts mehr im Weg. Nur Elena trübt die Freude. Schließlich platzt Mary der Kragen. Sie verlangt von Vasily, dass seine Mutter aus der gemeinsamen Wohnung auszieht. ■ Das einst so harmonische WG-Leben ist seit Momos Einzug ständigen Streitereien gewichen. Philipp wirft seinem Bruder vor, dafür verantwortlich zu sein. Als Eva ihre Wohnung am Starnberger See räumen muss und Dani dafür ihre Eigentumswohnung anbietet, ist der nächste Streit vorprogrammiert. Klaus droht Dani mit »Krieg«, wenn sie Beate auf die Straße setzt.

Buch: Frank Grützbach ■ Regie: Susanne Zanke ■ Kamera: Kurt Mikler ■ Redaktion: Gebhard Henke

673 | Schokoladentorte

25. OKT 98

Die Auseinandersetzungen in der Wohngemeinschaft nehmen kein Ende. Leidtragende ist Beate. Sie muss ausziehen, denn Eva wird zumindest Miete zahlen. Klaus und Philipp können Dani nicht umstimmen. Glück im Unglück für Beate: Sie kann bei Carsten unterkriechen. ■ Valerie ist endlich schwanger. Boris staunt zunächst ungläubig, freut sich dann aber mit seiner Frau. Er ahnt nichts von seinem Nebenbuhler. Andy trinkt mit seinen Kollegen auf die Schwangerschaft seiner Tochter. Anschließend setzt er sich angetrunken ins Auto. Auf der Fahrt nach Giesenbach kommt es zu einem schweren Unfall. ■ Doppelbelastung für Urszula: Im Friseursalon muss sie gleichzeitig Kinder hüten und Kundschaft versorgen. Doch damit nicht genug: Pat erklärt Urszula stolz, dass sie mit Paolo geflirtet hat. Urszula will sich den schönen Italiener ihrerseits zur Brust nehmen.

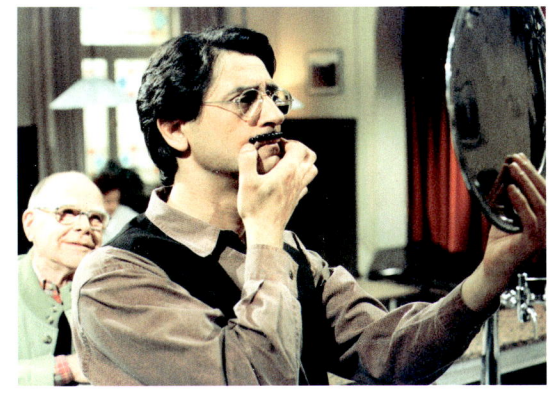

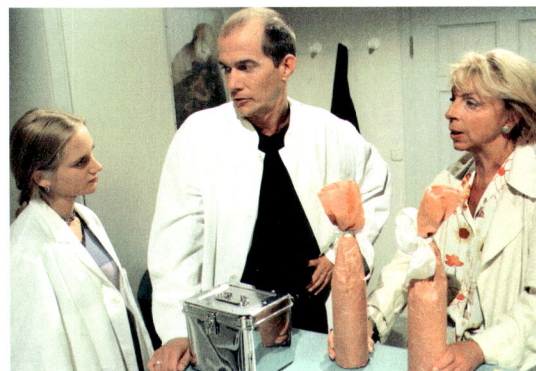

Buch: Frank Grützbach ■ Regie: Susanne Zanke ■ Kamera: Kurt Mikler ■ Redaktion: Gebhard Henke

674 | Kein Eingang

1. NOV 98

Unverhofft steht Fausto vor Isoldes Tür. Er überrascht sie mit gleich zwei erstaunlichen Neuigkeiten: Erstens will er seine Schulden begleichen, und zweitens gedenkt der ehemalige Küchenchef ein Kochbuch zu veröffentlichen. Allerdings ist Fausto hierbei auf Isoldes Hilfe angewiesen. Mit Blumen und Glück schafft Fausto es, Isolde zur Mithilfe zu bewegen. ■ Berta ist in der Krise. Die Tatsache, dass Lisa nun gemeinsam mit ihr in der Praxis arbeitet, beschert ihr schlaflose Nächte. Sie findet diese Situation so unerträglich, dass es nur einen Ausweg für sie gibt: Sie muss kündigen. ■ Die Krise zwischen Wanda und Rosi spitzt sich zu. Der Streit eskaliert, als Gabi ihrer Mutter vorwirft, Wanda wie eine Sklavin zu behandeln. Rosi fühlt sich zu Unrecht beschuldigt und droht mit drastischen Konsequenzen. Sie will das Haus verlassen.

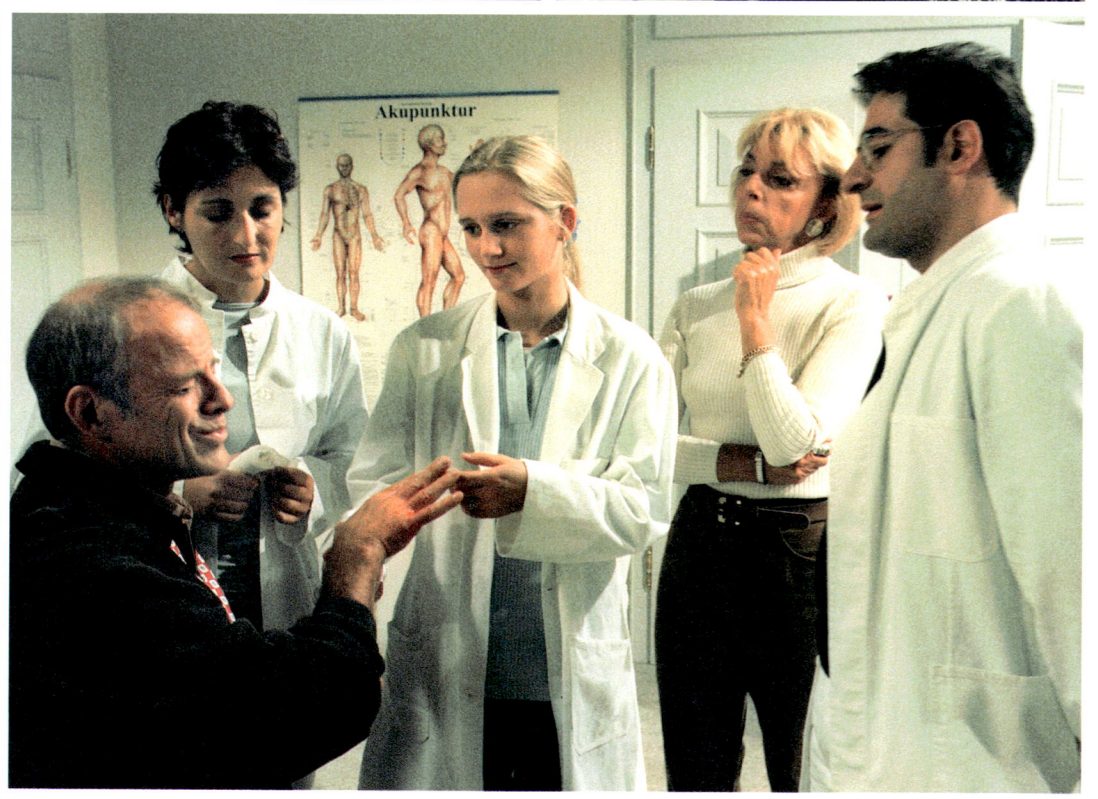

Buch: Hans W. Geißendörfer ■ Regie: Susanne Zanke ■ Kamera: Kurt Mikler ■ Redaktion: Gebhard Henke

675 | Ein Auszug für immer?

8. NOV 98

Carsten hat einen Schnupfen und wird von Käthe liebevoll gepflegt. Seit Theos Verschwinden verstehen sich die beiden immer besser. Sie denken sogar über eine Adoption nach. Käthe informiert sich deshalb über die Regelungen. Aber die sind für schwule Paare mehr als schlecht. ■ Die WG-Küche gleicht einer Müllhalde. Klaus und Philipp verweigern seit Momos Einzug ihre häuslichen Pflichten. Dani und Momo schaffen wütend den Müll in Klaus' Zimmer. Das hat jedoch fatale Folgen. Sahne »nascht« an den Küchenabfällen. Dabei bleibt ihm ein Geflügelknochen im Hals stecken, und Sahne stirbt. Dani macht sich selbst schwere Vorwürfe und zieht gemeinsam mit Momo aus. ■ An Max' Grab trifft Gabi die grantelnde Else. Sie wirft der trauernden Gabi vor, nicht nur an Max' Tod schuld zu sein, sondern auch an Andys Unfall. Gabi sucht Trost in der Kirche.

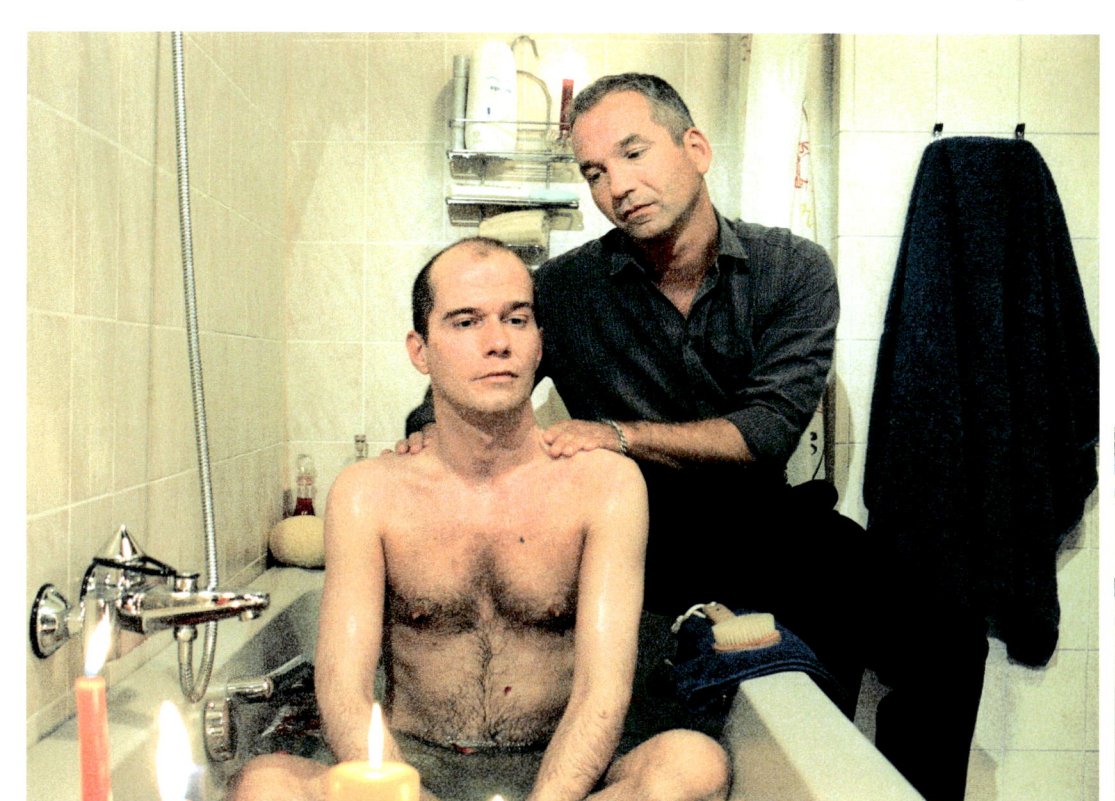

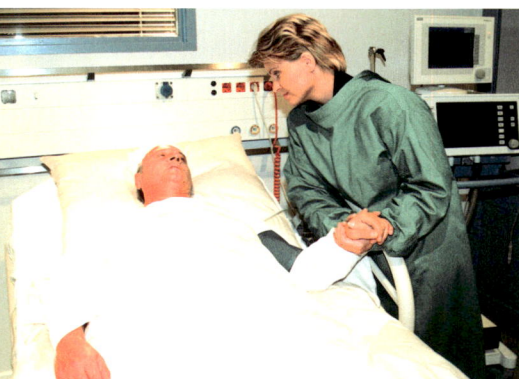

Buch: Hans W. Geißendörfer ■ Regie: Susanne Zanke ■ Kamera: Kurt Mikler ■ Redaktion: Gebhard Henke

676 | Tränen der Liebe

15. NOV 98

Die WG verändert ihre Zusammenstellung. Eva zieht es zurück in die Lindenstraße; sie kommt bei Philipp und Klaus unter. Auch Theo zieht es zurück, allerdings zu Carsten. Unvermittelt steht er vor dessen Tür. Er liebt Carsten immer noch. Aber Carsten will nichts von einer Wiedervereinigung wissen. Er zeigt seinem Ex-Mann die kalte Schulter und wirft ihn aus der Wohnung. Wenig später bekommt er einen Abschiedsbrief von Theo. Carsten ist besorgt, dass Theo sich das Leben genommen hat. ■ Lisa spricht mit Eva über Hajo. Frech behauptet sie, dass Scholz sich in sie verliebt habe und nicht umgekehrt. ■ Nach seinem Unfall liegt Andy noch immer im Krankenhaus. Gabi wirft Valerie vor, die Hauptschuld an Andys Situation zu tragen. Nur weil sie so viel Aufhebens um ihre Schwangerschaft gemacht hat, hatte Andy getrunken und war verunglückt.

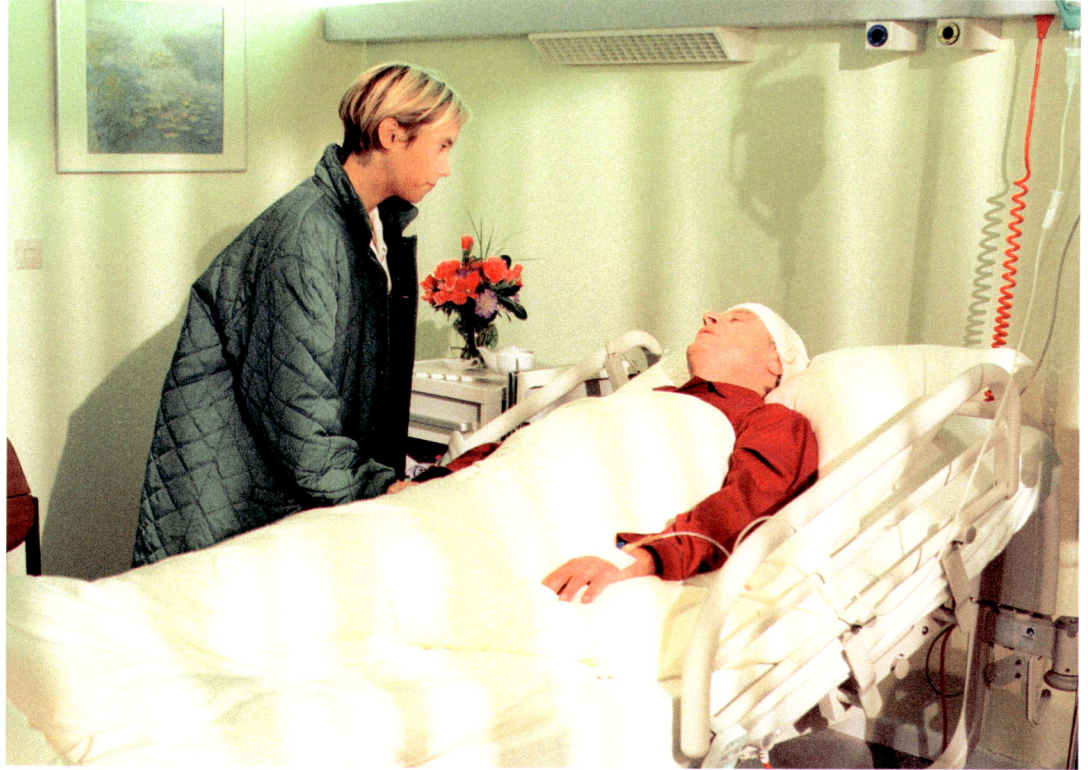

Buch: Hans W. Geißendörfer ■ Regie: Susanne Zanke ■ Kamera: Kurt Mikler ■ Redaktion: Gebhard Henke

677 | Das Arbeitslos

22. NOV 98

Zwischen Dagdelen und Carsten gibt es nur ein Thema: Hat Hajo sich wirklich an Lisa herangemacht und sie sexuell belästigt? Berta kann nicht fassen, dass sie diese Möglichkeit überhaupt in Erwägung ziehen. Sie kündigt an, dass sie erst dann wieder in der Praxis arbeiten wird, wenn die beiden sich entschuldigen. Dagdelen beschließt daraufhin, auf Berta zu verzichten. ■ Olaf und Else haben finanzielle Probleme. Nach langem Zögern macht sich Olaf auf den Weg zum Arbeitsamt. Dort wird ihm ein Job als Müllmann angeboten. Damit will Olaf auf keinen Fall seinen Unterhalt verdienen. Aber da kennt er seine Mutter schlecht. Sie droht, ihn zu verstoßen, wenn er den Job nicht annimmt. ■ Theo ist noch immer spurlos verschwunden. Carsten macht sich Sorgen und ist nervös. Käthe nutzt die Gunst der Stunde und quartiert sich endgültig bei Carsten ein.

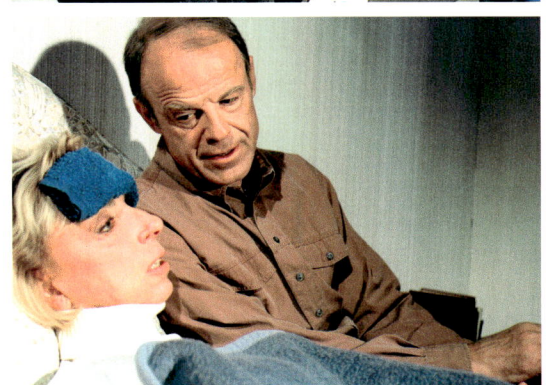

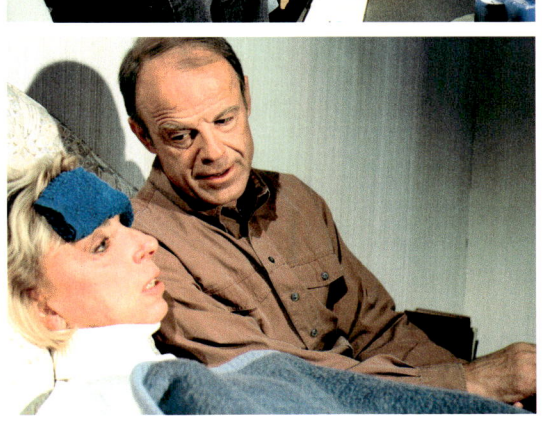

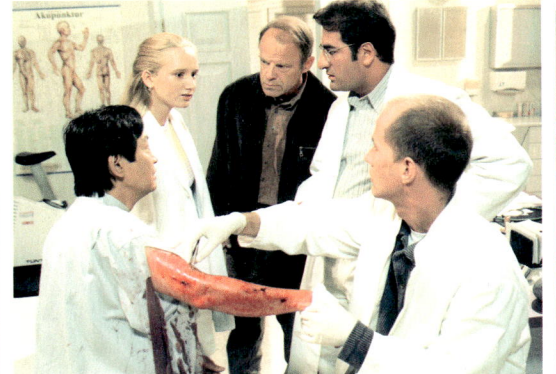

Buch: Michael Meisheit ■ Regie: George Moorse ■ Kamera: Kurt Mikler ■ Redaktion: Gebhard Henke

678 | Alte Wunden

29. NOV 98

Olafs erster Tag als Müllmann ist ihm sehr peinlich. Zudem hat er massive Vorbehalte gegen seine beiden türkischen Kollegen. Auf der Müllhalde kommt es zu einer unerfreulichen Begegnung: Olaf wird zusammengeschlagen. ■ Lisas Anschuldigungen beschäftigen Hajo. Er versichert sowohl Carsten als auch Dagdelen, dass er Lisa niemals sexuell bedrängt oder gar genötigt hat. Schließlich spricht er mit Lisa. Er droht, Lisas Beteiligung am Mord von Matthias zu verraten, falls sie ihre ungeheuerlichen Behauptungen nicht sofort zurücknimmt. ■ Nach einem schlecht gelaufenen Vorstellungsgespräch lässt Eva ihren Frust beim Putzen aus. Klaus und Philipp trifft fast der Schlag, als sie heimkommen. Schließlich kannten sie sich in ihrem Chaos aus. Sie stellen Eva zur Rede. Die wird ausfallend und droht den beiden, sie hochkant aus der Wohnung zu werfen.

Buch: Michael Meisheit ■ Regie: George Moorse ■ Kamera: Kurt Mikler ■ Redaktion: Gebhard Henke

679 Aus dem Reich der Toten

6. DEZ 98

Eva hat wieder einen Job und wird auf absehbare Zeit ausziehen. Vorher vertraut sie Philipp an, dass sie bei einem Patienten Sterbehilfe geleistet hat. Philipp kann die Tragweite dieser Äußerung nicht überblicken. ■ Andy ist auf dem Weg der Besserung. Gabi befürchtet jedoch einen seelischen Schaden. Er ist überzeugt, dass am Steuer des Unfallwagens ein Skelett und auf der Beifahrerseite ein Jesus-ähnlicher Mensch gesessen hat. Gabi spricht mit Valerie über ihre Angst, dass Andy bleibende Schäden davonträgt. Doch Valerie ist nach wie vor nur mit ihrer Schwangerschaft beschäftigt. ■ Helga ist zurück aus Irland und übernimmt wieder das Reisebüro. Canan bietet sie eine Vertragsverlängerung an. Zu Hause ist Helga alles andere als begeistert, dass Pat immer noch in der Wohnung ist. Derweil macht sich Philipp erneut an Canan heran.

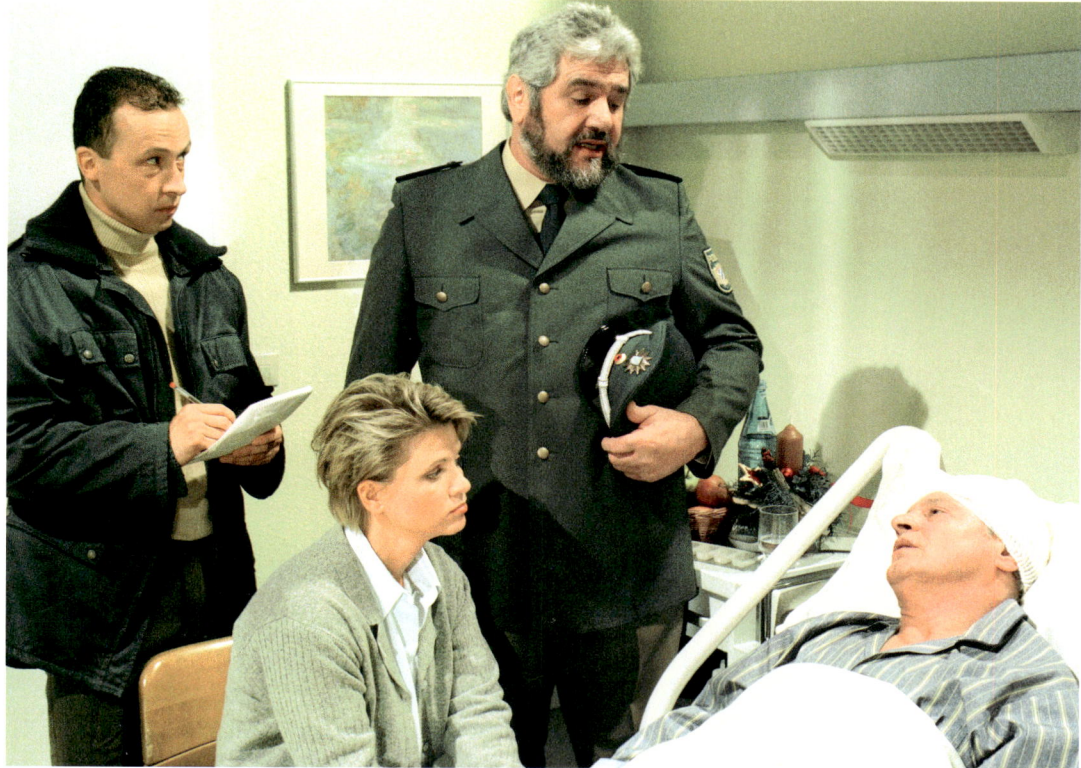

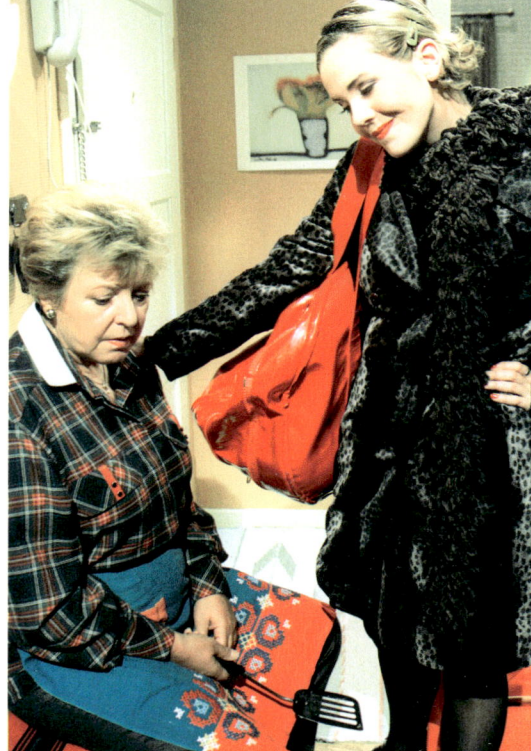

Buch: Michael Meisheit ■ Regie: George Moorse ■ Kamera: Kurt Mikler ■ Redaktion: Gebhard Henke

680 | 50 Jahre

Gabi ist am Ende ihrer Kräfte. Andy hält an seiner irrationalen Version des Unfallhergangs fest. Die erzählt er auch noch Anna bei ihrem Besuch. Zu Hause eröffnen Anna und Hans ihren Kindern, dass sie noch ein Geschwisterchen bekommen. Toms Beziehung zu dem undurchsichtigen Herrn Backhaus wird immer enger. ■ Momo, Philipp und Klaus treffen Dani bei einer Demo. Momo versucht vergeblich, die alte Liebe neu zu entflammen. Währenddessen plagen Valerie Gewissensbisse. Sie weiß nicht, wie und wann sie Boris die Wahrheit über Zorros Vaterschaft beibringen soll. ■ Mary, Vasily und Elena stellen die Gästeliste für ihre Hochzeit zusammen. Aber Elena findet immer wieder einen Grund, an Mary herumzumäkeln. Abends kommt es zum Disput zwischen Vasily und Elena. Sie fordert Marys Auszug. Andernfalls wird sie gehen und Vasily für immer verstoßen.

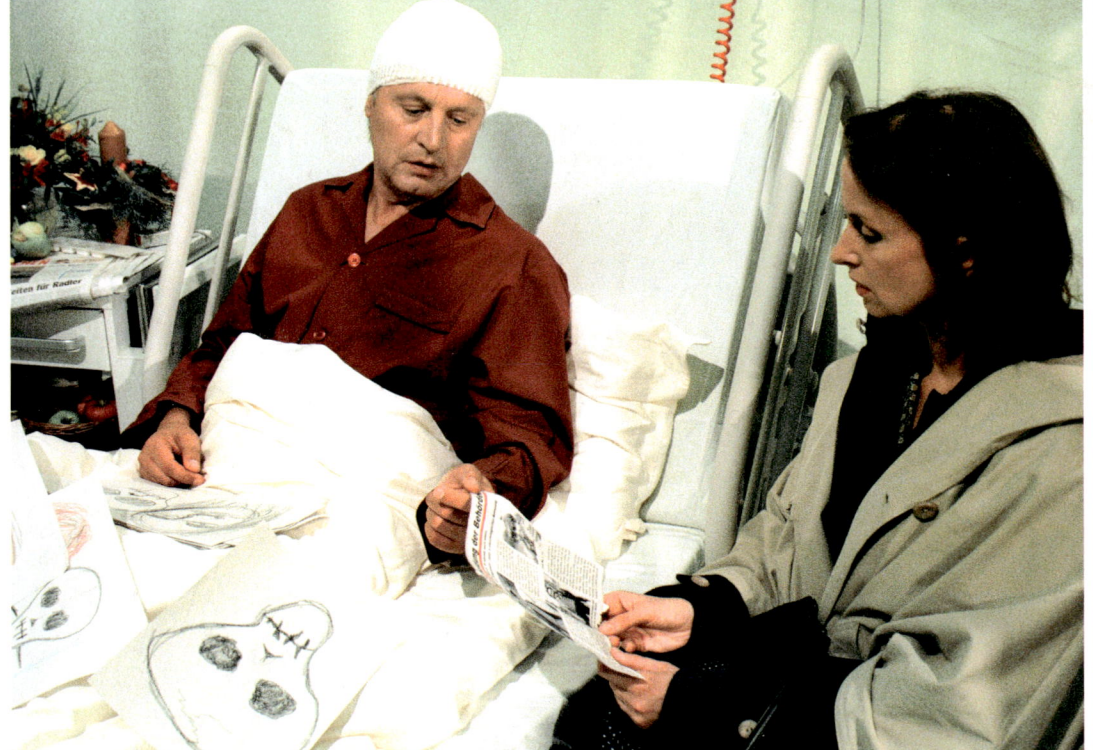

Buch: Michael Meisheit ■ Regie: George Moorse ■ Kamera: Kurt Mikler ■ Redaktion: Gebhard Henke

681 Hintenrum

Olafs neuer Schuhputz-Service treibt Dagdelen fast in den Wahnsinn. Olaf poliert immer wieder seine Schuhe, obwohl er ihm erklärt hat, dass er sie nur aus islamischer Tradition vor die Wohnungstür stellt. Beim Bordellbesuch sucht Olaf später Entspannung. Pia bringt ihn dabei auf eine glänzende Geschäftsidee. Sie wird für Olaf den ehemaligen Blumenladen von Vasily übernehmen. So könnte Olaf dort als Schuhmacher arbeiten und nebenbei Vasily eins auswischen. ■ Mary tut alles, um Elena zu gefallen. Sie lernt sogar einige griechische Redewendungen. Isolde spricht derweil erfolgreich mit Elena. Schließlich versöhnen sich die beiden Frauen. ■ Pat ist bei Helga ausgezogen und haust nun mit Harry im Hinterhof. Die neue Form der Wohngemeinschaft trifft nicht auf jedermanns Zustimmung. Plötzlich bricht Pat zusammen. Nur der Notarzt kann ihr noch helfen.

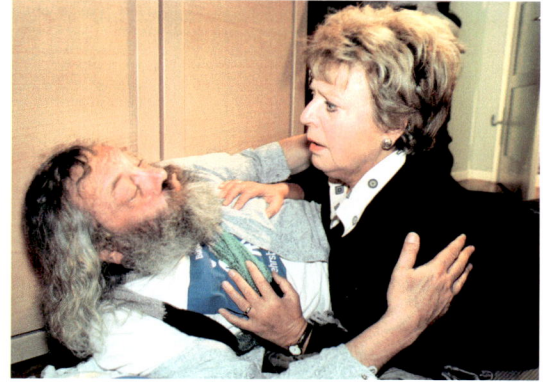

Buch: Michael Meisheit ■ Regie: George Moorse ■ Kamera: Kurt Mikler ■ Redaktion: Gebhard Henke

682 | Karpfen blau

27. DEZ 98

Andy wird aus der Klinik entlassen. Zur Feier des Tages sind neben Valerie auch Iffi und Timo angereist. Das traute Beisammensein währt nicht lange. Andy hat die fixe Idee, den Unfallverursacher per Aushang zu suchen. Er bricht sofort auf. Iffi folgt ihrem Vater, der seine Suchzettel rund um die Unfallstelle anbringt. ■ In der WG feiern Klaus und Philipp den Heiligen Abend mit Freunden. Die entscheidende Frage des Abends, wer die beiden Karpfen fürs Festmahl töten soll, bleibt vorerst ungeklärt. Nach längerer Diskussion entscheiden sie, dass die Fische das Fest überleben sollen. Sie werden in einem Teich ausgesetzt. ■ Kurz vor dem Fest erfährt Anna bei einer Routineuntersuchung, dass ihr Kind das Down-Syndrom hat. Nur mühsam können Hans und Anna ihren Schrecken vor den Kindern verbergen. Sie überlegen, ob Anna das Kind weiter austragen soll.

Buch: Michael Meisheit ■ Regie: George Moorse ■ Kamera: Kurt Mikler ■ Redaktion: Gebhard Henke

683 | The show must go on

Tom freut sich auf das abendliche Feuerwerk, aber seine Eltern verbieten es. Trotzdem präpariert er nachts mit Backhaus Silvesterkracher. Plötzlich hält er eine Rakete mit brennender Lunte in der Hand. Paolo ruft laut, aber Tom reagiert nicht. ■ Carsten ist geschockt, als ihm zwei Polizisten mitteilen, dass ein Handschuh und der Pass von Theo gefunden wurden. Von Theo fehlt weiterhin jede Spur. Zu Hause tröstet Käthe seinen Geliebten. Aber Carsten beschäftigt nur die Frage, ob Theo tot ist. ■ Eigentlich will Canan zur Silvesterparty in die WG, aber auf Geheiß ihres Bruders soll sie mit der Familie Ramadan feiern. Ihr Versuch, sich wegzuschleichen, scheitert. Derweil geht es bei der Silvesterparty im »Akropolis« hoch her. Als Käthe jedoch mit einem Spielzeugskelett hantiert, muss Andy sich übergeben – ausgerechnet auf Bertas Rock.

Buch: Hans W. Geißendörfer ■ Regie: George Moorse ■ Kamera: Kurt Mikler ■ Redaktion: Gebhard Henke

684 | Bennys Vermächtnis

10. JAN 99

Im Reisebüro taucht eine fremde Frau mit Kind auf und behauptet, Helga sei die Großmutter. Die Frau heißt Maja und ist die Ex-Freundin von Benny. Der soll auch der Vater der kleinen Lea sein. Maja muss wegen Drogenschmuggels ins Gefängnis, und Lea soll bei ihrer Oma bleiben. ■ Unangemeldet steht Pat vor Paolos Tür und verführt ihn wenig später. Unerwartet kehrt Urszula heim. Im letzten Moment kann Pat sich verstecken. Urszula bemerkt das Fremdgehen nicht. Sie teilt Paolo mit, dass sie dringend nach Polen muss. ■ Andy ist sauer. Seine weihnachtliche Flugblatt-Aktion hat keine Wirkung gezeigt. Gabi zweifelt inzwischen ernsthaft an Andys Geisteszustand. Der lässt sich nicht unterkriegen und sucht einen Anwalt auf, der seine Unschuld beweisen soll. Andy merkt nicht, dass der Anwalt ihn nicht für voll nimmt und nur auf sein Geld hofft.

Buch: Hans W. Geißendörfer ■ Regie: George Moorse ■ Kamera: Kurt Mikler ■ Redaktion: Gebhard Henke

685 | Mutterfreuden

17. JAN 99

Trotz einiger Zweifel an ihrer plötzlichen Großmutterschaft kümmert sich Helga rührend um Lea. Auf Helgas Wunsch erzählt Maja ihrer Tochter, dass sie auf eine lange Reise gehen wird. Das findet Hans falsch. Er meint, dass Lea die Wahrheit erfahren muss. ■ Else fängt einen Brief von John ab. Pia liest, dass John seine Mary so bald wie möglich wiedersehen möchte. Olaf beschließt, den Brief nächste Woche bei Marys Hochzeit der ganzen Festgesellschaft vorzulesen. Sein Schuhladenplan geht in die letzte Phase. Pia wickelt Hülsch um den Finger und erhält den Mietvertrag. Am Abend begießen Olaf und Pia mit Else ihren dreisten Coup. ■ Anna überlegt nach wie vor, ob sie wirklich ein behindertes Kind zur Welt bringen soll. Trotz aller Unsicherheit und nach reiflicher Überlegung entschließen sich Hans und Anna dann doch, das Kind zu bekommen.

Buch: Anne Neunecker ■ Regie: George Moorse ■ Kamera: Kurt Mikler ■ Redaktion: Gebhard Henke

686 — Bis daß der Tod euch scheidet

24. JAN 99

Mary und Vasily schließen den Bund fürs Leben. Der Bräutigam hat zwar noch gehörig Schlagseite vom Junggesellenabschied, freut sich aber, dass sogar Panaiotis aus Griechenland zur Hochzeit angereist ist: die besten Voraussetzungen für den glücklichsten Tag in Vasilys Leben. Während der Hochzeitsfeier im »Akropolis« konfrontiert Olaf das Paar mit dem Brief von Marys tot geglaubtem Ehemann John. Tief geschockt sinkt Mary zusammen. ■ Beim Stöbern nach einem Hochzeitsgeschenk für Mary und Vasily stößt Tanja auf ein Gemälde ihres verstorbenen Vaters. Sie zeigt es Ludwig, aber der interessiert sich zur Zeit mehr fürs Tauchen. ■ Philipp wittert seine Chance. Er weiß, dass Canan abends in der Beimerschen Wohnung auf die kleine Lea aufpasst. Er geht in die Offensive, hat aber schlechte Karten. Canan verhält sich ihm gegenüber sehr reserviert.

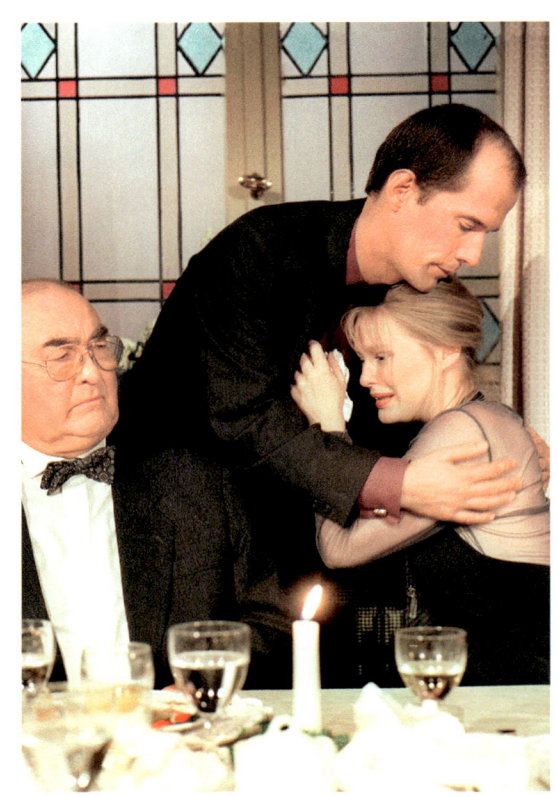

Buch: Hans W. Geißendörfer ■ Regie: George Moorse ■ Kamera: Kurt Mikler ■ Redaktion: Gebhard Henke

687 Der Schuhmacherladen

31. JAN 99

Sarah ist krank. Valerie hilft Anna bei der Pflege. Die werdenden Mütter sprechen ausführlich über Kinder mit Down-Syndrom. Sie ahnen nicht, dass Sarah das Gespräch belauscht. Zu Annas Erleichterung freundet sich ihre Tochter schnell mit dem Gedanken an ein behindertes Geschwisterchen an. Tom dagegen wehrt sich entschieden gegen den Nachwuchs. ■ Panaiotis macht Vasily einen unerwarteten Vorschlag. Er möchte, dass Vasily mit ihm nach Griechenland kommt. Aber der hat momentan ganz andere Sorgen. Seit John wieder aufgetaucht ist, fürchtet er, Mary zu verlieren. ■ Olaf freut sich, dass sein hinterlistiger Plan funktioniert. Dank Pias Hilfe hat er den ehemaligen Blumenladen zurückbekommen. Seine Jubelstimmung gilt nicht nur der neu gegründeten Existenz. Schließlich ist die Eröffnung auch ein Triumph über seinen Rivalen Vasily.

Buch: Michael Meisheit ■ Regie: George Moorse ■ Kamera: Kurt Mikler ■ Redaktion: Gebhard Henke

688 | Scharade

Carsten wartet ungeduldig auf seine Zulassung als Arzt. Ludwig überrascht die Belegschaft der Praxis mit einer feierlichen Einladung zum Abendessen. Bei dieser Gelegenheit übergibt er Carsten offiziell seine Approbationsurkunde. Der Abend endet unschön, denn Conrad kommt und verlangt weitere 5000 Mark. ■ Ein Kunde hat Hajo Freikarten für eine Karnevalsveranstaltung in Köln geschenkt. Berta ist zwar nicht begeistert, entschließt sich aber, Hajo zu begleiten. Auch Isolde, Gung, Hans, Käthe und Carsten schließen sich der Karnevalsgesellschaft an. Am Abend trifft sich die illustere Runde und entwirft ein Aufsehen erregendes Kostüm. Sie wollen als Aliens an den Rhein reisen. ■ Der unzuverlässige Fausto steht wieder einmal bei Isolde vor der Tür. Er möchte das »Casarotti« zurückhaben und wieder den Kochlöffel schwingen. Isolde lehnt barsch ab.

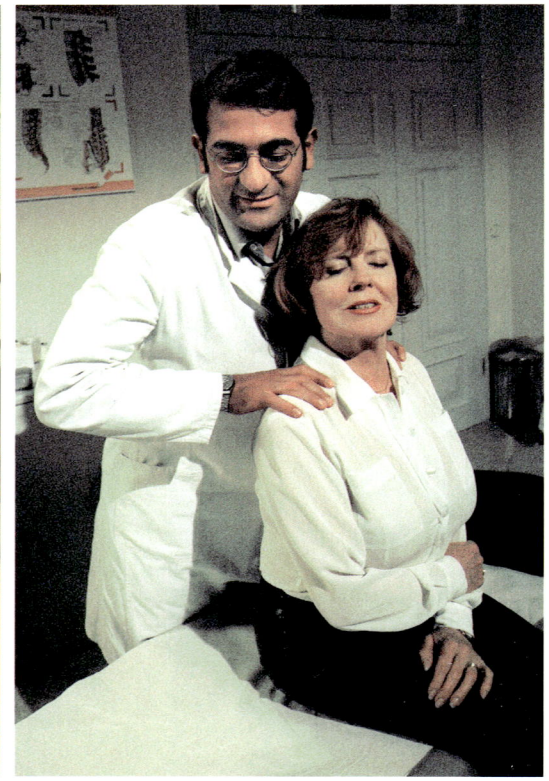

Buch: Joachim Friedmann ■ Regie: George Moorse ■ Kamera: Kurt Mikler ■ Redaktion: Gebhard Henke

689 | Fremde

14. FEB 99

Philipp ist bis über beide Ohren in Canan verliebt. Klaus, der ihm mit Rat und Tat zur Seite steht, schlägt ein romantisches Abendessen zu Dritt vor. Canan kommt tatsächlich. Nach dem Essen gesteht ihr Philipp unter vier Augen seine Liebe. Doch Canan muss ihn enttäuschen, denn sie ist bereits einem Mann in der Türkei versprochen. ■ Andy schäumt vor Wut: Er hat Post von seinem Anwalt bekommen. Statt der erhofften Recherche zu seinem Unfall erhält er eine saftige Rechnung über 7800 Mark. Als Gabi davon erfährt, macht sie ihm Vorwürfe. Andy ist mit den Nerven am Ende. ■ Else läuft im Treppenhaus einer Horde Außerirdischer in die Arme. Vor Schreck fällt sie fast in Ohnmacht. Dabei handelt es sich nur um die Karnevalsgesellschaft um Berta und Hajo. Die machen sich gerade auf den Weg nach Köln. Die Reise verläuft allerdings nicht ohne Probleme.

Buch: Joachim Friedmann ■ Regie: George Moorse ■ Kamera: Kurt Mikler ■ Redaktion: Gebhard Henke

690 | Bindungen

21. FEB 99

Philipp kann nicht fassen, dass Canan verheiratet werden soll. Er stellt Dagdelen zur Rede. Der erklärt ihm, dass Heiratsabsprachen in der Türkei Tradition haben. Auch im Hause Dagdelen kommt es daraufhin zu Diskussionen. ■ Andy ist deprimiert. Um seinen Führerschein wieder zu bekommen, muss er seine Unschuld an dem Unfall beweisen. Ohne Fahrerlaubnis ist er für das Arbeitsamt nicht vermittelbar. An Max' Grab wird seine ganze Verzweiflung deutlich. Zu Hause will Gabi ihn mit dem Wunsch nach einem gemeinsamen Kind aufmuntern. Aber davon will Andy nichts wissen. ■ Ludwig will Carsten in der Praxis seinen neuen Taucheranzug vorführen und wird unfreiwillig Zeuge einer lautstarken Auseinandersetzung zwischen Carsten und Conrad. Kleinlaut gesteht Carsten ihm danach den Betrug. Ludwig ist fassungslos und will Carsten aus der Praxis werfen.

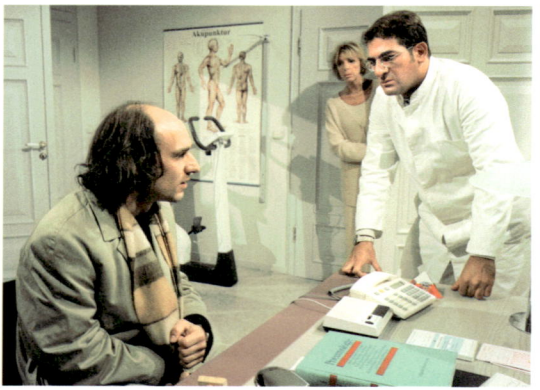

Buch: Joachim Friedmann ■ Regie: Heidi Kranz ■ Kamera: Jürgen Kerp ■ Redaktion: Gebhard Henke

691 | Sie konnten zueinander nicht kommen | 28. FEB 99

Carstens Versuch, Ludwig seine vertrackte Situation zu erklären, scheitert. Obwohl Tanja vermitteln will, kommt es zu einer folgenschweren Konfrontation zwischen den beiden. Carsten wirft Ludwig vor, ihn in der Vergangenheit zu oft mit Praxis und Patienten alleine gelassen zu haben. Wütend und enttäuscht wirft Ludwig seinen Stiefsohn aus dem Haus. ■ Beim Abendessen eröffnet Vater Dagdelen seiner Tochter, dass sie noch in diesem Jahr in der Türkei heiraten soll. Für Canan bricht eine Welt zusammen. Sie flieht in die WG. Von ihren Gefühlen übermannt, gesteht sie Klaus ihre Liebe. Damit nimmt das Unheil seinen Lauf. Als Philipp angeheitert heimkommt, findet er Klaus mit Canan im Bett. ■ Momo und Philipp verharren im Liebeskummer. Um die Fahrradwerkstatt wieder auf Touren zu bringen, plant Momo ein »Lindenstraße«-Fahrrad zu verkaufen.

Buch: Joachim Friedmann ■ Regie: Heidi Kranz ■ Kamera: Jürgen Kerp ■ Redaktion: Gebhard Henke

692 | Sorgenkinder

Klaus wohnt wieder bei Helga. Er hat sich mit Philipp wegen Canan zerstritten. Philipp ist tief gekränkt. Er kann Klaus nicht verzeihen, dass er Sex mit Canan hatte. Klaus versucht vergeblich, sich zu erklären. Philipp will weder von ihm noch von Canan je wieder etwas hören. ■ Valerie ist im Gefühlschaos. Sie freut sich auf ihr Baby, aber sie vermisst Zorro. Der ist jedoch nach wie vor auf Weltreise. Während eines Besuchs bei Hans und Anna gesteht sie den beiden, dass sie Boris nicht mehr liebt. Sie will Zorro nachreisen und mit ihm eine Familie gründen. ■ Elena zieht in eine eigene Wohnung. Mary ist darüber überglücklich. Endlich können Vasily und sie ihre Zweisamkeit ungestört genießen. Als John später im »Akropolis« anruft und Mary unbedingt wiedersehen möchte, befürchtet Vasily, seine große Liebe Mary ein zweites Mal zu verlieren.

Buch: Joachim Friedmann ■ Regie: Heidi Kranz ■ Kamera: Jürgen Kerp ■ Redaktion: Gebhard Henke

693 | Ohrfeigen

Mary will nach Afrika reisen, um ihren ehemaligen Geliebten zu treffen. Vasily ist eifersüchtig. Er hat Angst, dass sie mit John fremdgehen könnte und ist fast geneigt, auf seine Mutter zu hören. Elena meint, er solle Mary die Reise einfach verbieten. ■ Helga bemuttert Lea, worauf Klaus sehr genervt reagiert. Leider steht er mit Philipp immer noch auf Kriegsfuß. Als er einige Sachen aus der Wohngemeinschaft holen will, findet er einen kranken und völlig verwahrlosten Philipp vor. Er holt Carsten, der bei Philipp eine Gastritis diagnostiziert. Obwohl es Philipp sehr schlecht geht, haben die beiden Freunde die Gelegenheit, sich auszusprechen. ■ Urszulas Großmutter ist schwer krank. Urszula muss sofort nach Polen reisen. Da sie den Salon nicht einfach schließen kann, bittet sie Isolde, während ihrer Abwesenheit das Geschäft zu führen.

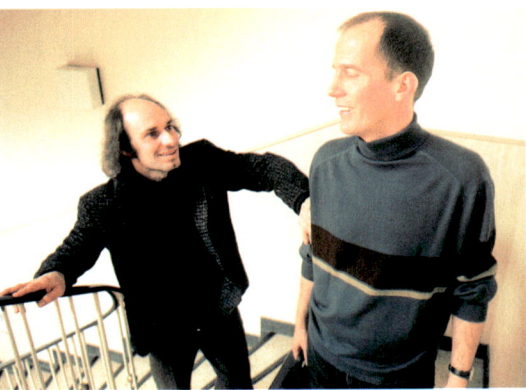

Buch: Joachim Friedmann ■ Regie: Heidi Kranz ■ Kamera: Jürgen Kerp ■ Redaktion: Gebhard Henke

694 | Erlösung

21. MÄR 99

Andy erfährt, dass heute mit Max' mutmaßlichem Mörder eine Ortsbegehung stattfindet. Er macht sich sofort auf den Weg, um dem Mörder seines Sohnes in die Augen zu sehen. Als er diesem gegenübersteht, fasst Andy einen Entschluss, den er gleich in die Tat umsetzt. Er kauft bei einem Kollegen eine Pistole. ■ Philipp berichtet Eva von einem Herrn Ade, der auf der Suche nach ihr ist. Eva kennt den Mann zwar nicht, will sich aber dennoch mit ihm treffen. Beim Essen stellt sich heraus, dass er der Sohn des Brauereibesitzers ist, bei dem Eva Sterbehilfe geleistet hat. Er droht Eva wütend, sie deswegen vor Gericht zu bringen. ■ Im Friseursalon will Fausto von Isolde wissen, wie es mit dem »Casarotti« nun weitergehen soll. Sie vertröstet ihn auf den Abend und teilt ihm mit, das »Casarotti« wieder eröffnen zu wollen. Fausto ist außer sich vor Freude.

Buch: Joachim Friedmann ■ Regie: Heidi Kranz ■ Kamera: Jürgen Kerp ■ Redaktion: Gebhard Henke

695 | Rufmord

Während Paolo sich mit Pat vergnügt, gehen Marcella und Giovanna trotz eines Verbotes ihres Vaters zu einem Konzert und lassen Paula alleine in der Wohnung. Paula stößt eine Kerze um. In der Wohnung bricht Feuer aus. ■ Vasily leidet unter der Trennung von Mary, die nach Afrika gereist ist. Elena nutzt die Gunst der Stunde und stellt die hübsche Griechin Alexia als Küchenhilfe ein. Sie hofft, dass Vasily sich nicht nur beruflich für Alexia interessiert. ■ In der Zeitung steht, dass Eva einen Mann getötet hat und die Familie des Verstorbenen gerichtlich gegen sie vorgehen will. Prompt läuft in der WG der Telefondraht heiß. Reporter wollen Eva zu einem Statement drängen. Sie entschließt sich, einem Fernsehreporter ein Interview zu geben. Damit nimmt das Unheil seinen Lauf: Statt sich zu rehabilitieren, macht Eva alles nur noch schlimmer.

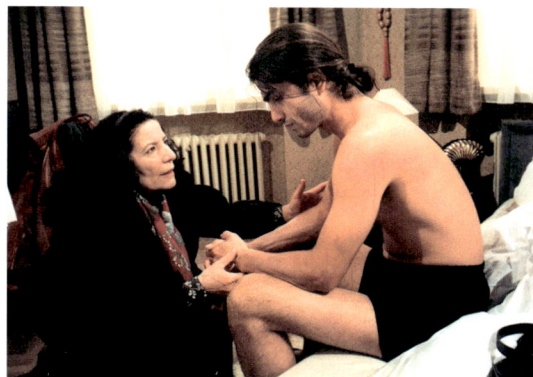

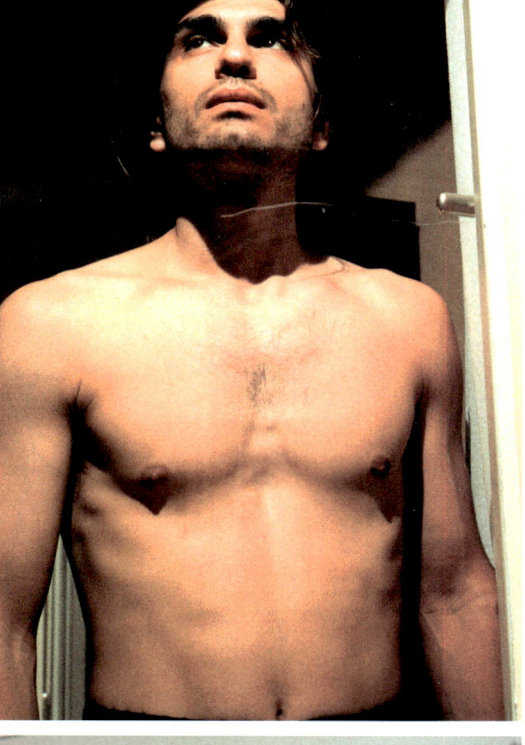

Buch: Frank Grützbach ■ Regie: Heidi Kranz ■ Kamera: Jürgen Kerp ■ Redaktion: Gebhard Henke

696 | Schuldlos?

Paula ist tot. Bei der Beerdigung nimmt Urszula Abschied von ihrer kleinen Tochter. Paolo plagt das schlechte Gewissen. Er gibt sich die Schuld an Paulas Tod. Wäre er in der Unglücksnacht nicht bei Pat gewesen, würde Paula noch leben. Er will Urszula die Wahrheit sagen, findet aber vorerst nicht den Mut dazu. ■ Elenas Plan, Vasily mit der attraktiven Alexia zu verkuppeln, scheint zu funktionieren. Während Mary immer noch in Afrika ist, beobachtet Elena mit Freude, wie sich Alexia und Vasily mehr und mehr für einander interessieren. ■ Aus der Zeitung erfährt Gabi, dass der Prozess gegen Max' Mörder bald beginnt. Viel mehr Sorgen bereitet ihr zur Zeit allerdings Andy. Der kapselt sich immer mehr ab. Beim Aufräumen findet sie bei Andys Sachen eine Pistole. Das bestätigt ihre Vermutung. Kurz darauf verschwindet Andy spurlos mit der Waffe.

Buch: Frank Grützbach ■ Regie: Heidi Kranz ■ Kamera: Jürgen Kerp ■ Redaktion: Gebhard Henke

697 | Schlüsselkind

Andy ist verschwunden. Gabi befürchtet, dass Andy eine nicht wieder gut zu machende Dummheit begeht. Für den Fall, dass sich Andy tatsächlich an Max' mutmaßlichem Mörder rächen will, muss die Familie verhindern, dass Andy das Gerichtsgebäude überhaupt betritt. ■ Erich ist genervt. Erst kippt Lea ihm Kakao aufs Hemd, dann hat Canan den Computer umprogrammiert und er kennt sich nicht mehr aus. Zudem kommt Helga mit der Nachricht, dass Maja ihre Tochter zu sich ins Gefängnis holen will. Aber Helga denkt nicht daran, ihre Enkelin kampflos aufzugeben. ■ Urszula gibt Marcella und Giovanna die Schuld an Paulas Tod. Die Mädchen trauen sich kaum noch nach Hause und lungern fortwährend im »Akropolis« herum. Paolo, der so dauernd an die schreckliche Tragödie erinnert wird, bittet seinen alten Freund Francesco ihn im Lokal zu vertreten.

Buch: Frank Grützbach ■ Regie: Heidi Kranz ■ Kamera: Jürgen Kerp ■ Redaktion: Gebhard Henke

698 | In letzter Sekunde

18. APR 99

Andy denkt nur noch an Rache für Max. Zwei Wochen lang hat er sich akribisch vorbereitet. Der Prozess gegen Max' Mörder beginnt. Andy schafft es, eine Pistole ins Gerichtsgebäude zu schmuggeln. In letzter Sekunde gelingt es jedoch Iffi, ihren Vater zu entwaffnen und ihn von seinem Vorhaben abzubringen. ■ Eva wird, seitdem sie Sterbehilfe geleistet hat, öffentlich angegriffen und verleumdet. Und mit ihr die ganze Familie. Aber es kommt noch schlimmer. Ihr Anwalt schockt sie mit der Nachricht, dass sie möglicherweise inhaftiert wird. Tötung auf Verlangen ist schließlich strafbar. ■ Da Olafs Schusterladen schlecht läuft, macht Pia den Vorschlag, gewisse Lederwaren zu verkaufen. Aber Olaf lehnt den Vorschlag ab. Da droht Pia mit drastischen Konsequenzen: Wenn Olaf nicht auf ihre Idee eingeht, will Pia den Laden wieder an Vasily überschreiben.

Buch: Frank Grützbach ■ Regie: Heidi Kranz ■ Kamera: Jürgen Kerp ■ Redaktion: Gebhard Henke

699 Horrormovies

Hans und Anna machen sich Sorgen um Tom. Nachts schaut er heimlich Horrorfilme an. Tagsüber verprügelt er Mitschüler und attackiert anschließend auch noch einen Lehrer. Als Hans versucht, Tom zu bändigen, flüchtet der zu Backhaus. ■ Olli kehrt geld- und wohnungslos zurück in die Lindenstraße. Geld will er sich von Hajo besorgen, der sich endlich für die Nierenspende erkenntlich zeigen soll. Ein Dach über dem Kopf findet er bei Carsten und Käthe. Die ahnen nicht, dass Olli ihren Schlüssel entwendet hat und sich während ihrer Abwesenheit bei ihnen einquartiert. Was Olli nicht weiß: Auch Canan hat einen Schlüssel, um die Blumen zu gießen. Eine Begegnung scheint vorprogrammiert. ■ Olaf hat immer noch Ärger mit Pia. Die droht erneut, das Geschäft wieder an Vasily zu überschreiben. Zu allem Überfluss kündigt Olli seinen baldigen Besuch an.

Buch: Frank Grützbach ■ Regie: Heidi Kranz ■ Kamera: Jürgen Kerp ■ Redaktion: Gebhard Henke

700 | Geisterfahrer

2. MAI 99

Andy jobbt als Aushilfe im »Café Bayer«. Als eine Kundin mit Sonderwünschen nervt, fährt er aus der Haut und verschwindet ins »Akropolis«. Als sich später auch Gabi dorthin aufmacht, stößt sie auf die Lösung aller Probleme – den Fahrer, der seinerzeit Andys Unfall verursacht hat. ■ Helga geht einkaufen. Enkelin Lea wähnt sie in der Obhut von Onkel Franz. Doch der denkt gar nicht daran, seine Zeit mit der Beaufsichtigung der Kleinen zu verschwenden. Die Katastrophe nimmt ihren Lauf. Lea klettert auf die Bank des offenen Küchenfensters und stürzt herunter – direkt in die Arme von Olli Klatt. ■ Urszula kommt unerwartet in die Wohnung und überrascht Paolo mit der leicht bekleideten Pat. Schlagartig wird ihr klar, dass Paolo in der Nacht, als Paula starb, ebenfalls ein Schäferstündchen mit Pat hatte. Für Urszula bricht eine Welt zusammen.

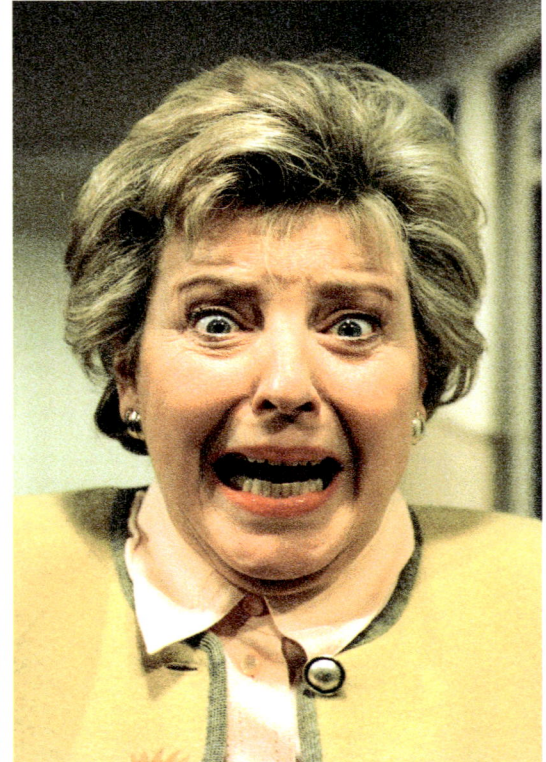

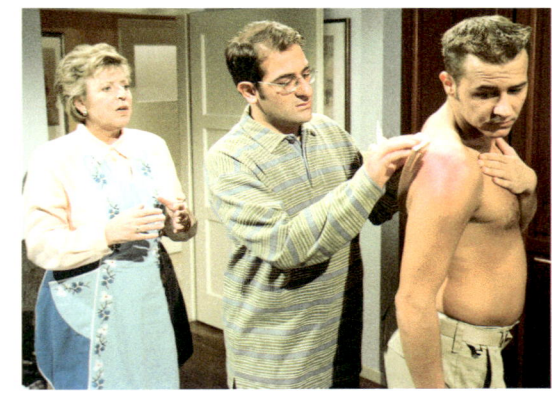

Buch: Frank Grützbach ■ Regie: Heidi Kranz ■ Kamera: Jürgen Kerp ■ Redaktion: Gebhard Henke

701 Kein Weg zurück?

Per Email teilt Dani dem verdutzten Momo mit, dass ihr Herz im ewigen Eis für einen anderen entflammt ist. Auch Canan quält Liebeskummer: Sie soll in der Türkei einen Mann heiraten, den sie gar nicht kennt. Um das zu verhindern, möchte Canan in die WG zu Philipp und Klaus ziehen. Es kommt zur Konfrontation mit ihrem Bruder Ahmet. ■ Isolde ist auf der Suche nach einem Mann – und zwar nach Fausto. Isolde will im nächsten Monat das »Casarotti« wieder eröffnen, aber der unzuverlässige Fausto ist wie vom Erdboden verschluckt. Ohne Star-Koch kein »Casarotti« – jetzt ist guter Rat teuer. ■ Erich nervt das Zusammenwohnen mit Onkel Franz und neuerdings auch Olli. Ein Problem lässt sich rasch lösen. Da Olli noch immer von der Polizei gesucht wird, informiert er kurzerhand die Behörden. Die Polizei stürmt Helgas Wohnung und verhaftet den überrumpelten Olli.

Buch: Frank Grützbach ■ Regie: Heidi Kranz ■ Kamera: Jürgen Kerp ■ Redaktion: Gebhard Henke

702 | Vatertag

Valerie gesteht Boris, dass Zorro der Vater ihres ungeborenen Kindes ist. Als Valerie Boris verlassen will, verliert der die Beherrschung und stürzt seine Frau die Treppe hinunter. Valerie flieht in die Lindenstraße und bricht zusammen. Ein Notarzt bringt sie in die Klinik. ■ Philipp und Klaus richten sich auf einen netten Tag ein. Es klingelt, und Philipp wird schlagartig klar, dass heute Vatertag ist: Kurt steht vor der Tür. Philipp ist nicht erfreut, seinen Vater wiederzusehen. Das gilt erst recht für Momo. Der sieht rot, als er plötzlich Kurt gegenüber steht. ■ Dr. Dressler taucht ab. Zusammen mit der Sprechstundenhilfe Horowitz unternimmt er seinen ersten Tauchgang. Als Dressler nach Hause kommt und euphorisch von seinen Erlebnissen berichten will, erwartet ihn eine böse Überraschung: Tanja, so ihr Geständnis, habe ihn nie geliebt.

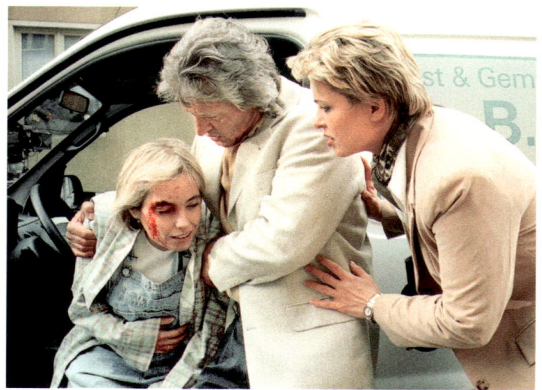

Buch: Frank Grützbach ■ Regie: Heidi Kranz ■ Kamera: Jürgen Kerp ■ Redaktion: Gebhard Henke

703 | Geben ist schöner als nehmen

Urszula im Tal der Tränen: Sie weiß nun die Wahrheit über Paolo und dessen Affäre mit Pat. Urszula möchte nun die Trennung von Tisch und Bett. In ihren Augen ist Paolo auch für den Tod von Paula verantwortlich. Sie beschließt, wieder bei Tante Rosi einzuziehen. ■ Valerie liegt im Krankenhaus und erholt sich von den Folgen des Sturzes. Sie muss damit fertig werden, dass sie ihr Baby verloren hat. Für Andy steht fest, wer der Schuldige ist: Boris. Er zeigt ihn an. Valerie verlangt, dass die Anzeige fallen gelassen wird. Grund: Nicht Boris, sondern Zorro war der Vater ihres Kindes. ■ Heimkehrer Kurt ist desillusioniert von seiner Familie. Philipp ist einfach nur genervt, Momo beschimpft ihn als Verbrecher, und Eva verlangt die Scheidung. Aber Kurt gibt nicht auf und macht Eva einen mutigen Vorschlag: Er will, dass Eva mit ihm nach Afrika kommt.

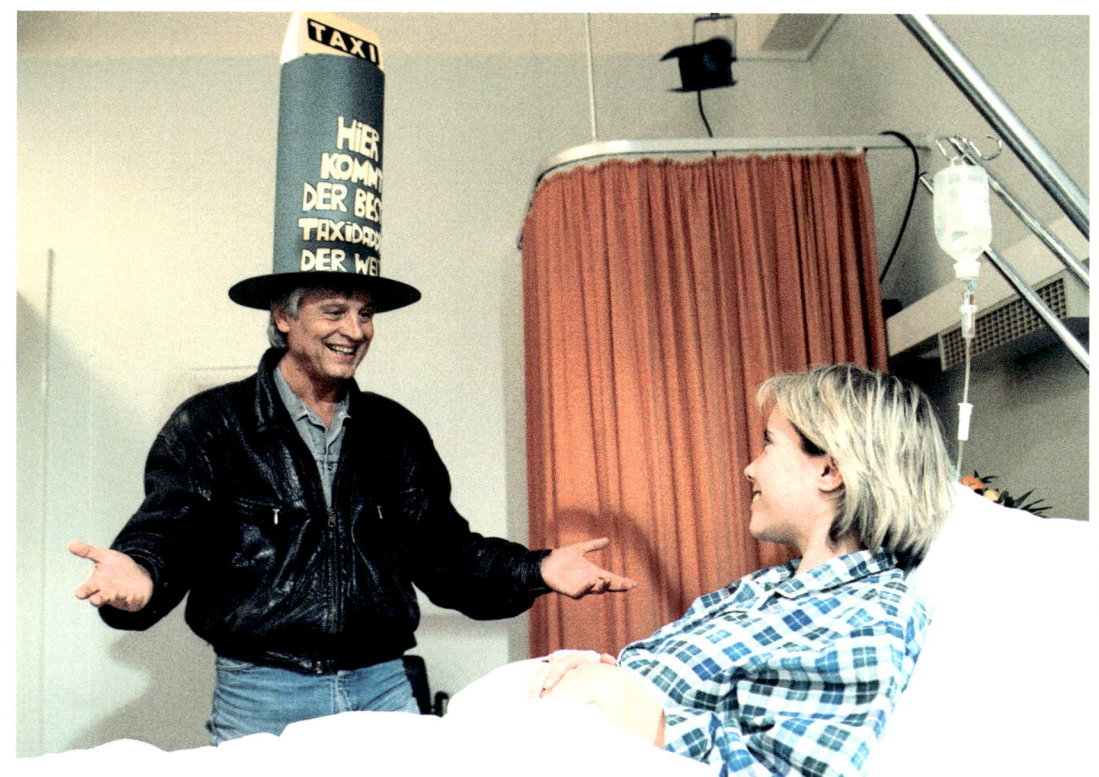

Buch: Hans W. Geißendörfer ■ Regie: Patrick Winczewski ■ Kamera: Kurt Mikler ■ Redaktion: Barbara Buhl

704 Falsches Zeugnis

Urszula will ihre Wohnung abgeben. Paolo kann Hausverwalter Hülsch im letzten Moment überreden, den Mietvertrag auf ihn zu übertragen. Als er mit seinen Töchtern zur Übernahme kommt, ist das gesamte Mobiliar zertrümmert: ein Racheakt von Urszula. ■ Kurt will Evas Vertrauen und ihre Liebe zurückgewinnen. Um das zu erreichen, ist er sogar bereit, die Grenzen der Legalität zu überschreiten. Er setzt ein falsches Schreiben auf, in dem der Brauereibesitzer Ade der Sterbehilfe durch Eva zustimmt. Aber Eva kann diese Form der Hilfe nicht akzeptieren. ■ Tanja teilt Dressler mit, dass sie die Scheidung einreichen will. Schweren Herzens stimmt Dressler zu. Mehr Groll hegt er gegen Stiefsohn Carsten. Dressler will verhindern, dass Carsten als Arzt praktizieren darf. Er droht, Carstens Schwindel mit der Doktorarbeit an die Öffentlichkeit zu bringen.

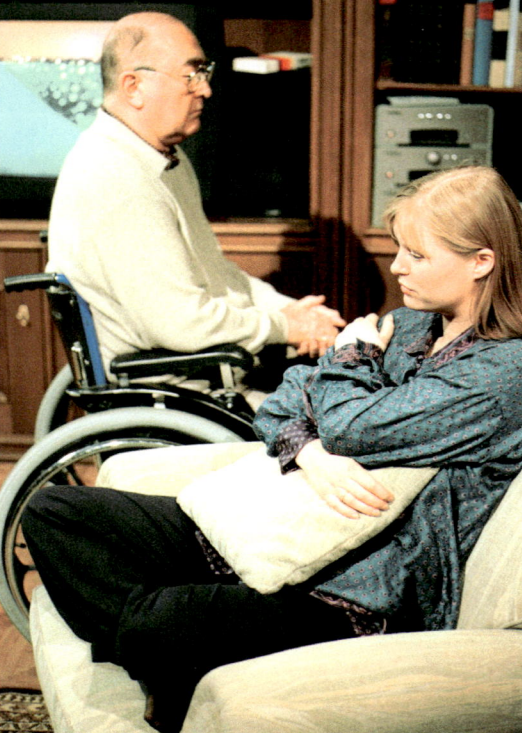

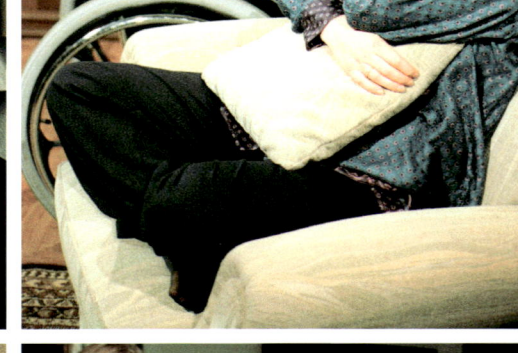

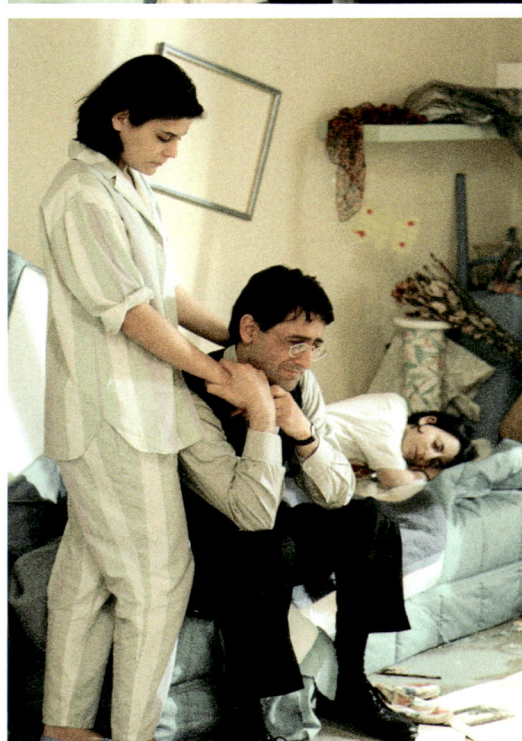

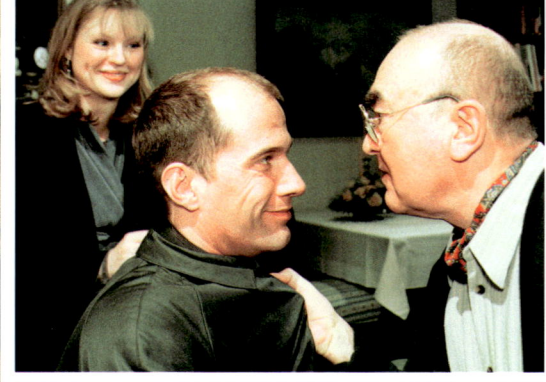

Buch: Hans W. Geißendörfer ■ Regie: Patrick Winczewski ■ Kamera: Kurt Mikler ■ Redaktion: Barbara Buhl

705 Ein bayrischer Tag

Valerie wird heute aus dem Krankenhaus entlassen. Ihre Gedanken kreisen aber nur um Zorro. Valerie ist fest entschlossen, ihrem Geliebten nachzureisen und mit ihm eine Familie zu gründen – egal, wo er sich gerade aufhält. ■ Hans plant einen bayerischen Familientag: Erst zur Fronleichnamsprozession, dann zum Baden und anschließend in den Biergarten. Doch alles kommt anders: Die Kinder treten in einen unbefristeten Feiertagsstreik, und Anna wird übel. Zum guten Schluss hält Tom noch eine Überraschung bereit: Er will die elterliche Wohnung verlassen und bei seinem neuen Freund Backhaus leben. ■ Tanja findet einen Brief Dresslers, der schwere Anschuldigungen gegen Carsten enthält. Dressler will verhindern, dass Carsten mit einem gekauften Doktortitel praktiziert. Tanja stellt Dressler wütend zur Rede. Der hat den Brief aber nicht abgeschickt.

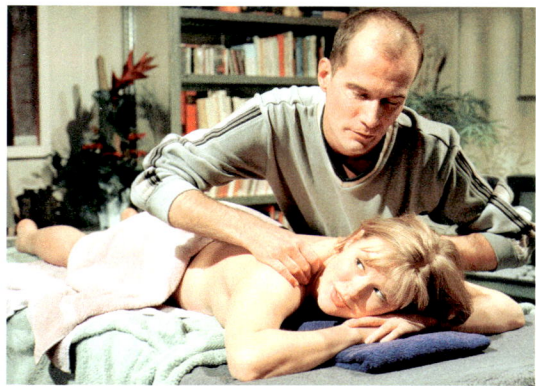

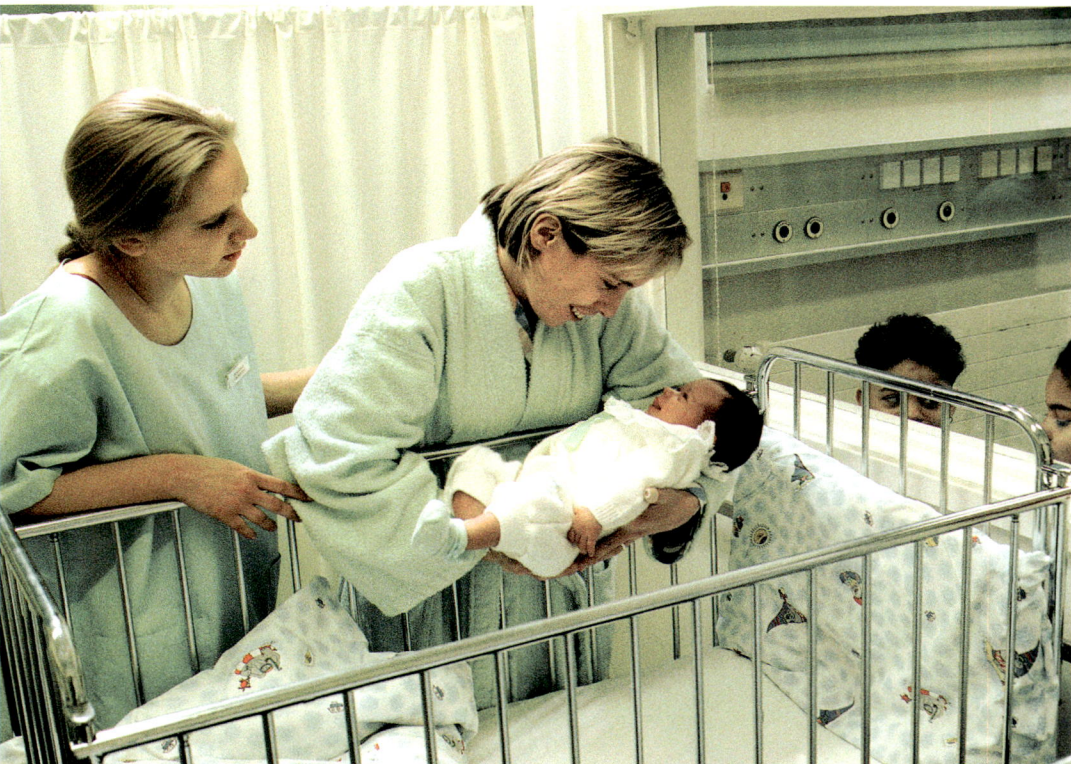

Buch: Hans W. Geißendörfer ■ Regie: Patrick Winczewski ■ Kamera: Kurt Mikler ■ Redaktion: Barbara Buhl

706 | Geburtstagskinder

Hektisches Treiben bei Helga: Enkelin Lea hat Geburtstag. Erich ist genervt von Helgas Getue und setzt sich ins Reisebüro ab. Dort kommt es zwischen Erich und Canan zum Disput. Grund: die zahlreichen Angebote für Billigreisen in die Türkei. ■ Hajo leidet unter den Nachwirkungen seiner Geburtstagsfeier. So bekommt er kaum mit, dass ihm Berta einen Heiratsantrag macht. Nur das Wort »heiraten« behält er im Gedächtnis. Als ihm endlich ein Licht aufgeht, überrascht er Berta mit einem Festmenü. Von Isolde wird Hajo beauftragt, nach Fausto zu suchen. ■ Am frühen Morgen setzen bei Anna die Wehen ein. In seiner Not klingelt Hans telefonisch Helga aus dem Bett, damit sich jemand um die Kinder kümmert. Alles geht gut. Der Kaiserschnitt verläuft komplikationslos, Mutter und Kind sind wohlauf. Das Down-Syndrom ist nur mittelschwer ausgeprägt.

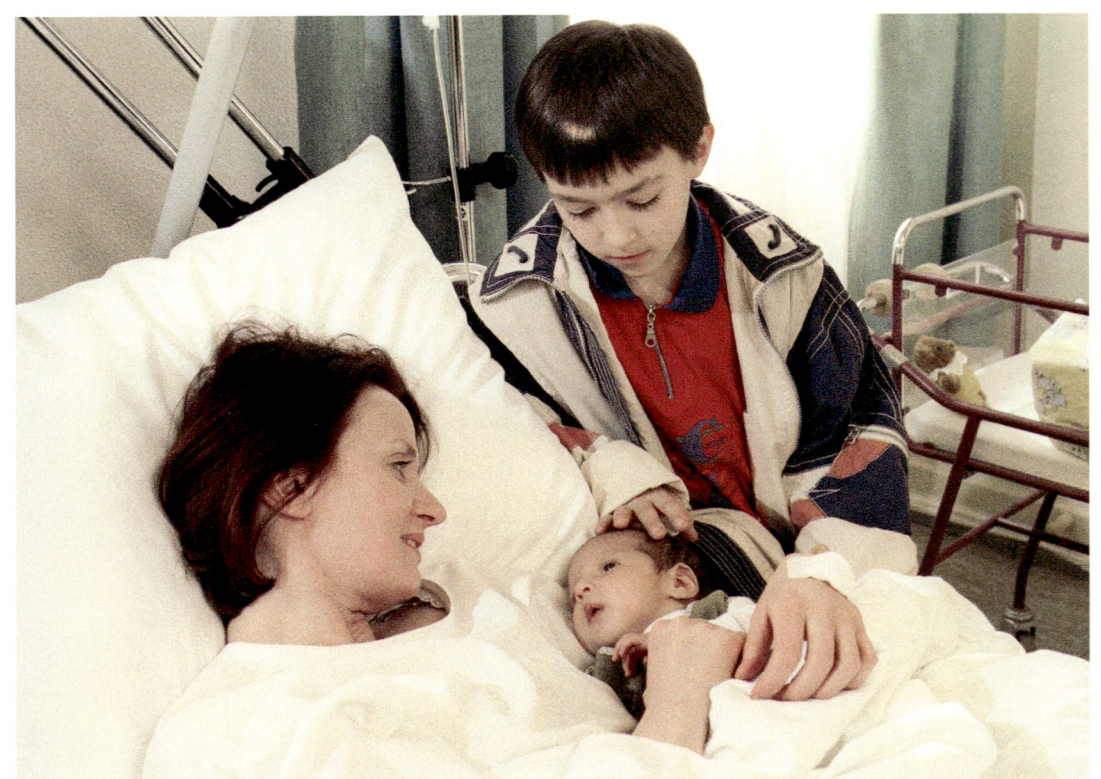

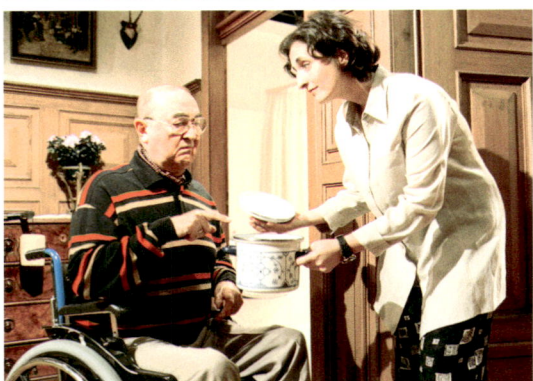

Buch: Monika Bittl ■ Regie: Patrick Winczewski ■ Kamera: Kurt Mikler ■ Redaktion: Barbara Buhl

707 Liebe heißt …

Iffi kehrt aus Rostock zurück. Zu Hause trifft sie niemanden an. So klingelt sie an der Tür der Wohngemeinschaft. Dort erwartet Iffi eine große Überraschung: Sie steht Kurt gegenüber, mit dem sie vor Jahren eine verhängnisvolle Affäre hatte. ■ Philipp bereitet in der Wohngemeinschaft ein Abschiedsfrühstück vor. Grund: Eva hat sich entschlossen, mit Kurt nach Afrika zu gehen. Doch bevor Eva in ein neues Leben startet, unternimmt sie einen letzten Versuch, zwischen Kurt und Momo endlich Frieden zu stiften. ■ Valerie hat Post von Zorro erhalten. Sie telefoniert ihm hinterher und erfährt, dass sich Zorro längst auf einem Frachter Richtung Neuseeland befindet. Probleme gibt es mit Iffi, die wieder bei den Zenkers wohnen möchte. Als Gabi am Abend nach Valerie sehen will, findet sie einen Abschiedsbrief. Valerie will Zorro in Neuseeland suchen.

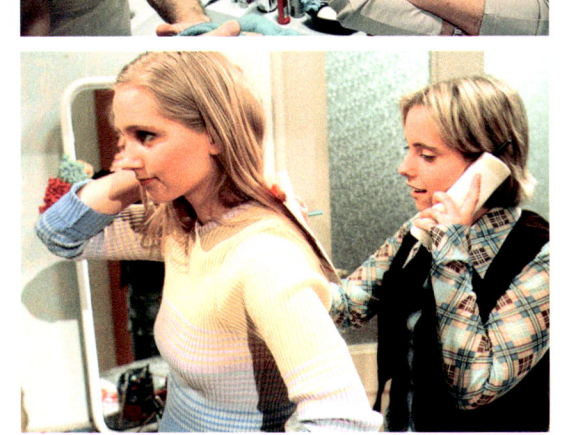

Buch: Hans W. Geißendörfer ■ Regie: Patrick Winczewski ■ Kamera: Kurt Mikler ■ Redaktion: Barbara Buhl

708 | Streßsymptome

Erich fühlt sich vernachlässigt und holt Informationen über Maja ein. Er findet die Adresse ihrer Mutter heraus und sucht Frau Starck auf. Die scheint ebenso frustriert wie dem Alkohol zugetan. Sie zieht über Majas unsteten Lebenswandel her. Helga lässt sich von Erichs Informationen aber nicht beeindrucken. Sie glaubt weiterhin, dass Benny der Vater von Lea ist. ■ Hans holt Anna und den kleinen Martin aus der Klinik ab. Der Arzt fragt ihn, ob Anna schon früher unter postnatalen Depressionen gelitten habe. Hans verneint dies. Zu Hause angekommen, feiern die drei größeren Kinder die Ankömmlinge. ■ Tanjas Therapeutin will mit Dressler über seine Beziehung zu seiner Frau sprechen. Dressler fühlt sich von der Therapeutin persönlich angegriffen. Außerdem lässt sich die Expertin keine Details über den Verlauf von Tanjas Therapie entlocken.

Buch: Hans W. Geißendörfer ■ Regie: Patrick Winczewski ■ Kamera: Kurt Mikler ■ Redaktion: Barbara Buhl

709 | Der Fremde

Iffi ist aufgeregt: Heute kommt ihr Freund Heiko aus Rostock. Valerie geht Iffis gute Laune auf die Nerven. Doch endlich schaffen es die Schwestern, über ihre Gefühle zu reden. Am Abend feiert die Verwandtschaft Andys Geburtstag. Alle sind von Heiko angetan, selbst Iffis Vater. ■ Mary deutet Vasily an, sie sei in anderen Umständen. Schlechte Nachrichten dagegen von John. Marys Ex-Freund teilt mit, dass das Geld noch immer nicht eingetroffen ist. Mary grübelt: Für Waffen war der Erlös nicht gedacht. Doch Vasily und Käthe reden ihr zu, auf keinen Fall ihre Benefiz-Veranstaltung zu Gunsten der Ogoni abzusagen. ■ Erich zeigt Helga bei jeder Gelegenheit, dass er sich vernachlässigt fühlt. Mit seinem Verhalten geht er Helga auf die Nerven. Im Lauf des Tages machen sich beide Gedanken über ihre Beziehung – und erkennen, wie sehr sie sich brauchen.

Buch: Irene Fischer ■ Regie: Patrick Winczewski ■ Kamera: Kurt Mikler ■ Redaktion: Barbara Buhl

710 | Hoher Besuch

11. JUL 99

Hochbetrieb im »Akropolis«. Mary und Vasily veranstalten ein Fest zu Gunsten der Ogoni in Nigeria. Alle Nachbarn und Freunde erscheinen im griechischen Lokal, um Marys Initiative zu unterstützen. Die nigerianische Geheimpolizei hingegen beäugt die Benefizaktion mit großem Argwohn. ■ Hans im Stress: Anna leidet nach Martins Geburt an einer handfesten Depression, und auch ein klärendes Gespräch mit Backhaus bringt keinen raschen Erfolg. Die Belastungen gehen nicht spurlos an Hans vorüber: Eine Untersuchung bei Doktor Dagdelen ergibt diffuse Herztöne. ■ Olaf und Pia sind unzufrieden. Die Geschäfte im Schuhladen laufen mehr als schlecht. Zu allem Überfluss erhält Olaf auch noch einen erpresserischen Brief von seinem ehemaligen Spezi Olli. Zum Glück hat Pia aber eine pikante Idee, wie die beiden ihre Einnahmen aufbessern können: mit Telefonsex.

Buch: Irene Fischer ■ Regie: Patrick Winczewski ■ Kamera: Kurt Mikler ■ Redaktion: Barbara Buhl

711 Heimat, süße Heimat

Heiko klingelt Sturm in der Zenker-Wohnung. Zu Andys Verwunderung ist Heiko auf der Suche nach Iffi. Eigentlich wollte das junge Glück einige Urlaubstage miteinander verbringen. Doch es gab Streit, Iffi ist verschwunden. Heiko spricht länger mit Käthe. Später kommt Iffi zurück; sie kann in Rostock nicht heimisch werden. ■ Helga ist genervt: Erneut muss sie sich von Onkel Franz braune Parolen gegen Ausländer anhören. Noch schlimmer: Mit zwei Gesinnungsgenossen marschiert er zum Treffen der »Nationalen Patrioten«. Auf dem Weg dorthin bleiben die drei allerdings im Aufzug stecken. ■ Bei der Sammlung für die Ogoni ist ein schöner Betrag zusammengekommen. Die gute Laune verfliegt jedoch, als ein Beamter ins »Akropolis« kommt und von Mary die Herausgabe des Geldes verlangt. Begründung: Es gab keine offizielle Genehmigung für die Spendenaktion.

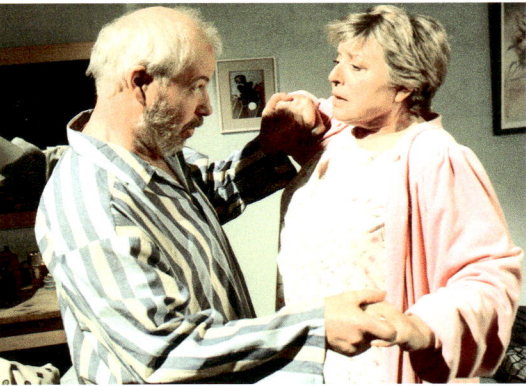

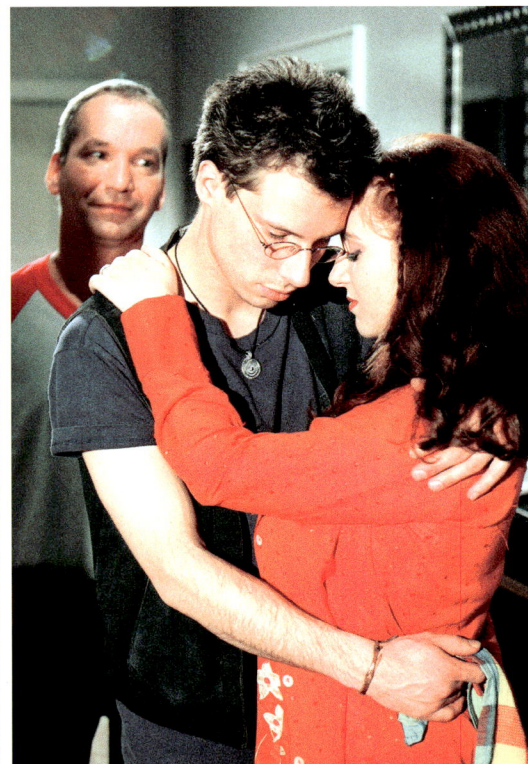

Buch: Joachim Friedmann ■ Regie: Patrick Winczewski ■ Kamera: Kurt Mikler ■ Redaktion: Barbara Buhl

712 | Aus alt mach neu

25. JUL 99

Valerie ist noch immer unsterblich in Zorro verliebt. Was sie nicht ahnt: Während sie sich vor Sehnsucht verzehrt, ist der Angebetete in der Ferne seiner Traumfrau begegnet. Das entnimmt Gabi einer Postkarte, die Zorro in die Lindenstraße schickt. Für Gabi steht fest: Valerie darf diese Karte niemals zu Gesicht bekommen. ■ Onkel Franz zieht es in die Politik. Für sich und seine Gesinnungsgenossen möchte er gerne ein »Deutsches Fest« veranstalten. Was fehlt, ist eine passende Räumlichkeit. Onkel Franz glaubt, die rettende Idee zu haben: Er fragt Vasily, ob er seine Patrioten im »Akropolis« versammeln kann. ■ Isolde ist guter Dinge: Das »Casarotti« wurde frisch renoviert, und ihr Koch Fausto ist auch wieder aus der Versenkung – sprich: dem Gefängnis – aufgetaucht. Gemeinsam wollen die beiden das Nobellokal wieder zum alten Ruhm führen.

Buch: Joachim Friedmann ■ Regie: Patrick Winczewski ■ Kamera: Kurt Mikler ■ Redaktion: Barbara Buhl

713 | Liebesgrüße

1. AUG 99

Drama um Valerie: Eigentlich will sie mit Lisa einen gemütlichen Kinoabend verbringen. Doch zufällig findet sie die Postkarte ihres geliebten Zorro – jene Karte, die sie nie zu Gesicht bekommen sollte. Valeries Traum von einer gemeinsamen Zukunft mit Zorro zerplatzt in diesem Moment wie eine Seifenblase. ■ Ein großer Tag für Isolde: Heute wird das »Casarotti« feierlich neu eröffnet. Während Koch Fausto in alter Manier einen Lieferanten beschimpft, hat Isolde ein anderes Problem: Kellner Francesco ist wie vom Erdboden verschluckt. Isolde versucht Paolo zu überreden, ihr noch dieses eine Mal zu helfen. ■ Hans ist am Ende seiner Kraft. Weil Anna noch an den psychischen Nachwirkungen der Geburt leidet, muss Hans Kinder und Haushalt allein versorgen. Tom hat zudem massive Probleme in der Schule. Hans' Gespräch mit Backhaus endet im Streit.

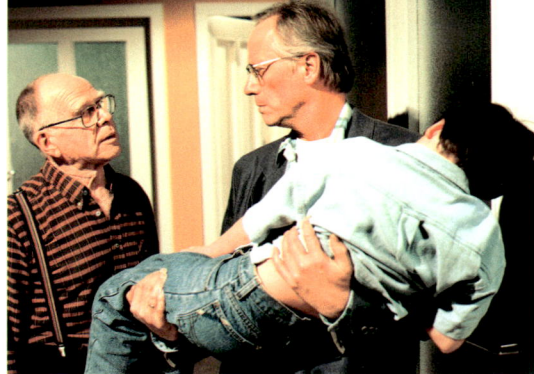

Buch: Joachim Friedmann ■ Regie: Patrick Winczewski ■ Kamera: Kurt Mikler ■ Redaktion: Barbara Buhl

714 | Reiselust

8. AUG 99

Erich plagt die Eifersucht auf Lea. Für den verschmähten Ehemann steht fest: Er muss etwas tun, damit Helga ihm wieder mehr Zeit widmet. Erich sucht Maja auf und malt Helgas Erziehungsversuche in den schwärzesten Farben. Maja sieht das ganz anders. Abends wird das Reisebüro von Türkeigegnern mit Parolen beschmiert. ■ Nach ihrem Suizidversuch ist Valerie in einer Klinik untergebracht. Iffi besucht sie und spricht sich mit ihr aus. Später kommt Heiko in die Lindenstraße. Er hat in Rostock gekündigt und will für immer bei Iffi bleiben. ■ Sorgen, nichts als Sorgen hat Paolo mit seinen heranwachsenden Töchtern. Das einzige, was Marcella und Giovanna zur Zeit von ihm wollen, ist Geld. Und das reichlich. Schließlich möchten die beiden mit ihren Freunden in Urlaub fahren. Paolo sieht nur einen Ausweg: Er bittet Ex-Frau Gina um finanzielle Hilfe.

Buch: Joachim Friedmann ■ Regie: Patrick Winczewski ■ Kamera: Kurt Mikler ■ Redaktion: Barbara Buhl

715 | Gewonnen und zerronnen

15. AUG 99

Klare Ansage für Helga: Maja teilt ihr per Brief mit, dass sie ihre Tochter Lea wieder zu sich holen will. Helga ahnt nicht, dass Erich hinter ihrem Rücken diese Intrige gesponnen hat. Abends wird ein Brandanschlag aufs Reisebüro verübt. Mitten in den Flammen: Lea, die Erich dort zurückgelassen hat. ■ Rosi auf der Gewinnerstraße – und die führt direkt in das schöne Allgäu. Bei einem Kreuzworträtsel hat Rosi eine Reise für zwei Personen gewonnen. Frau Birkhahn, die Rosi bei der Lösung des Rätsels tatkräftig unterstützte, fordert jetzt ihr Recht und will mitfahren. ■ Freude bei Tom: Hans hat ihm erlaubt, dass er mit seinem neuen Freund Walter Backhaus zum Zelten in den Perlacher Forst darf. Als die beiden aufbrechen, schwebt gerade ein Heißluftballon über der Lindenstraße. Backhaus verspricht Tom, für ihn einen solchen Ballon zu bauen.

Buch: Joachim Friedmann ■ Regie: Patrick Winczewski ■ Kamera: Kurt Mikler ■ Redaktion: Barbara Buhl

716 | Auswandern

22. AUG 99

Aufregung bei Helga und Erich: Im Reisebüro gab es einen beträchtlichen Feuerschaden. Trotz des Brandgeruchs wittert Erich Morgenluft: Er möchte lieber das »Claron Bridge« in Irland führen, als das Reisebüro in der Lindenstraße. Helga soll das Geschäft jetzt schließen und endgültig auf die grüne Insel übersiedeln. Helga bewegen ganz andere Probleme: Lea lebt nun wieder bei Maja. ■ Heiko besorgt eine große Torte für Iffi. Grund: Seine Liebste feiert ihren 21. Geburtstag. Aber eigentlich ist Heiko gar nicht festlich zumute. Obwohl er intensiv sucht, findet er keinen Job in München. Trotzdem bereitet er für Iffi eine große Geburtstagsparty vor. ■ Canan ist sauer. In weniger als zehn Wochen soll sie in der Türkei einen Mann heiraten, den sie nicht einmal kennt. Als Canan die Hochzeit erneut ablehnt, kommt es zur Konfrontation mit der Familie.

Buch: Joachim Friedmann ■ Regie: Claus Peter Witt ■ Kamera: Jürgen Kerp ■ Redaktion: Barbara Buhl

717 Fremde Sprachen

29. AUG 99

Helga lädt Canan zum Frühstück ein, hat aber schlechte Nachrichten: Das Reisebüro soll schließen, weil sie nächste Woche mit Erich nach Irland übersiedeln will. Das bedeutet für Canan, bald arbeitslos zu sein. Helga sucht einen Nachmieter für die Wohnung, weigert sich aber, Onkel Franz einziehen zu lassen. ■ Auf Mary wartet heute eine Überraschung der besonderen Art. Sie traut ihren Augen nicht, als sie im »Akropolis« plötzlich ihrem ausgemergelten Ex-Freund John aus Nigeria gegenübersteht. Der braucht 150.000 Mark für das Volk der Ogoni. Mary weiß nicht, woher sie das Geld nehmen soll. John dagegen schon: Er hat Heroin dabei, das sie für ihn verkaufen soll. ■ Notgedrungen reist Rosi nun gemeinsam mit Frau Birkhahn ins Allgäu. Schon im Zug gibt es die ersten Querelen – mit Japanern. Gegen Abend haben sich die beiden Streithähne aber beruhigt.

Buch: Joachim Friedmann ■ Regie: Claus Peter Witt ■ Kamera: Jürgen Kerp ■ Redaktion: Barbara Buhl

718 | Deus Ex Machina

5. SEP 99

Helga und Erich sind bereit für die Abreise nach Irland. Tränenreich verabschiedet sich Helga von Klaus und stattet anschließend Enkelin Lea und Maja einen letzten Besuch ab. Maja zeigt Helga den Anklage-Brief von Erich. Für Helga bricht eine Welt zusammen. Sie verwirft alle Reisepläne und setzt Erich vor die Tür. ■ Schweren Herzens hat Vasily zugestimmt, dass sich Marys Ex-Freund John in ihrer Wohnung verstecken kann. John versucht, das Heroin zu verkaufen. Dabei wird er überfallen und bestohlen. Verletzt kommt er ins »Akropolis« zurück. John will nur dann verschwinden, wenn Mary das Geld besorgt. ■ Trotz intensiver Suche findet Heiko keine Arbeit. Frustriert überlegt er, wieder nach Rostock zurück zu kehren. Als Iffi von Heikos Plan erfährt, kommt es zum Streit zwischen den Jungverliebten. Da bietet ihm Käthe einen Job im Kindertheater an.

Buch: Joachim Friedmann ■ Regie: Claus Peter Witt ■ Kamera: Jürgen Kerp ■ Redaktion: Barbara Buhl

719 | Gott behüte dich!

12. SEP 99

Bei Mary und Vasily versteckt sich noch immer der untergetauchte John. Als Mary ihren Ex-Freund inständig bittet, die Wohnung zu verlassen, verliert John die Nerven. Er zückt eine Waffe. Vasily hat derweil eine Hypothek auf das Haus aufgenommen, gibt John die 100.000 Mark und erwirkt so, dass der verschwindet. ■ Hochzeitsvorbereitungen: Berta sucht die passende Garderobe und Hajo bittet Isolde, seine Trauzeugin zu werden. Das Brautpaar wundert sich, als eine Gruppe singender Mexikaner vor ihrer Wohnungstür steht – ein ganz spezieller Hochzeitsgruß von Manoel. Hajo bekommt unterdessen mit, dass Fausto eine Geliebte hat. ■ Nach dem Zerwürfnis mit Erich eröffnet Helga das Reisebüro in der Lindenstraße im Alleingang neu. Am meisten freut sich Canan: Sie behält nicht nur ihren alten Job, sondern wird jetzt auch am Gewinn des Geschäfts beteiligt.

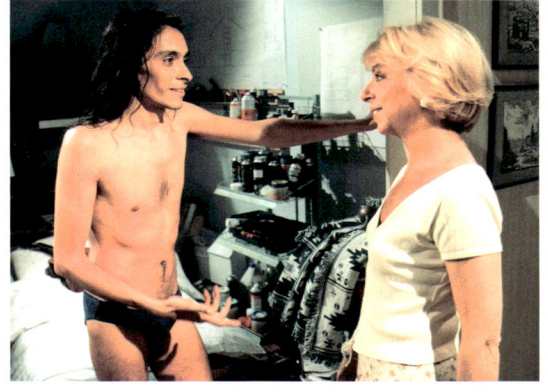

Buch: Hans W. Geißendörfer ■ Regie: Claus Peter Witt ■ Kamera: Jürgen Kerp ■ Redaktion: Barbara Buhl

720 | Der General

19. SEP 99

Else traut ihren Ohren nicht. Aus der Wohnung von Paolo dröhnt laute Musik. Sofort schreitet Else zur Tat und stellt Marcella und Giovanna wegen des Lärms zur Rede. Dabei ist sie allerdings unachtsam und bemerkt nicht, dass ihr die beiden Mädchen den Generalschlüssel stibitzen. ■ Hajo ist sauer: Eine Woche lang mussten Berta und er neun mexikanische Musiker in ihrer Wohnung beherbergen – ein Geschenk Manoels. Was Hajo am meisten missfällt: Ein besonders feuriger Musikant macht seiner Berta auch noch schöne Augen. ■ Ungewöhnlicher Besuch in der Flöter-Wohnung: Käthe bringt den elfjährigen Felix mit nach Hause. Felix ist der Enkel von Frau Vogt, die gemeinsam mit Käthe im Kindertheater arbeitet. Während der Vorstellung hatte Frau Vogt einen Schwächeanfall erlitten. Hauptgrund: die große Sorge um ihre HIV-infizierte Tochter Leonie.

Buch: Hans W. Geißendörfer ■ Regie: Claus Peter Witt ■ Kamera: Jürgen Kerp ■ Redaktion: Barbara Buhl

721 | Der 2. Hochzeitstag der Berta Griese | 26. SEP 99

Für Hajo und Berta sollen heute die Hochzeitsglocken läuten. Doch es kommt anders: Zunächst ruiniert sich Hajo seine Hochzeitsgarderobe mit Schuhcreme, und dann gibt sich Berta überraschend einem mexikanischen Musiker hin. Hajo erwischt die beiden, sagt die Hochzeit ab und will ausziehen. ■ Marcella und Giovanna gehen auf Beutezug: Mit dem nachgemachten Generalschlüssel stehen ihnen im Haus alle Türen offen. Geduldig warten sie, bis Helga das Gebäude verlassen hat und brechen dann in ihre Wohnung ein. ■ Erich hat Helga ein Päckchen aus Irland geschickt. Nach dem Zerwürfnis mit ihrem Ehemann hält sich Helgas Freude über das Präsent jedoch in Grenzen. Dann klingelt das Telefon und Helga erwarten ganz andere Sorgen: Marion hatte in Paris einen schweren Unfall und musste ins Krankenhaus gebracht werden. Helga reist sofort zu ihrer Tochter.

Buch: Hans W. Geißendörfer ■ Regie: Claus Peter Witt ■ Kamera: Jürgen Kerp ■ Redaktion: Barbara Buhl

722 | Adios, Amigo

3. OKT 99

Hajo und Berta kommunizieren nur noch schriftlich. Später steht der Mexikaner Pedro vor der Türe und verlangt den Lohn für seine Musiker. Aber das Geld ist spurlos aus der Wohnung verschwunden – Marcella und Giovanna waren zwischenzeitlich mit dem Nachschlüssel da und haben die 800 Mark gestohlen. ■ Tom will von Backhaus wissen, wann sie endlich den Heißluftballon bauen. Backhaus erklärt dem Jungen, dass der Bau eines solch großen Fluggerätes seine finanziellen Möglichkeiten schlicht und einfach übersteigt. Dafür präsentiert er einen kleinen, selbst gebastelten Ballon. Tom ist enttäuscht. ■ Valerie leidet noch immer unter dem Verlust ihres Babys. Um sich abzulenken, stattet sie Lisa im Krankenhaus einen Besuch ab. Lisa wundert sich allerdings, dass Valerie ausgerechnet die Babystation der Klinik besichtigen will und sehr viele Fragen stellt.

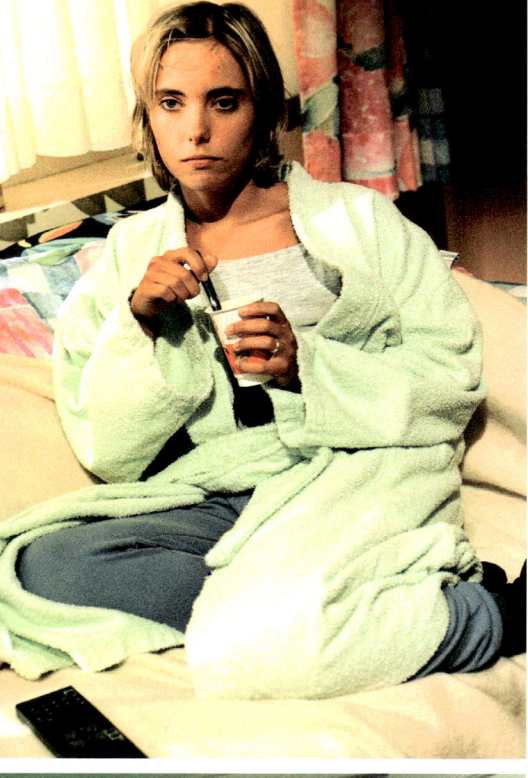

Buch: Michael Meisheit ■ Regie: Claus Peter Witt ■ Kamera: Jürgen Kerp ■ Redaktion: Barbara Buhl

723 | Roswita

Valerie entführt mit Lisas Hilfe ein Baby aus dem Krankenhaus. Stolz präsentiert Valerie die kleine Roswita ihrer verblüfften Familie und tischt Gabi und Andy zugleich eine dreiste Lügengeschichte auf: Roswita sei das Kind einer Freundin, und sie habe die Betreuung übernommen. ■ Marcella und Giovanna sind immer noch als »diebische Elstern« im Haus unterwegs. Nahezu jeder Wohnung statten sie einen ungebetenen Besuch ab. Diesmal unterläuft ihnen ein Fehler: Als Marcella durch ein Hoffenster in Isoldes Wohnung einsteigt, wird sie von Fausto ertappt. ■ Für Canan rückt die Hochzeit wider Willen immer näher. Vater Dagdelen ist aus der Türkei heim gekehrt und verkündet, dass die Vorbereitungen für die Eheschließung abgeschlossen sind. Am nächsten Tag soll Canan zur Vermählung fliegen. Canan aber packt ihre Koffer und sucht Zuflucht in der WG.

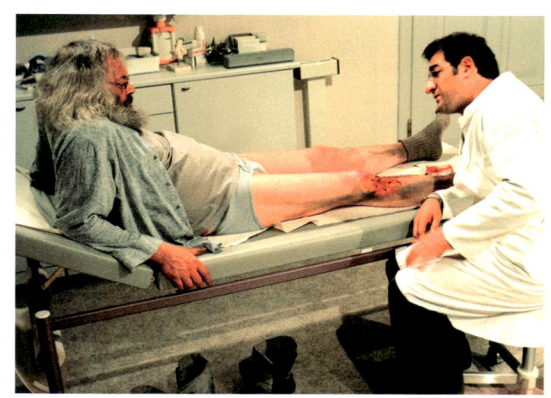

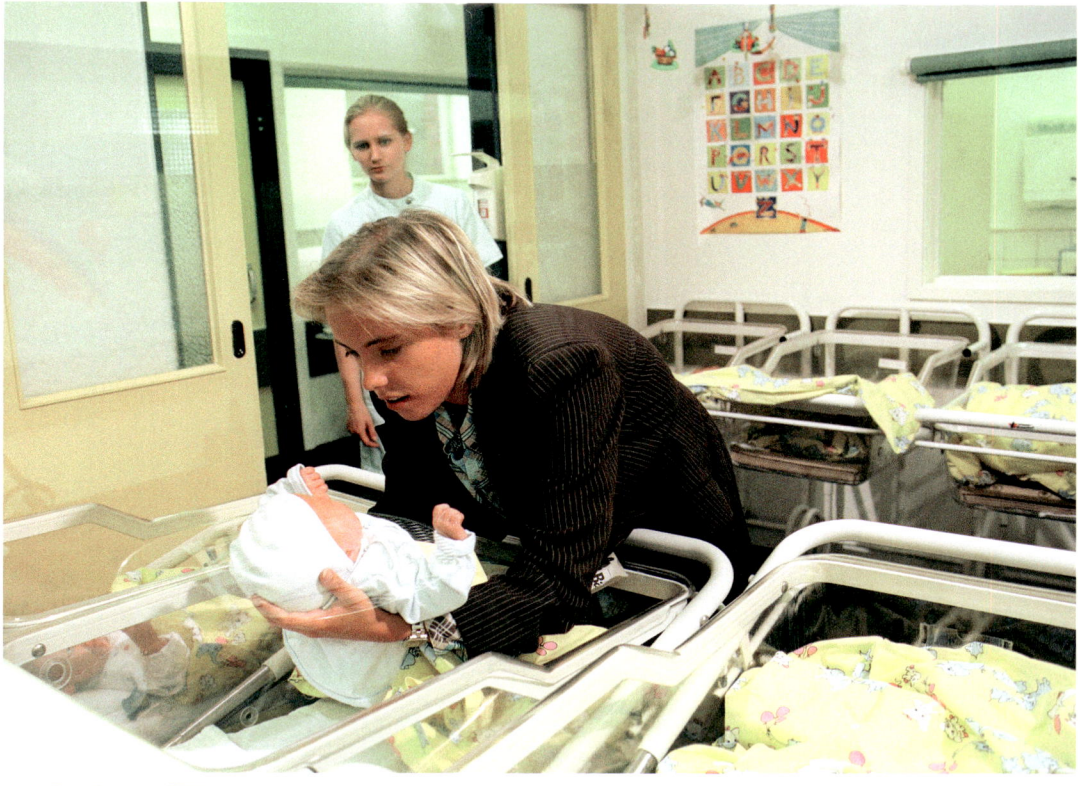

Buch: Michael Meisheit ■ Regie: Claus Peter Witt ■ Kamera: Jürgen Kerp ■ Redaktion: Barbara Buhl

724 | Der Clown weint

17. OKT 99

Klaus und Philipp haben Canan in ihrer WG aufgenommen. Die junge Frau weigert sich nach wie vor, einen fremden Mann in der Türkei zu heiraten. Nun sind die WG-Bewohner den Anfeindungen der Dagdelens ausgesetzt. Canans Bruder Murat will Canan sogar aus dem Reisebüro entführen, wird aber von einigen Lindensträßlern daran gehindert. ■ Valerie kümmert sich intensiv um Baby Roswita. Mit ihrer übertriebenen Sorge geht sie dem Rest der Familie gehörig auf die Nerven. Lisa indes wird immer nervöser. Sie fürchtet die Entdeckung ihrer Mittäterschaft bei der Entführung. Als Gabi dann Lisa zur Rede stellt, wird es brenzlig. ■ Der elfjährige Felix wohnt zunächst auf unbestimmte Zeit bei Carsten und Käthe. Die beiden haben beschlossen, sich um das Kind zu kümmern. Denn die Pflege von Felix' schwer kranker Mutter Leonie erfordert Oma Vogts ganze Kraft.

Buch: Michael Meisheit ■ Regie: Claus Peter Witt ■ Kamera: Jürgen Kerp ■ Redaktion: Barbara Buhl

725 | Der Bräutigam

Käthe und Carsten schlagen Frau Vogt vor, den kleinen Felix zu adoptieren. Frau Vogt ist von solcher Hilfsbereitschaft gerührt und begeistert zugleich. Felix' Mutter Leonie lehnt es dagegen strikt ab, dass ihr Sohn zu Carsten und Käthe zieht. ■ Auf Geheiß des Vaters wird Canan heute ihren künftigen Mann persönlich kennen lernen. Das Treffen findet auf »neutralem« Boden in der WG statt. Zu aller Überraschung stellen Canan und ihr Bräutigam fest, dass sie beide verliebt sind – in jeweils einen anderen Partner. ■ Elses Begeisterung für Olafs neue Freundin Pia ist riesig. Sie wünscht sich von dem feschen Dirndl sogar ein Enkelkind – bis plötzlich ein alter Stammkunde aus dem »Alpenverein« auftaucht und Pias Dienste in Anspruch nehmen will. Else ist außer sich vor Wut. Nur mit Mühe verhindert Olaf, dass sie Pia auf die Straße setzt.

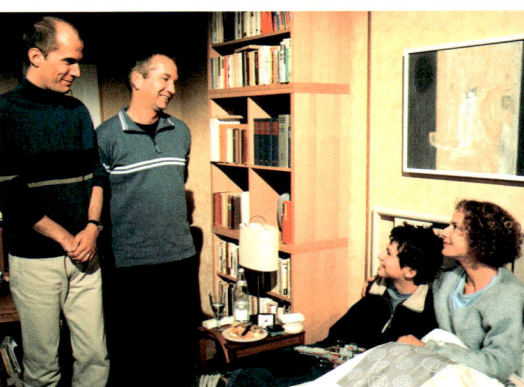

Buch: Michael Meisheit ■ Regie: Claus Peter Witt ■ Kamera: Jürgen Kerp ■ Redaktion: Barbara Buhl

726 | Ein alter Baum

31. OKT 99

Schreck für Valerie: In der Zeitung wird über die Entführung eines Babys berichtet. Die Eltern appellieren an die Entführer, das Kind zurück zu geben. In ihrer Not gesteht Valerie ihrem Vater, »Roswita« entführt zu haben. Andy erklärt sich bereit, das Kind vor dem Haus der leiblichen Eltern abzuliefern. ■ Aufregung im Hause Kling: Pia hat Else in einem Altersheim angemeldet. Schweren Herzens stimmt Olaf dem Umzug zu – er sei für alle Beteiligten das Beste. Aus Protest gegen ihre Abschiebung kettet sich Else ans Geländer im Treppenhaus. Als die Bewohner erfahren, was mit Else geschehen soll, schließen sie sich dem Protest an. ■ Hans bekommt im Büro unerwarteten Besuch von Tom. Der hat massive Probleme in der Schule. Noch schlimmer: Backhaus hat sich Lehrern gegenüber am Telefon mehrfach als Hans Beimer ausgegeben. Hans stellt Backhaus zur Rede.

Buch: Michael Meisheit ■ Regie: Claus Peter Witt ■ Kamera: Jürgen Kerp ■ Redaktion: Barbara Buhl

727 | Bautzen

7. NOV 99

Heiko reist mit Iffi in seine Heimatstadt Bautzen. Sie wollen Heikos Vater Rudi besuchen, der hier ein Puppentheater führt. In Bautzen bietet sich ein trostloses Bild: Der Betrieb ist total heruntergekommen, und ohne rasche Hilfe steht Rudi vor dem Bankrott. ■ Helga weilt noch in Paris bei Marion. Zwei von Onkel Franz' braunen Gesellen haben daher in ihrem Bett genächtigt. Auf der Suche nach einer Räumlichkeit für ihre Parteigründung hat Onkel Franz dann die rettende Idee: Helgas Wohnung wird kurzerhand zum Veranstaltungsort umfunktioniert. ■ Armer Hans: Zu Hause bereitet ihm Tom Probleme, und jetzt hat er auch noch Ärger im Büro. Sein Chef erteilt ihm eine Rüge wegen zu häufiger Unpünktlichkeit. Als er nach Hause kommt, erwartet ihn eine weitere böse Überraschung: Tom will die elterliche Wohnung verlassen und bei Backhaus einziehen.

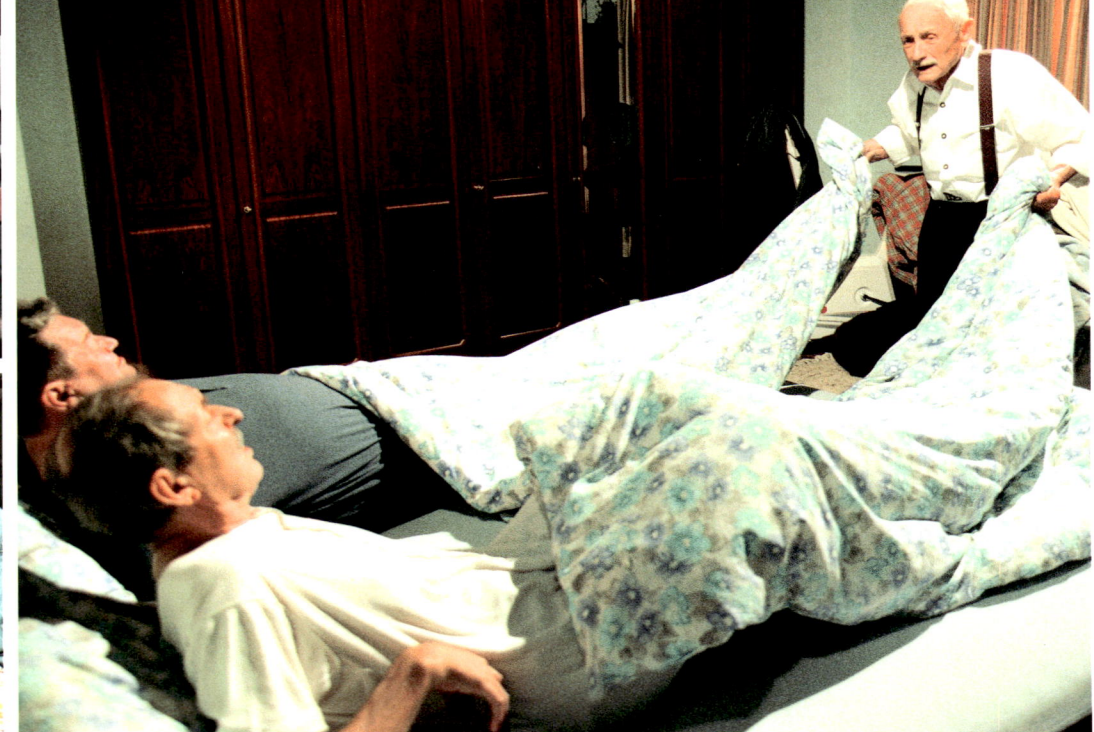

Buch: Michael Meisheit ■ Regie: Claus Peter Witt ■ Kamera: Jürgen Kerp ■ Redaktion: Barbara Buhl

728 | Die Parteigründung

14. NOV 99

Onkel Franz ist fest entschlossen, eine neue rechte Partei aus der Taufe zu heben. Die Gründungsversammlung wird aber ein Desaster: Der bestellte Partyservice dekoriert Helgas Wohnung zum Faschingsaal um, die Gesinnungsgenossen sind sauer und Franz sitzt auf 6.800 Mark Schulden. Dann steht auch noch die ebenso fassungslose wie wütende Helga in der Tür. ■ Heiko ist mit seinen Gedanken in Bautzen. Das heruntergekommene Puppentheater und sein deprimierter Vater gehen ihm nicht mehr aus dem Sinn. Iffi hat derweil so starke Unterleibschmerzen, dass sie ins Krankenhaus muss. ■ Gute Neuigkeiten für Carsten und Käthe: Mit Erlaubnis seiner Mutter darf Felix jetzt doch zu den beiden ziehen. Die schwer kranke Leonie stellt allerdings eine Bedingung: Um die Trennung von ihrem Sohn besser verkraften zu können, möchte sie Felix nie wieder sehen.

Buch: Michael Meisheit ■ Regie: Herwig Fischer ■ Kamera: Kurt Mikler ■ Redaktion: Barbara Buhl

729 | Früher war alles besser

21. NOV 99

Iffi hat ihr Kind verloren und ist noch sehr schwach. Dennoch reist sie mit Heiko nach Bautzen. Heiko will das Puppentheater seines Vaters renovieren. Auch Rudi fasst angesichts von Heikos Tatendrang wieder Mut. ■ Onkel Franz hat sich mit der Gründung der braunen Partei nur Ärger eingehandelt. Heute erwartet er den künftigen Parteiführer Hartung. Der macht jedoch keinen Höflichkeitsbesuch. Nach der misslungenen Gründungsversammlung fordert Hartung ultimativ und drohend die Herausgabe des Parteivermögens. ■ Paolo wundert sich über den plötzlichen Reichtum seiner Töchter. Marcella und Giovanna erklären, ihre Mutter unterstütze sie neuerdings mit zusätzlichen Mitteln. Später setzen die beiden ihren Raubzug fort. Im »Akropolis« treffen sich unterdessen ihre Opfer und überlegen, was gegen die ständigen Diebstähle unternommen werden kann.

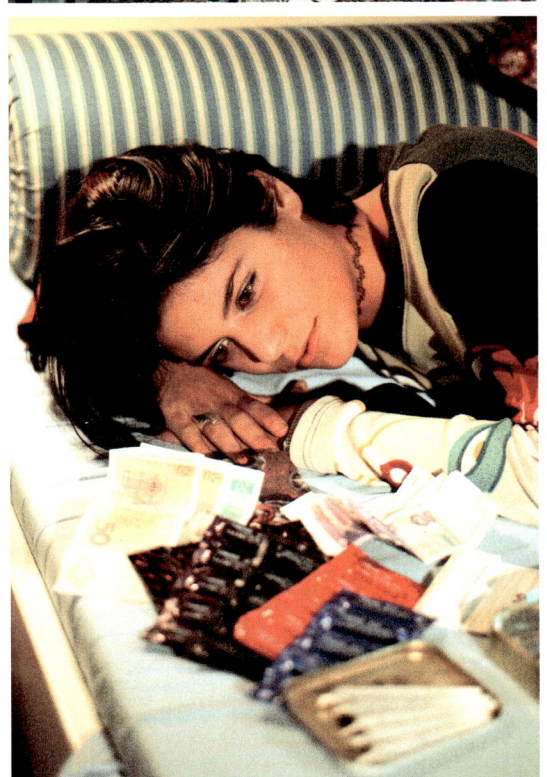

Buch: Michael Meisheit ■ Regie: Herwig Fischer ■ Kamera: Kurt Mikler ■ Redaktion: Barbara Buhl

730 | Das Versöhnungsessen

28. NOV 99

Verwundert scheitert Else bei dem Versuch, ihre eigene Wohnungstüre aufzusperren. Die Erklärung: Alle Schlösser wurden ausgetauscht, um den Diebstählen im Haus Einhalt zu gebieten. Else hat zwischenzeitlich den Verdacht auf Pia gelenkt. ■ Bei Berta und Hajo hängt der Haussegen gewaltig schief. Die Streitigkeiten sind derart eskaliert, dass Hajo neuerdings ein Feldbett dem ehelichen Schlafzimmer vorzieht. Um die Wogen zu glätten, plant Berta für den Abend ein Versöhnungsessen. Weil Hajo sich weigert, lädt sie kurzerhand Dagdelen ein. ■ Im Hause Beimer-Ziegler stehen die Zeichen auf Sturm: Tom hat erneut die Schule geschwänzt und den Vormittag lieber mit seinem Freund Backhaus verbracht. Als Hans seinen renitenten Sohn zur Rede stellt, wird dieser sogar handgreiflich gegen seinen Vater. Hans resigniert; er will Tom in ein Internat geben.

Buch: Michael Meisheit ■ Regie: Herwig Fischer ■ Kamera: Kurt Mikler ■ Redaktion: Barbara Buhl

731 | Der Klempner

5. DEZ 99

Onkel Franz hat sich in Helgas Wohnung verbarrikadiert. Grund: Hartung will heute die Schulden eintreiben. Dann begeht Franz einen fatalen Fehler: In dem Glauben, es sei der von Helga angekündigte Klempner, öffnet er die Türe für Hartung. Helga eilt herbei und verhindert, dass Franz zusammengeschlagen wird. ■ Tom darf bei Backhaus wohnen. Der trifft sich mit einem Ballonbauer. Der Tüftler erklärt ihm, dass rund 20.000 Mark nötig sind, um mit einem Ballon in die Luft zu gehen. Das übersteigt entschieden Walters finanzielle Möglichkeiten. Auch Tom versucht vergeblich, Geld aufzutreiben. ■ Valerie quält das sprichwörtliche schlechte Gewissen. Aus dem Fernsehen erfährt sie, welche seelischen Wunden die Entführung des Babys »Roswita« bei der betroffenen Familie hinterlassen hat. Von Schuldgefühlen geplagt, will sich Valerie der Familie stellen.

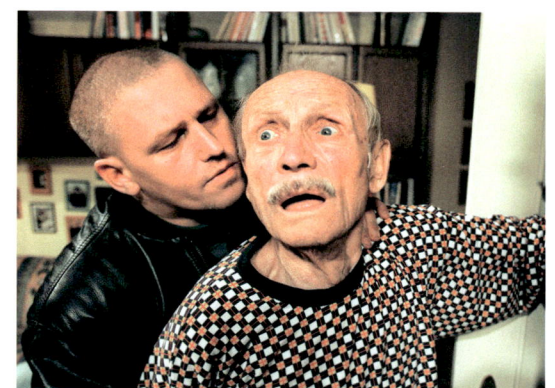

Buch: Michael Meisheit ■ Regie: Herwig Fischer ■ Kamera: Kurt Mikler ■ Redaktion: Barbara Buhl

732 | Das Interview

12. DEZ 99

Carsten und Käthe machen sich Sorgen um Felix. Der hat sich geprügelt und kommt mit einer blutigen Nase nach Hause. Seine Mitschüler ziehen ihn damit auf, dass er bei zwei homosexuellen Männern lebt. Damit nicht genug: Als Carsten nach einem Besuch bei Felix' Lehrer heimkommt, ist der Junge zu seiner Mutter geflüchtet. ■ Tanja hat einen Vorstellungstermin in einem Friseursalon. Sie möchte Maskenbildnerin werden und braucht dringend eine Lehrstelle. Aber sie hat kein Glück und wird abgelehnt. Die Lösung: Dressler zahlt Urszula heimlich 1.000 Mark pro Monat für Tanjas Ausbildung. ■ Valerie setzt einen verwegenen Plan in die Tat um: Unter dem Vorwand, ein Interview führen zu wollen, besucht sie die Mutter des Babys, das sie mit Lisas Hilfe entführt hatte. Valerie gesteht die Tat – ohne Rücksicht auf die Konsequenzen für sich und ihre Familie.

Buch: Michael Meisheit ■ Regie: Herwig Fischer ■ Kamera: Kurt Mikler ■ Redaktion: Barbara Buhl

733 | Gelegenheit

Käthe lädt Felix und seine Klassenkameraden zu einer Sondervorstellung des Kindertheaters ein. Tatsächlich verbessert diese Aktion Felix' Verhältnis zu seinen Mitschülern. Carsten bittet später den Klassenlehrer eindringlich, niemandem etwas von Felix' HIV-Infektion zu erzählen. ■ Backhaus bekommt einen gebrauchten Ballon geliefert. Leider besitzt er nicht die erforderlichen 18.000 Mark, um den Ballon zu bezahlen. Walter sieht nur einen Ausweg: Er trifft sich mit einem zwielichtigen Bekannten, der ihm bei einem krummen Geschäft helfen soll. ■ Helga hat einen turbulenten Tag im Reisebüro vor sich. Zunächst erscheint ebenso unerwartet wie ungebeten ihre Stieftochter Pat und lädt sich selbst über die Feiertage ein. Außerdem weilt Erich in München, und zum ersten Mal nach ihrer Trennung steht Helga ihrem verstoßenen Ehemann wieder gegenüber.

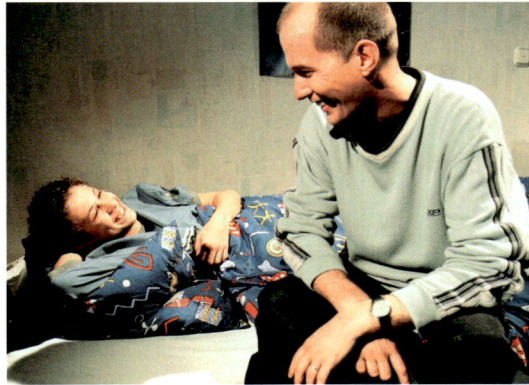

Buch: Michael Meisheit ■ Regie: Herwig Fischer ■ Kamera: Kurt Mikler ■ Redaktion: Barbara Buhl

734 | Maultrommel

26. DEZ 99

Hans und Anna laden zum Weihnachtsessen. Die Zenkers sowie Helga, Lea, Pat, Klaus und Onkel Franz haben ihr Kommen zugesagt. Auch Backhaus und Tom sind eingeladen. Walter hat sich wegen des Heißluftballons in Schulden gestürzt und braucht dringend Bares. ■ Unter einem Vorwand verlässt er die Feier, um in Helgas Wohnung einzubrechen. Er hat es auf die wertvolle Armbanduhr von Pat abgesehen. Zunächst läuft alles nach Plan: Er verschafft sich Zutritt zu der verwaisten Wohnung und findet tatsächlich die Uhr. Dann geschieht etwas Unerwartetes: Helga kommt mit Lea früher als vermutet nach Hause. Backhaus ergreift erst die Uhr und dann die Flucht, wobei er Helga brutal umstößt. Die bleibt bewusstlos und mit blutender Wunde liegen. ■ Nach der deutlichen Absage Tanjas feiert Dressler währenddessen allein mit Frau Horowitz den zweiten Weihnachtstag.

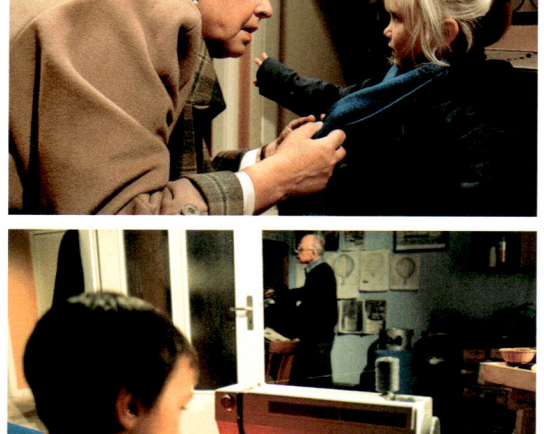

Buch: Michael Meisheit ■ Regie: Herwig Fischer ■ Kamera: Kurt Mikler ■ Redaktion: Barbara Buhl

735 | Glatteis

2. JAN 00

Nach einer fröhlichen Silvesternacht bei Zenkers reisen Iffi, Heiko und Rudi wieder nach Bautzen. In zwei Wochen soll das renovierte Puppentheater neu eröffnet werden. Aber ein Sturz stellt alle Zukunftspläne in Frage: Ausgerechnet Theaterchef Rudi verliert auf glattem Boden den Halt und bricht sich den Arm. Damit ist die Premiere gefährdet. Valerie erklärt zu Hause, dass sie Krankenschwester werden will. ■ Verkehrte Welt in der Beimerschen Wohnung: Ausnahmsweise muss sich Klaus mal um seine Mutter kümmern. Grund: Helga leidet noch unter den Nachwirkungen der nächtlichen Attacke aus der vergangenen Woche. ■ Im Hause Kling hängt der Haussegen schief: Else und Pia befinden sich nach wie vor im Kriegszustand. Leidtragender Dritter ist Olaf. Später kommt Hausverwalter Hülsch und macht Olaf den Vorschlag, einen bayerischen Imbiss zu eröffnen.

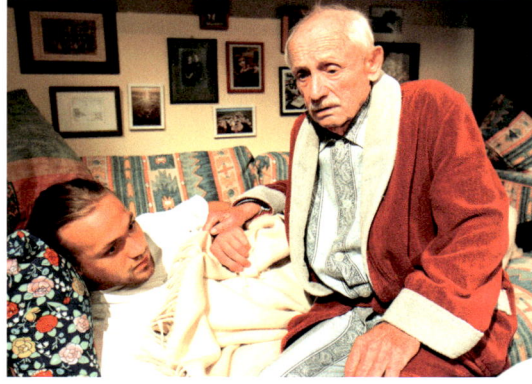

Buch: Michael Meisheit ■ Regie: Herwig Fischer ■ Kamera: Kurt Mikler ■ Redaktion: Barbara Buhl

736 | Reize

9. JAN 00

Pia wundert sich über die neue Freundlichkeit bei Else und Olaf. Noch ahnt sie nicht, dass Olaf hinter ihrem Rücken Ränke schmiedet: Er überredet Hülsch, den Pachtvertrag des Schuhladens auf ihn zu überschreiben. Anschließend setzt er Pia kurzerhand vor die Türe. Aber so leicht gibt die patente Pia nicht auf – sie schwört Olaf Rache. ■ Momo in Wohnungsnöten: Ex-Freundin Dani kehrt aus der Antarktis zurück nach München und will mit ihrem neuen Freund in ihre Eigentumswohnung ziehen. Philipp und Klaus bieten Momo einen Platz in der WG an. ■ Paolo traut seinen Ohren nicht, als die aufgeregte Giovanna in das »Akropolis« stürzt. Sie berichtet, dass Marcella schon seit geraumer Zeit mit Fausto in dessen Gemächern alleine ist. Und dass sie hinter den Diebstählen steckt. Der entsetzte Paolo verschafft sich gewaltsam Zutritt zu Faustos Wohnung.

Buch: Michael Meisheit ■ Regie: Herwig Fischer ■ Kamera: Kurt Mikler ■ Redaktion: Barbara Buhl

737 | Die Premiere

16. JAN 00

Armer Paolo: Er hat die Bestätigung, dass Marcella und Giovanna wochenlang Raubzüge durch das Haus unternommen haben. Paolo fordert seine Töchter auf, das Diebesgut unverzüglich an die Eigentümer zurückzugeben. Aber es kommt noch schlimmer für den geplagten Vater: Marcella erklärt, dass sie in Fausto verliebt ist. ■ Lampenfieber bei Iffi: Sie muss bei der Neueröffnung des Puppentheaters in Bautzen dem verletzten Rudi assistieren. Der hat sich bei einem Sturz den Arm gebrochen. Die Premiere gelingt – und macht Heiko dennoch nicht glücklich. Sein Vater stirbt hinter der Bühne. ■ Den Rauswurf aus dem Schuhladen will Pia nicht so einfach hinnehmen. Begleitet von einem muskulösen Bodyguard sucht sie Hülsch und Olaf auf. Während sie den verdutzten Hülsch mit einer Ohrfeige abstraft, erhält sie von Olaf überraschend ihren Anteil ausgezahlt.

Buch: Michael Meisheit ■ Regie: Claus Peter Witt ■ Kamera: Jürgen Kerp ■ Redaktion: Barbara Buhl

738 | Väter und Mütter

23. JAN 00

Carsten und Käthe sollen Felix von der Schule nehmen. Grund: Unter den Lehren ist bekannt geworden, dass Felix HIV-positiv ist. Felix, der von alledem nichts ahnt, wird unfreiwillig Zeuge einer Unterhaltung zwischen Carsten und Käthe und erfährt so die Wahrheit. Verzweifelt flieht der Junge zu seiner Mutter. ■ Für Momo brechen wieder bessere Tage an. Das hat zwei Gründe: Zum einen haben Klaus und Philipp beschlossen, Momo in die WG aufzunehmen. Der andere Grund ist die äußerst attraktive Studentin Maria, die Momo beim Umzug hilft. Es scheint, als habe sie Gefallen an Momo gefunden. ■ Waschen, föhnen und legen heißt es fortan für Tanja. Gut gelaunt beginnt sie bei Urszula im Friseursalon ihre Ausbildung. Tanja ist froh, endlich wieder eine Aufgabe zu haben. Urszula hingegen hat wegen des Deals mit Dressler immer noch ein schlechtes Gewissen.

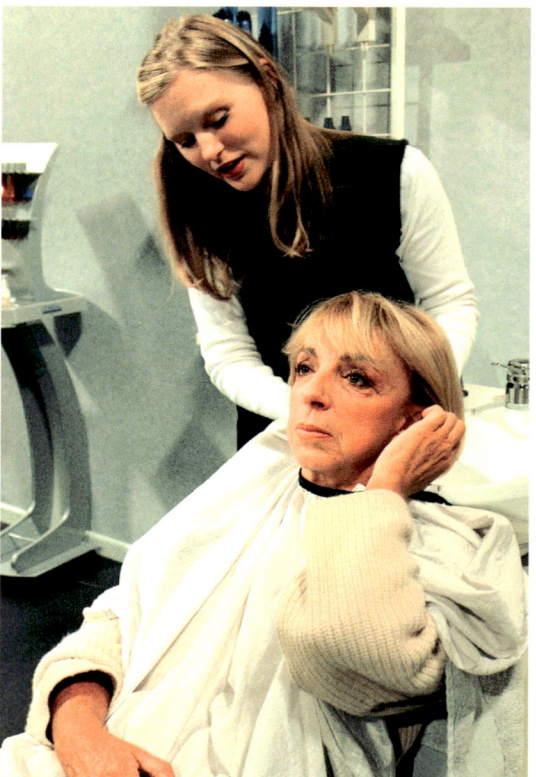

Buch: Joachim Friedmann ■ Regie: Holger Gimpel ■ Kamera: Gerd Reichert ■ Redaktion: Barbara Buhl

739 | Böse Träume

30. JAN 00

Carsten und Käthe haben Felix' Lehrern den Kampf angesagt: Sie wollen der Aufforderung, Felix von der Schule zu nehmen, nicht ohne weiteres nachkommen. Die beiden haben einen Elternabend einberufen, um Unterstützung für Felix zu finden. Die Meinungen prallen hart aufeinander. Die Mehrheit spricht sich aber für Felix' Verbleib aus. ■ Schwere Zeiten für Heiko: Der unerwartete Tod seines Vaters hat ihn tief getroffen. Lediglich die Marionetten aus dem Puppentheater sind ihm als Erinnerung geblieben. Der einzige Lichtblick für Heiko ist Iffi. Gemeinsam überlegen sie, wie es weitergehen soll. ■ Klaus ist sauer: Er hat erfahren, dass sich Philipp um einen Studienplatz im fernen Dresden bewirbt. Klaus fühlt sich von seinem Freund im Stich gelassen und stellt ihn wütend zur Rede. Andere Probleme hat Momo: Er versagt beim ersten Sex mit Maria.

Buch: Joachim Friedmann ■ Regie: Holger Gimpel ■ Kamera: Gerd Reichert ■ Redaktion: Barbara Buhl

740 | Wolken im Paradies

6. FEB 00

Olaf eröffnet im ehemaligen Schusterladen einen bayerischen Imbiss. Zunächst aber bleibt Olaf mit Leberkäs' und den Schweinshax'n alleine: Die »Lindensträßler« boykottieren das Geschäft. ■ Überraschung für Andy: Als er nach Hause kommt, findet er den verletzten Penner Harry in der Küche vor. Wütend stellt Andy seine Gabi zur Rede und erfährt, dass sie den Clochard aus Mitleid in der Zenker-Wohnung einquartiert hat. Damit nicht genug: Gabi hat 250.000 Mark von Max' Konto genommen und an ein Heim gespendet. Andy rastet aus. ■ Unangenehme Neuigkeiten für Momo: Mutter Eva und sein verhasster Vater Kurt haben per Post ihre Rückkehr nach München angekündigt. Grund: Eva muss sich vor Gericht wegen aktiver Sterbehilfe verantworten. Momo fürchtet sich vor der Konfrontation mit Kurt. Maria schüttet er später sein Herz aus.

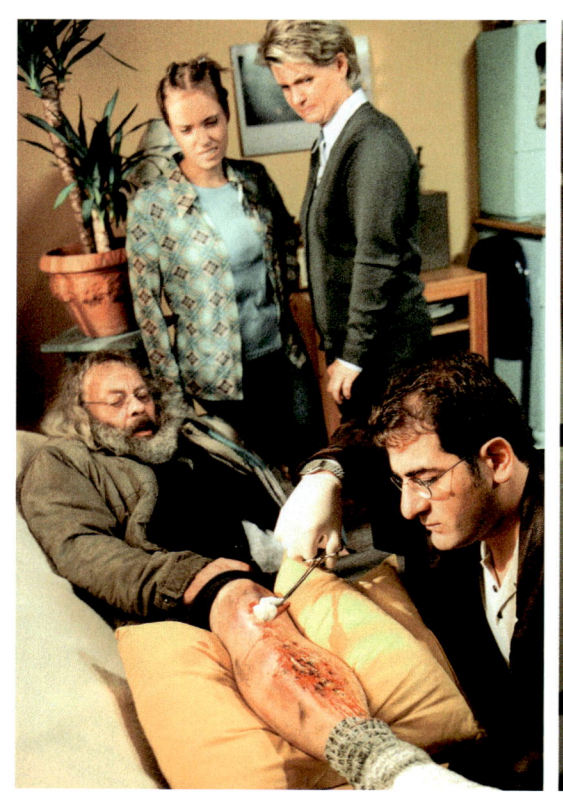

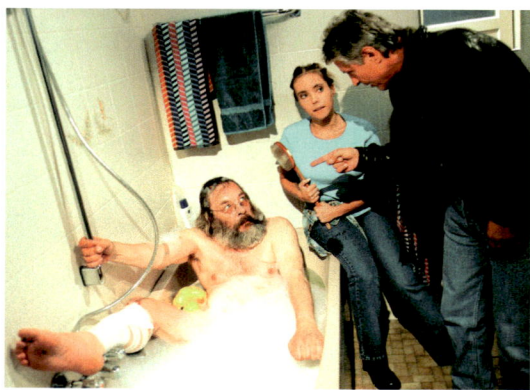

Buch: Joachim Friedmann ■ Regie: Holger Gimpel ■ Kamera: Gerd Reichert ■ Redaktion: Barbara Buhl

741 | Der Rächer der Enterbten

13. FEB 00

Tom findet in der Wohnung von Backhaus alte Zeitungsartikel aus dem bewegten Vorleben seines Freundes. Walter bleibt jetzt nichts anderes übrig, als Tom die Wahrheit über seine unrühmliche Vergangenheit zu sagen. ■ Nach dem großen Krach der vergangenen Woche hat sich die Lage im Hause Zenker wieder entspannt. Penner Harry genießt immer noch Gabis Gastfreundschaft, was Andy jedoch nur widerwillig akzeptiert. Unterdessen backen Iffi und Heiko Haschplätzchen, die ungewollt in die Finger von Rosi und Frau Birkhahn gelangen. Den beiden wird sehr wunderlich zumute. ■ Nächste Woche soll Maja aus dem Gefängnis entlassen werden. Einerseits freut sie sich auf die Freiheit, andererseits weiß sie nicht, wo sie mit Lea wohnen kann. Da kommt Helga, die gerade erneut einen Disput mit Schiller austragen muss, eine gute Idee: Die beiden sollen zu ihr ziehen.

Buch: Joachim Friedmann ■ Regie: Holger Gimpel ■ Kamera: Gerd Reichert ■ Redaktion: Barbara Buhl

742 | Höhenflüge

20. FEB 00

Tom und Backhaus wollen heute mit ihrem Heißluftballon abheben. Doch es gibt Probleme. Auf der Straße laufen Tom und Backhaus ausgerechnet Helga und deren Enkelin in die Arme. Lea erkennt in dem verdutzten Backhaus den weihnachtlichen Einbrecher wieder. Helga alarmiert zuerst die Polizei und anschließend Hans. Der will die zwei Himmelsstürmer aufhalten. ■ Tom und Backhaus haben sich in der Zwischenzeit jedoch schon auf den Weg zum Startplatz gemacht und heben ab. Die Polizei nimmt Backhaus und Tom bei der Landung entgegen. ■ Für Helga hält der Tag eine weitere Überraschung bereit: Gerade als die Konfusion um Toms Verschwinden ihren Höhepunkt erreicht und sie am wenigsten damit rechnet, steht der von ihr in die Verbannung geschickte Erich vor der Türe. Er hat das Hotel verkauft und hofft, dass ihm Helga eine neue Chance gibt.

Buch: Joachim Friedmann ■ Regie: Holger Gimpel ■ Kamera: Jürgen Kerp ■ Redaktion: Barbara Buhl

743 | Landungen

27. FEB 00

Bei Hajo und Berta hängt nach wie vor der Haussegen schief: Er kann ihr den Fehltritt mit dem mexikanischen Musiker einfach nicht verzeihen. Berta ist der Verzweiflung nahe und sucht Rat bei Dr. Dressler. Das hat Folgen: Als Hajo am Abend heim kommt, ist Berta ausgezogen. ■ Hans hat Ärger im Büro. Sein Chef macht ihm das Leben schwer und erteilt dem gestressten Familienvater eine Abmahnung. Sein Vorgesetzter ist der Meinung, er kümmere sich zu häufig um seine Privatangelegenheiten. Später besucht Hans mit Tom den inhaftierten Backhaus. ■ In die Beimer-Wohnung kommt wieder Leben: Maja wurde aus dem Gefängnis entlassen und ist zusammen mit Tochter Lea bei Helga eingezogen. »Oma Beimer« ist überglücklich, dass ihre Enkelin endlich wieder bei ihr wohnt. Schiller kommt vorbei und erklärt, er habe das Hotel nur aus Liebe zu Helga verkauft.

Buch: Joachim Friedmann ■ Regie: Holger Gimpel ■ Kamera: Jürgen Kerp ■ Redaktion: Barbara Buhl

744 | Zimmer frei

5. MÄR 00

Philipp wechselt an die Uni Dresden. Mit Klaus sucht er nun eine Unterkunft. Beim ersten Aufenthalt in der Elb-Metropole geht fast alles schief: Ihnen wird Geld gestohlen, sie werden beim Schwarzfahren erwischt und landen auf einer Polizeiwache. Hier lernen sie die Polizistin Nina Zöllig kennen, die den beiden hilft und ihnen sogar eine Übernachtungsmöglichkeit bietet. ■ Hajo Scholz ist kaum wiederzuerkennen. Mit neuem Haarschnitt und neuer Garderobe sorgt er für Aufsehen. Hajo hat sich sogar einen Heimtrainer bestellt, um die schlaffen Muskeln im Blick auf Berta wieder in Form zu bringen. ■ Schlechte Neuigkeiten für Dr. Dressler: Tanja will ausziehen und sucht bereits nach einer neuen Bleibe. Sie besichtigt eine leere Wohnung in der Lindenstraße. Zu ihrer Überraschung interessieren sich auch Urszula sowie Iffi und Heiko für die Unterkunft.

Buch: Joachim Friedmann ■ Regie: Holger Gimpel ■ Kamera: Jürgen Kerp ■ Redaktion: Barbara Buhl

745 Die richtige Medizin

12. MÄR 00

Ahmet wird von einem Anruf geweckt. Sein Bruder Murat steckt in Schwierigkeiten und braucht dringend Geld. Ahmet hat selbst Probleme: Er soll abgelaufene Medikamente nach Anatolien schmuggeln. ■ Hajo leidet sehr unter der Trennung von Berta. Trotzdem kann er seinem »Rehlein« den Seitensprung nicht verzeihen. Da schaltet sich Dr. Dressler ein und redet dem störrischen Hajo ins Gewissen. Abends gibt sich Hajo einen Ruck und bittet Berta, wieder zurück zu kommen. ■ Andy ist genervt: Penner Harry hat sich in der Zenker-Wohnung eingenistet. Andy wäre den Tippelbruder am liebsten gerne wieder los, aber Gabi und Valerie haben ihr Herz für den Clochard entdeckt. Besonders Valerie bereitet die Betreuung viel Freude, da sie Krankenschwester werden will. Andy wundert sich, dass der Heilungsprozess von Harrys offenem Bein trotzdem so langsam verläuft.

Buch: Joachim Friedmann ■ Regie: Holger Gimpel ■ Kamera: Jürgen Kerp ■ Redaktion: Barbara Buhl

746 | Zusammenstöße

19. MÄR 00

Momo ist bereits am frühen Morgen schlecht gelaunt. Der Grund ist einfach: Heute kehren seine Eltern aus Afrika zurück. Das bedeutet, dass Momo eine erneute Konfrontation mit seinem Vater Kurt bevorsteht. Momos neue Liebe Maria versucht mit allen Mitteln, ihn zur Aussöhnung mit seinem Vater zu bewegen – vergeblich. Zu groß ist der Hass, den Momo für Kurt empfindet. ■ Vasily macht sich Sorgen um Mary: Seine Frau plagen große Schmerzen, und ein Besuch beim Arzt ist unausweichlich. Voller Ungeduld wartet Vasily auf Neuigkeiten aus der Arztpraxis. Und die sind positiv: Mary ist schwanger. ■ Aufatmen bei Hajo: Sein »Rehlein« hat ihn endlich wieder lieb. Nach monatelangen Querelen haben sich Hajo und Berta wieder versöhnt. Mehr noch: Trotz der geplatzten Hochzeit wollen die beiden einen zweiten Anlauf nehmen und verloben sich erneut.

Buch: Joachim Friedmann ■ Regie: Holger Gimpel ■ Kamera: Jürgen Kerp ■ Redaktion: Barbara Buhl

747 Offene Wunden

Heute beginnt der Prozess, bei dem sich Eva wegen aktiver Sterbehilfe verantworten muss. Doch zunächst verläuft die Gerichtsverhandlung für sie positiv. Negativ fällt dagegen Momos Vorhaben aus, sich mit seinem Vater zu treffen: Momo kneift. ■ Seit Wochen wundert sich Andy, dass die Genesung von Penner Harry keine Fortschritte macht. Nun überrascht er Harry, wie der seine Wunde wieder öffnet, um die Gastfreundschaft der Zenkers noch ein wenig länger zu genießen. Wütend setzt Andy den hinterlistigen Tippelbruder auf die Straße. Das provoziert erneuten Streit mit Gabi. ■ Rosi hat sich wieder die Hand gebrochen und muss ins Krankenhaus. Hier wird ihr als Pflegerin ausgerechnet Lisa zugeteilt. So dauert es nicht lange, bis zwischen den beiden ungleichen Frauen ein regelrechter Kleinkrieg entsteht. Mit Frau Birkhahns Hilfe ergreift sie die Flucht.

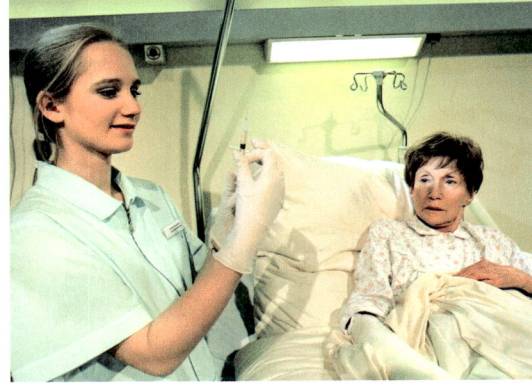

Buch: Monika Bittl, Hans W. Geißendörfer ■ Regie: Holger Gimpel ■ Kamera: Jürgen Kerp ■ Redaktion: Barbara Buhl

748 | Mitgefangen – Mitgehangen

2. APR 00

Momo ist gleich zweifach frustriert. Zum einen, weil Kurt sich unbedingt mit ihm treffen will; zum anderen, weil Philipp nach Dresden zieht und damit ein weiteres Stück Familie verloren geht. Maria weiß auch nicht mehr, wie sie Momo helfen soll. Zumal der vermutet, sie könne sich dann in Kurt verlieben. ■ Philipp zieht heute nach Dresden. Klaus hilft seinem ehemaligen Mitbewohner – und bringt ihn am Zielort gleich in eine unangenehme Situation. Die Handschellen, die Klaus bei Philipps neuer WG-Kollegin Nina findet, sind nicht nur echt. Sie lassen sich nach Gebrauch durch Philipp und Klaus auch nicht mehr öffnen. ■ Für Urszula ist es ein trauriger Tag: Vor einem Jahr starb ihre Tochter Paula. Auch Paolo muss an das schreckliche Unglück denken. Dennoch schreckt er nicht davor zurück, Urszula an diesem Tag um einen Neuanfang zu bitten.

Buch: Monika Bittl ■ Regie: Patrick Winczewski ■ Kamera: Gerd Reichert ■ Redaktion: Barbara Buhl

749 | Verräter?

9. APR 00

Momo nimmt all' seinen Mut zusammen und will sich endlich mit Kurt aussprechen. Aber als er im Hotel seines Vaters ankommt, sieht er, wie Kurt und Maria sich umarmen. Als Momo später erfährt, dass auch seine Impotenz Gesprächsthema zwischen Kurt und Maria war, rastet er aus. ■ Paolo hat erneut Ärger mit Marcella. Die interessiert sich mehr für den zwielichtigen Fausto als für die Schule. Um seine Tochter zu disziplinieren, verhängt Paolo ein Ausgehverbot. Später muss er jedoch erfahren, dass sich Marcella trotz Hausarrest mit Fausto vergnügt hat. Wütend stellt Paolo den Koch im »Casarotti« zur Rede. ■ Hajo ist als Hobby-Detektiv unterwegs, obwohl er mit seiner Wohnungsrenovierung voll ausgelastet ist. Hajo bekommt im Treppenhaus zufällig mit, wie sich Fausto und Marcella verabreden. Bei seinen Nachforschungen geht allerdings einiges schief.

Buch: Monika Bittl ■ Regie: Patrick Winczewski ■ Kamera: Gerd Reichert ■ Redaktion: Barbara Buhl

750 | Atemlos

16. APR 00

Momo ist nach wie vor davon überzeugt, dass seine Freundin Maria ein Verhältnis mit seinem Vater hat. In einer langen Aussprache versucht Maria ihn zu überzeugen, dass zwischen ihr und Kurt nichts gelaufen ist. Als Momo jedoch später beobachtet, wie sich Maria und Kurt auf der Straße umarmen, sieht er rot. Er greift zum Messer und geht ins »Akropolis«, wo Eva und Kurt den Freispruch feiern. Voller Wut sticht Momo auf seinen Vater ein. ■ Marcella hat immer noch Hausarrest. Paolo versucht vergeblich, die Wogen zu glätten. Dann taucht auch noch seine Ex-Frau Gina auf und sorgt für neue Konflikte. Sie hebt eigenmächtig den Arrest auf und lädt zum Shopping ein. ■ Philipp fühlt sich in seiner neuen Heimat Dresden zunehmend wohl. Das liegt in erster Linie an seiner attraktiven Mitbewohnerin Suzanne. Er überrascht sie mit einem Russischen Zupfkuchen.

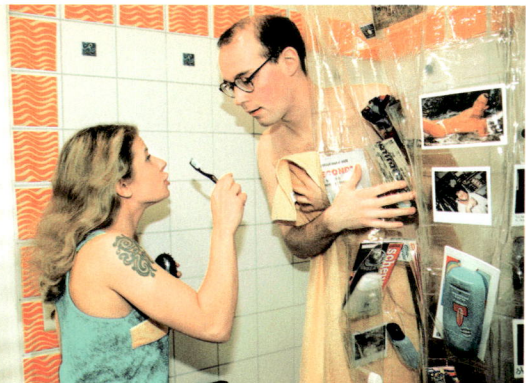

Buch: Monika Bittl, Hans W. Geißendörfer ■ Regie: Patrick Winczewski ■ Kamera: Gerd Reichert ■ Redaktion: Barbara Buhl

751 | Schuldgefühle

23. APR 00

Festtagsstimmung bei Helga: Sie hat ein opulentes Ostermahl zubereitet, und als Gäste sind Hans, Anna und die Kinder eingeladen. Obwohl die Kinder zunächst fröhlich nach Ostereiern suchen, bekommt die festliche Stimmung bald einen herben Dämpfer. Grund: Zwischen Helga und Anna kommt es zum handfesten Streit über das Thema Männer. ■ Frohe Ostern für Tanja: Sie verbringt den Tag mit ihrer neuen Chefin Urszula. Eigentlich hatten die Damen einen Ausflug zum Starnberger See geplant. Stattdessen jedoch feiern Tanja und Urszula in Dresslers Gemächern eine feucht-fröhliche Osterparty, bei der sich die zwei näher kommen. ■ Nach dem brutalen Mord an Kurt steht Eva noch unter Schock. Philipp ist aus Dresden gekommen, um seiner Mutter beizustehen. Er macht Maria schwere Vorwürfe, da sie in seinen Augen eine Mitschuld an Momos Verhalten trägt.

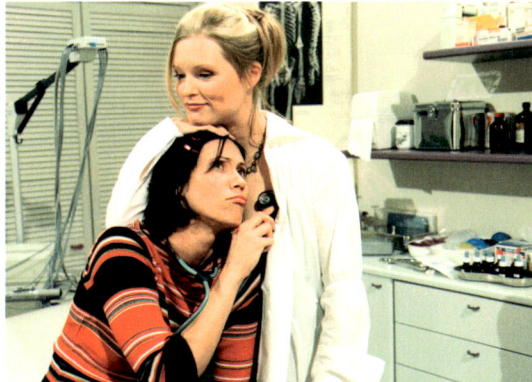

Buch: Monika Bittl, Hans W. Geißendörfer ■ Regie: Patrick Winczewski ■ Kamera: Gerd Reichert ■ Redaktion: Barbara Buhl

752 | Störfälle

30. APR 00

Gabi und Andy erwarten Besuch von Gabis neuer Kollegin Ines Reitmaier und ihrem Mann Ingo. Der ist Berufssoldat, und damit sind die Differenzen mit Andy gewissermaßen vorprogrammiert. Es kommt, wie es kommen muss: Die beiden ungleichen Männer geraten in Streit. ■ Schwarzer Tag für einen Mann in Weiß: Sinan schmuggelt mit Ahmets Auto Medikamente in die Türkei. Als er in einen Unfall verwickelt wird, droht das illegale Geschäft von der Polizei entdeckt zu werden. Verzweifelt bittet Ahmet seinen zwielichtigen Bruder Murat um Hilfe. ■ Arme Tanja – für sie scheint es kein Glück in der Liebe zu geben. Ausgerechnet in ihre neue Chefin Urszula musste sie sich verlieben. Die reagiert auf Tanjas Annäherungsversuche sehr abweisend. Was Tanja nicht ahnt: Urszula entwickelt plötzlich Interesse für einen verflossenen Liebhaber. Und das ist Gung.

Buch: Monika Bittl ■ Regie: Patrick Winczewski ■ Kamera: Gerd Reichert ■ Redaktion: Barbara Buhl

753 | Verfallen

7. MAI 00

Urszula ist genervt: Gung überschüttet sie mit Geschenken und Komplimenten. Allerdings ist sie an dieser Entwicklung nicht ganz unschuldig. In einer schwachen Minute hatte sich Urszula zu einer Liebesnacht mit ihrem neuen alten Verehrer hinreißen lassen. Jetzt wird sie den hartnäckigen »Romeo« nicht mehr los. ■ Ahmet ist gestresst. Sein Bruder Murat, der ihn bei seinen dubiosen Medikamentengeschäften unterstützt, ist seit einer Woche verschwunden. Als Murat dann unverhofft doch wieder auftaucht, bringt er schlechte Neuigkeiten mit. Die türkische Polizei ermittelt in Sachen Medikamentenschmuggel. ■ Philipp ist bis über beide Ohren in seine Mitbewohnerin Suzanne verliebt. Nach einem romantischen Abendessen reagiert sie aber plötzlich abweisend. Eva wird aus dem Krankenhaus entlassen. Klaus bietet ihr an, wieder in ihre alte Wohnung zu ziehen.

Buch: Monika Bittl ■ Regie: Patrick Winczewski ■ Kamera: Gerd Reichert ■ Redaktion: Barbara Buhl

754 | Jeder Engel ist schrecklich

14. MAI 00

Klaus besucht Philipp in Dresden. Er stellt fest, dass sich sein Freund in seiner neuen Umgebung sehr wohl fühlt. Grund für Philipps Glück ist Suzanne, in die der schüchterne Brillenträger nach wie vor unsterblich verliebt ist. Durch einen Zufall erfährt Klaus aber, dass Suzanne ein dunkles Geheimnis verbirgt. ■ Mary und Elena machen sich Sorgen um Vasily. Grund: Seit einiger Zeit zeigt der griechische Wirt besorgniserregende Krankheitssymptome. Eine genaue Untersuchung bei Dr. Dagdelen soll Klarheit schaffen. Der hat einen Verdacht und überweist ihn zum Internisten. ■ Tanja leidet darunter, dass Urszula ihre Liebe nicht erwidert und ihr die kalte Schulter zeigt. Carsten meint, sie solle nach einer neuen Partnerin Ausschau halten. Tanja aber sieht nur einen Ausweg: Sie kündigt ihre Lehrstelle im Salon, um Urszula vergessen zu können.

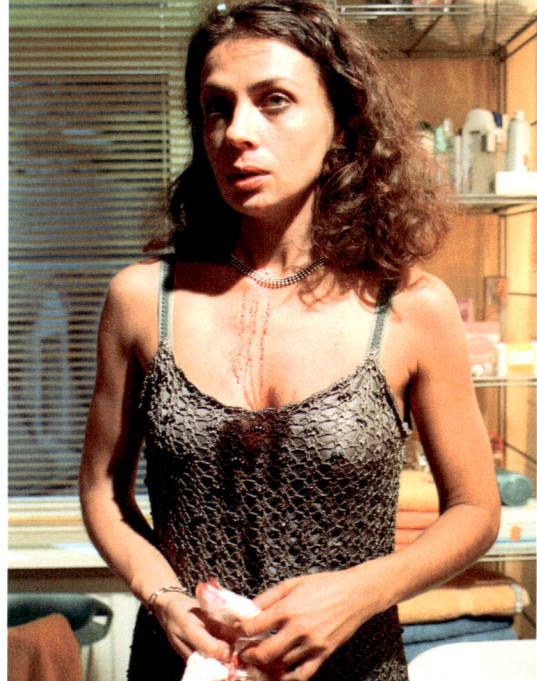

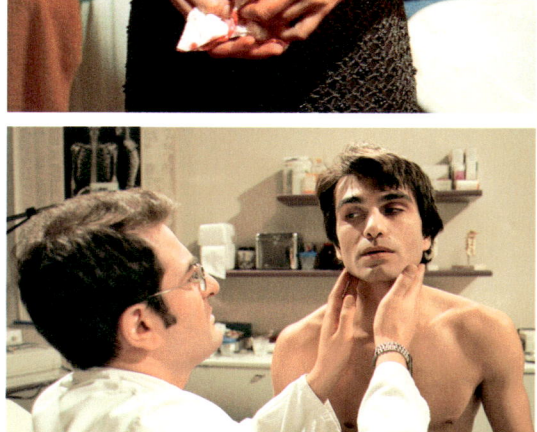

Buch: Monika Bittl ■ Regie: Patrick Winczewski ■ Kamera: Gerd Reichert ■ Redaktion: Barbara Buhl

755 | Fremdes Terrain

21. MAI 00

Klaus hat den Besuch in Dresden verlängert. Das liegt an der patenten Polizistin Nina, auf die Klaus ein Auge geworfen hat. Um ihre Gunst zu erlangen, plant er ein romantisches Dinner für zwei. Beim Thema Polizei geraten die beiden allerdings aneinander. Später bittet Klaus kleinlaut um Aufnahme in die WG. ■ Annas jüngste Tochter Sophie geht demnächst zur Kommunion und muss für den christlichen Festtag eingekleidet werden. Da Anna aber Tom versprochen hat, ihn heute ins Gefängnis zu seinem Freund Backhaus zu begleiten, gibt es Krach unter den Sprösslingen. ■ Tanja überrascht Urszula mit Blumen. Sie ist noch immer in ihre Chefin verliebt. Urszula aber möchte lieber eine rein freundschaftliche Beziehung zu Tanja. ■ Trotz aller Warnungen weigert sich Vasily weiterhin, zum Facharzt zu gehen. Im »Akropolis« bricht er entkräftet zusammen.

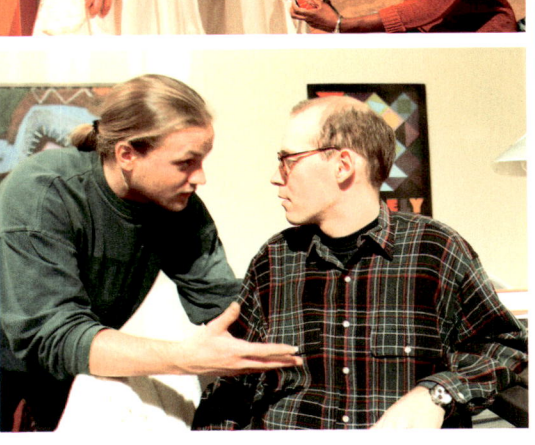

Buch: Joachim Friedmann ■ Regie: Susanne Zanke ■ Kamera: Kurt Mikler ■ Redaktion: Barbara Buhl

756 | Abgang

28. MAI 00

Schwerer Schicksalsschlag für die Familie Sarikakis: Vasily leidet an einer seltenen Form von Blutkrebs. Wenn die Ärzte keinen geeigneten Knochenmarkspender finden, ist Vasilys Leben in ernster Gefahr. Angesichts dieses Stress' bricht die schwangere Mary auf der Straße zusammen. ■ Felix bereitet für Carsten und Käthe das Frühstück und serviert es obendrein noch am Bett. Deren Begeisterung hält sich allerdings in Grenzen, da sie am Abend auf einer Party waren. Carstens (Kater-)Stimmung verschlechtert sich zusätzlich, als er bemerkt, dass Felix die Küche regelrecht verwüstet hat. ■ Klaus packt seine sieben Sachen und geht auf Abschiedstour durch die Lindenstraße. Grund: Er folgt seinem Freund Philipp nach Dresden. Seine plötzliche Abreise sorgt bei Helga für Unmut. Schließlich möchte sie sich in aller Ruhe von ihrem »Hasen« verabschieden.

Buch: Joachim Friedmann ■ Regie: Susanne Zanke ■ Kamera: Kurt Mikler ■ Redaktion: Barbara Buhl

757 | Weißer Donnerstag

4. JUN 00

Olaf freut sich auf gute Geschäfte in seiner »Aloisius Stub'n« – schließlich sind am Vatertag viele hungrige Mäuler zu stopfen. Er ahnt allerdings nicht, dass sein »Spezi« Olli wieder auf freiem Fuß ist. Der will bei Olaf alte Schulden eintreiben. ■ Da Vasily schwer erkrankt ist, bittet Elena nun Paolo, die Geschäftsführung des »Akropolis« zu übernehmen. Paolo ist der festen Überzeugung, dass für ihn eine Glückssträhne beginnt. So startet er erneut einen Versuch, sich mit Urszula zu versöhnen. ■ Großer Tag für das kleine Söphchen: Die Jüngste von Hans und Anna geht heute gemeinsam mit Urszulas Tochter Irina zur Kommunion. Die stolzen Eltern haben die Nachbarn zur Feier des Tages ins »Akropolis« eingeladen. Dabei geht allerdings einiges schief: Zunächst sorgt Paolo für einen Eklat und dann verschwinden Irina und Sophie auch noch spurlos.

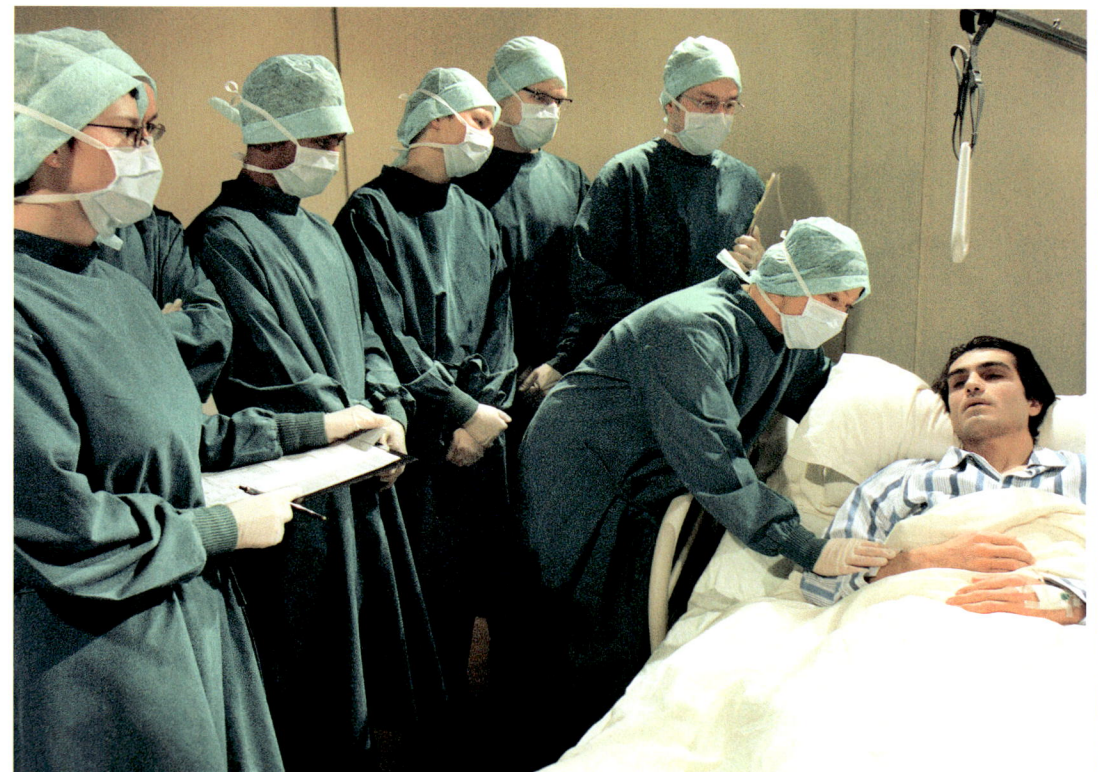

Buch: Joachim Friedmann ■ Regie: Susanne Zanke ■ Kamera: Kurt Mikler ■ Redaktion: Barbara Buhl

758 | Ein neues Leben

12. JUN 00

Olaf hat seinem Kumpel Olli einen Job in der Imbissstube gegeben. Mit dem Geld, das er bei Olaf verdient, will Olli nach Italien und dort dem süßen Leben frönen. Im Gegenzug will Olli seinem neuen Arbeitgeber Olaf helfen, sich an dessen Intimfeind Vasily zu rächen. ■ Urszula plagt das schlechte Gewissen. Sie möchte vor Tanja nicht länger verheimlichen, dass Dressler ihre Stelle im Friseursalon finanziert. Urszula sucht den Doktor auf und bittet ihn, Tanja die Wahrheit zu sagen. Durch einen Zufall wird Tanja Zeugin der Unterhaltung und flippt vor Wut aus. ■ Berta will ihrem »Nicki« Eintrittskarten für das Endspiel der Fußball-EM zum Geburtstag schenken. Leider ist Hajo auf dieselbe Idee gekommen. Mit Hilfe von Hajos Stammtischbrüdern muss Berta tief in die Trickkiste greifen, um mit ihrem Geschenk nicht ins Abseits zu geraten.

Buch: Joachim Friedmann ■ Regie: Susanne Zanke ■ Kamera: Kurt Mikler ■ Redaktion: Barbara Buhl

759 — Perlen vor die Säue

18. JUN 00

Dressler kann nicht verkraften, dass ihn Tanja endgültig verlassen hat. Die hat inzwischen bei Carsten und Käthe Unterschlupf gefunden. Dresslers Kummer ist so groß, dass er Trost im Alkohol sucht. Der Versuch, Tanja mit einer Perlenkette zurück zu gewinnen, misslingt. ■ Mary lebt in ständiger Angst um Vasily. Sogar Panaiotis will aus Sorge um seinen Sohn nach Deutschland kommen. Nach wie vor sind die Ärzte auf der Suche nach einem geeigneten Spender für eine Knochenmarkstransplantation. ■ In Olafs Imbissstube braut sich etwas zusammen: Der durchtriebene Olli entwickelt eine Idee, wie sein Spezi Olaf sich an seinem Lokalrivalen Vasily rächen kann. Durch einen gefälschten Spenderausweis soll Mary meinen, einzig Olaf habe das richtige Knochenmark. Als Bedingung für eine Spende soll die ahnungslose Mary zum Beischlaf mit Olaf genötigt werden.

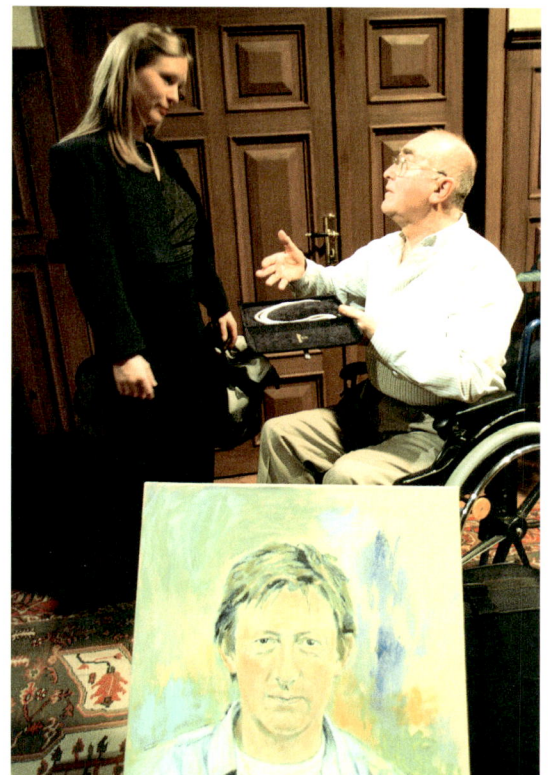

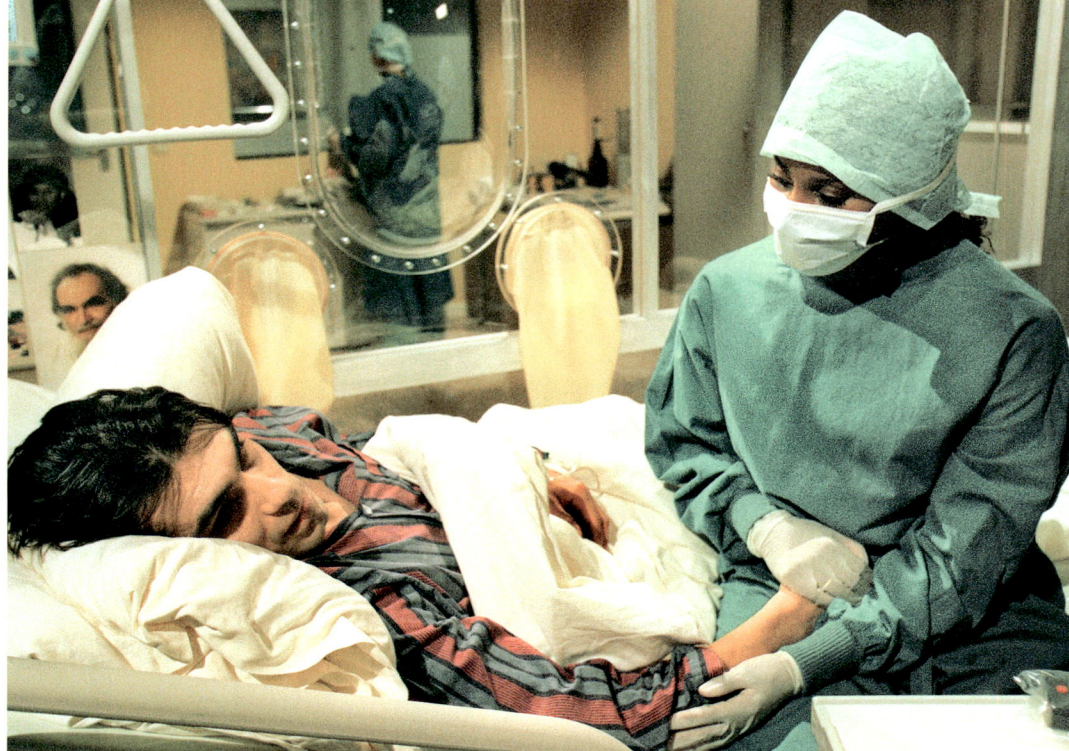

Buch: Joachim Friedmann ■ Regie: Susanne Zanke ■ Kamera: Kurt Mikler ■ Redaktion: Barbara Buhl

760 | Hochzeitstanz

25. JUN 00

Panaiotis kehrt heim in die Lindenstraße – leider aus traurigem Anlass: Er will seinem Sohn Vasily beistehen, der an Blutkrebs leidet. Der alte Grieche ist geschockt, als er sieht, wie schwer sein Sohn bereits von der Krankheit gezeichnet ist. ■ Der Plan geht auf: Weil Mary meint, Olaf sei der einzig mögliche Knochenmarkspender für Vasily, kommt sie schweren Herzens der damit verbundenen Bedingung nach und schläft abends mit Olaf. Olli, der die Beischlaf-Aktion eingefädelt hatte, führt derweil Else ins »Akropolis« aus. ■ Dressler ist in einem bedauernswerten Zustand. Weiterhin versucht er, seinen Kummer über das Zerwürfnis mit Tanja in Alkohol zu ertränken. Die Einzige, die sich noch um ihn kümmert, ist die Sprechstundenhilfe Horowitz. Aber Dressler honoriert ihr Engagement nicht. Im Gegenteil: Er wird Nora gegenüber handgreiflich.

Buch: Joachim Friedmann ■ Regie: Susanne Zanke ■ Kamera: Kurt Mikler ■ Redaktion: Barbara Buhl

761 | Live und in Farbe

2. JUL 00

Paolos Töchter gehen verschiedenen Interessen nach: Während Giovanna für ihren Realschulabschluss lernt, interessiert sich Marcella vor allem für Fausto. Marcella weiß auch, was sie später werden will: ein berühmtes und vor allem reiches Model. ■ Neue Hoffnung bei der Familie Sarikakis. Nachdem das Krankenhaus doch noch einen geeigneten Spender gefunden hat, konnte bei Vasily endlich das lebensrettende Knochenmark transplantiert werden. Mary ekelt sich noch immer über den erzwungenen Beischlaf mit Olaf und hat niemanden, mit dem sie darüber reden kann. ■ Hajo ist im Fußballfieber: Er verwandelt sein Wohnzimmer in ein Heimkino, da er seine Stammtischbrüder zu einem feuchtfröhlichen Fußballabend eingeladen hat. Den ganzen Tag über trifft Hajo die nötigen Vorbereitungen, bis ihm die Technik einen Strich durch die Rechnung macht.

Buch: Joachim Friedmann ■ Regie: Susanne Zanke ■ Kamera: Kurt Mikler ■ Redaktion: Barbara Buhl

762 | Sex

9. JUL 00

Isolde will das »Casarotti« ausbauen und modernisieren. Dafür will sie den Friseursalon verkaufen – zum Leidwesen von Urszula, die um ihre Existenz bangt. Isolde weiht später Fausto in ihre Pläne ein. Der kommt gerade von einem Schäferstündchen mit Marcella. ■ Klaus hat ein Auge auf Nina geworfen. Die ist aber gar nicht gut auf ihren neuen Mitbewohner zu sprechen. Mehrfach hat sich Klaus abfällig über ihren Beruf als Polizistin geäußert. Darum ändert Klaus seine Taktik und versucht, Nina mit einem großen Blumenstrauß für sich zu gewinnen – was erstaunlich schnell gelingt. ■ Helga freut sich über die Einladung zu einem Operettenabend. Ihr Begleiter ruft allerdings sowohl bei ihrer Freundin Marlene als auch bei Maja wenig Begeisterung hervor. Denn Helga hat dem ständigen Drängen ihres in Ungnade gefallenen Ehemanns Erich nachgegeben.

Buch: Joachim Friedmann ■ Regie: Susanne Zanke ■ Kamera: Kurt Mikler ■ Redaktion: Barbara Buhl

763 | Die Wandlung

Dressler hat seinen gesamten Schnaps- und Weinvorrat vertilgt und braucht dringend Nachschub. Als sich Frau Horowitz weigert, den Alkoholbestand aufzufüllen, macht sich Dressler selbst auf den Weg. Dabei stürzt der angetrunkene Doktor die Treppe hinunter und bricht sich das Handgelenk. ■ Olli Klatt ist schon wieder auf Freiersfüßen unterwegs. Die hübsche Canan zeigt ihrem neuen Verehrer jedoch die kalte Schulter. Helga bereut derweil, in der letzten Woche Schillers Einladung angenommen zu haben. Erneut stellt sie fest, dass ihm einfach nicht zu trauen ist. ■ Philipp ist im siebten Himmel. Sein Werben um Suzanne ist endlich von Erfolg gekrönt. Gemeinsam schmieden die beiden Pläne für einen romantischen Abend. Leider wird die Idylle durch einen unerwünschten Besucher gestört, der Suzanne dazu veranlasst, die Wohnung fluchtartig zu verlassen.

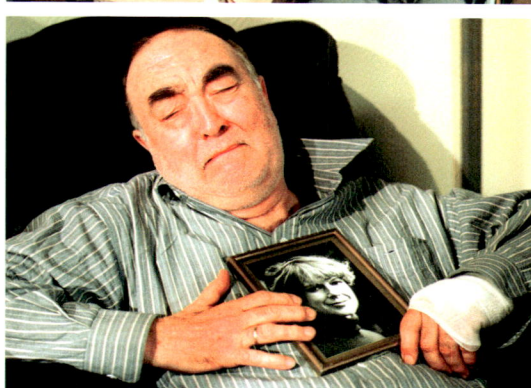

Buch: Irene Fischer ■ Regie: Susanne Zanke ■ Kamera: Kurt Mikler ■ Redaktion: Barbara Buhl

764 Leere Worte

23. JUL 00

Im Hause Koch stehen die Zeichen auf Sturm. Rosi ist genervt, da ihre Wohnung seit Tanjas Einzug übervölkert ist. Als Irina mit Tanjas Sachen spielt, findet sie eine geladene Pistole. Irina zielt mit der Waffe auf die Badezimmertür und drückt ab – Rosi, die sich hinter der Tür befindet, bleibt glücklicherweise unverletzt. ■ Momo leidet unter den Bedingungen der Untersuchungshaft. Immerhin erhält er regelmäßigen Besuch von Iffi. Dabei bittet er seine Ex-Freundin, Maria ein Geschenk zu bringen. Als Iffi an Marias WG-Tür klopft, befindet die sich gerade in eindeutiger Beischlafposition. Maria bittet Iffi inständig, Momo nichts zu erzählen. ■ Heiko und Käthe haben beschlossen, das Kindertheater zu renovieren. Heiko bittet die adrette Maja, ihnen beim Umbau zu helfen. Mit Erfolg: Die angehende Pädagogin hat gleich ein paar Vorschläge parat.

Buch: Irene Fischer ■ Regie: Susanne Zanke ■ Kamera: Kurt Mikler ■ Redaktion: Barbara Buhl

765 | Überraschung

30. JUL 00

Philipp versteht die Welt nicht mehr. Suzanne will neuerdings überhaupt nichts mehr von ihm wissen – und das ohne jede Erklärung. Als Suzanne die Wohnung verlässt, folgt Philipp ihr und macht eine schockierende Entdeckung: Sie küsst sich innig mit ihrem Doktorvater. ■ Hans ist sauer. Iffi hat glatt vergessen, Toms Fahrrad auf Vordermann zu bringen. Trotzdem kann Hans seinen Sohn bei der Geburtstagsfeier mit einem Spezial-Geschenk überraschen: Backhaus durfte für einen Nachmittag aus dem Gefängnis. ■ Tanja ist in Wohnungsnöten. Da Rosi sie aufgefordert hat, ihr trautes Heim zu verlassen, ist guter Rat jetzt teuer. Tanja sieht nur einen Ausweg: Sie fragt Eva, ob sie ein Zimmer bei ihr beziehen darf. Dabei nimmt Tanja in Kauf, dass sie mit der ehemaligen Schildknecht-Wohnung nicht nur angenehme Erinnerungen verbindet. Eva stimmt überraschend zu.

Buch: Irene Fischer ■ Regie: Susanne Zanke ■ Kamera: Kurt Mikler ■ Redaktion: Barbara Buhl

766 | Auszug

6. AUG 00

Philipp sorgt sich rührend um Suzanne. Die wird von Alpträumen geplagt, seit sie die unglückliche Liaison mit einem verheirateten Professor beendet hat. Dann geschieht etwas Unerwartetes: Der Professor taucht in der Wohnung auf und berichtet, dass er seine Frau verlassen hat. Suzanne will ihm eine letzte Chance geben. ■ Momo wittert Morgenluft. Seine neue Anwältin, Frau Dr. Rosenbauer, hat für seinen Fall eine viel versprechende Verteidigungsstrategie entwickelt. Sollte sie Erfolg haben, würde Momo nicht wegen Mordes verurteilt. Eva freut sich auf Tanja, die nun einzieht. Später liegt Eva plötzlich bewusstlos auf dem Boden. ■ Vasily darf das Krankenhaus verlassen und in den Kreis seiner Lieben zurückkehren. Die Ärzte warnen allerdings: Sein Immunsystem ist noch sehr schwach. Nichtsdestotrotz freut sich Vasily auf den Alltag im »Akropolis«.

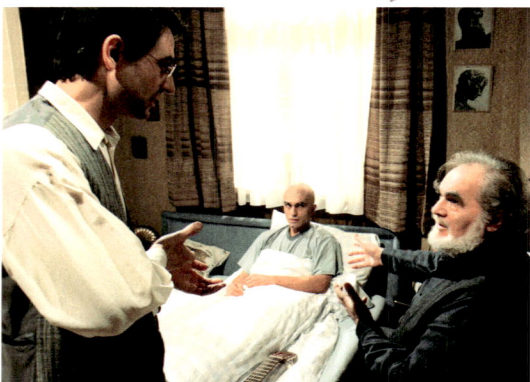

Buch: Joachim Friedmann ■ Regie: Susanne Zanke ■ Kamera: Kurt Mikler ■ Redaktion: Barbara Buhl

767 | Lügen haben schöne Beine

13. AUG 00

Iffi steckt in einer Lebenskrise. Still und in sich gekehrt verspürt sie immer weniger Lust, ihrer Arbeit nachzugehen. Zudem belastet sie das Wissen um Marias Seitensprung. Iffi sucht nach neuen Lebensinhalten und überrascht Heiko mit einem besonderen Wunsch: Sie will ein Kind von ihm. ■ Der hinterlistige Fausto fährt in Herzensangelegenheiten zweigleisig. Zwar schwört er Isolde ewige Liebe, trifft sich aber hinter ihrem Rücken weiterhin mit Marcella. Beim Schäferstündchen mit dem Mädchen verabreicht die ihm einen Knutschfleck, den Isolde später prompt entdeckt. ■ Momo im Zwiespalt: Er kann nur dann einer Anklage wegen Mordes entgehen, wenn sein Vater im Nachhinein mit einer Falschaussage belastet würde. Dafür müssten Iffi, Eva und Philipp einheitlich aussagen, dass Kurt seinen Sohn Momo vor den Messerstichen erheblich provoziert habe.

Buch: Irene Fischer ■ Regie: Susanne Zanke ■ Kamera: Kurt Mikler ■ Redaktion: Barbara Buhl

768 | Abgründe

20. AUG 00

Schwarzer Tag für Urszula: Isolde kündigt den Pachtvertrag für den Friseursalon. Urszula ist verzweifelt, weil sie vor den Trümmern ihrer beruflichen Existenz steht. Paolo erzählt unterdessen Isolde von Faustos Liaison mit Marcella. Isolde stellt Fausto zur Rede. ■ Beim Werben um die Gunst von Canan zieht Olli Klatt alle Register – allerdings ohne großen Erfolg. Zunächst versucht er sein Glück als Rosenkavalier, was Canan nicht sonderlich beeindruckt. Dann möchte Olli seine Angebetete zu einer Motorradfahrt überreden. Aber auch dieser Versuch misslingt. ■ Momo glaubt mittlerweile nicht mehr, dass es durch eine Falschaussage gelingen wird, auf Totschlag im Affekt zu plädieren. Philipp versucht seinen Bruder vom Gegenteil zu überzeugen. Bei dieser Verteidigungsstrategie kommt aber ausgerechnet Iffi als Augenzeugin eine zentrale Rolle zu.

Buch: Irene Fischer ■ Regie: Claus Peter Witt ■ Kamera: Jürgen Kerp ■ Redaktion: Barbara Buhl

769 | Das Spiel ist aus

27. AUG 00

Fausto will Isolde um Verzeihung für sein Verhältnis mit Marcella bitten. Isolde aber trifft eine Entscheidung: Fortan will sie mit Fausto nur noch geschäftlich verkehren. Fausto schlägt Marcella vor, für einige Monate mit der Beziehung zu pausieren. Nach dem »Verrat« spricht Marcella nun nicht mehr mit Paolo. ■ Die Kündigung des Pachtvertrages stellt Urszula vor große Probleme. Immerhin kann sie wenigstens noch bis April nächsten Jahres im Salon bleiben. Zudem schenkt ihr Isolde die Einrichtung. Mit Tanjas Hilfe macht sich Urszula auf die Suche nach einem neuen Ladenlokal. ■ Olli Klatt hat einen neuen Freund: Murat Dagdelen. Seit Olli dessen Schwester Canan aus einer vermeintlich brenzligen Situation befreien konnte, sind er und Murat ein Herz und eine Seele. Murat macht Olli trotzdem klar, dass seine Schwester ab sofort tabu für ihn ist.

Buch: Irene Fischer ■ Regie: Claus Peter Witt ■ Kamera: Jürgen Kerp ■ Redaktion: Barbara Buhl

770 | Das Maß ist voll

3. SEP 00

Helga hat nichts als Ärger. Nach dem Dauerstreit mit Ehemann Erich verkracht sie sich auch noch mit ihrer Busenfreundin Marlene. Erich will sich Helgas Verhalten nicht länger gefallen lassen und sucht nach einem Ventil. ■ Carsten freut sich auf einen ruhigen Tag zu Hause. Aber alles kommt anders: Plötzlich steht sein attraktiver Kollege Stefan vor der Türe und schnell entwickelt sich ein heftiger Flirt. Dummerweise wird Felix Zeuge der Annäherungsversuche und verplappert sich bei Käthe. ■ Andy traut weder Augen noch Ohren. Rosi und Frau Birkhahn veranstalten in seiner Küche eine lautstarke Protestaktion. Grund: Gabi hat eingewilligt, dass Lisa wieder in die Zenker-Wohnung einziehen darf, weil sie sich in ihrem Schwesternheim nicht mehr wohl fühlt. Da Rosi und Lisa eine innige Feindschaft miteinander verbindet, sind Konflikte vorprogrammiert.

Buch: Irene Fischer ■ Regie: Claus Peter Witt ■ Kamera: Jürgen Kerp ■ Redaktion: Barbara Buhl

771 Kabale und Liebe

10. SEP 00

Carsten und Käthe machen sich Sorgen um Felix. Ihr Schützling leidet seit einiger Zeit an einem grippalen Infekt. Eigentlich kein Grund zur Besorgnis, wenn Felix nicht HIV-positiv wäre. Zur Sicherheit ordnet Carsten genauere Untersuchungen an. ■ Die Hochzeitsvorbereitungen bei Hajo und Berta laufen auf Hochtouren. Nächste Woche wollen sich die beiden endgültig das Ja-Wort geben. Die Vorfreude ist besonders groß, als Manoel dem Brautpaar aus dem fernen Mexiko mitteilt, dass er zur Hochzeit kommen wird. Außerdem kündigt Bertas Adoptivsohn einen Überraschungsgast an. ■ Erich und Marlene bilden neuerdings eine vereinte Front gegen Helga. Beide sind der Meinung, von Helga schlecht bzw. ungerecht behandelt worden zu sein. Der verschmähte Liebhaber und die verärgerte Ex-Busenfreundin schließen sich zusammen und spinnen eine Intrige.

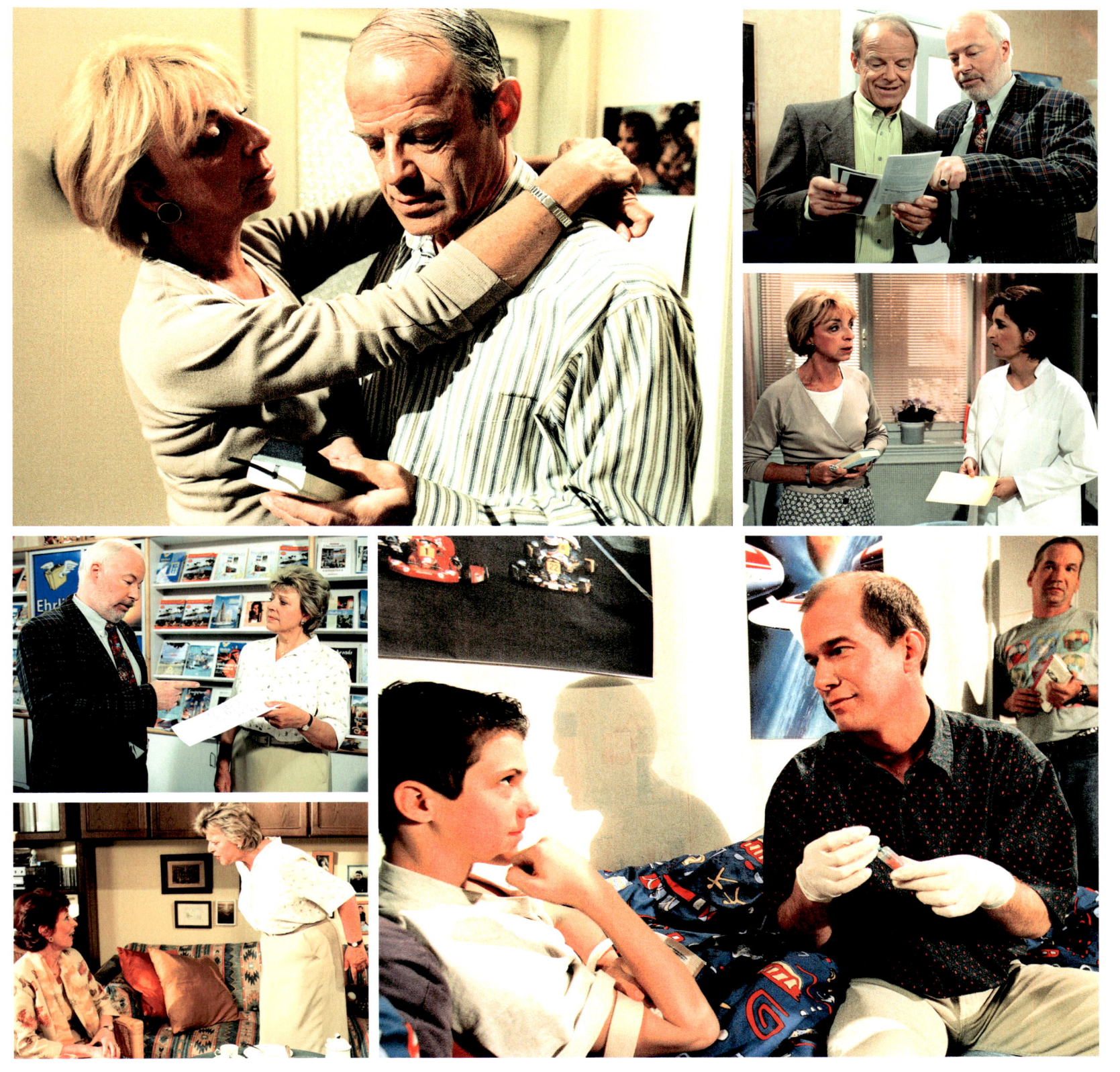

Buch: Hans W. Geißendörfer ■ Regie: Claus Peter Witt ■ Kamera: Jürgen Kerp ■ Redaktion: Barbara Buhl

772 | Nur einmal im Leben

17. SEP 00

Berta und Hajo halten Hochzeit, und die ganze Lindenstraße feiert mit. Hajo kommt sogar hoch zu Ross, um seine Berta zum Standesamt abzuholen. Dort entsteht allerdings Konfusion: Trauzeuge Dressler ist nicht gekommen; stattdessen fungiert Erich als Zeuge. ■ Helga hat sich diesen Tag viel friedlicher vorgestellt. Doch Erich treibt ihr heute die Zornesröte ins Gesicht. Zur Feier im »Akropolis« erscheint ihr Noch-Ehemann ausgerechnet mit Helgas neuer Intimfeindin Marlene. Später überrascht Helga die beiden beim wilden Treiben im Reisebüro. Sie kündigt Erich daraufhin. ■ Stolz präsentiert Manoel im »Akropolis« die angekündigte Überraschung: seine Ehefrau Elvira-Maria. Weniger erfreut ist das Brautpaar später über Dresslers Auftauchen: Völlig betrunken und in desolatem Zustand stößt er zu den Feierlichkeiten und unterbricht Hajos Hochzeitsrede.

Buch: Michael Meisheit ■ Regie: Claus Peter Witt ■ Kamera: Jürgen Kerp ■ Redaktion: Barbara Buhl

773 | Nachschlag

24. SEP 00

Heiko kann seine Gefühle für Maja nicht länger ignorieren. Iffi, die davon nichts ahnt, lädt Maja auch noch zum Abendessen in die gemeinsame Wohnung ein. Beim Abschied küsst Heiko die überraschte Maja auf den Mund. ■ Nach den Vorkommnissen der vergangenen Woche gehen Helga und Erich jetzt auch geschäftlich getrennte Wege. Die unsittliche Zweckentfremdung des Reisebüros mit Marlene hat für Erich drastische Konsequenzen. Er verliert nicht nur seine Arbeit, sondern auch endgültig seine Ehefrau. Helga reicht die Scheidung ein. Marlene fordert Helga auf, Erich nicht länger zu drangsalieren. ■ Olaf will Mary erneut demütigen. Dazu ist ihm kein Mittel zu schmutzig – nicht einmal Erpressung. Olaf verlangt von Mary, dass sie ihm nochmals gefügig ist. Andernfalls will er Vasily von ihrer gemeinsamen, ebenfalls erzwungenen Liebesnacht erzählen.

Buch: Michael Meisheit ■ Regie: Claus Peter Witt ■ Kamera: Jürgen Kerp ■ Redaktion: Barbara Buhl

774 — Da, wo es weh tut

1. OKT 00

Die sonst so sanftmütige Mary kocht vor Wut. Grund: Durch einen Zufall erfährt sie, dass sie seinerzeit hereingelegt wurde und Olaf keineswegs der Lebensretter für Vasily war. Für den Abend hat Olaf sie unter Drohungen erneut zum Beischlaf geordert. Mary kommt tatsächlich – und entmannt den völlig überraschten Olaf mit einer Geflügelschere. ■ Maja ist sich unsicher in ihren Gefühlen zu Heiko. Gefühlvoll zeigt sie sich Helga gegenüber: Sie tröstet Mutter Beimer, die angesichts der verfahrenen Situation ihrer Ehe bittere Tränen weint. ■ Der Streit zwischen Helga und Erich nimmt groteske Züge an. Erich erzwingt per Gerichtsbeschluss das Recht, wieder im Reisebüro arbeiten zu dürfen. Dahinter steckt allerdings kein Pflichtbewusstsein. Erich will sich an Helga rächen und macht sich in einem unbeobachteten Moment an den Computern zu schaffen.

Buch: Michael Meisheit ■ Regie: Claus Peter Witt ■ Kamera: Jürgen Kerp ■ Redaktion: Barbara Buhl

775 | Die verrückte Alte

8. OKT 00

Else tobt vor Wut: Auf ihren Olaf wurde ein heimtückischer Überfall unterhalb der Gürtellinie verübt. Ihr entmannter »Bua« musste sogar ins Krankenhaus. Auch die Polizei interessiert sich für den Anschlag auf Olafs Männlichkeit und nimmt die Ermittlungen auf. ■ Mary im Zwiespalt: Sie weiß, dass sie die Vorkommnisse der vergangenen Wochen auf Dauer nicht vor Vasily verheimlichen kann. So erzählt sie ihm die ganze Geschichte mit Olafs doppelter Sex-Erpressung. Olli bietet ihr ein Abkommen an. ■ Schwer erschöpft kehren Hajo und Berta von ihrer Hochzeitsreise aus Japan zurück. Zu Hause erwartet sie jedoch eine Überraschung. Die Inneneinrichtung ihrer Wohnung hat sich unübersehbar verändert. Die Übeltäterin ist schnell ausgemacht: Hajos Mutter Hilde. Die fidele Dame okkupiert sogar das Schlafgemach des frisch vermählten Paares.

Buch: Michael Meisheit ■ Regie: Claus Peter Witt ■ Kamera: Jürgen Kerp ■ Redaktion: Barbara Buhl

776 | Einkauf

15. OKT 00

Chaos im Reisebüro: Wegen eines Computerfehlers wurden zahlreiche Flugtickets grundlos storniert und viele Dateien gelöscht. Canan verdächtigt Schiller, doch der streitet alles ab. ■ Hajos Mutter Hilde hält nach wie vor das Schlafzimmer der Eheleute Scholz und Griese besetzt. Hajo zeigt ein gewisses Verständnis für seine Mutter – nicht aber Berta. Als Hilde ein neues Bett im Wohnzimmer platziert und mit Hajos Auto verschwindet, platzt Berta endgültig der Kragen. ■ Nach wochenlangen Trinkgelagen hat sich Dr. Dressler nicht mehr unter Kontrolle. Völlig betrunken stattet er dem Friseursalon einen Besuch ab und macht Tanja vor versammelter Kundschaft eine Szene. Am Ende muss sogar die Polizei eingreifen. Wieder zu Hause, beschimpft Dressler einmal mehr Nora. Die sucht endgültig das Weite – und Dressler bricht mit einem Herzinfarkt zusammen.

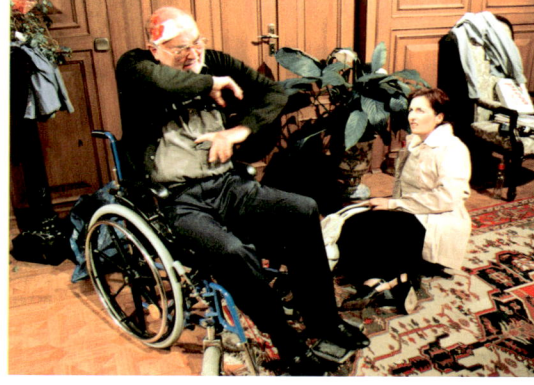

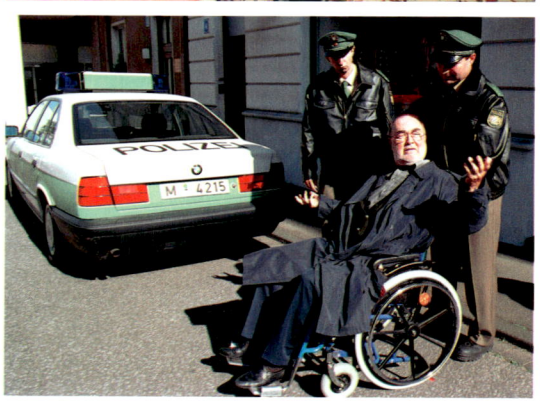

Buch: Michael Meisheit ■ Regie: Claus Peter Witt ■ Kamera: Jürgen Kerp ■ Redaktion: Barbara Buhl

777 | Sieben

22. OKT 00

Helga weiß nicht mehr, wo ihr der Kopf steht. Ein schwerer Fehler in den Rechnern des Reisebüros beschert ihr jede Menge Mehrarbeit. Den Großteil ihrer Zeit verbringt sie jedoch damit, verärgerte Kunden zu besänftigen. Dann reicht auch noch Canan die Kündigung ein. Heiko und Maja kommen sich am Abend auf der Beimer-Couch so richtig nahe. ■ Rosi hat heute Geburtstag, und ihre Mitbewohner haben es glatt vergessen. Weder Urszula noch Gung gratulieren Rosi zum Wiegenfest. Aber damit nicht genug: Rosis Intimfeindin Lisa feiert ebenfalls Geburtstag, was der Stimmung einen zusätzlichen Tiefschlag versetzt. ■ Nach dem Infarkt der vergangenen Woche liegt Dressler im Krankenhaus. Er steht vor einer schweren Bypass-Operation. Am Krankenbett versöhnt sich Dressler mit Carsten. Er bietet dem gerührten Stiefsohn die Praxis an.

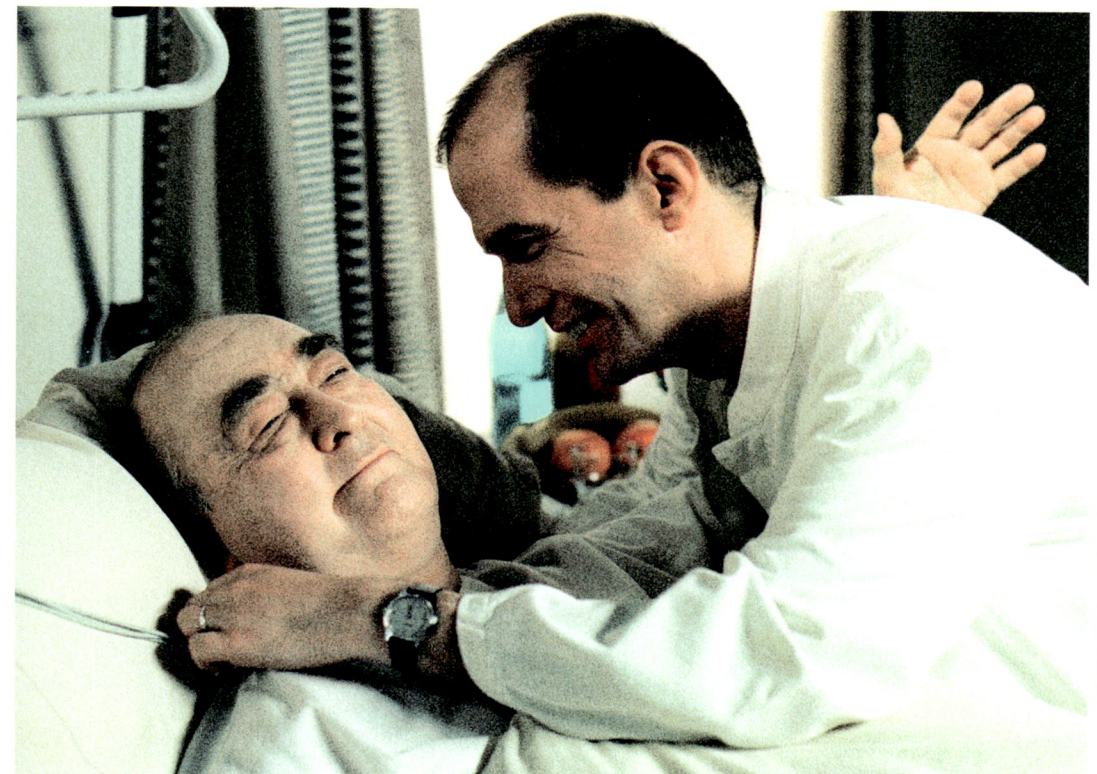

Buch: Michael Meisheit ■ Regie: Claus Peter Witt ■ Kamera: Jürgen Kerp ■ Redaktion: Barbara Buhl

778 | Schwerer Stand

29. OKT 00

Paolo will sein eigenes Geschäft eröffnen und mit einer Eisdiele italienisches Flair in die Lindenstraße zaubern. Mit dem Geschäft neben dem Friseursalon hat Paolo das passende Ladenlokal auch schon im Auge. ■ Nach einem mehrwöchigen Krankenhausaufenthalt kehrt Olaf in seine »Aloisius Stub'n« zurück. Elses und Olafs Vorwurf, Mary stecke dahinter, glaubt ihnen niemand. Auch der Anwalt, den Olaf angesichts des brutalen Angriffs auf seine Männlichkeit aufsucht, macht ihm wenig Hoffnung. Daraufhin beschließt Olaf, die Schuldigen selbst zu bestrafen: Er lauert Vasily auf und schlägt ihn nieder. ■ Heiko zwischen zwei Frauen: Je öfter es mit Iffi zu Streitereien kommt, desto mehr fühlt er sich zu Maja hingezogen. Pikantes Detail am Rande: Iffi weiß, dass es mit ihrer Beziehung zu Heiko nicht zum Besten steht und klagt ihr Leid ausgerechnet Maja.

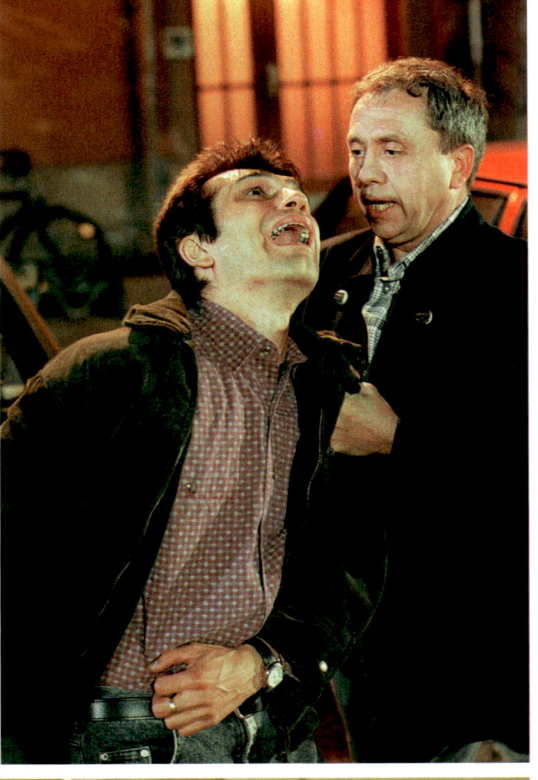

Buch: Michael Meisheit ■ Regie: Claus Peter Witt ■ Kamera: Jürgen Kerp ■ Redaktion: Barbara Buhl

779 | Sicherheit

5. NOV 00

Andy will nach einer langen Nacht nur noch nach Hause. Da bemerkt er einen LKW, der eine Panne hat. Andy geht dem Fahrer beim Reifenwechsel zur Hand und begibt sich damit in Gefahr: Der LKW transportiert radioaktiv verstrahlte Abfälle. Wenig später startet der Katastrophenschutz zum Großeinsatz in der Lindenstraße – Strahlungsgefahr. Zenkers müssen ihre Wohnung räumen. ■ Großer Tag für Carsten: Nach ihrer Versöhnung händigt Dressler ihm den Vertrag für die Praxis aus. Eine Frage bleibt allerdings offen: Was wird jetzt aus Dr. Dagdelen? ■ Dauerstress in Dresden: Seit Suzanne sich entschieden hat, mit ihrem Professor eine gemeinsame Zukunft aufzubauen, stattet sie der Wohngemeinschaft nur noch sporadische Besuche ab. Nina macht ihrer Freundin deswegen schwere Vorwürfe. Diese nimmt Suzanne ebenso gelangweilt wie desinteressiert zur Kenntnis.

Buch: Michael Meisheit ■ Regie: Claus Peter Witt ■ Kamera: Jürgen Kerp ■ Redaktion: Barbara Buhl

780 | Alles sauber

12. NOV 00

Eine Woche lang waren Gabi, Andy und Valerie zur Beobachtung im Krankenhaus. Nach dem Strahlen-Alarm wurde die komplette Einrichtung ausgetauscht. Zudem zahlt die Atomfirma bereitwillig 100.000 Mark als Entschädigung. Dafür sollen auch die Zenkers guten Willen zeigen – und schweigen. Denn seit ihrer Rückkehr interessiert sich auch die Presse für den Fall. ■ Klaus und Philipp wundern sich nicht schlecht, als plötzlich Suzanne auftaucht und berichtet, sie habe ihren Professor endgültig verlassen. Als besagter Liebhaber in die WG stürmt und sich wütend auf Suzanne stürzt, nehmen die Ereignisse einen dramatischen Verlauf. In Suzannes Zimmer fallen Schüsse. ■ Hilde wohnt nach wie vor bei Hajo und Berta und strapaziert deren Nerven. Neuester Streich: Sie bringt einen großen Hund namens Wulli mit nach Hause, der ihr auf der Straße zugelaufen ist.

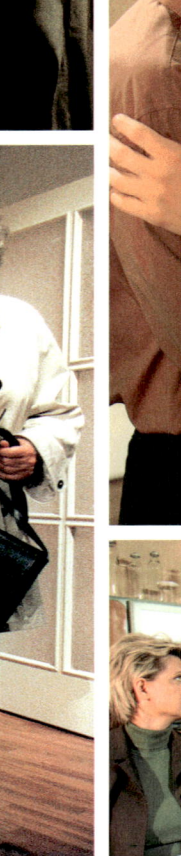

Buch: Michael Meisheit ■ Regie: Claus Peter Witt ■ Kamera: Jürgen Kerp ■ Redaktion: Barbara Buhl

781 | Werte

19. NOV 00

Nervosität bei Familie Zenker: Noch immer steht nicht fest, welche gesundheitlichen Folgen die radioaktive Strahlung für Andy und seine Familie hat. Dr. George von der Betreibergesellschaft des Reaktors gibt Entwarnung: Die Ergebnisse seien durchweg negativ. Trotzdem darf Andy nicht zu Nico – Iffi verbietet es aus Angst vor Verstrahlung. ■ Maja fordert Heiko auf, sich zwischen ihr und Iffi zu entscheiden. Doch Heiko windet sich. ■ Helga und Canan stellen im Reisebüro Bewerber für Canans Nachfolge auf die Probe. Leider scheint der oder die Richtige nicht dabei zu sein. Als Helga schon resigniert aufgeben will, erscheint Alex Behrend auf der Bildfläche. ■ Suzanne hat eine Schussverletzung am Bein davon getragen; ihr schießwütiger Professor sitzt im Gefängnis. Nina muss dem Staatsanwalt erklären, warum ihre Dienstwaffe unbeobachtet in der WG lag.

Buch: Joachim Friedmann ■ Regie: Wolfgang Frank ■ Kamera: Jürgen Kerp ■ Redaktion: Barbara Buhl

782 | Hungrige Seelen

26. NOV 00

Hajo bereitet Kopfschmerzen, dass sich seine Mutter für ihr Hochzeitsgeschenk – eine Weltreise – in Schulden gestürzt hat. Als sorgender Sohn sieht Hajo nur einen Ausweg: Er bietet die Reise zum Verkauf an und zieht sich damit Hildes Zorn zu. ■ Carsten hat die Prüfung zum Facharzt absolviert und freut sich auf die Arbeit in der Praxis. Die will er gemeinsam mit Dagedelen führen. Der aber meint, die Praxis werfe nicht genug Gewinn für zwei Ärzte ab; er solle sich doch bitte ein anderes Betätigungsfeld suchen. Carsten ist wütend und enttäuscht zugleich und sucht Rat bei Dressler. ■ Andy ist sauer: Seit er radioaktiver Strahlung ausgesetzt war, behandelt ihn seine Umwelt wie einen Aussätzigen. Ein Greenpeace-Mitarbeiter erklärt, schon eine niedrige Dosis sei gefährlich. Andy solle den Fall unbedingt an die Öffentlichkeit bringen.

Buch: Joachim Friedmann ■ Regie: Wolfgang Frank ■ Kamera: Jürgen Kerp ■ Redaktion: Barbara Buhl

783 Herausforderung

3. DEZ 00

Vasily fühlt sich wieder stark genug, um seinem Erz-Feind Olaf gegenüberzutreten. Seit er weiß, dass der Kling-Spross seine Frau gedemütigt hat, dürstet der stolze Grieche nach Rache. Vasily geht in die »Aloisius Stub'n« und fordert Olaf zum Kampf heraus. ■ Im Hause Varese werden Zukunftspläne geschmiedet. Marcella besucht eine Modelschule und Giovanna erteilt neuerdings Rosi und Frau Birkhahn Internetunterricht – gegen Bezahlung natürlich. Paolo will eine Eisdiele eröffnen und endlich sein eigener Chef werden. Als Vasily von Paolos kühnen Plänen erfährt, kommt es zum Streit. ■ Carsten fühlt sich hundeelend. Zum einen, weil sich Herr Doktor eine Erkältung eingefangen hat, zum anderen, weil er von Ahmet erpresst wird. Ahmet droht Carsten wegen seiner erschwindelten Doktorarbeit anzuzeigen, wenn dieser ihn aus der Praxis drängen will.

Buch: Joachim Friedmann ■ Regie: Wolfgang Frank ■ Kamera: Jürgen Kerp ■ Redaktion: Barbara Buhl

784 Ein Fest der Liebe

10. DEZ 00

Nikos Panaiotis Sarikakis heißt der jüngste Spross im Gyros-Paradies der Lindenstraße. Glücklich feiert Vasily mit der Nachbarschaft. Paolo hütet nach seinem Unfall die Couch. Er traut sich nicht ins »Akropolis«, nachdem Vasily von seinen Lügenmärchen erfahren hat. ■ Dressler trifft sich mit Dagdelen, um in Sachen Praxisübergabe zu vermitteln. Der türkische Arzt unterbreitet Dressler aber eine neue Forderung: Bei einer Abstandszahlung von 150.000 Mark würde Ahmet das Feld räumen. Empört lehnt Dressler ab. Carsten aber nimmt eine Hypothek auf und zahlt Dagdelen aus. ■ Philipp hält sich in München auf, um seinem Bruder Momo beizustehen. Der hält es im Gefängnis nicht mehr aus und fleht Philipp an, ihm zu helfen. Philipp wendet sich an Iffi und bittet sie, für Momo auszusagen. Eva sieht sich nicht in der Lage, überhaupt vor Gericht zu erscheinen.

Buch: Joachim Friedmann ■ Regie: Wolfgang Frank ■ Kamera: Jürgen Kerp ■ Redaktion: Barbara Buhl

785 | Allein gelassen

17. DEZ 00

Momo muss sich wegen Kurts Tod vor Gericht verantworten. Seine Anwältin will nachweisen, dass Momo im Affekt gehandelt hat. Ausgerechnet die Aussagen von Maria und Eva belasten Momo sehr schwer. Dagegen gibt Iffi die von Momo erhoffte Erklärung ab. ■ Die Vorweihnachtsfreude bei Hans und Anna ist getrübt. Martin leidet an einem angeborenen Herzfehler. Nach einer Besprechung mit den Ärzten steht fest: Eine Operation ist unausweichlich. ■ Faustos Kochbuch verkauft sich nicht. Der erhoffte Reichtum und die Unabhängigkeit von Isolde sind in weite Ferne gerückt. Fausto schreibt einen flammenden Liebesbrief an Marcella. Er schwört ihr ewige Liebe, aber eine gemeinsame Zukunft in Italien wird es in absehbarer Zeit nicht geben. Das Versteckspiel geht weiter. Marcella fordert dagegen, er solle sich zwischen ihr und Isolde entscheiden.

Buch: Joachim Friedmann ■ Regie: Wolfgang Frank ■ Kamera: Jürgen Kerp ■ Redaktion: Barbara Buhl

786 | Heute kommt der Weihnachtsmann

24. DEZ 00

Heiliger Abend in der Lindenstraße – mit Weihnachtsmann. Hans engagiert Penner Harry, der mit seinem Bart eh wie Santa Claus aussieht. Der Clochard muss nur ins richtige Kostüm gesteckt werden und die Bescherung kann beginnen. Aber alles kommt anders: Der fröhliche Tippelbruder kommt auf Abwege und tourt durch die gesamte Lindenstraße. ■ Klaus kommt aus Dresden, um mit Helga das Christfest zu feiern. Als Überraschung bringt er seine Freundin Nina mit. Die hinterlässt bei Helga einen guten Eindruck. Einen schlechten Eindruck macht dagegen Marlene: Die will in Iffis altem Laden ein Reisebüro eröffnen. ■ Isolde bietet Fausto die Teilhabe am »Casarotti« an. Trotz dieser erfreulichen Nachricht trifft sich Fausto erneut mit Marcella. Die bewirft ihn wegen steter Unpünktlichkeit mit einer Torte – was einer Versöhnung aber nicht im Wege steht.

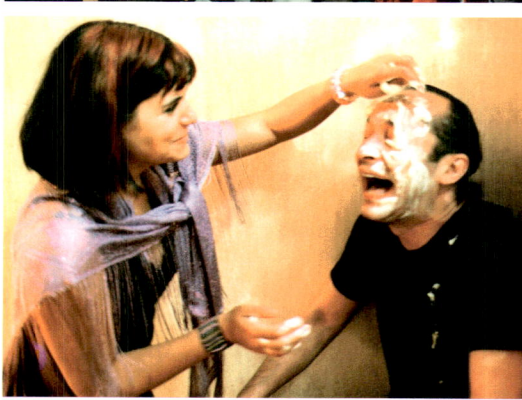

Buch: Joachim Friedmann ■ Regie: Wolfgang Frank ■ Kamera: Jürgen Kerp ■ Redaktion: Barbara Buhl

787 | Nur den Einen

31. DEZ 00

Erich und Marlene sorgen für den letzten Krach(er) des alten Jahres. Sie beginnen mit der Renovierung des ehemaligen Fahrradladens und wollen in unmittelbarer Nachbarschaft zu Helgas Geschäft ein zweites Reisebüro eröffnen. Das will Helga sich nicht so einfach gefallen lassen. ■ Erneut schüttet Iffi ihr Herz bei Maja aus. Iffi kann ohne Heiko nicht mehr leben. Maja nimmt dies zum Anlass, endgültig Schluss mit Heiko zu machen. Der sieht am Abend konsterniert, wie Maja sich an Alex heran wirft und nach Mitternacht sogar mit ihm im Haus Nr. 3 verschwindet. ■ Hilde, Frau Birkhahn und Rosi werfen sich zum Jahreswechsel schwer in Schale. Grund: Die drei Damen wollen im »Akropolis« eine muntere Gesangseinlage darbieten, um die Nachbarn fröhlich aufs neue Jahr einzustimmen. Ahmet Dagdelen verabschiedet sich abends offiziell aus der Lindenstraße.

Buch: Joachim Friedmann ■ Regie: Wolfgang Frank ■ Kamera: Jürgen Kerp ■ Redaktion: Barbara Buhl

788 | Käuflich

7. JAN 01

Andy will in einer Talkshow auftreten. George bietet 10.000 Mark, wenn er darauf verzichtet. Später beginnt Andy, nach dem Unfallfahrer des LKW zu fahnden. Hajo will ihm dabei helfen. Fragen wirft Andys Begegnung mit einer fremden Schönheit auf. Sie rät ihm dringend, die Finger von der ganzen Sache zu lassen. ■ Maja im Zwiespalt der Gefühle: Eigentlich will sie Heiko nicht mehr wiedersehen, aber durch die gemeinsame Arbeit im Theater lässt sich das nicht vermeiden. Schnell sind die Vorsätze dahin und erneut sinkt Maja in Heikos Arme. Der will nur abwarten, bis Iffi das Abitur geschafft hat und sie dann verlassen. ■ Momo wird wegen Totschlags zu zweieinhalb Jahren Haft verurteilt. Seine Anwältin Rosenbauer ist mit dem Urteil zufrieden. Gabi entdeckt verdächtige blaue Flecken auf Ines' Arm und erfährt, dass sie von ihrem Mann geschlagen wird.

Buch: Joachim Friedmann ■ Regie: Wolfgang Frank ■ Kamera: Jürgen Kerp ■ Redaktion: Barbara Buhl

789 | Angeschlagen

14. JAN 01

Hans und Anna wundern sich über ihre Älteste. Sarah täuscht offensichtlich eine Krankheit vor, weil sie ohne erkennbaren Grund nicht zur Schule gehen will. Später stellt sich heraus, dass Liebeskummer der Grund für ihre Pein ist. ■ Andy macht gemeinsam mit Hajo den Fahrer ausfindig, der den Atomtransporter gelenkt hatte. Der Fahrer empfiehlt den beiden dringend, auf weitere Recherchen zu verzichten. Andy hat sich unterdessen einen Computer für Internet-Recherche angeschafft. ■ Urszula ist am Boden zerstört: Ihr Vorhaben, im neuen »Astor«-Kinocenter den Friseursalon zu eröffnen, ist gescheitert. Ein anderer Geschäftsmann hat ihr den passenden Laden vor der Nase weggeschnappt. Als Tanja erfährt, dass Paolo der Konkurrent ist, stellt sie ihn zur Rede. Aus moralischen Gründen soll er auf seine Eisdiele verzichten und Urszula den Vortritt lassen.

Buch: Michael Meisheit ■ Regie: Herwig Fischer ■ Kamera: Kurt Mikler ■ Redaktion: Barbara Buhl

790 | Schwere Schritte

21. JAN 01

Hajo und Andy wollen den LKW-Fahrer ausführlich zur Rede stellen. Doch der Mann ist angeblich plötzlich bei einem Haushaltsunfall gestorben. Andy telefoniert später mit einem Magazin-Redakteur, der eine Geschichte über den Atomunfall schreiben will. ■ Paolo berichtet seinen Töchtern, dass er auf sein Eiscafé verzichten und das Ladenlokal der ahnungslosen Urszula überlassen wird. Marcella und Giovanna können nicht begreifen, dass Paolo so gutmütig ist. Hülsch überbringt Urszula die Nachricht, dass sie ins »Astor«-Center wechseln kann. Was sie nicht weiß: Paolo zahlt obendrein einen monatlichen Mietzuschuss. ■ Anna erfährt mit Erstaunen, dass ihre Tochter so ziemlich alles in Sachen Sex weiß. Errötend nimmt sie zur Kenntnis, dass Sarah auch regelmäßig die eindeutigen Geräusche aus dem elterlichen Schlafzimmer mitbekommt.

Buch: Michael Meisheit ■ Regie: Herwig Fischer ■ Kamera: Georg Schütte ■ Redaktion: Barbara Buhl

791 | Durcheinander

28. JAN 01

Heute übernimmt Carsten die Praxis. Wehmütig wird Dressler, als er seinem Stiefsohn seine alte Wirkungsstätte übergibt. Carsten dagegen lädt Freunde und Nachbarn zu einer Mottoparty in Mull ein. Wenig später kommt der erste Notfall: Felix ist bei einem Wettfahren mit Tom gestürzt. ■ Iffi ist sauer auf Heiko. Ihr Liebster geht mit dem Kindertheater auf Tournee. Als sie ihren Schatz auf Abwegen dann doch verabschieden will, macht Iffi eine schockierende Beobachtung: Heiko knutscht mit Maja. Iffi flüchtet nach Hause und zerstört Heikos Sachen. ■ Erich und Marlene eröffnen heute ihr Reisebüro. Die geladenen Gäste können sich jedoch nicht recht für die Angebote erwärmen. Grund dafür ist eine defekte Heizung. Für Marlene steht fest: Hinter dem Defekt steckt Helga. Deren Angebot zu einer grundsätzlichen Kooperation lehnt Marlene barsch ab.

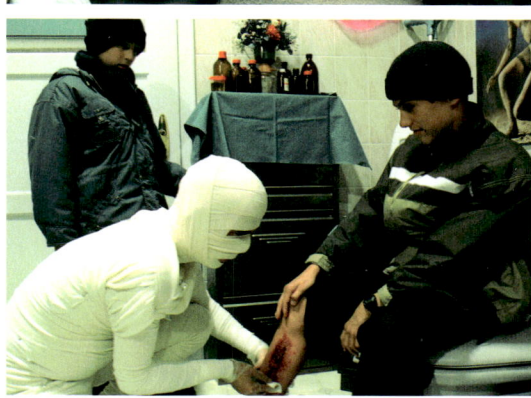

Buch: Michael Meisheit ■ Regie: Herwig Fischer ■ Kamera: Kurt Mikler ■ Redaktion: Barbara Buhl

792 | Bauernopfer

4. FEB 01

Ines, deren Ehe mit ihrem Mann Ingo zerrüttet ist, zieht ins Haus Nr. 3 ein. Trotzdem ist sie nicht allein: Ihr Neffe David wird bei ihr wohnen. ■ Schmerzlich erkennt Iffi, dass sie an der jüngsten Entwicklung nicht unschuldig ist. Mit ihrer Unlust und ihren Selbstzweifeln der letzten Monate hat sie Heiko geradezu in die Arme von Maja getrieben. Nun entdeckt der Rotschopf sein Kämpferherz wieder. Sie will Heiko zurück erobern – und das auf ihre ganz eigene Art. ■ Andy freut sich zu früh, dass eine Zeitschrift demnächst den Atom-Skandal aufdecken will. Der Reaktorbetreiber gibt bereits eine Pressekonferenz, in der das Ganze relativiert wird. ■ Im Reisebüro-Streit schließt Erich mit Helga ein Friedensabkommen – sehr zum Unwillen Marlenes. Die sucht weiterhin die Konfrontation. Wenig später fliegt ein Stein ins Schaufenster von »Erich-Reisen«.

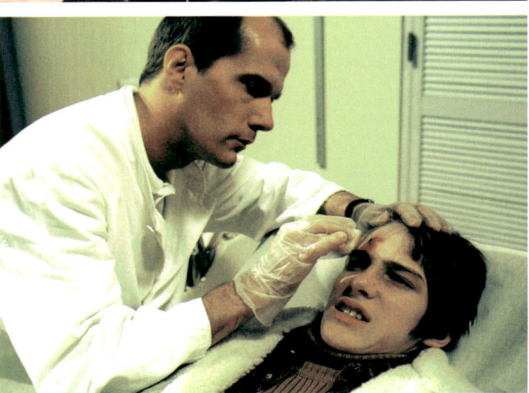

Buch: Michael Meisheit ■ Regie: Herwig Fischer ■ Kamera: Kurt Mikler ■ Redaktion: Barbara Buhl

793 | Verlieren

Iffis Freund Heiko kehrt von einer zweiwöchigen Theatertournee zurück. Iffi nimmt sich vor, sich zunächst nicht anmerken zu lassen, dass sie über Heikos Affäre mit Maja im Bilde ist. ■ Tanja und Dressler wollen ihre Trennung auch gerichtlich vollziehen. Streit gibt es um die Unterhaltszahlungen. Während Tanja jede finanzielle Zuwendung von Dressler ablehnt, will der Doktor seiner Frau angemessen unter die Arme greifen. Der Kompromiss: Tanja erhält keine laufenden Zahlungen, sondern das Haus auf Rhodos. Abends feiern Tanja und Dressler die Einigung im »Casarotti«. ■ Kampf der Reisebüros: Erichs Partnerin Marlene bietet Urlaubsreisen zu Dumpingpreisen an und versucht auf diese Weise, Helga aus dem Geschäft zu drängen. Abends steht Erich bei Helga vor der Tür und fragt, ob er wieder bei ihr arbeiten darf, wenn er Marlene den Laufpass gibt.

Buch: Michael Meisheit ■ Regie: Herwig Fischer ■ Kamera: Kurt Mikler ■ Redaktion: Barbara Buhl

794 | Kosmopolit

Heute soll der jüngste Sarikakis getauft werden. Um den letztendlichen Vornamen entbrennt erneut ein Streit zwischen Vasily und Panaiotis. Nach langem Hin und Her folgt der Kompromiss: Das Kind soll Panaiotis Nikos heißen. Taufpaten sind Hans Beimer und Dr. Dressler. ■ Helga macht sich auf den Weg nach Osten – genauer gesagt nach Dresden. Sie will Majas Rat befolgen und auf keinen Fall »glucken«. Als sie Klaus und Nina bei erotischen Fesselspielen überrascht, übersteht sie diese erste Bewährungsprobe souverän. ■ Sarah, die Älteste von Hans und Anna, soll heute auf ihren kleinen Bruder Martin aufpassen. Aber kaum sind die Eltern aus dem Haus, ruft Sarah einen Schulfreund an. Die beiden hören laut Musik und Sarah vergisst darüber ihre Pflichten als Babysitter. Als Anna und Hans nach Hause kommen, ist Martin anscheinend ins Fieberkoma gefallen.

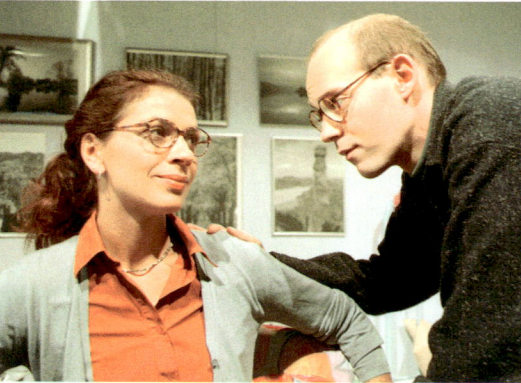

Buch: Michael Meisheit ■ Regie: Herwig Fischer ■ Kamera: Kurt Mikler ■ Redaktion: Barbara Buhl

795 | Das Herz

Heiko ahnt nicht, dass Iffi über seine Affäre mit Maja Bescheid weiß. Dennoch nimmt er ihre distanzierte Haltung wahr. Der geplante romantische Abend zu zweit fällt aus. Iffi hat Andy und Gabi zum Essen eingeladen. ■ Momo erhält im Gefängnis gleich zweifach Besuch: Erst kommt Iffi vorbei, dann sitzt ihm eine eher kühle Maria gegenüber. Trotzdem möchte Momo mit ihr intim werden und versucht vergeblich, den Aufseher zu bestechen. ■ Martin musste wegen einer Lungenentzündung ins Krankenhaus. Sein schwaches Herz wird durch die Krankheit schwer belastet. Deshalb rät der Arzt den Eltern dringend, die geplante Operation vorzuziehen. ■ Zum Fasching wollen sich Tom und Felix als Jedi-Ritter verkleiden. So machen sich die beiden »Krieger« auf die Suche nach fehlenden Utensilien – auch bei Felix' Mutter. Tom ist geschockt, wie schwach Leonie ist.

Buch: Michael Meisheit ■ Regie: Herwig Fischer ■ Kamera: Kurt Mikler ■ Redaktion: Barbara Buhl

796 | Der Talisman

4. MÄR 01

Hans und Anna zwischen Hoffen und Bangen: Martin, ihr jüngster Sohn, wird operiert. Der Kleine leidet an einem Herzfehler. Obwohl ein Notfall dazwischen kommt und die Zeit für den Eingriff immer knapper wird, kommt Martin noch unters Messer. Die Operation gelingt. ■ In der Dresdner WG macht sich Suzanne für ein Vorstellungsgespräch wegen ihrer Doktorarbeit schick. Weniger schick findet es Philipp, dass die ehemals so hoffnungsvolle Beziehung zu einem lauen Nebeneinander abgeflaut ist. ■ Die Unachtsamkeit eines Aufsehers nutzt Momo und flüchtet aus dem Gefängniskrankenhaus in die Lindenstraße. Kaum klingelt er bei Iffi, erscheint auch schon die Polizei. Momo kann entkommen und flieht in die Dresdener WG. Hier würde sich der flüchtige Straftäter aber unter den Augen von Nina und damit der Polizei verstecken. Eine Entscheidung muss her.

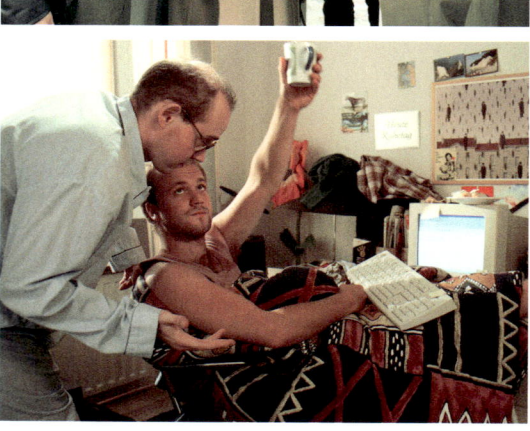

Buch: Michael Meisheit ■ Regie: Herwig Fischer ■ Kamera: Kurt Mikler ■ Redaktion: Barbara Buhl

797 Spannungen

Momo versteckt sich noch immer in der WG. Eigentlich müsste Nina den Flüchtigen anzeigen. Die meldet sich krank und kann dadurch in Ruhe mit Momo sprechen. Ninas Kollege Röber meint es allzu gut und besucht seine »Spitzmaus«. Um ein Haar entdeckt Röber dabei Momo. ■ Olaf bekommt Besuch von der Steuerfahndung. Ein Unbekannter hat Kling bei den Behörden angezeigt. Prompt stoßen die Fahnder auf Unregelmäßigkeiten und brummen Olaf eine saftige Strafe auf. Olaf vermutet Vasily oder Olli als Verräter. Olli aber hat andere Probleme. Sein Bewährungshelfer ist da und bringt ihn zur Räson. ■ Hilde ignoriert Bertas Anfeindungen und fordert ihre Schwiegertochter gar zu einem Wettkochen heraus. Berta findet das albern und beauftragt Hajo. Hilde wiederum lässt von Fausto kochen. Hilde und Hajo gehen später gemeinsam über die Ziellinie.

Buch: Irene Fischer ■ Regie: Herwig Fischer ■ Kamera: Kurt Mikler ■ Redaktion: Barbara Buhl

798 | Böse Überraschungen

Urszulas großer Tag: Heute eröffnet sie ihren Salon im »Astor«-Kinocenter. Gina fragt Paolo, warum statt der Eisdiele ein Salon aufmacht und will ihr Geld wieder haben. Die junge Franziska erregt Tanjas Aufmerksamkeit. ■ Nach wie vor hält sich Momo in der WG versteckt. Nun wartet er auf die Ankunft von Maria. In der Zwischenzeit bekommt die Polizei einen Tipp, wo der Flüchtige sich aufhält. Um ihren Kollegen zuvor zu kommen, handelt Nina: Sie fährt in die Wohnung und verhaftet Momo. Auf der Wache erklärt sie, Momo habe sich gestellt. Klaus ist sauer auf Nina. ■ Olli hat Mitleid mit seinem Chef. Seinetwegen muss Olaf einen Batzen Steuern nachzahlen. Um Olaf auf andere Gedanken zu bringen, überlegt sich Olli ein anregendes Präsent: Er schenkt Olaf einen Besuch bei einem Freudenmädchen. Vergebens: Olafs Manneskraft lässt noch zu wünschen übrig.

Buch: Irene Fischer ■ Regie: Herwig Fischer ■ Kamera: Kurt Mikler ■ Redaktion: Barbara Buhl

799 | Konfuzes Rache

Giovanna ist der Liebe im wahrsten Sinne des Wortes ins Netz gegangen. Via Internet hat sie Markus kennen gelernt, der derzeit in Kanada lebt. Heute aber ist der große Tag, an dem sich beide endlich gegenüberstehen. Allerdings findet Markus spontan mehr Gefallen an Marcella. Nachts fragt er sie, ob sie in sein Bett kommen will. ■ Gung hat seinen Job als Krankenpfleger verloren. Überall in der Lindenstraße erkundigt er sich nach Arbeit – ohne Erfolg. Bei Olli und Olaf erntet Gung obendrein Hohn und Spott. Dressler, der Gungs Arbeitsanfrage erst ablehnt, überlegt es sich anders. Wenn der Asiate will, kann er morgen früh anfangen. ■ Iffi ist wieder ganz die Alte. Sie hat sich das Rauchen abgewöhnt und stürzt sich mit Elan ins Abitur. Iffis Wandlung bleibt auch Heiko nicht verborgen. Im Gegenteil: Heiko ist von der neuen alten Iffi fasziniert.

Buch: Irene Fischer ■ Regie: Patrick Winczewski ■ Kamera: Kurt Mikler ■ Redaktion: Barbara Buhl

800 | Niemand liebt mich … | 1. APR 01

April, April: Gung hat die Uhr verstellt und Rosi macht sich viel zu früh zu ihrer Wanderung auf. Rosi jagt wenig später Else ins Bockshorn. Nur Helga ist nicht zu Späßen aufgelegt. Sie liegt mit Depressionen im Bett. Auf Bitten Majas und gegen den Protest Annas schaut später Hans bei Helga vorbei. Helga klagt ihm ihr Leid. ■ Valerie und Lisa locken Alex erst ins »Akropolis«, dann in eine Cocktailbar. Als er mit den beiden abends gut gelaunt zurück kehrt, fragt er sie, ob sie Lust auf ein Schäferstündchen zu dritt hätten. ■ Nachdem Gung seine Stelle bei den Maltesern verloren hat, ist er nun als persönlicher Assistent von Dr. Dressler angestellt. Dressler geht es vor allem um Gesellschaft. So will der Mediziner während des gemeinsamen Frühstücks alles über Gung wissen. Dressler fragt nach Gungs Geburtsort, seiner Familie und vielem mehr.

Buch: Hans W. Geißendörfer ■ Regie: Patrick Winczewski ■ Kamera: Kurt Mikler ■ Redaktion: Barbara Buhl

801 Die Stunde der Wahrheit

Felix besucht seine schwer kranke Mutter. Käthe ist derweil sauer auf Carsten. Seit dieser die ehemalige Praxis Dressler übernommen hat, fühlt sich Käthe vernachlässigt. Da trifft es sich gut, dass er auf der Straße einen alten Freund wiedertrifft. Mit dem lebenslustigen Ziggy landet Käthe im Bett – und wird von Carsten ertappt. ■ Schreck für Isolde: Im »Casarotti« tauchen dunkle Mafia-Gestalten aus Faustos Vergangenheit auf. Der windige Koch soll eine alte Schuld begleichen. Isolde hat die Nase endgültig voll und wirft ihren Koch hinaus. Der erklärt, dass er sie sowieso nie geliebt habe. ■ Im Hause Varese spielen sich wahre Eifersuchtsdramen ab. Auslöser ist Giovannas Internet-Liebe Markus. Der war eigentlich in die Lindenstraße gekommen, um Giovanna kennen zu lernen. Nun aber hat er sich Hals über Kopf in die hübsche Marcella verliebt.

Buch: Irene Fischer ■ Regie: Patrick Winczewski ■ Kamera: Kurt Mikler ■ Redaktion: Barbara Buhl

802 | Lebe wohl...

15. APR 01

Felix freut sich auf den Ostersonntag. Grund: Seine Mutter Leonie und seine Oma wollen ihn besuchen. Carsten ist nach einem heftigen Streit mit Käthe über Ostern in die Berge gefahren. Leonie genießt den Festtag – und entschläft plötzlich ganz friedlich im Sessel. ■ Gabi lädt die ganze Familie zu einem Osterspaziergang ein. Ohne dass sie etwas ahnt, unterläuft ihr dabei ein Fehler. Sie bittet auch Maja und die kleine Lea, den Familienausflug der Zenkers zu bereichern. Damit bringt sie Heiko und Iffi in eine peinliche Situation. ■ Marcella macht Ernst: Sie hat ihre Koffer gepackt und will mit ihrer neuen Liebe Markus nach Kanada gehen. Fausto möchte Marcella halten und lockt mit einem Collier – vergeblich. Giovanna verrät ihrem Vater, dass Marcella heimlich mit Fausto zusammen war. Wutentbrannt stellt Paolo im »Casarotti« Fausto zur Rede.

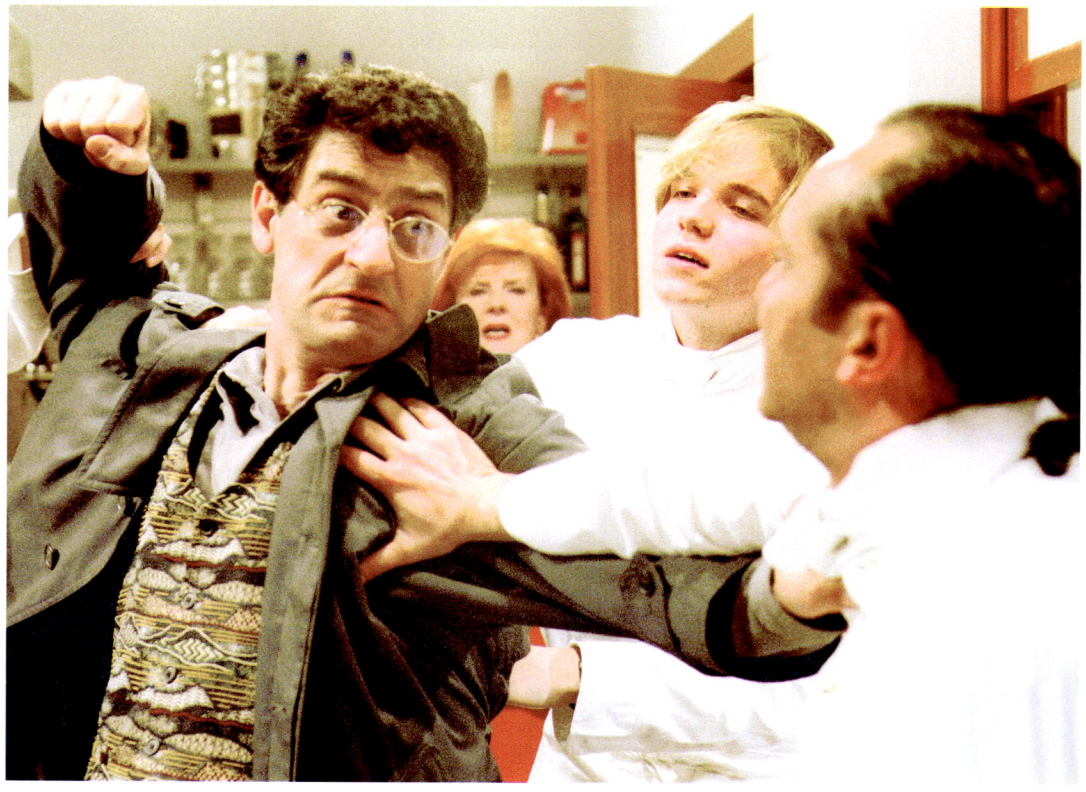

Buch: Irene Fischer ■ Regie: Patrick Winczewski ■ Kamera: Kurt Mikler ■ Redaktion: Barbara Buhl

803 | Zeit

Marlene steht unter Druck. Sie hat zu wenige Kunden, und die Bank will erneut Geld. Sie bringt Helga dazu, ihr Büro für einige Zeit zu verlassen. Derweil lässt Marlene die komplette Kundendatei kopieren, um sie für ihr eigenes Geschäft zu nutzen. ■ Schwerer Tag für Felix: Heute wird seine Mutter zu Grabe getragen. Später entdeckt er im Internet eine Seite zum Thema »Kinder mit HIV-Infektionen« und liest, dass diese Kinder keine lange Lebenserwartung haben. Frustriert reißt Felix seine Regenwaldplakate von den Wänden, nimmt seine Projektunterlagen und verbrennt den ganzen »Quatsch« in der Badewanne. ■ Bei Urszula und Tanja herrscht eitel Sonnenschein. Urszula freut sich über den regen Zulauf der Kundschaft. Tanja ist stolz, dass sie ihre erste Stammkundin hat – Franziska. Tanjas Interesse an der Frau ist jedoch nicht nur beruflicher Natur.

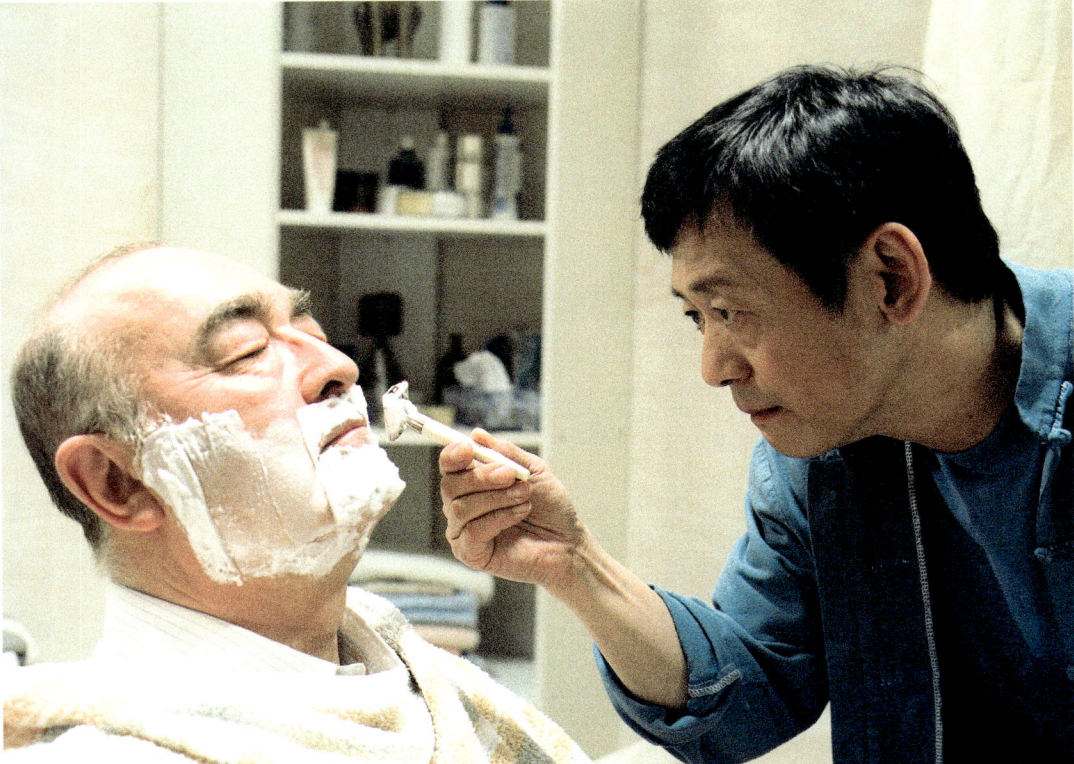

Buch: Hans W. Geißendörfer ■ Regie: Patrick Winczewski ■ Kamera: Matthias Skorupa ■ Redaktion: Barbara Buhl

804 | Ausbruch

Erich hat Marlene tatsächlich verlassen. Helga erstattet wegen der gestohlenen Kundendaten Anzeige gegen ihre Geschäftskonkurrentin. Als die Polizei kommt, hat Marlene ihr schriftliches Geständnis vorbereitet. Pat kommt nach München und tröstet nun Erich, der einsam und ohne Job in seinem Zimmer hockt.

■ Olaf lässt Marys Porträtfoto in ein pornografisches Bild montieren und das Ganze ins »Akropolis« bringen. Ausgerechnet Elena öffnet den Umschlag und ist entsetzt. Als Vasily das Foto sieht, eilt er zu Olaf und beginnt eine wüste Prügelei. Hans will dazwischen gehen, wird aber von Olafs Faust schwer getroffen.

■ Tanja freut sich an diesem Tag besonders auf den Feierabend. Grund: Sie ist mit der hübschen Franziska verabredet. Als die nach Ladenschluss im Salon erscheint, kommen sich die beiden während einer privaten Frisierstunde näher.

Buch: Hans W. Geißendörfer ■ Regie: Patrick Winczewski ■ Kamera: Matthias Skorupa ■ Redaktion: Barbara Buhl

805 Die Braut

Statt die Schulbank zu drücken, schwänzt Felix immer häufiger den Unterricht und verbringt seine Zeit auf einer Gokart-Bahn. Mit den 150.000 Mark aus der Lebensversicherung seiner Mutter will er nach Brasilien, weil es dort angeblich Mittel gegen Aids gibt. Als Carsten und Käthe erklären, dass er erst mit 18 über das Geld verfügen kann, flippt Felix aus. Bis dahin sei er wohl schon tot. ■ Dressler freut sich auf den Besuch von Frank. Der hat seine Freundin Melanie mitgebracht. Dressler ist von der attraktiven Frau sofort begeistert. Was Dressler nicht weiß: Frank und Melanie verbergen ein Geheimnis vor ihm. Denn Frank zahlt Melanie für ihre »Auftritte« beim Doktor. ■ Mary ist erleichtert. Vasily muss nach der Schlägerei mit Olaf lediglich mit einer Geldstrafe rechnen. ■ Freude auch bei Paolo: Gina erlässt ihm überraschend seine Schulden.

Buch: Hans W. Geißendörfer ■ Regie: Patrick Winczewski ■ Kamera: Matthias Skorupa ■ Redaktion: Barbara Buhl

806 | Pflichterfüllung

13. MAI
01

Helga überrascht Maja und Heiko, die sich küssend in den Armen liegen. Helga fordert, die Affäre mit Heiko sofort zu beenden. Doch Maja zeigt keine Einsicht. Nun droht Helga: Entweder sie beendet die Liaison oder Helga selbst will Iffi die Wahrheit sagen. ■ Nina ist mit Röber auf Streife unterwegs. Die beiden bemerken ein verdächtiges Fahrzeug und nehmen die Verfolgung auf. Bei der Jagd durch die Straßen Dresdens kommt es zu einem schrecklichen Unfall mit vier Toten. Nina ist mit den Nerven am Ende und beschließt, ihren Job an den Nagel zu hängen. ■ Frank hat Schulden und braucht dringend Geld. Er gaukelt seinem Vater vor, er wolle sich mit Melanie ein Haus kaufen. Dressler will dem Paar mit 20.000 Mark unter die Arme greifen. Frank aber braucht mehr Geld und erklärt Dressler, dass seine Freundin schwanger sei. Dressler erhöht die Finanzzusage.

Buch: Hans W. Geißendörfer ■ Regie: Patrick Winczewski ■ Kamera: Matthias Skorupa ■ Redaktion: Barbara Buhl

807 Extrawurst

20. MAI 01

Helga hat Maja erneut ultimativ aufgefordert, die Affäre mit Heiko zu beenden. Aber die Blondine denkt gar nicht daran. Im Gegenteil: Maja besichtigt sogar eine Wohnung und plant, dort mit Heiko und Lea eine kleine Familie zu gründen. Heiko torpediert die Pläne: Er macht Schluss mit Maja. ■ Nina fühlt sich verantwortlich für den Unfall der Vorwoche, obwohl ihr Kollege Röber am Steuer saß. Die junge Polizistin zieht Konsequenzen aus dem Vorfall und schreibt ihre Kündigung. Klaus versucht, sie umzustimmen. ■ Carsten und Käthe bekommen die Probleme mit Felix nicht in den Griff. Der Teenager kapselt sich total ab. Vor den Augen seiner perplexen Ziehväter packt Felix später seine sieben Sachen, um fortan auf der Gokartbahn zu wohnen. Felix' Großmutter bittet um Verständnis. Nach der Leidenszeit seiner Mutter müsse sich der Junge austoben.

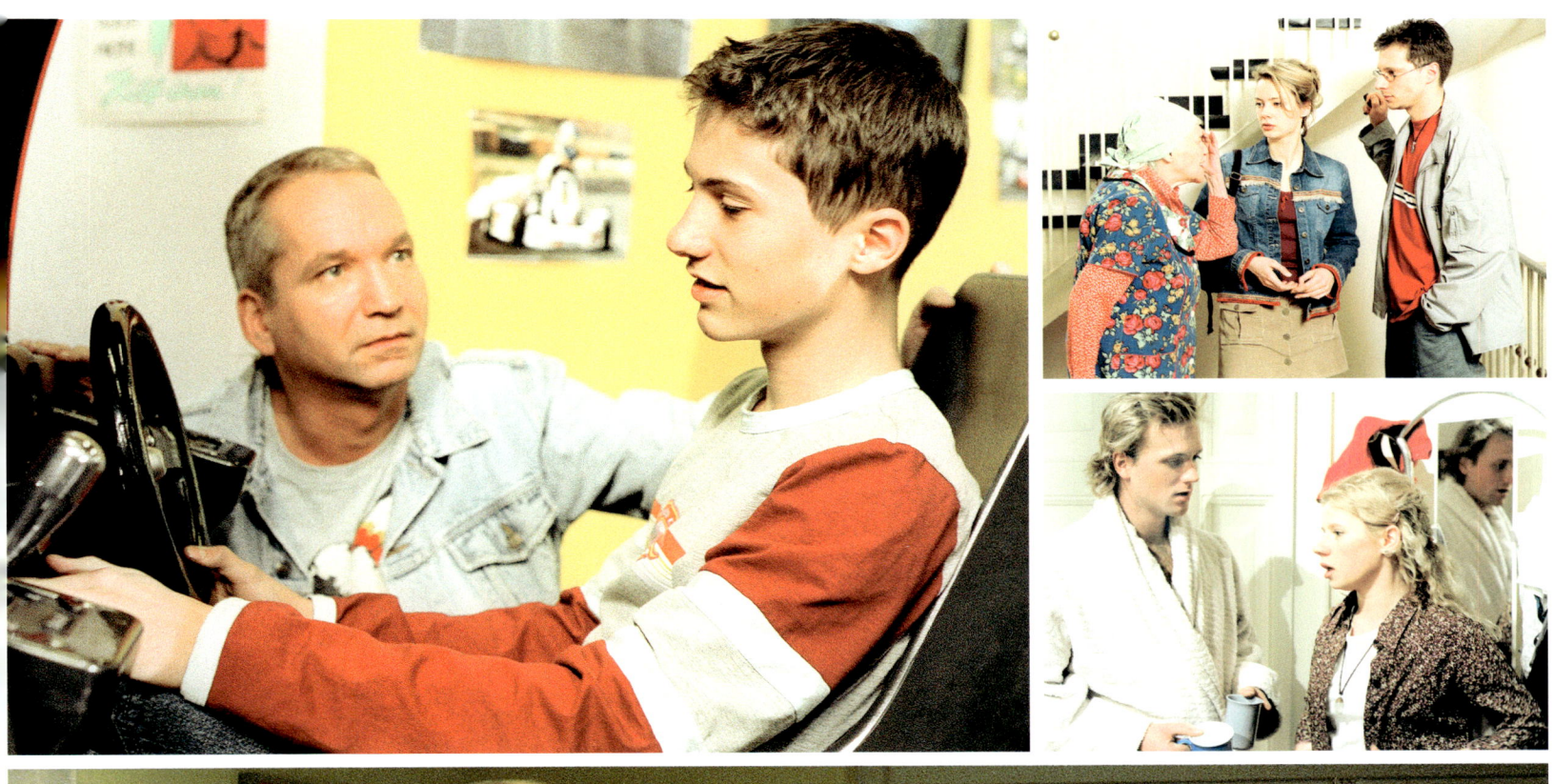

Buch: Irene Fischer ■ Regie: Dominikus Probst ■ Kamera: Kurt Mikler ■ Redaktion: Barbara Buhl

808 | Auf die Liebe

27. MAI 01

Nachdem sich Heiko von Maja getrennt hat, will die Iffi mit der Affäre konfrontieren. Iffi hat dafür nur ein müdes Lächeln übrig – schließlich weiß sie seit Wochen von der Liaison. Auf Gabis Geburtstagsfeier macht Maja dem sich windenden Heiko eine Szene. Iffi wirft daraufhin beide hinaus und setzt später Heiko endgültig vor die Tür. ■ Felix hat sich auf der Gokartbahn häuslich eingerichtet. An seinem Schlafplatz findet er ein junges, verwahrlostes Mädchen vor. Als Felix Näheres über sie erfahren will, reagiert das Mädchen mit wüsten Beschimpfungen. ■ Isolde kehrt gut erholt und voller Tatendrang aus einem längeren Urlaub zurück. Sie lädt Freunde und Nachbarn für den Abend ins »Casarotti« ein. Dort erklärt sie, dass sie das Restaurant – ein Traum, den sie sich mit ihrem verstorbenen Mann erfüllt hat – schließen wird. Fausto reagiert panisch.

Buch: Irene Fischer ■ Regie: Dominikus Probst ■ Kamera: Kurt Mikler ■ Redaktion: Barbara Buhl

809 | Kälteeinbruch

3. JUN 01

Heiko wohnt vorübergehend in der Frauen-WG von Tanja und Urszula. Iffi lehnt jeden Kontakt zu ihm ab. Dafür bedrängt ihn weiterhin die verzweifelte Maja. Als sie keinen Erfolg hat und erneut Schelte von Helga einstecken muss, macht sich Maja aus dem Staub und lässt Lea zurück. ■ Eigentlich müsste Nina heute wieder zum Dienst. Nach wie vor quälen die Polizistin aber schwere Gewissensbisse. Sie fühlt sich für den Tod von vier jugendlichen Rasern verantwortlich und will den Job quittieren. Als sie einem lebensmüden Ex-Kollegen helfen soll, reagiert sie sofort und zieht die Uniform an. ■ Isolde will einen Teil des »Casarotti«-Mobiliars an Krämer geben, der einen Charity-Laden aufmacht. Fausto dagegen kommt mit seinem Anwalt und verlangt eine höhere Abfindung sowie eine Gehaltsvorauszahlung. Isolde weigert sich: Lieber will sie das Geld spenden.

Buch: Irene Fischer ■ Regie: Dominikus Probst ■ Kamera: Kurt Mikler ■ Redaktion: Barbara Buhl

810 Glück im Unglück

10. JUN 01

Helga ist glücklich: Heute kommt endlich ihre Tochter zu Besuch. Allerdings hat sich Marion sichtlich verändert. Sie lebt in Indien und trägt sogar einen neuen Namen. Helga befürchtet, dass sich Marion einer Sekte angeschlossen hat. ■ Maja will das Ende der Beziehung mit Heiko noch immer nicht akzeptieren. Eine ganze Woche hat sie sich bei einer Freundin verkrochen, um Abstand zu gewinnen. Allerdings ohne Erfolg: Als die Blondine ihren Ex-Geliebten auf der Straße entdeckt, bekommt sie sofort wieder weiche Knie. Helga ist stocksauer über Majas Verhalten und wirft sie hinaus. ■ Nach Feierabend liefern sich Felix und Jack ein Rennen auf der Cartbahn. Als sich Jack bei einem Unfall verletzt und ins Krankenhaus muss, ruft Felix rasch Carsten zu Hilfe. Der verspricht, Jack nicht an die Behörden zu verraten. Felix will wieder zu Hause einziehen.

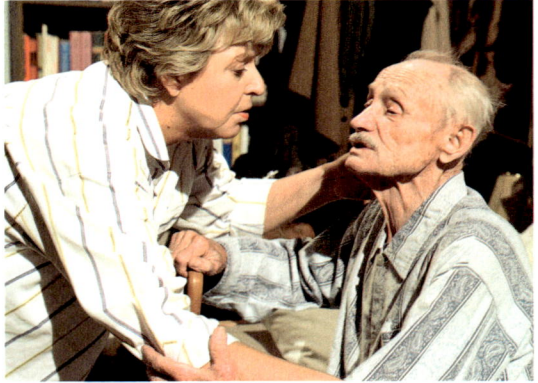

Buch: Irene Fischer ■ Regie: Dominikus Probst ■ Kamera: Kurt Mikler ■ Redaktion: Barbara Buhl

811 Ohne mich!

Helga kann sich mit dem Lebenswandel von Marion nicht recht anfreunden. Sphärische Klänge am Morgen und fernöstliche Meditationstechniken sind für Helga mehr als gewöhnungsbedürftig. Marion kümmert das nicht. Ganz im Gegenteil: Sie lädt sogar noch Glaubensbrüder- und schwestern in die mütterliche Wohnung ein. ■ Berta möchte Hajo zu einem Fronleichnamsausflug überreden. Doch Hajo hat mit Andy einen Anwalts-Termin. Es geht um eine Klage gegen die Atomfirma, die für Andys Strahlenunfall verantwortlich ist. Später wetten Hajo und Andy am Stammtisch, dass sie es bis Februar schaffen, 5.000 Haushalte zum Umstieg auf umweltfreundlichen Strom zu bewegen. ■ Erich und Marlene haben nach der Schließung ihres Reisebüros wieder mehr gemeinsam, als ihnen lieb ist. Beide hegen keine Zuneigung mehr füreinander, und beide sind restlos pleite.

Buch: Irene Fischer ■ Regie: Dominikus Probst ■ Kamera: Kurt Mikler ■ Redaktion: Barbara Buhl

812 | Donnerwetter

24. JUN 01

Felix ist bis zum Ende des Schuljahres freigestellt. Er besucht Jack, die seit dem Unfall im Krankenhaus liegt. Da sie kein Zuhause hat, fragt Felix seine Väter, ob Jack übergangsweise bei ihnen wohnen kann. Carsten und Käthe ziehen Hans zu Rat. Der weist auf ihre »Karriere« als Straßenkind hin. ■ Andy und Hajo rufen die Aktion »Ohne mich!« ins Leben. Sie wollen möglichst viele Menschen zum Umstieg auf alternative Energiequellen bewegen. Und die beiden stehen mächtig unter Spannung. Das gilt auch für Berta. Als Hilde überraschend Lisa einquartieren will, wirft sie beide hinaus. ■ Frank berichtet dem ahnungslosen Dressler, dass ihn Melanie verlassen und das Geld mitgenommen hat. Damit nicht genug: Melanies Schwangerschaft war nur vorgetäuscht. Damit zerplatzt Dresslers Traum vom Enkelkind. Dressler will seinen Sohn weiterhin unterstützen.

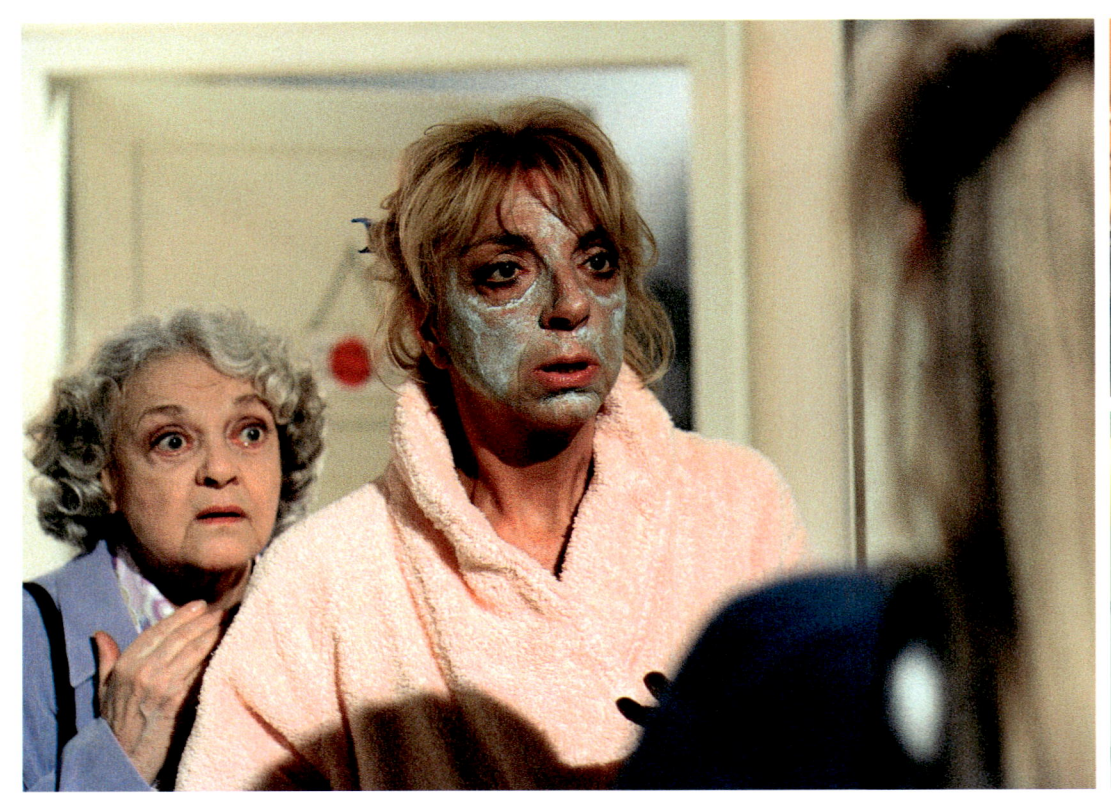

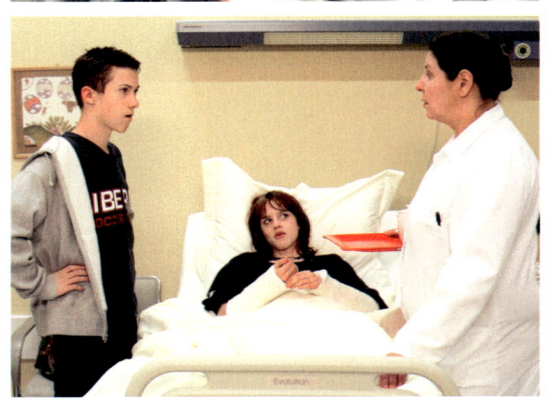

Buch: Irene Fischer ■ Regie: Dominikus Probst ■ Kamera: Kurt Mikler ■ Redaktion: Barbara Buhl

813 | Umzug

1. JUL 01

Hans und Anna haben die obdachlose Jack aufgenommen. Hans versucht zu verheimlichen, dass er im Jugendamt arbeitet. Jacks rauer Umgangston und ihr Verhalten provozieren rasch die gesamte Familie. ■ Krisenstimmung im Hause Griese-Scholz: Berta verlangt noch immer den Auszug von Hilde. Die profiliert sich unterdessen durch eine gute Tat: Sie gabelt Onkel Franz auf, der verwirrt durch München irrt. Hilde will sich in Zukunft um den alten Mann kümmern. Dann müsste sie allerdings in der Lindenstraße wohnen bleiben. ■ Helga macht sich Sorgen um Marion. Sie befürchtet, dass ihre Tochter in die Fänge einer obskuren Sekte geraten sein könnte und bestellt einen Sektenbeauftragten zum Gespräch. Als der Fachmann für Glaubensgemeinschaften an der Beimerschen Wohnungstür klingelt, läuft er jedoch der falschen Frau Beimer in die Arme – nämlich Marion.

Buch: Joachim Friedmann ■ Regie: Dominikus Probst ■ Kamera: Kurt Mikler ■ Redaktion: Barbara Buhl

814 | Gebrochene Herzen

Dressler ist stolz. Obwohl Frank von seiner Freundin betrogen wurde, geht er tapfer seiner Arbeit nach und restauriert eine Kirche – meint Dressler. In Wahrheit verbringt Frank seine Tage in einem Café und studiert Aktienkurse. ■ Tanja hat ein Date mit der hübschen Franziska und will sie bei der Gelegenheit bitten, am Abend zu einer Party mitzukommen. Vorher möchte Tanja heraus finden, ob Franziska auf Mädchen steht. Carstens Rat, es praktisch auszuprobieren, hilft nicht weiter. Immerhin sagt Franziska für die Party zu. ■ Iffi hat beschlossen, eine rauschende Abi-Party zu feiern. Alex unterstützt den Rotschopf bei den Vorbereitungen. Bewaffnet mit einem Strauß Blumen, möchte auch Heiko seine Hilfe anbieten – zunächst ohne Erfolg. Als er später ihre verflossene Liebe mit Marionetten nachspielt, schmilzt Iffi doch dahin und küsst Heiko.

Buch: Joachim Friedmann ■ Regie: Dominikus Probst ■ Kamera: Kurt Mikler ■ Redaktion: Barbara Buhl

815 | Seifenblasen

Im Hause Beimer-Ziegler geht es hoch her. Das liegt hauptsächlich am neuen »Familienmitglied« Jack. Das renitente Straßenkind terrorisiert seine Mitbewohner, wo es nur kann. Als die Lage einmal mehr eskaliert, stellt Anna ein Ultimatum: Sie wird mit den Kindern die Wohnung verlassen, wenn Jack bleibt. ■ Frank spekuliert auch mit Paolos Geld in Aktien, und zunächst scheint die Hoffnung auf schnellen Gewinn berechtigt. Dann verlässt Frank das Spekulantenglück. Er verliert die gesamte Barschaft. Gezeichnet vom finanziellen Ruin, kehrt Frank heim und verbarrikadiert sich in seinem Zimmer. ■ Tanja ist bis über beide Ohren in Franziska verliebt. Die fühlt sich von Tanjas Gefühlen und Aufmerksamkeiten jedoch überfordert. Unerwartet erhält Tanja auch noch Konkurrenz: Der fiese Olli hat ebenfalls ein Auge auf die hübsche Franziska geworfen.

Buch: Irene Fischer ■ Regie: Dominikus Probst ■ Kamera: Kurt Mikler ■ Redaktion: Barbara Buhl

816 | Lügner

22. JUL 01

Jack fasst langsam Vertrauen zu Hans. Da steht plötzlich Hans' Chef aus dem Jugendamt, Herr Hein, unangemeldet in der Türe. Der Schwindel, Hans arbeite in einem Hotel, fliegt auf. Die wütende und verstörte Jack flieht wieder dahin, wo sie herkommt: auf die Straße. ■ Alex geht im Reisebüro einem Zweitjob nach. Er organisiert Auftritte für Musikbands. Bislang ahnt seine Chefin Helga nicht, dass Alex ihr Geschäft zweckentfremdet. Das ändert sich, als Helga einen verräterischen Anruf entgegennimmt. ■ Schock für Dressler: Franks angeblich verschollene Freundin Melanie taucht bei ihm auf und erzählt die Wahrheit. Dressler muss erkennen, dass sein Sohn ein notorischer Börsen-Zocker ist und außer Schulden gar nichts mehr besitzt. Aber damit noch nicht genug: Unter dramatischen Umständen erfährt Dressler, dass Frank ihn auch noch bestohlen hat.

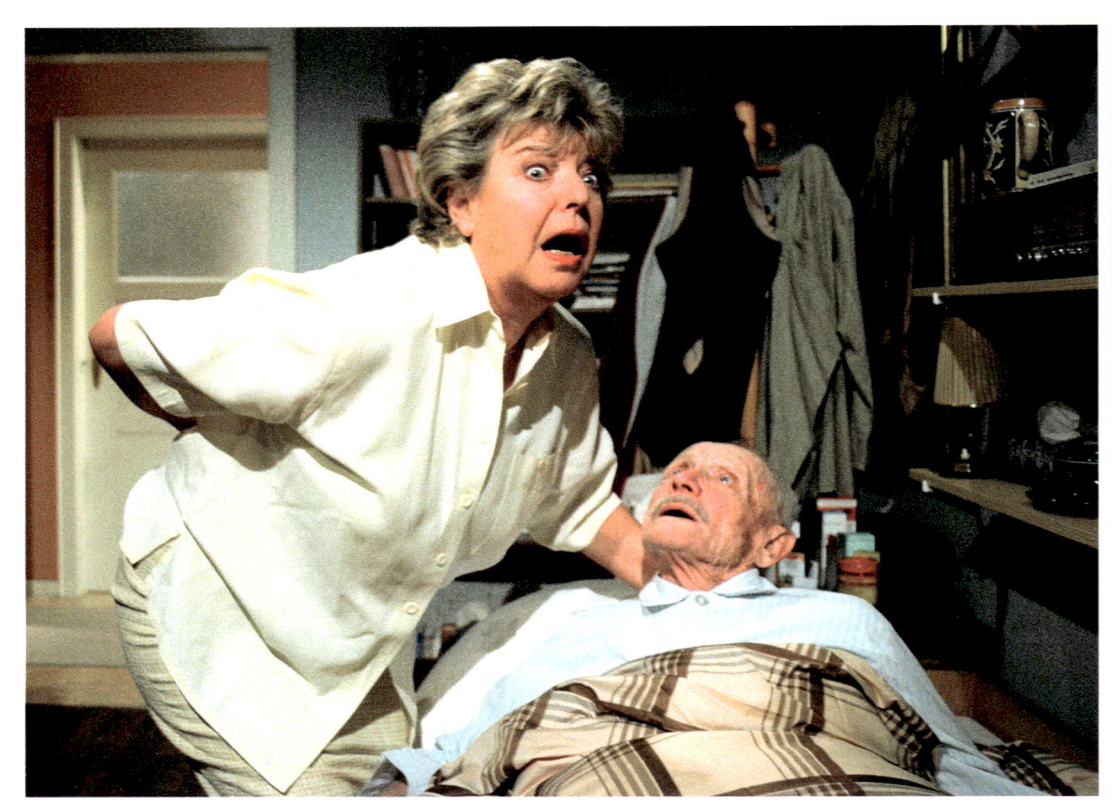

Buch: Joachim Friedmann ■ Regie: Dominikus Probst ■ Kamera: Kurt Mikler ■ Redaktion: Barbara Buhl

817 | Livemusik

29. JUL 01

Philipp fällt aus allen Wolken. Suzanne hat einen Schwangerschaftstest gemacht – und der ist positiv. Nachdem der werdende Vater die Nachricht verdaut hat, überlegen beide, wie es weitergehen soll. Suzanne bitte Philipp, weder Klaus noch Nina die Neuigkeit zu erzählen. ■ Eine Frauenband übernachtet im Reisebüro, und das »Akropolis« wird kurzfristig zur Konzerthalle umfunktioniert. Alex hat für die »Lemonbabies« einen Auftritt in München organisiert. Das Konzert wird ein voller Erfolg. ■ Frank muss sich auf Anweisung von Dressler bei Paolo und Vasily entschuldigen. Er beginnt eine Therapie. ■ Oskar Krämer renoviert in direkter Nachbarschaft zu Olafs »Aloisius Stub'n« seinen »Humanitas-Laden«. Beim Hantieren mit einer Stromleitung bekommt der Pensionär einen Stromschlag. Olaf eilt zur Hilfe und bringt den verletzten Oskar ins Krankenhaus.

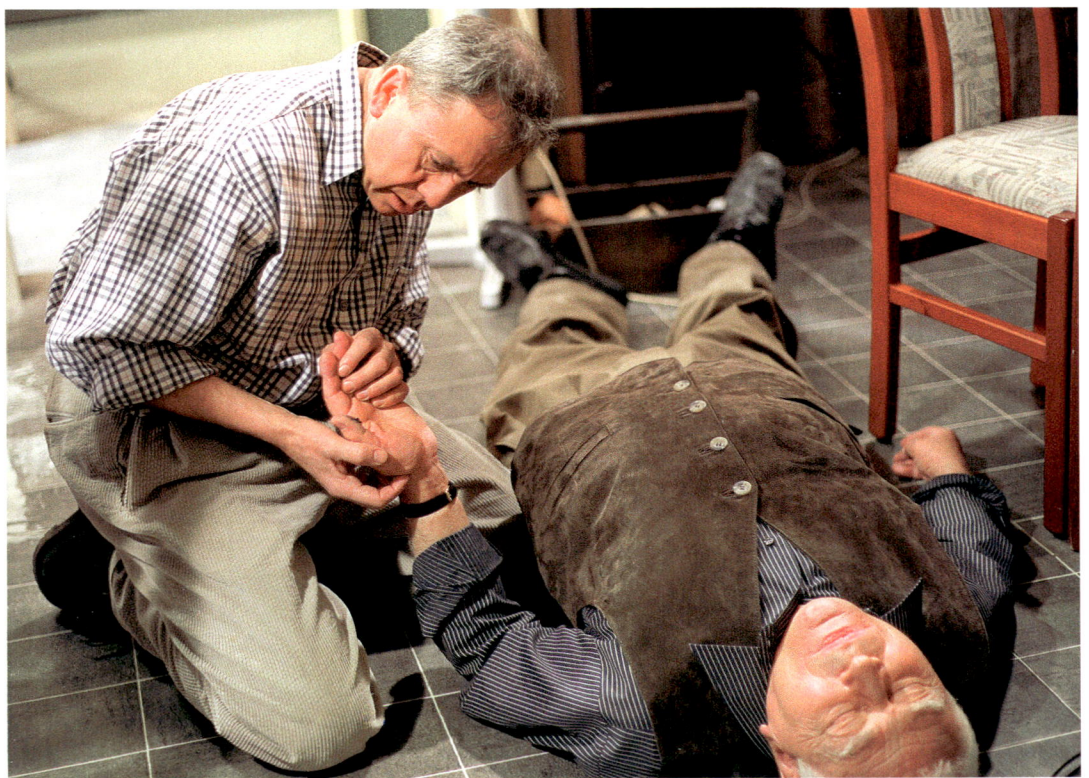

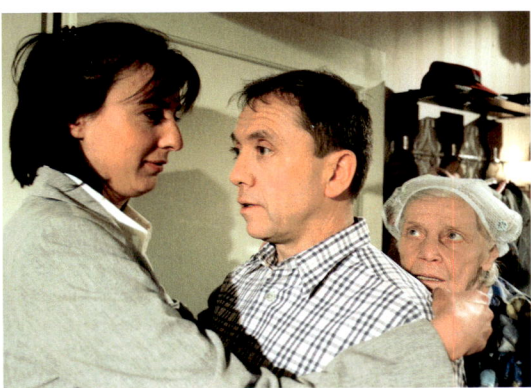

Buch: Joachim Friedmann ■ Regie: Dominikus Probst ■ Kamera: Kurt Mikler ■ Redaktion: Barbara Buhl

818 | Geburten

5. AUG 01

Glücksgefühle bei Olaf: Die attraktive Ines aus dem »Café Bayer« bedankt sich bei ihm dafür, dass er ihrem Vater das Leben gerettet hat. Sie lädt den Retter zum Abendessen ein. Olafs Freude ist groß, da er schon länger ein Auge auf Ines geworfen hat. Sein Spezi Olli bekommt indes Ärger mit seinem neuen Bewährungshelfer. ■ Helga ist genervt. Sie kann und will sich mit Marions neuem Lebenswandel einfach nicht abfinden. Als Helga dann noch unversehens in eine nicht genehmigte Meditationsveranstaltung in ihrem Wohnzimmer platzt, ist das Maß voll. Sie wirft die Glaubensbrüder hochkant raus. ■ Philipp versteht die Welt nicht mehr. Suzanne ist schwanger, will das Kind jedoch nicht. Sie denkt an eine Abtreibung, da sie sich ein Familienleben nicht vorstellen kann. Philipp kämpft um sein Kind und schlägt vor, es zur Not auch alleine groß zu ziehen.

Buch: Joachim Friedmann ■ Regie: Dominikus Probst ■ Kamera: Kurt Mikler ■ Redaktion: Barbara Buhl

819 | Versteh einer die Frauen

12. AUG 01

Streit zwischen Mutter und Tochter: Da Helga kein Verständnis für Marion entwickelt, will die wieder zurück nach Indien. Verzweifelt ruft Helga sogar Klaus zu Hilfe. Philipp sucht Abstand zu Suzanne und beschließt, Momo zu besuchen. Doch der will ein neues Leben beginnen und weigert sich, ihn zu sehen. ■ Olli weiß nicht wie ihm geschieht: Seine Traumfrau Franziska steht unerwartet in den »Aloisius Stub'n« und lädt ihn zum Abendessen ein. Was Olli nicht ahnt: Franziska braucht einen Strohmann, den sie ihrem Vater vorstellen kann. Der möchte gerne wissen, wo seine Tochter neuerdings die Nächte verbringt und lässt gleichzeitig jede Toleranz gegenüber homosexuellen Beziehungen vermissen. ■ Dressler wacht mit Argusaugen über seinen Sohn Frank. Der lässt endlich seine Spielsucht therapieren, arbeitet wieder und beginnt, seine Schulden abzuzahlen.

Buch: Hans W. Geißendörfer ■ Regie: Dominikus Probst ■ Kamera: Kurt Mikler ■ Redaktion: Barbara Buhl

820 | Ein türkischer Schuh

19. AUG 01

Felix hat den Sommer in Kiel verbracht und kehrt nun zurück. Sein erster Weg führt ihn zu Hans und Anna. Felix' Enttäuschung ist groß, als er hört, dass Jack schon seit längerer Zeit verschwunden ist. ■ Marcella teilt via Email mit, dass sie Kanada demnächst in Richtung Los Angeles verlassen will. Giovanna dagegen muss an einem Kochkurs mit Rosi und Frau Birkhahn teilnehmen. Paolo bekommt die Einrichtung für seine Eisdiele. Einziger Haken: Seit er seinen Laden Urszula überlassen hat, ist Paolo ein Geschäftsmann ohne Geschäft. Einzige Lösung: Er muss den Inhaber des Pelzladens vertreiben. ■ Suzanne liegt im Krankenhaus – wegen des Schwangerschaftsabbruchs. Auch wenn Philipp strikt gegen die Abtreibung ist, unterstützt er seine Freundin, so gut er kann. Als der Eingriff vorbei ist, kann der tapfere Philipp seine Tränen nicht mehr verbergen.

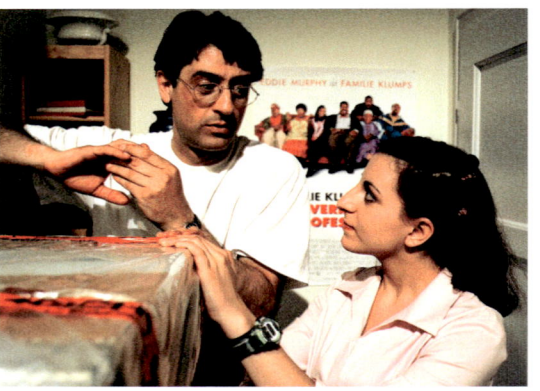

Buch: Hans W. Geißendörfer ■ Regie: Susanne Zanke ■ Kamera: Gerd Reichert ■ Redaktion: Barbara Buhl

821 | Singe, wem Gesang gegeben

26. AUG 01

Paolo will mit aller Gewalt den Pelzladen vertreiben. In einer Blitzaktion lässt er die Pelzwaren vor dem Schaufenster mit Kunstblut besudeln. Paolos Eifer stößt nicht bei allen Bewohnern auf Zustimmung. Dagegen will sich Franziska als Nacktmodell für ein Protestplakat gegen Pelz zur Verfügung stellen. ■ Überraschung für Hans: Die seit Wochen verschollene Jack steht plötzlich vor der Türe. Jack hat beschlossen, das Exil in der Lindenstraße in Zukunft dauerhaft in Anspruch zu nehmen, was Hans erleichtert zur Kenntnis nimmt. Und noch jemand freut sich über Jacks Rückkehr: Felix. ■ Alex organisiert erneut ein Konzert im »Akropolis«. Zugleich betätigt er sich als Talentsucher: Er meint, dass Mary eine fantastische Sängerin ist und bittet die Band, das Ganze zu testen. Noch ehe Mary sich versieht, steht sie mit den Musikern auf der Bühne.

Buch: Hans W. Geißendörfer ■ Regie: Susanne Zanke ■ Kamera: Kurt Mikler ■ Redaktion: Barbara Buhl

822 | Aufschrei

2. SEP 01

Hans hat sich im Jugendamt krank gemeldet, um sich Jack zu widmen. Er hat die Rechnung allerdings ohne seinen misstrauischen Chef gemacht: Während Hans einkauft, stattet Herr Hein einen Kontrollbesuch ab. Das Unheil nimmt seinen Lauf. Hein erhebt gegen Hans schwere Vorwürfe, woraufhin Jack die Nerven verliert und Hein in den Hals beißt. ■ Valerie hat sich in den feschen Alex aus dem Reisebüro verliebt. Der scheint aber mehr an ihrer Freundin Lisa interessiert zu sein. Lisa bemerkt, wie sehr ihre Freundin leidet. Sie fädelt mit Alex einen Deal ein: Der gibt sich heute einmal Valerie hin; dafür darf er später mit Lisa schlafen. ■ Isolde erringt einen wichtigen Sieg vor Gericht. Faustos Klage auf Abfindung nach der Schließung des »Casarotti« wird abgewiesen. Fausto gibt nicht auf. Er lauert Isolde zu Hause auf und droht, sie zu vernichten.

Buch: Hans W. Geißendörfer ■ Regie: Susanne Zanke ■ Kamera: Kurt Mikler ■ Redaktion: Barbara Buhl

823 | Aus freiem Willen

9. SEP 01

Schock für Isolde: Ihre gesamte Wohnungseinrichtung wurde zertrümmert. Fausto, den Isolde natürlich sofort verdächtigt, hat ein blitzsauberes Alibi. Berta bietet der verängstigten Isolde an, vorübergehend bei ihr einzuziehen. ■ Schlechte Kunde aus Indien: Marion liegt mit Typhus im Krankenhaus. Helga zögert keine Minute und bucht einen Flug in den fernen Osten, um Marion beizustehen. Alex soll während ihrer Abwesenheit das Reisebüro alleine führen und erhält Prokura. ■ Felix hat weiterhin null Bock auf Schule. Carsten platzt nun endgültig der Kragen. Er stellt den renitenten Teenager vor die Wahl: Entweder er nimmt sofort wieder am Unterricht teil, oder er hat die längste Zeit bei ihm und Käthe gewohnt. Jack will nach den Ereignissen der vergangenen Woche nach Italien abhauen. Hans will sich stattdessen um eine betreute Wohngruppe kümmern.

Buch: Hans W. Geißendörfer ■ Regie: Susanne Zanke ■ Kamera: Gerd Reichert ■ Redaktion: Barbara Buhl

824 | Die nackte Franziska

16. SEP 01

Schlechte Nachrichten aus Indien: Marion liegt noch immer mit Typhus im Krankenhaus. Helga berichtet zudem, dass Marion allergisch auf Penizillin reagiert. Krank vor Sorge entschließt sich Hans, ebenfalls nach Indien zu fliegen. ■ Paolo organisiert erneut eine Aktion gegen den Pelzladen. Tanjas neue Liebe Franziska hat sich nackt für ein Protestplakat fotografieren lassen. Das Konterfei der entblößten Franziska schmückt die Straße. Am Nachmittag schockt Paolo erneut mit nackten Tatsachen: Eine Gruppe unbekleideter Mädchen protestiert vor dem Pelzladen. Moser gibt auf. ■ Alex will bei Lisa die »Schuld« eines erotischen Arrangements eintreiben. Lisa hat sich bereit erklärt, Alex' Werben zu erhören, wenn dieser eine Liebesnacht mit Valerie verbringt. Alex hat seinen Teil der Vereinbarung erfüllt. Mehr noch: Er will Valerie alles erzählen.

Buch: Hans W. Geißendörfer ■ Regie: Susanne Zanke ■ Kamera: Kurt Mikler ■ Redaktion: Barbara Buhl

825 | Planeta

23. SEP 01

Valerie ist unsterblich in den feschen Alex verliebt. Der gibt aber vor, eine Freundin zu haben. Valerie vermutet, dass es Mary ist. ■ Gabi will Krämer bei seiner Buchhaltung helfen. Vorher bekommt er eine Rikscha geliefert – offensichtlich eine Alt-Last des Fahrradladens. ■ Carsten wundert sich über ein mysteriöses Videoband. Darauf ist zu sehen, wie er, Felix und Käthe das Haus verlassen. Daneben tauchen »Planeta«-Plakate in der Lindenstraße auf. Wenig später gibt sich der geheimnisvolle »Große Bruder« zu erkennen: Es ist Carstens Stiefschwester Beate, die als Internet- und Videokünstlerin arbeitet. ■ Heiko ist genervt von der Arbeit im Kindertheater, weil ihm dort ständig seine Ex-Affäre Maja über den Weg läuft. Heiko bittet Käthe, Maja zu entlassen. ■ Iffi besucht Momo im Gefängnis. Die beiden wollen einen Neuanfang als Freunde wagen.

Buch: Michael Meisheit ■ Regie: Susanne Zanke ■ Kamera: Kurt Mikler ■ Redaktion: Barbara Buhl

826 | Es wird kalt

30. SEP 01

Olli zieht es in den Süden. Sein Wohnmobil aber ist nicht mehr mobil. Der alte Hanomag muss repariert werden. Olli pumpt daher Olaf an. Als dieser brüsk ablehnt, schmeißt Olli seinen Job in den »Aloisius Stub'n« hin. Murat bietet Hilfe an. Ein Kumpel bei der Bundeswehr handelt illegal mit Hanomag-Teilen. ■ Da Isolde Angst vor weiteren Übergriffen ihres Ex-Geliebten Fausto hat, ist Berta bei ihrer Nachbarin eingezogen. Die Sorgen sind berechtigt: Fausto schickt einen Schläger in die Wohnung, der nun Berta statt Isolde verprügelt. Lisa findet die schwer verletzte Berta. ■ Großer Tag für Paolo: Nachdem er Herrn Moser samt Pelzen vertrieben hat, eröffnet er an gleicher Stelle sein Eiscafé. So arbeitet Paolo Tür an Tür mit seiner Ex-Geliebten Urszula. Die ist über die neue Nachbarschaft wenig erfreut und lehnt die Einladung zur Eröffnung ab.

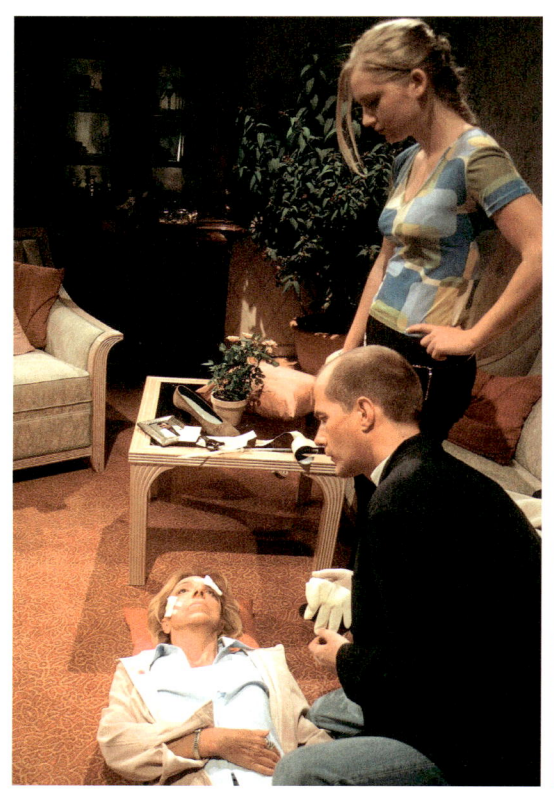

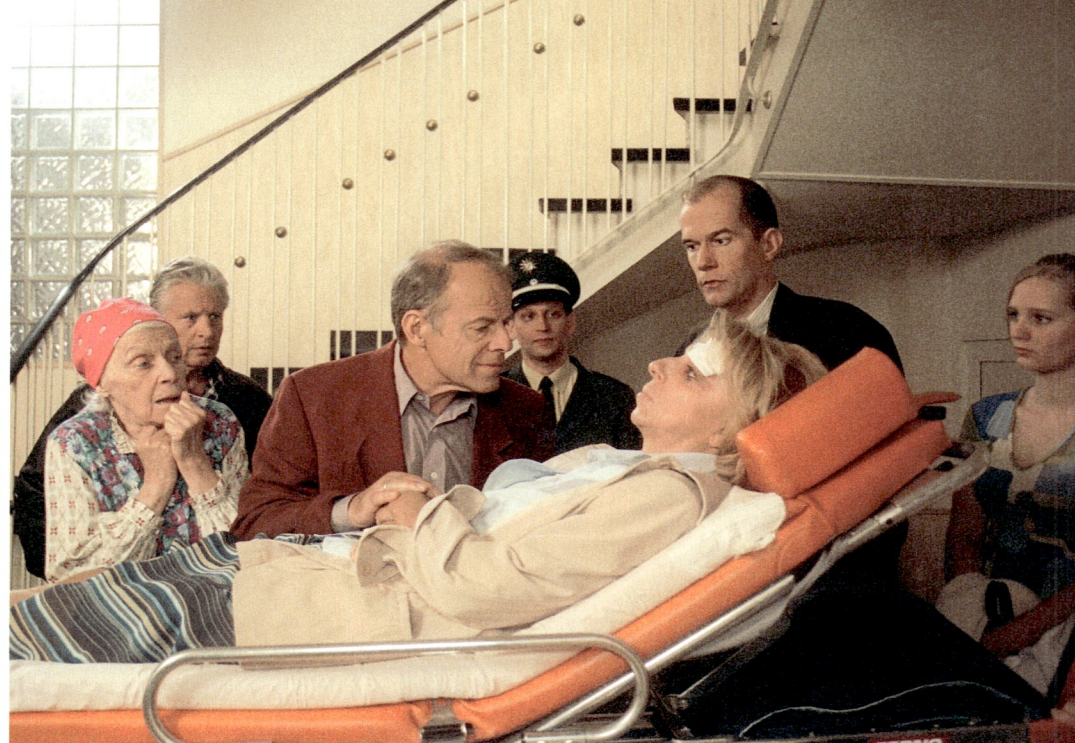

Buch: Michael Meisheit ■ Regie: Susanne Zanke ■ Kamera: Kurt Mikler ■ Redaktion: Barbara Buhl

827 | Orpheus und Eurydike

Hilde und Isolde bereiten die Rückkehr von Berta vor. Die lag nach dem Überfall eine Woche im Krankenhaus. Schlimmer als die äußerlichen Verletzungen sind für Berta die seelischen Wunden. Der Schock sitzt so tief, dass sie kaum das Haus betreten kann. Fausto hat für die Tatzeit ein Alibi. ■ Als Beate vor Jahren die Lindenstraße verließ, trennte sie sich im Streit von ihrer ehemals besten Freundin Urszula. Sie hatte in die Kasse des Friseursalons gegriffen. Nun versöhnen sich die beiden wieder. Käthe sorgt sich unterdessen um den Fortbestand des Kindertheaters. ■ Olli hat sich illegal Ersatzteile für seinen Hanomag besorgt. Gemeinsam mit Murat macht er sich an die Reparatur des Gefährts. Dabei unterhalten sich die beiden auch über dunkle Geschäfte. Ollis neuer Bewährungshelfer belauscht das Gespräch und versucht später, Olli zu erpressen.

Buch: Michael Meisheit ■ Regie: Susanne Zanke ■ Kamera: Kurt Mikler ■ Redaktion: Barbara Buhl

828 | Die Verwandlung

14. OKT 01

Olaf frühstückt neuerdings gerne im »Café Bayer«. Grund: Er hat ein Auge auf Ines geworfen. Olli quälen ganz andere Sorgen: Er wird von seinem Bewährungshelfer erpresst. Entweder Olli zahlt 5.000 Mark oder er wandert wieder in den Knast. Murat bietet als Problemlösung eine Pistole an. ■ Käthe ist frustriert: Die neue Aufführung im Kindertheater findet beim Publikum wenig Resonanz. Leider kommt er mit der Überarbeitung des Werks nicht weiter und sucht Trost bei Beate. Die konnte sich mit Urszula versöhnen und zieht sogar zu ihr und Tanja in die Frauenwohngemeinschaft. Felix will wieder zur Schule gehen. Iffi kellnert nun im »Akropolis«. ■ Alex hat tolle Neuigkeiten für Mary: Ein Musikproduzent will sie kennen lernen. Alex möchte Marys Manager werden und legt ihr einen Vertrag vor. Den will Vasily aber zunächst kritisch prüfen.

Buch: Michael Meisheit ■ Regie: Susanne Zanke ■ Kamera: Kurt Mikler ■ Redaktion: Barbara Buhl

829 | Weltweit

21. OKT 01

Irina feiert Geburtstag. Beate hat angeboten, das Fest für Irina auszurichten. Als Video- und Internetkünstlerin will sie die Geburtstagsfeier außerdem im Internet übertragen. ■ Helga kehrt aus Indien zurück. Marion geht es gesundheitlich wieder besser. So kann Helga zu Hause wieder nach dem Rechten sehen. Das ist auch nötig. Im Reisebüro läuft dank Alex zwar alles nach Wunsch, aber Onkel Franz entwickelt sich immer mehr zum Pflegefall. ■ Alex übernimmt das Management für Mary. Er verhandelt mit der Plattenfirma über den ersten Kontrakt. Überglücklich kehrt Mary mit ihrem Manager zurück ins »Akropolis«. Sie muss allerdings feststellen, dass ihre Pläne nicht nur auf Zustimmung stoßen. Vor allem Elena ist unzufrieden mit ihrer Schwiegertochter. ■ Olli und Murat spionieren den Supermarkt aus. Für den nächsten Donnerstag planen sie einen Überfall.

Buch: Michael Meisheit ■ Regie: Susanne Zanke ■ Kamera: Kurt Mikler ■ Redaktion: Barbara Buhl

830 | Rot

28. OKT
01

Olli und Murat überfallen den Supermarkt. Bei der Flucht über den Hinterhof werfen sie den Geldkoffer durch ein offen stehendes Fenster ausgerechnet in Elses Wohnung. Olaf öffnet den Koffer im Imbiss. Als die Farbpatrone explodiert, hat der Imbiss rote Wände und die beiden Kofferdiebe rote Flecken an Kleidung und im Gesicht. ■ Während Tanja und Urszula bei der Arbeit sind, installiert Beate heimlich Webcams in allen Zimmern der WG. Die kleinen Spione übertragen fortan alles, was in der Wohnung geschieht, ins Internet. Tanja und Urszula ahnen davon nichts. ■ Der Überfall auf Berta liegt einige Wochen zurück. Sie fühlt sich stark genug, wieder in den Alltag zurückzukehren. In der Praxis stellt sich jedoch schnell heraus, dass Berta verfrüht gehandelt hat. Als ein fremder, kräftiger Mann den Empfang betritt, packt Berta die nackte Angst.

Buch: Michael Meisheit ■ Regie: Susanne Zanke ■ Kamera: Kurt Mikler ■ Redaktion: Barbara Buhl

831 | Interna

Dank der heimlich angebrachten Webcams haben die ahnungslose Urszula und Tanja schon eine Fangemeinde im Netz. Damit es den Zuschauern nicht langweilig wird, inszeniert Beate spektakuläre Aktionen. So jagt sie heute ein lebendes Huhn durch die Wohnung. ■ Urszula ertastet im Bad einen Knoten in der Brust. ■ Iffi, Heiko und Nico machen Station in der Dresdner WG. Als Philipp sich für Suzannes Geschmack zu sehr um den kleinen Nico kümmert, macht sie ihm eine Szene. Nina erkennt, dass ein Freund von Klaus polizeilich gesucht wird. Sie bittet Klaus, den Kontakt sofort abzubrechen. ■ Nach dem missglückten Überfall hat Olli nach wie vor nicht das Geld, um seinen erpresserischen Bewährungshelfer auszuzahlen. Auf Anraten Murats dreht er den Spieß um und zeichnet das abendliche Übergabegespräch mit Beck auf Band auf. Damit ist nun Beck erpressbar.

Buch: Michael Meisheit ■ Regie: Susanne Zanke ■ Kamera: Kurt Mikler ■ Redaktion: Barbara Buhl

832 | Zur Geschäftsordnung

11. NOV 01

Oskar Krämer gründet heute seinen Verein, der als Träger des »Humanitas«-Ladens dienen soll. Durch diese Konstruktion kann Krämer gemeinnützig arbeiten und spart Steuern. ■ Giovanna findet nach eingehender Befragung heraus, dass David eine Schwäche für Lisa hat. ■ Schlechte Stimmung in der Dresdner Wohngemeinschaft. Weil Klaus seinem kriminellen Kumpel Mo einen Tipp gegeben hatte, war Ninas Polizeieinsatz erfolglos. Mo konnte entkommen. Philipp und Suzanne beschließen, den Dauerstreit um den Schwangerschaftsabbruch beizulegen. ■ Berta leidet immer noch an den Folgen des Überfalls in Isoldes Wohnung. Auch Dresslers Angebot, ihr zu helfen, bringt sie nicht weiter. Berta wird von extremen Angstzuständen gequält und kann deswegen nicht ihrer Arbeit in der Praxis Flöter nachgehen. Mehr noch: Auch in der Wohnung will sie nicht länger bleiben.

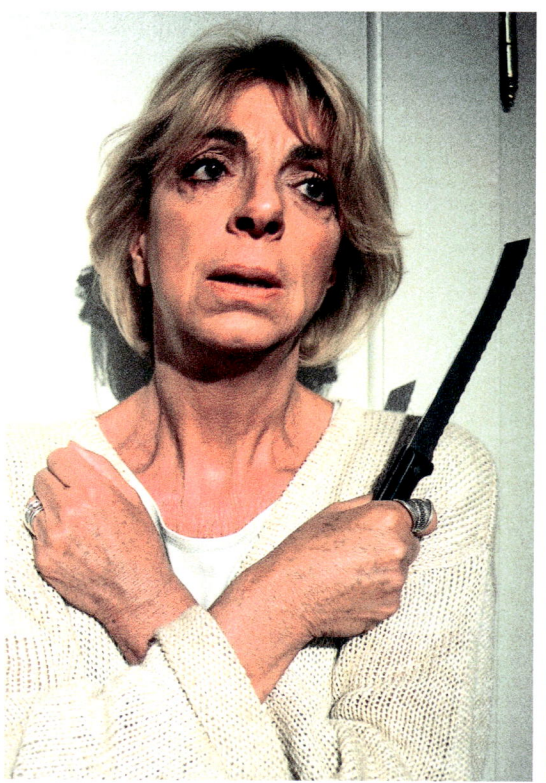

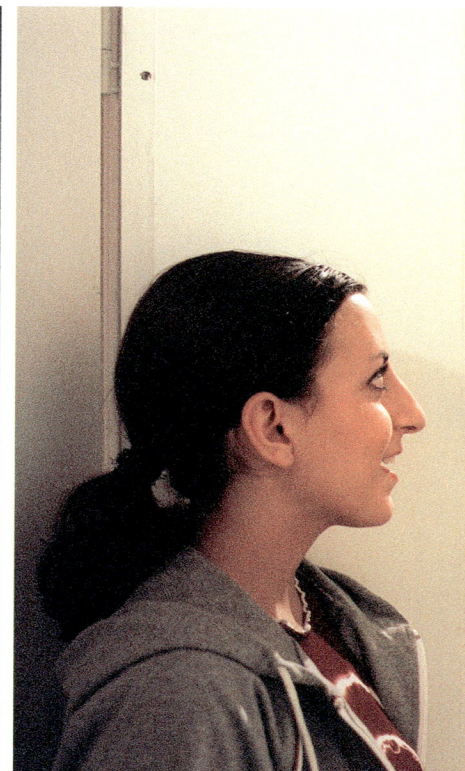

Buch: Michael Meisheit ■ Regie: Susanne Zanke ■ Kamera: Kurt Mikler ■ Redaktion: Barbara Buhl

833 Stumme Schreie

18. NOV 01

Urszula hat erneut einen verdächtigen Knoten ertastet. Beate und Tanja wollen sie überzeugen, sich von einem Spezialisten untersuchen zu lassen. Urszula verbittet sich aber jede Einmischung. Tanja holt Carsten zur Hilfe. Er soll als Freund und Arzt mit seiner ehemaligen Mitbewohnerin sprechen. ■ Berta wohnt seit einer Woche bei Nora Horowitz. Nach dem Überfall kann Berta das Haus in der Lindenstraße nicht mehr betreten. Hajo leidet sehr unter der Trennung von seinem »Rehlein« und erwägt, mit Berta umzuziehen. Immerhin nimmt Berta wieder die Arbeit auf. ■ Noch immer ist Nina sehr schlecht auf Klaus zu sprechen. Da naht Hilfe: In der von Mo geliehenen Kamera entdeckt Philipp brisantes Fotomaterial. Sofort leitet Klaus die Bilder an Nina weiter, und wenig später wird Mo verhaftet. Beim Versöhnungsessen finden Klaus und Nina wieder zueinander.

Buch: Irene Fischer ■ Regie: Claus Peter Witt ■ Kamera: Jürgen Kerp ■ Redaktion: Lucia Keuter

834 | Die Kündigung

25. NOV 01

Hans' Tage im Jugendamt scheinen gezählt. Er kann voraussichtlich eine betreute Wohngruppe leiten, die auch Jack ein neues Zuhause bieten würde. Hans überreicht Hein die Kündigung und sagt ihm gründlich die Meinung. Abends gesteht er Anna, dass er dabei auch die neue Arbeitsstelle namentlich erwähnt hat. Anna ist fassungslos: Hein hat doch seine Finger überall drin. ■ Ein großer Schritt für Berta: Zum ersten Mal seit dem Überfall geht sie allein durchs Treppenhaus. Sie will sich nicht länger von ihren Ängsten beherrschen lassen. Auch der Umzug hat sich erledigt. Berta bleibt in der Lindenstraße. Vor dem Schlafengehen erleidet sie aber erneut einen Weinkrampf. ■ Urszula unterzieht sich endlich einer ärztlichen Untersuchung. Der Professor rät ihr, die Ablagerungen in ihrer Brust operativ entfernen und das Gewebe anschließend untersuchen zu lassen.

Buch: Irene Fischer ■ Regie: Claus Peter Witt ■ Kamera: Jürgen Kerp ■ Redaktion: Lucia Keuter

835 | Schwarze Raben

2. DEZ 01

Anna macht sich Sorgen um Hans. Noch ist der Arbeitsvertrag nicht unterzeichnet. Hans meint, das sei reine Formsache. Doch dann folgt der Schock: Im letzten Moment erhält er eine Absage vom Vorstand. Hans eilt entrüstet zu Hein. Der gibt offen zu, Hans bei seinem neuen Arbeitgeber angeschwärzt zu haben. ■ Heiko hat ein phantastisches Jobangebot von einer Filmfirma erhalten. Die Sache hat nur einen Haken: Die Firma sitzt in Köln. Also müssten Iffi, Heiko und Nico von der Isar an den Rhein umsiedeln und sowohl Familie als auch Freunde zurücklassen. Eine schwere Entscheidung für alle. Heiko sagt Käthe derweil definitiv für weitere Theaterprojekte ab. ■ Olli will gen Süden fahren und sich vorher von Olaf und Murat verabschieden. Die aber ignorieren ihn. Um so größer ist die Freude, als die beiden abends zur Überraschungsparty für Olli laden.

Buch: Irene Fischer ■ Regie: Claus Peter Witt ■ Kamera: Jürgen Kerp ■ Redaktion: Lucia Keuter

836 Nikolausgeschenke

9. DEZ 01

Hans ist Opfer einer Intrige geworden. Sein ehemaliger Chef Hein hat dafür gesorgt, dass er den Posten als Leiter einer Wohngruppe nicht antreten kann. Jetzt ist er arbeitslos – und das in der Vorweihnachtszeit. Anna fordert Hans auf, nicht zu jammern, sondern aktiv einen Job zu suchen. ■ Dressler ist stolz auf Frank. Der arbeitet fleißig seine Schulden ab und lässt in einer Therapie seine Spielsucht behandeln. Mit Argusaugen wacht Dressler über seinen Sprössling und ist entsetzt, als Frank bei Krämer einen Tisch erwirbt – obwohl Isolde ein Vorkaufsrecht hatte. Kompromiss: Sie gibt Frank den Auftrag, den Tisch zu restaurieren. ■ Großer Tag für Mary: In Begleitung ihres Managers Alex geht sie in ein Studio und nimmt ihre erste CD auf. Das Ergebnis löst beim Produzenten wenig Begeisterung aus. Er will Marys Stimme ohne ihr Wissen doubeln lassen.

Buch: Irene Fischer ■ Regie: Claus Peter Witt ■ Kamera: Jürgen Kerp ■ Redaktion: Lucia Keuter

837 | Täuschungsmanöver

16. DEZ 01

Für eine Krebsuntersuchung werden Urszula Gewebeproben entnommen. Irina erzählt sie, einen Friseur-Lehrgang zu besuchen. Doch Irina kommt hinter den Täuschungsversuch und will sofort die Wahrheit wissen. ■ Marys Karriere als Sängerin nimmt Formen an. Für heute steht ein Fotoshooting auf dem Programm, und sie gibt erste Interviews. Sogar ein Videoclip soll gedreht werden. Was Mary allerdings nicht ahnt: Der Musikproduzent ist nicht vom Erfolg ihrer Stimme überzeugt und will sie durch eine andere ersetzen. Alex wagt es nicht, Mary die Wahrheit zu sagen. ■ Traurige Aussichten für Helga: Es sieht so aus, als sitze sie am Heiligen Abend allein unter dem Christbaum. Onkel Franz geht mit Hilde auf Reisen, Klaus besucht mit Nina deren kranken Vater, Maja und Lea sagen ihren Besuch ab, und auch Anna und Hans sind anderweitig eingeladen.

Buch: Irene Fischer ■ Regie: Claus Peter Witt ■ Kamera: Jürgen Kerp ■ Redaktion: Lucia Keuter

838 — Überraschungsgäste

23. DEZ 01

Klaus und Nina statten Helga einen Weihnachtsbesuch ab. Überraschend steht Klaus in der Beimer-Wohnung seinem Intimfeind Olli gegenüber. Helga hat ihn aus Mitleid über die Feiertage aufgenommen. Schlimm: Olli erzählt Nina von Klaus' rechter Vergangenheit. Die traut ihren Ohren nicht. ■ Franziska und Tanja nehmen ein Bad. Tanja berichtet von ihrem Verhältnis zu Sonia, und dass vermutlich Dressler hinter deren Ableben steckt. Beate hört via Webcam alles mit und stellt Carsten zur Rede. Der kann sich absolut nicht vorstellen, dass Dressler ein Mörder ist. ■ Nervös wartet Urszula im Friseursalon auf einen Anruf mit dem Befund ihrer Gewebeproben. Die Diagnose könnte Krebs lauten. Erfolglos versucht Tanja, ihre Freundin zu beruhigen. Dann endlich meldet sich die Klinik: Das Ergebnis ist negativ – und Urszula köpft erleichtert eine Flasche Sekt.

Buch: Irene Fischer ■ Regie: Claus Peter Witt ■ Kamera: Jürgen Kerp ■ Redaktion: Lucia Keuter

839 | Jahre später

30. DEZ 01

Olli muss die Beimer-Wohnung wieder verlassen und wohnt nun bei seinem Kumpel Murat. Mittlerweile hat er sich mit Klaus ausgesöhnt. Zwischen Helga, Anna und Hans kommt es zum Streit.
■ Wichtige Mission für Hajo: Fausto kommt heute in die Stadt, und Hajo will ihn wegen des Überfalls auf Berta zur Rechenschaft ziehen. Auch Isolde hat mit ihrem Ex-Koch noch ein Hühnchen zu rupfen und bezieht mit Hajo Posten vor Faustos Wohnung. Als die beiden noch überlegen, wie sie vorgehen wollen, kommt ihnen ein Dritter zuvor und nimmt sich Fausto zur Brust. Fausto gibt später alles zu: Dieser Schläger hatte auch Berta überfallen – in Faustos Auftrag. ■ Carsten stellt Nachforschungen im Fall Sonia an und macht eine erschreckende Entdeckung. Tanja gesteht, dass Dressler seinerzeit Sonia mit Morphium umgebracht hat. Carsten stellt daraufhin Dressler zur Rede.

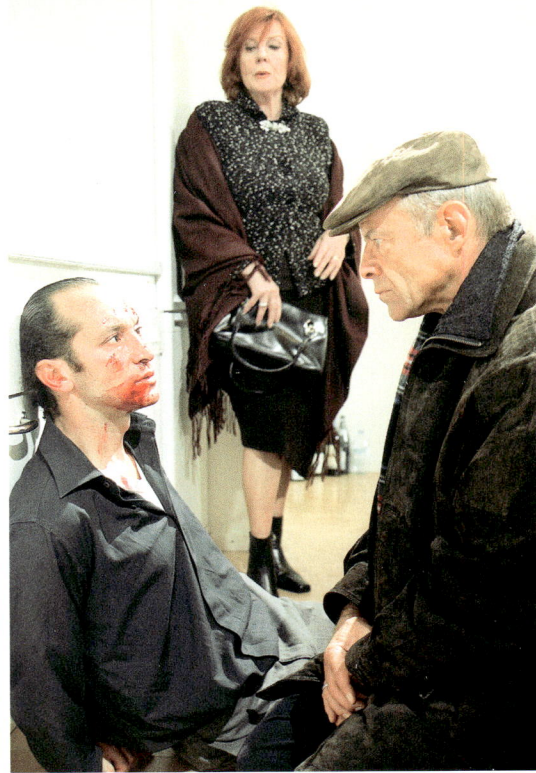

Buch: Michael Meisheit ■ Regie: Claus Peter Witt ■ Kamera: Jürgen Kerp ■ Redaktion: Lucia Keuter

840 | Safari

6. JAN 02

Carsten will Dressler wegen des Mordes an Sonia anzeigen. Als er davon Tanja berichtet, ist diese entsetzt. Wenn der Fall wieder aufgerollt wird, kommt auch ihr Mordplan mit Sonia ans Licht. Mit schlechtem Gewissen gesteht Beate später Tanja und Franziska, dass sie deren Gespräch in Sachen Sonia belauscht hatte. Tanja wirft daraufhin Beate aus der Wohnung. ■ Vasily möchte gerne ein zweites Kind von Mary. Die aber will sich auf ihre Karriere als Sängerin konzentrieren. Als Manager Alex auch noch erzählt, dass Mary bald auf Dauer in Sachen Musik unterwegs sein wird, platzt Vasily der Kragen. Er stellt Mary vor die Wahl: Familie oder Karriere? ■ Bei Recherchen über Neonazis in Dresden holt sich Klaus im wahrsten Sinne eine blutige Nase. Obendrein hat er einem Mädchen aus der rechten Szene seine Adresse gegeben – keine gute Idee, wie Nina meint.

Buch: Michael Meisheit ■ Regie: Claus Peter Witt ■ Kamera: Jürgen Kerp ■ Redaktion: Lucia Keuter

841 | Nutzlos

13. JAN 02

Rollentausch bei Hans und Anna: Vater Beimer ist nach wie vor arbeitslos, und seine Frau Anna bekommt einen Job als Erzieherin angeboten. Hans fällt es schwer, die neue Rolle als Hausmann zu akzeptieren. Zum Ausgleich eröffnet er mit seinen Stammtischbrüdern ein Fitnessstudio im Hobbykeller. ■ Mit einer großen Party wird heute Marys erste Single vorgestellt. Als die Musik erklingt, folgt jedoch der Schock: Mary merkt sofort, dass die Stimme auf der CD nicht ihre eigene ist. Enttäuscht und verletzt flüchtet Mary. Alex will sie überreden, den Betrug weiter zu decken und auf Tour zu gehen. ■ Trauriger Tag für die Familie Zenker: Iffi, Heiko und Nico sind auf familiärer Abschiedstournee durch die Lindenstraße, da sie von München nach Köln umziehen. Von Gabi und Andy bekommt Iffi ein Fotoalbum, damit sie ihre Familie in der Fremde nicht vergisst.

Buch: Michael Meisheit ■ Regie: Claus Peter Witt ■ Kamera: Jürgen Kerp ■ Redaktion: Lucia Keuter

842 | Exit

20. JAN 02

Carsten macht sich Gedanken über Felix und Jack. Er ist sich nicht sicher, ob das ehemalige Straßenkind der richtige Umgang für Felix ist. Käthe hat dagegen ganz andere Sorgen: Er will das Kindertheater schließen und wieder als Schauspieler arbeiten.

■ Die Dresdner WG erhält unerwarteten Besuch. Carmen heißt die junge Dame, die vor der Türe steht und Hilfe einfordert. Klaus hatte einen Artikel über die Neonaziszene in Dresden geschrieben. Da er Carmen im Gegensatz zu ihren »Kameraden« in einem positiven Licht dargestellt hat, gilt sie nun als Verräterin. Sie sucht in der WG Unterschlupf. Außer Klaus sind alle dagegen.

■ Ärger um Alex: Mary ist sauer, weil ihre Musikkarriere gefloppt ist. Der Musikproduzent pocht auf den Vertrag. Andernfalls muss Alex eine hohe Konventionalstrafe bezahlen. Nur Lisa spendet dem verhinderten Manager Trost.

Buch: Michael Meisheit ■ Regie: Claus Peter Witt ■ Kamera: Jürgen Kerp ■ Redaktion: Lucia Keuter

843 | Ein gutes Geschenk

27. JAN 02

Felix ist glücklich, als Jack ihm Konzertkarten schenkt. Als er fragt, woher sie das Geld dafür hat, gibt Jack bereitwillig Auskunft: Sie war auf dem Strich. Felix flippt aus und wirft Jack hinaus. Käthe beobachtet die Szene und rät Felix, ihr nachzueilen. Sonst ist Jack vielleicht für immer weg. ■ Die Dresdner Wohngemeinschaft beherbergt seit einer Woche einen Logiergast: die Nazisympathisantin Carmen. Ganz zum Verdruss von Philipp, der die ausländerfeindlichen Sprüche des Mädchens kaum erträgt. Nina versucht dagegen, ein Vertrauensverhältnis zu Carmen aufzubauen. ■ Aus Helgas Hansemann ist Annas Hausmann geworden. Hans kümmert sich nun um den Haushalt. Beim Sport mit den Stammtischbrüdern fällt Hans und Erich auf, dass sie nicht nur dieselbe Ex-Frau haben, sondern auch das gleiche Problem: in ihrem Alter noch einen Job zu finden.

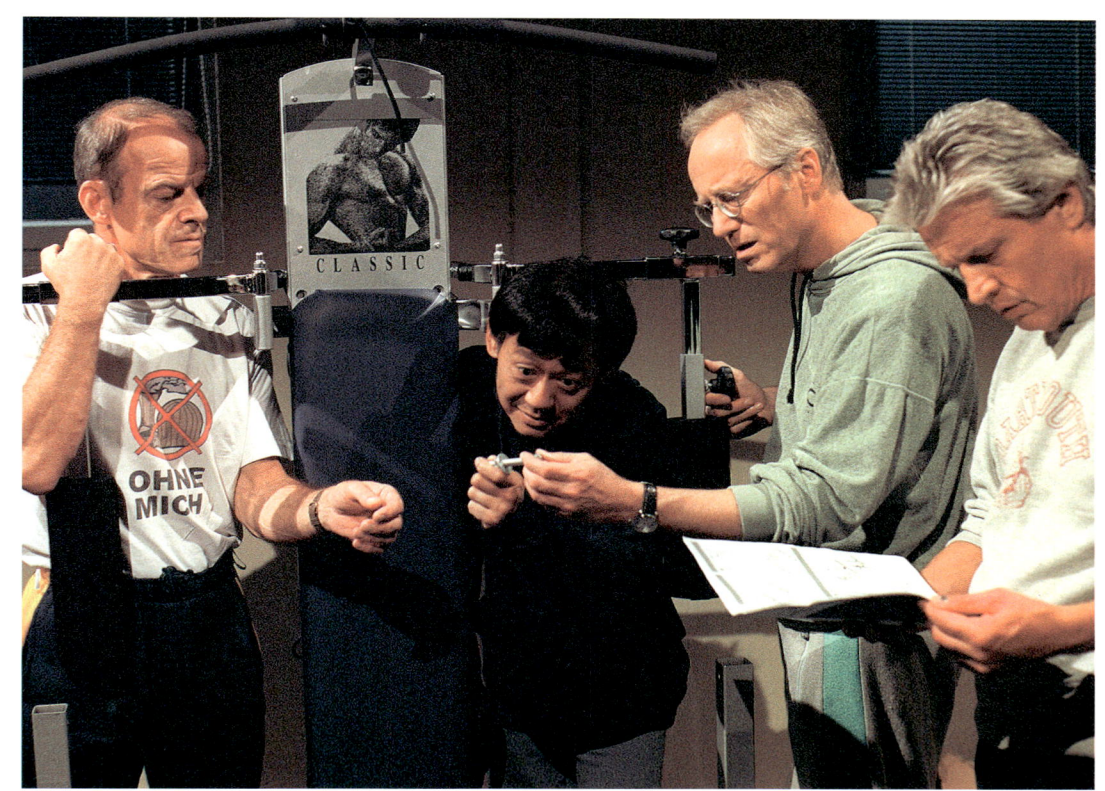

Buch: Michael Meisheit ■ Regie: Wolfgang Frank ■ Kamera: Jürgen Kerp ■ Redaktion: Lucia Keuter

844 | Rumba

3. FEB 02

Heute zeigt sich, ob Hajo und Andy ihre Wette gegen Erich und Hans gewinnen. Das Ergebnis kann sich sehen lassen: Laut Liste sind in sechs Monaten 5.212 Menschen von Atomstrom auf alternative Energien umgestiegen. Zur Belohnung müssen Erich und Hans mit Helga einen Tanz im Bastrock auf das Parkett des »Akropolis« legen. ■ Versöhnen kann so schön sein. Das wissen fortan auch Felix und Jack. Nach einem heftigen Streit in der vergangenen Woche begraben die beiden Teenager das Kriegsbeil. Und damit noch nicht genug: Bei einem Spaziergang im Park kommen sich Jack und Felix näher. ■ Die Dresdner WG startet ein Läuterungsprogramm. Klaus lädt einen farbigen Kommilitonen zum Frühstück ein, und Carmen erklärt tatsächlich, dass er ganz nett sei. Probleme tauchen am Abend in Gestalt von Carmens Ex-Freund auf: Er will Carmen abholen.

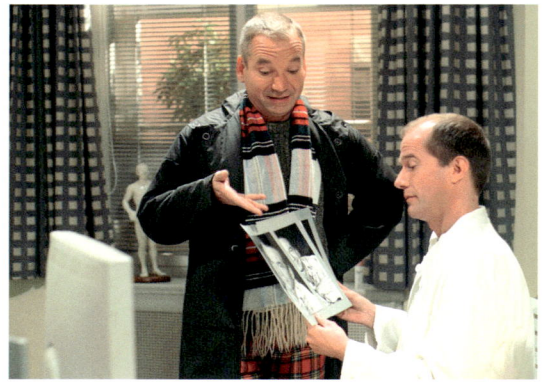

Buch: Michael Meisheit ■ Regie: Wolfgang Frank ■ Kamera: Jürgen Kerp ■ Redaktion: Lucia Keuter

845 | Geschenkte Gäule

10. FEB 02

Nach dem Skinhead-Angriff der vergangenen Woche ist Philipp samt einem blauen Auge zu Besuch in München. Vorübergehend hat er einen Platz in der Frauen-WG gefunden. Weil sein Bruder Momo Freigang aus dem Gefängnis hat, verbringen die beiden den Tag miteinander und schwelgen in Erinnerungen an bessere Zeiten. Philipp gesteht, dass er Carmen ganz nett findet. ■ Helga ist deprimiert und gibt sich selbst einen halben Tag Urlaub. Als sie ihren Briefkasten öffnet, findet sie einen anonymen Verehrerbrief. Helga hält das Schreiben jedoch für einen schlechten Scherz. ■ David versucht, mit neuem Outfit und Styling Eindruck auf Lisa zu machen. Das gelingt aber nicht, da ihm der fiese Olli dazwischen funkt. Später stoßen Olli und Murat beim Surfen im Internet auf Beates »Planeta«-Seite und erblicken Franziska und Tanja beim gemeinsamen Bad.

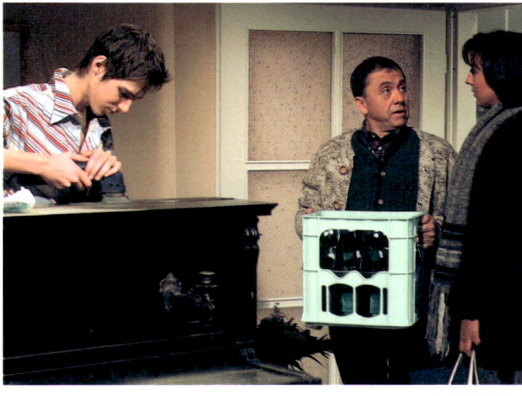

Buch: Michael Meisheit ■ Regie: Wolfgang Frank ■ Kamera: Jürgen Kerp ■ Redaktion: Lucia Keuter

846 | Das Tuch

17. FEB 02

Alex ist seit dem CD-Fiasko im Musikgeschäft erledigt. In seinem Leben gibt es zur Zeit nur einen Lichtblick: Lisa. Abends treffen sich die beiden zu einem romantischen Beisammensein, das im Bett endet. David wartet derweil vergeblich auf Lisa. ■ Helga hat erneut Liebespost von einem anonymen Verehrer erhalten. Lösch bringt einen großen Blumenstrauß vorbei und sorgt dennoch für Enttäuschung: Er ist nicht der geheimnisvolle Briefeschreiber. ■ In der Frauen-WG stehen die Zeichen auf Sturm. Olli will Tanja und Franziska mit einem Videoband erpressen, das die beiden beim Bad in der Wanne zeigt. Später entdecken Tanja, Franziska und Urszula die versteckten Internetkameras von Beate. Voller Wut zerstören sie den Computer und bringen Beates Hausrat ins Treppenhaus. Franziska überlegt, die Erpressung zu unterlaufen und ihrem Vater alles zu erzählen.

Buch: Michael Meisheit ■ Regie: Wolfgang Frank ■ Kamera: Jürgen Kerp ■ Redaktion: Lucia Keuter

847 | Chancen

24. FEB
02

Olli ist noch immer im Besitz des Videobandes, das Tanja und Franziska in verfänglichen Situationen zeigt. Der Versuch, die beiden zu erpressen, misslingt. Franziska gesteht ihrem Vater ihre Liebe zu Tanja. Brenner rauscht daraufhin wutentbrannt aus der Wohnung. ■ Abschiedsstimmung in der Dresdner WG: Carmen verlässt ihr Übergangsdomizil, da sie eine neue Bleibe gefunden hat. Gerade will sich Carmen von ihren neuen Freunden verabschieden, als eine Horde Nazis die Wohnung überfällt. Sie wollen sich an der »fahnenflüchtigen« Carmen rächen und zerstören die gesamte Einrichtung. ■ Ein Bayer auf Freiersfüßen: Olaf nimmt all seinen Mut zusammen und bittet die reizende Ines aus dem »Café Bayer« um ein Rendezvous. Die willigt ein, was ihrer Chefin Gabi gar nicht gefällt. Beim romantischen Candlelight-Dinner kommen sich Ines und Olaf näher.

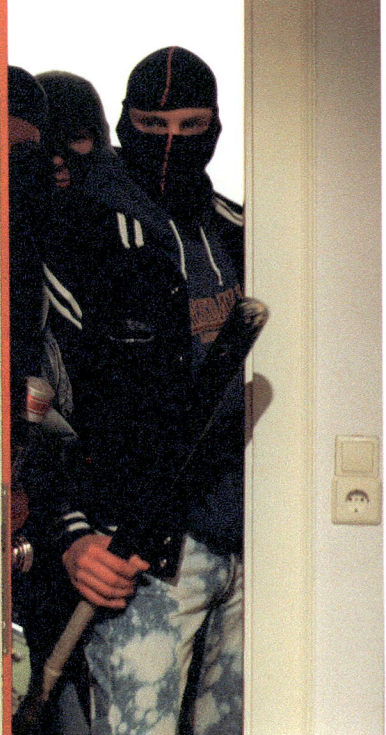

Buch: Michael Meisheit ■ Regie: Wolfgang Frank ■ Kamera: Jürgen Kerp ■ Redaktion: Lucia Keuter

848 | Das Tagebuch

3. MÄR 02

Hans hat eine Stelle in einem Internat in Aussicht. Telefonisch erkundigt er sich nach seinen Chancen und erfährt, dass der Job an einen jüngeren Mitbewerber vergeben wurde. Immerhin gibt es auch künftig einen Hauptverdiener: Anna hat sich für den Job in Oberstaufen entschieden. ■ Frank möchte sich als Restaurator für antike Möbel selbstständig machen. Dressler ist skeptisch. Er meint, es sei zu früh für solche Pläne. Frank solle sich ganz auf seine Therapie konzentrieren. Als Frank später Isolde vor dem teuren Fehlkauf einer Laute bewahrt, muss auch Dressler gestehen, dass sein Sohn zu etwas nütze ist. ■ Olaf macht bei der Eroberung von Ines Fortschritte. Zwar hat er seine Angebetete eine Woche nicht gesehen, aber für den Abend ist ein Rendezvous angesagt. Als Ines ihren Kavalier später in ihre Wohnung einlädt, lehnt Olaf aber höflich ab.

Buch: Hans W. Geißendörfer ■ Regie: Wolfgang Frank ■ Kamera: Jürgen Kerp ■ Redaktion: Lucia Keuter

849 | Augenblicke

10. MÄR 02

Helga platzt vor Neugier: Seit einigen Wochen erhält sie per Post anonyme Liebesbotschaften. Helga fragt sich, wer der unbekannte »Mister X« ist, der so wortgewandt um ihre Gunst buhlt. Es gibt nur einen Hinweis: Der Verehrer will Helga im »Akropolis« beobachtet haben. ■ Anna packt. Aber nicht, weil sie Hans verlassen will – nein, sie muss. Sie tritt ihre neue Stelle in Oberstaufen an, wo sie vier Tage in der Woche arbeitet. Hausmann Hans muss sich derweil mit den Streitigkeiten seiner pubertierenden Töchter auseinander setzen. ■ Zwischen Dressler und Frank kommt es erneut zum Zwist. Stein des Anstoßes ist Franks Plan, sich als Geschäftsmann selbstständig zu machen. Dabei würde Isolde alte Möbelstücke ankaufen, die nach der Restaurierung durch Frank von Isolde veräußert würden. Frank zögert, gegen Dresslers Willen in das Geschäft einzusteigen.

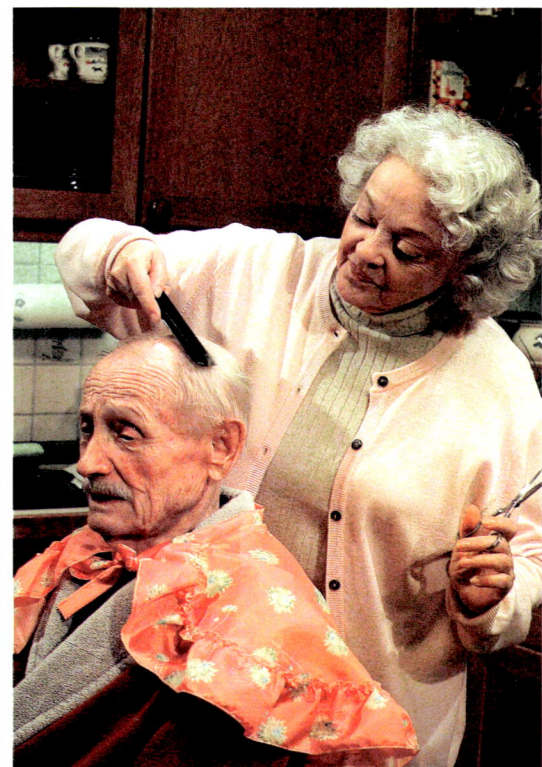

Buch: Hans W. Geißendörfer ■ Regie: Wolfgang Frank ■ Kamera: Jürgen Kerp ■ Redaktion: Lucia Keuter

850 | Andere Umstände

17. MÄR 02

Nach dem Streit mit seinem Vater handelt Frank nun auf eigene Faust. Im Hinterhof von Haus Nr. 3 richtet er sich eine kleine Werkstatt ein. Isolde hat Frank das Startkapital für das Geschäft vorgeschossen. Als Dressler von der Kooperation erfährt, fühlt er sich hintergangen. Es kommt zum Eklat, und Frank zieht bei Dressler aus. ■ Lisa ist entsetzt: Nach der bislang einzigen Liebesnacht mit Alex ist sie schwanger. Am Abend eilt Lisa zu Alex, um ihm die Neuigkeit mitzuteilen. Aber der überrumpelt Lisa mit einem schockierenden Geständnis: Er hat bereits ein Kind; die Mutter hat er seinerzeit verlassen. ■ Enttäuschung bei Helga: Als sie den Briefkasten öffnet, fehlt der fast schon obligatorische Verehrerbrief. Glücklicherweise hat sich ein anonymer Liebesbrief in die Geschäftspost des Reisebüros verirrt. Helga hat Oskar Krämer in Verdacht.

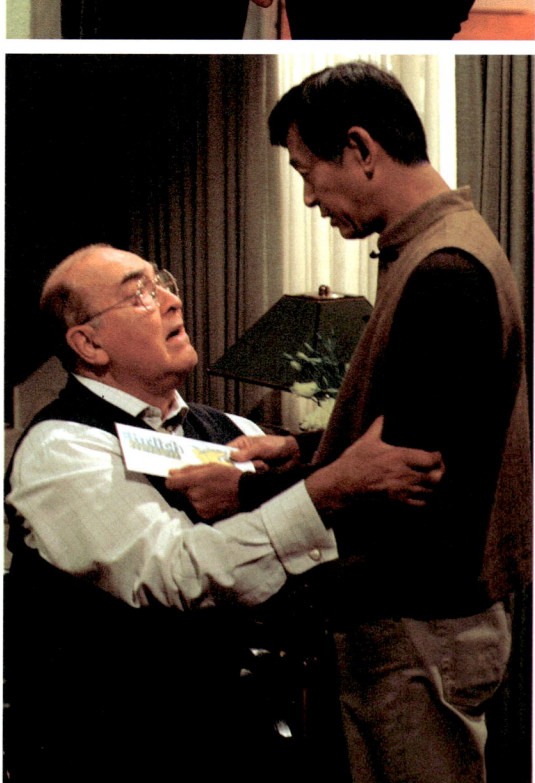

Buch: Joachim Friedmann ■ Regie: Wolfgang Frank ■ Kamera: Jürgen Kerp ■ Redaktion: Lucia Keuter

851 | Frühlingsgefühle

24. MÄR 02

Als Valerie zufällig ein Ultraschallbild von Lisas ungeborenem Kind findet, kommt diese in Erklärungsnot. Lisa gibt ihre Schwangerschaft zu, weicht beim Thema Vaterschaft aber aus. Alex wird mit keiner Silbe erwähnt. ■ Seit ihr Vater sie vor die Tür gesetzt hat, wohnt Franziska bei ihrer Freundin Tanja in der Frauen-WG. Das Zusammenleben gestaltet sich aber schwierig, da Franzi sich nicht so recht an ihre häuslichen Pflichten gewöhnen mag. Später kommt ihr Vater vorbei. Er will Franziska alle Freiheiten geben, wenn sie wieder nach Hause zurückkehrt. ■ Ines will es jetzt wissen. Sie lädt Olaf zu einem romantischen Abend in ihre Wohnung ein. David ist nicht daheim und somit ist alles für ein Schäferstündchen gerichtet. Die geplante Liebesnacht nimmt aber einen unbefriedigenden Verlauf: Olaf versagt im Bett und macht sich enttäuscht von dannen.

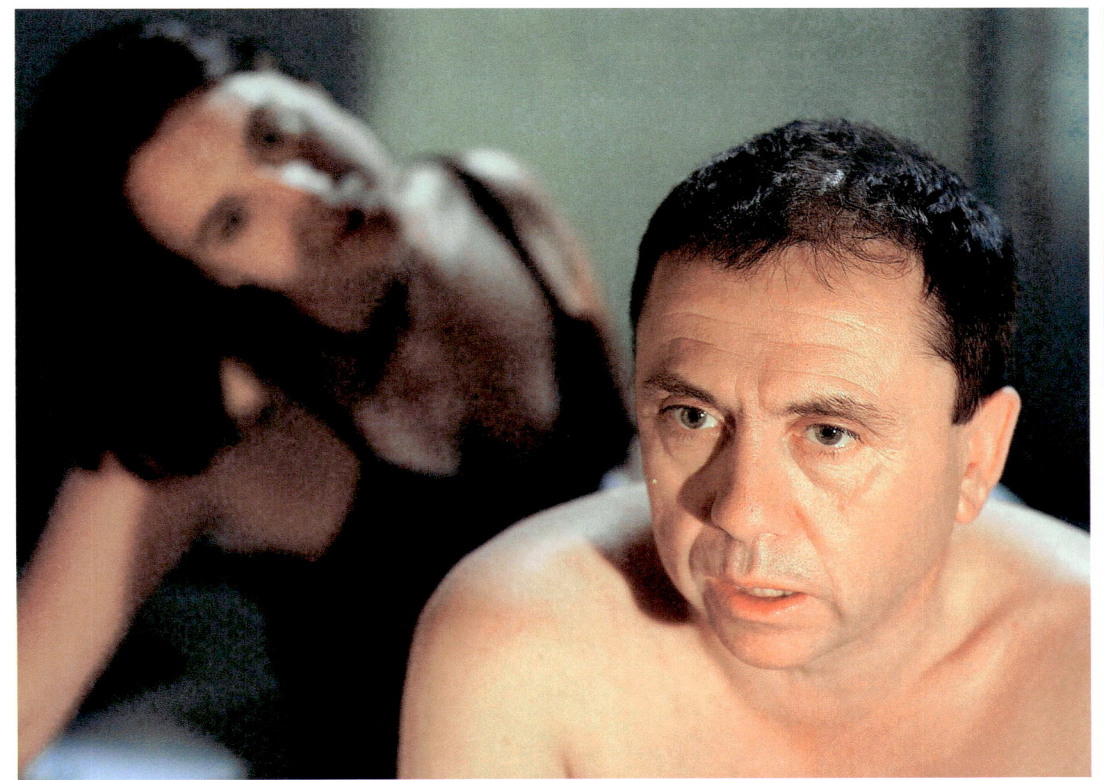

Buch: Joachim Friedmann ■ Regie: Dominikus Probst ■ Kamera: Gerd Reichert ■ Redaktion: Lucia Keuter

852 | Heiße Suppe

31. MÄR 02

Um Olaf für die verhinderte Liebesnacht der letzten Woche zu entschädigen, haben Olli und Murat die Prostituierte Olivia engagiert. Die hüpft aus einem überdimensionalen Osterei. Pech für den Kling-Spross: Obwohl er Olivia sofort wieder wegschicken will, wird Olaf ausgerechnet von Ines' Vater Oskar beobachtet. Der berichtet Ines brühwarm – was dazu führt, dass die ihren Olaf nie wieder sehen will. ■ Gabi hat eine Bergwanderung vorbereitet. Weil neben Rosi und Frau Birkhahn auch Oskar mit von der Partie ist, verzichtet Andy dankend. Als es endlich losgehen soll, bricht Frau Birkhahn zusammen. Carsten eilt herbei. ■ Im Hause Sarikakis stehen die Zeichen auf Sturm. Mary will unabhängiger von Vasily werden und sich eine berufliche Karriere als Dolmetscherin aufbauen. Elena fordert allerdings ein zweites Enkelkind. Vasily muss die Wogen glätten.

Buch: Hans W. Geißendörfer ■ Regie: Dominikus Probst ■ Kamera: Gerd Reichert ■ Redaktion: Lucia Keuter

853 Das blaue Kuvert

Mary erkundigt sich auf dem Arbeitsamt nach der Ausbildung zur Dolmetscherin. Vasily scheint sich mit den beruflichen Plänen seiner Frau abgefunden zu haben. Heimlich aber will er ein zweites Kind und tauscht Marys Antibabypillen aus. Als Mary das bemerkt, kommt es zum Streit. ■ Frau Birkhahns Zustand ist sehr kritisch. Alle wissen, dass sie sich aufs Sterben vorbereitet. Mit Tränen in den Augen begleiten Rosi und Gabi Frau Birkhahn auf ihrem letzten Weg. ■ Klaus ist zu Besuch in München und wundert sich sehr über seine Mutter. Die verhält sich wie ein verliebter Teenager, seit sie Liebesbriefe von einem anonymen Verehrer erhält. Trotzdem gibt er Helga den Tipp, selbst einen Brief zu verfassen und den Unbekannten zu einem Treffen zu drängen. Gesagt – getan: Helga entwirft eine Antwort und deponiert das Schreiben gut sichtbar im »Akropolis«.

Buch: Hans W. Geißendörfer ■ Regie: Dominikus Probst ■ Kamera: Gerd Reichert ■ Redaktion: Lucia Keuter

854 | Das Kreuz

14. APR 02

Die Ehe von Mary und Vasily gerät in eine ernsthafte Krise. Nach dem Vertrauensbruch der vergangenen Woche beteuert Vasily, aus Liebe gehandelt zu haben und versucht, Mary versöhnlich zu stimmen. Er will sich sogar um ihre Ausbildung kümmern. ■ Gabi fühlt sich bei der Arbeit im »Café Bayer« beobachtet. Seit einiger Zeit kommt eine fremde Frau regelmäßig ins Café und fixiert die Geschäftsführerin. Gabi beschließt, die Frau anzusprechen. Die Fremde überreicht ihr ein Geschenk und verschwindet. ■ Zwischen Frank und seinem Vater herrscht Funkstille. Dressler will nicht akzeptieren, dass sich sein Sohn als Restaurator selbstständig gemacht hat. Er ist der Meinung, Frank sei von seiner Spielsucht noch lange nicht geheilt. Um seine Vermutung zu beweisen, stellt Dressler ihm eine Falle. Er beauftragt Paolo, seinen Sohn in Aktiengeschäfte zu verwickeln.

Buch: Hans W. Geißendörfer ■ Regie: Dominikus Probst ■ Kamera: Gerd Reichert ■ Redaktion: Lucia Keuter

855 | Angela

21. APR 02

Die seltsame Fremde im »Café Bayer« überreicht Gabi eine Tasche und sucht sofort wieder das Weite. Aber diesmal ist Gabi energischer: Sie nimmt die frierende und durchnässte Frau mit nach Hause. Sie heißt Angela und ist die Frau des Mannes, der Max ermordet hat. Sie wird mit ihrem Leben nicht mehr fertig. ■
Da Suzannes Computer bei dem Überfall zerstört wurde, muss sie für ihre Doktorarbeit wieder bei Null anfangen. Mutlos macht sie sich an die Arbeit. Auch die anderen WG-ler sind frustriert. Es wird Zeit, dass ihnen endlich ein Schadensersatz gezahlt wird. ■
Franks Antiquitätengeschäfte laufen bestens. Da er gerade eine Glückssträhne hat, lässt er sich von Paolo überreden, erneut einen Aktiendeal zu tätigen. Frank ahnt nicht, dass der Börsenhandel eine Falle von Dressler ist. Der stellt Frank zur Rede. Wutentbrannt geht Frank auf Paolo los.

Buch: Hans W. Geißendörfer ■ Regie: Dominikus Probst ■ Kamera: Gerd Reichert ■ Redaktion: Lucia Keuter

856 | Meine Taube

28. APR 02

Schwere Prüfung für Andy und Gabi. Angela hat große Schuldgefühle den Zenkers gegenüber und denkt sogar an Selbstmord. Nach harten Auseinandersetzungen mit Andy beschließt Gabi, der Frau zu helfen. Sie begleitet sie zum Psychiater. ■ Überraschung für Helga: Als sie ins Reisebüro kommt, steht auf ihrem Schreibtisch ein Käfig samt Brieftaube. Dieses außergewöhnliche Präsent ist von ihrem heimlichen Verehrer. Sie soll per Brieftaube ihr Einverständnis zu einem Treffen geben. War es nicht Helgas »Hansemann«, der sie immer »meine Taube« nannte? Sollte etwa Hans der anonyme Briefschreiber sein? ■ In der Dresdner WG herrscht nach wie vor Geldnot. Während Klaus auf dem Trödel einen billigen Toaster für den gemeinsamen Haushalt ersteht, kommt Suzanne mit einem teuren Kleid nach Hause. Nina findet heraus, dass Suzanne das Kleid gestohlen hat.

Buch: Hans W. Geißendörfer ■ Regie: Dominikus Probst ■ Kamera: Gerd Reichert ■ Redaktion: Lucia Keuter

857 | Freundinnen

5. MAI
02

Nina hat Suzanne des Ladendiebstahls überführt und gibt ihr eine Chance, die Sache aus der Welt zu schaffen: Sie soll den Betrag zurückzahlen. Nina erzählt den Boutique-Besitzern, jemand habe einen anonymen Umschlag mit dem Geld für das gestohlene Kleid bei der Polizei abgegeben. ■ Liebesentzug für Vasily: Seit Mary sich von ihrem Ehemann hintergangen fühlt, lehnt sie jede Zärtlichkeit mit ihm ab. Um Mary milde zu stimmen, will Vasily ihre Ausbildung zur Übersetzerin finanzieren. Als Mary es wagt, Vasily mit Olaf zu vergleichen, platzt dem Griechen der Kragen. ■ Hajo und Hilde machen sich Sorgen um Berta: Offensichtlich hat sie das Trauma des Überfalls in Isoldes Wohnung nicht überwunden. Neuerdings muss sich Berta Mühe geben, um gerötete Hautstellen zu verbergen. Hilde meint, Berta leide unter Waschzwang – was die aber vehement bestreitet.

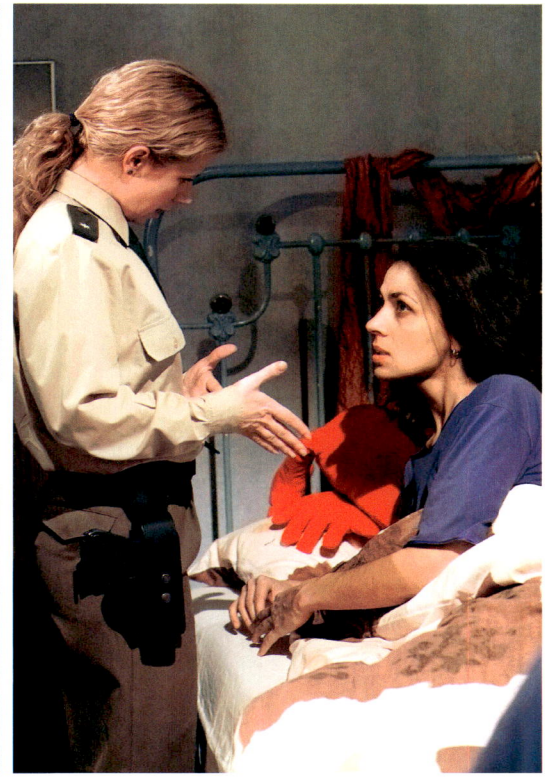

Buch: Hans W. Geißendörfer ■ Regie: Dominikus Probst ■ Kamera: Gerd Reichert ■ Redaktion: Lucia Keuter

858 Maiglöckchen

12. MAI 02

Helga hat heute ein Rendezvous mit dem Mann, der sie seit Monaten mit Liebesbriefen umwirbt. Onkel Franz ist mit Hilde verreist, und so kann sich Helga in aller Ruhe vorbereiten. Sie macht sich schön und wartet gespannt auf »Mister X«. Da klingelt es an der Türe, und Helga erblickt ihren Verehrer. ■ Olaf geht bei Ines in die Offensive: Förmlich hält er bei Ines' Vater Oskar um die Hand seiner Herzdame an. Als Olaf danach zu seiner Geliebten eilt, steht ihm Ines' Ex-Mann in Boxershorts gegenüber. Ines kann das Missverständnis später aufklären. ■ Die Ehe von Mary und Vasily steckt in einer großen Krise. Mary ist sogar mit Nikos zu Anna und Hans gezogen. Und die Fronten zwischen beiden sind verhärtet: Vasily kann seiner Frau den Vergleich mit Olaf nicht verzeihen. Mary weigert sich, diese Beleidigung zurückzunehmen. Anna vermittelt vergeblich.

Buch: Hans W. Geißendörfer ■ Regie: Dominikus Probst ■ Kamera: Gerd Reichert ■ Redaktion: Lucia Keuter

859 Der Zauberer

Helgas Verehrer hat sich geoutet. Es ist der Pelzhändler Moser, der Helga mit romantischen Zeilen den Kopf verdreht hat. Der große Unbekannte ist körperlich aber eher von schmächtiger Natur. Das ungleiche Paar sorgt für reichlich Gesprächsstoff. ■ Schon in aller Frühe kommt es zwischen Gabi und Andy zum Streit. Grund: Gabi hat Angela eingeladen, weil die allein stehende Frau ihr Mitleid erregt. Andy hingegen will mit der Ehefrau von Max' Mörder nicht das Geringste zu schaffen haben. Er sucht das Weite. ■ Mary wohnt mit Nicos noch immer bei Hans und Anna. Eine Versöhnung mit Vasily ist weit und breit nicht in Sicht. Mary will sich sogar eine Wohnung suchen. Hans rät Mary davon ab. Er befürchtet, die Ehe sei dann endgültig zum Scheitern verurteilt. Derweil macht sich eine Blondine massiv an Vasily heran – und der lässt es gerne geschehen.

Buch: Irene Fischer ■ Regie: Herwig Fischer ■ Kamera: Kurt Mikler ■ Redaktion: Lucia Keuter

860 Prinzessin auf der Erbse

26. MAI 02

Mary hat eine Wohnung gefunden und will heute mit Nikos umziehen. Bevor sie die Lindenstraße verlässt, führt sie ihr Weg noch einmal ins »Akropolis«, um sich von ihrem Mann zu verabschieden. Hier brechen alte Leidenschaften auf: Die spontane Versöhnung endet im Bett. ■ Franziska ist im Abitur-Stress und reagiert wie die Prinzessin auf der Erbse. Hinzu kommt, dass ihr Vater die homosexuelle Beziehung zwischen Franziska und Tanja nicht toleriert. Er hat sogar den Kontakt zu seiner Tochter abgebrochen. Tanja will zwischen Brenner und Franziska vermitteln. ■ Helga ist mit Moser verabredet. Mit einem Oldtimer kutschiert er Helga durch die Lande. Beim anschließenden Essen schenkt Herr Moser der sichtlich beeindruckten Helga die Patenschaft für einen Stern. Die aber gesteht ihm, seine Gefühle nicht erwidern zu können. Moser soll sie frei geben.

Buch: Irene Fischer ■ Regie: Herwig Fischer ■ Kamera: Kurt Mikler ■ Redaktion: Lucia Keuter

861 Feiertag

2. JUN 02

Franziska trifft die Ächtung durch ihren Vater derart, dass sie kaum fürs Abitur lernen kann. Mit schlechtem Gewissen kommt Brenner in die Frauen-WG. Bei Urszula schüttet er schließlich sein Herz aus. Zwischen Tochter und Vater kommt es daraufhin zur Aussöhnung. ■ Olaf und Ines schweben auf Wolke sieben. Schon am frühen Morgen turteln sie wie verliebte Teenager. Olaf wird später aber hellhörig, als er mitbekommt, dass Mary sich mit Ines treffen will. Mary möchte verhindern, dass sich Ines in ihr Unglück stürzt – da bekommt Olaf kalte Füße. Er bittet Mary, nichts über seine Untaten zu verraten. ■ Nach Andy besuchen auch Gabi und Angela das Grab von Max. Erschüttert gesteht Angela, ihr wäre es lieber, wenn ihr eigenes Kind tot sei. Gabi kann dagegen nicht verstehen, warum sich Angela für die schlimme Tat ihres Mannes mitverantwortlich fühlt.

Buch: Irene Fischer ■ Regie: Herwig Fischer ■ Kamera: Kurt Mikler ■ Redaktion: Lucia Keuter

862 | Das Monster

9. JUN 02

Während Anna in Oberstaufen einen Vertrag als Erzieherin hat, bleibt Hans' Suche nach Arbeit weiterhin erfolglos. Er bemerkt zudem nicht, wie sehr sich Sarah von ihm vernachlässigt fühlt. ■ Ines will Olaf heiraten, aber alle sind dagegen. Oskar bittet sie, ihre Entscheidung zu überdenken, und auch David macht aus seiner Ablehnung keinen Hehl. In dieser Lage schlägt Olaf vor, Ines solle überlegen, ob sie ein »Monster« wie ihn tatsächlich heiraten will. Ines beteuert, den Menschen in ihm zu sehen. Und den liebt sie. ■ Kein »Jour fixe«: Dressler hat alle Nachbarn und Freunde vergrault. Rosi kann die schlechte Laune des Doktors nicht mehr ertragen. Auch Frau Horowitz und Berta haben Ausreden parat, um der Abendrunde fern zu bleiben. Als Berta später ein Buch zurückbringen will, wird Dressler handgreiflich. Berta bleibt bewusstlos liegen.

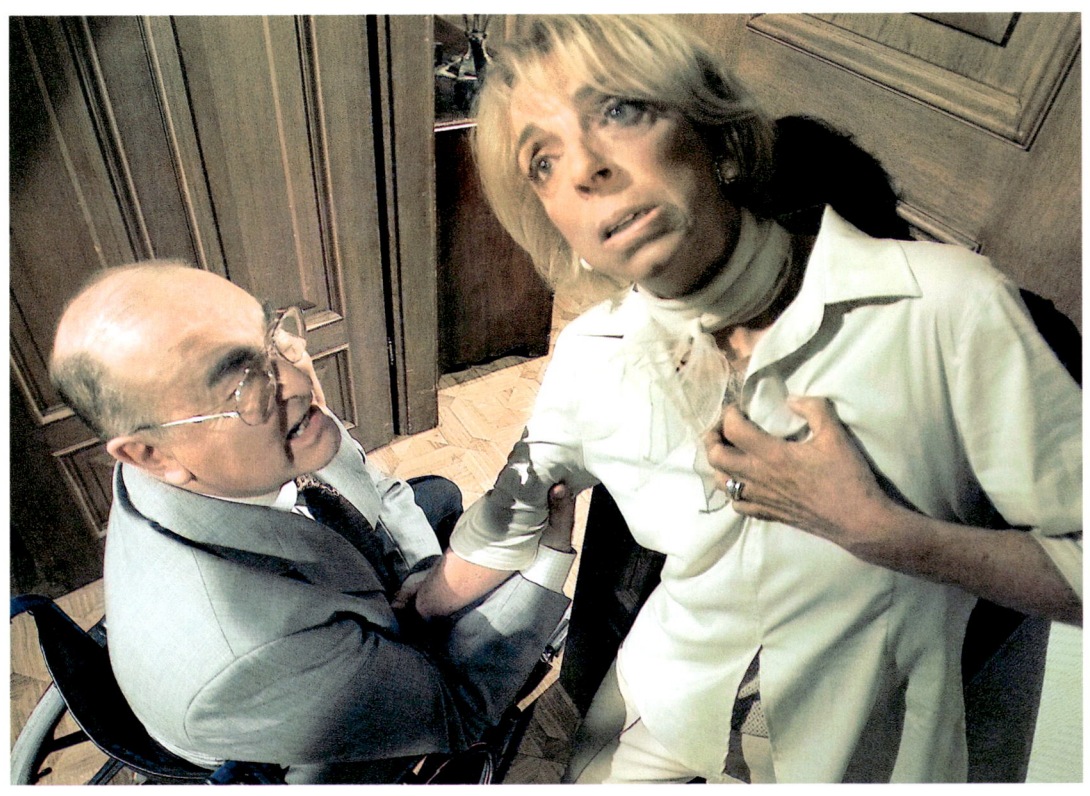

Buch: Irene Fischer ■ Regie: Herwig Fischer ■ Kamera: Kurt Mikler ■ Redaktion: Lucia Keuter

863 | Abschiedsworte

16. JUN 02

Fußball-Fieber in der »Aloisius-Stub'n«: Olli und Murat schleppen einen Fernsehapparat in den Imbiss, um alle Spiele der Weltmeisterschaft verfolgen zu können. Olaf ist das egal, da er sich mehr für seine zukünftige Frau Ines interessiert, als für Fußball. ■ Hilde will von Hajo wissen, wie lange er die Probleme von Berta noch ignorieren will. Berta hat einen Waschzwang entwickelt und fünf zusätzliche Schlösser an der Wohnungstür anbringen lassen. Hilde zieht die Konsequenzen und geht. Daraufhin fleht Hajo die verstörte Berta an, sich endlich helfen zu lassen. ■ Dressler und Frank trennen sich im Streit – und das für lange Zeit. Frank nimmt für drei Jahre eine Arbeit im Ausland an. Aus verletztem Stolz ist Dressler nicht bereit, seinen Sohn zu verabschieden. Als Gung Kritik an Dresslers Verhalten wagt, wird er prompt gefeuert.

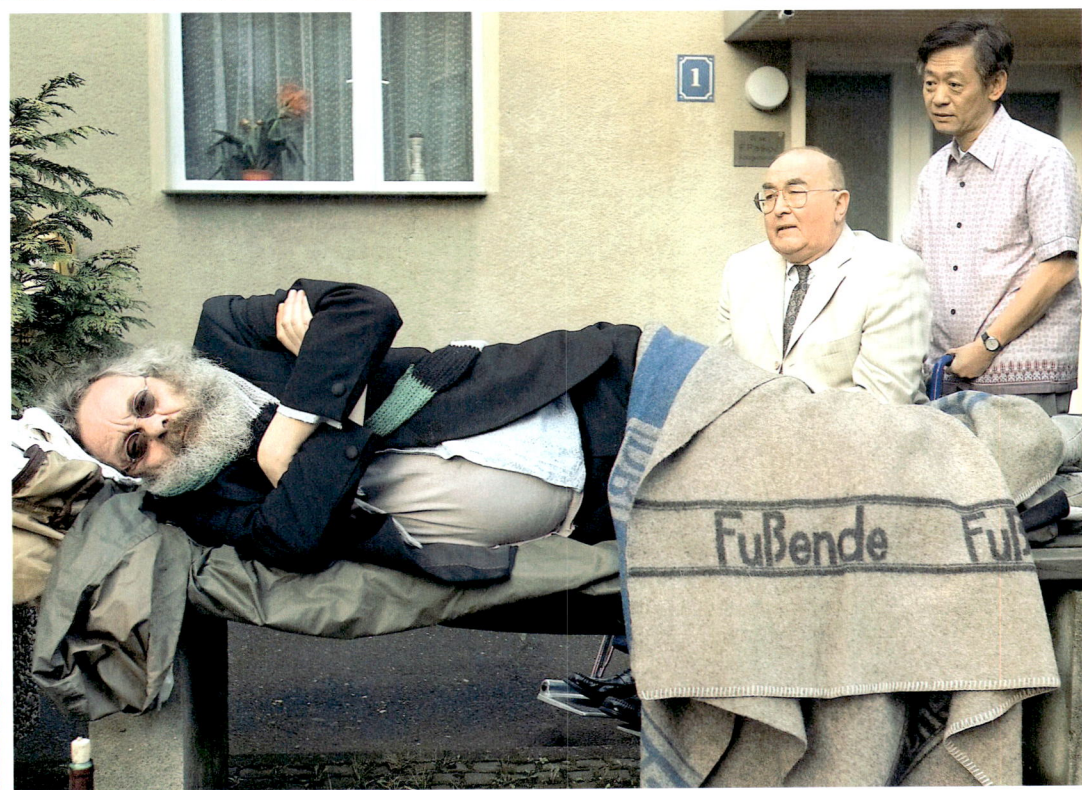

Buch: Irene Fischer ■ Regie: Herwig Fischer ■ Kamera: Kurt Mikler ■ Redaktion: Lucia Keuter

864 | Falsche Hoffnungen

Berta sucht doch einen Psychiater auf. Dort verharmlost sie ihre Panikattacken. Ihr Mann glaube, sie habe ein übertriebenes Sicherheitsbedürfnis und schlafe schlecht, erzählt sie. Hajo lügt sie später vor, der Psychiater habe sie als stabil beurteilt. ■ Krisenstimmung in der Dresdner WG: Suzanne ist dafür zuständig, dass die Miete pünktlich überwiesen wird. Wegen ihrer Doktorarbeit herrschen bei Suzanne aber Zeit- und Geldmangel. Die Mietrückstände sind so hoch, dass eine Kündigung droht. ■ Frau Vogt bittet Carsten und Käthe, endlich auch offiziell die Verantwortung zu übernehmen und Felix zu adoptieren. Jack bekommt Wind davon. Sie will nicht länger in der betreuten Wohngruppe leben. Sie fragt Hans, ob er sie adoptieren könne. ■ Isolde trägt sich ernsthaft mit dem Gedanken, München zu verlassen und ihren Lebensabend auf Ischia zu verbringen.

Buch: Irene Fischer ■ Regie: Herwig Fischer ■ Kamera: Kurt Mikler ■ Redaktion: Lucia Keuter

865 | Aus und vorbei

30. JUN 02

Einsam begeht Dressler seinen Geburtstag. Mit Carsten steht er auf Kriegsfuß, Frank ist geflüchtet, und Gung wurde von ihm gefeuert. Weinend schaut Dressler das Foto von Elisabeth an. Dann schreibt er Frank einen Brief. Er gesteht, an Selbstgerechtigkeit erstarrt zu sein und bittet seinen Sohn um Verzeihung. ■ Heute kommt Ziggy zu Besuch, mit dem Käthe letzthin ein Techtelmechtel hatte. Käthes Beteuerungen, man wolle nur an einem Theaterstück arbeiten, stoßen beim eifersüchtigen Carsten auf taube Ohren. Zusätzlich hält sich auch noch Ziggys Zwillingsbruder Kai in der Stadt auf und stiftet Verwirrung. Carstens Vorwurf, Käthe sei ein schlechter Vater, gibt dem den Rest. Er will ausziehen. ■ Guter Tag für Urszula: Tanja will nicht mehr Maskenbildnerin werden, sondern weiter im Salon arbeiten. Brenner schenkt Franziska zum Abitur einen Kleinwagen.

Buch: Irene Fischer ■ Regie: Herwig Fischer ■ Kamera: Kurt Mikler ■ Redaktion: Lucia Keuter

866 | Hildesheim

7. JUL 02

Käthe ist nach den Ereignissen der vergangenen Woche ausgezogen und hat Asyl in der Frauen-WG gefunden. Carsten will sich für seine Eifersucht und die Beleidigungen entschuldigen. Zu spät: Käthe verlässt München heute in Richtung Hildesheim, um dort Theater zu spielen. ■ Beim Sport zieht sich Hajo eine komplizierte Knieverletzung zu. Der Hobbysportler muss ins Krankenhaus und sofort operiert werden. Das hat auch Folgen für Berta: Obwohl sie die Einsamkeit fürchtet, ist sie gezwungen, eine Nacht alleine in ihrer Wohnung zu verbringen. Bei einer Angstattacke schneidet sie sich und bleibt blutend liegen. ■ Schock für Suzanne: Per Einschreiben wird ihr der Mietvertrag gekündigt. Grund: rückständige Mietzahlungen. Klaus, Nina und Philipp sind sprachlos, als sie von der Kündigung erfahren. Philipp und Carmen kommen sich näher – und landen im Bett.

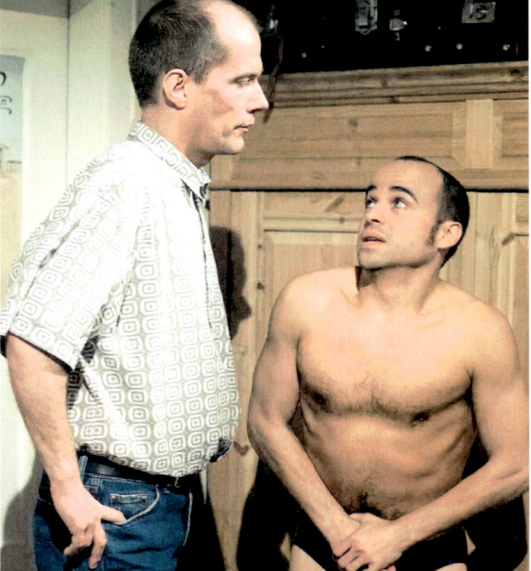

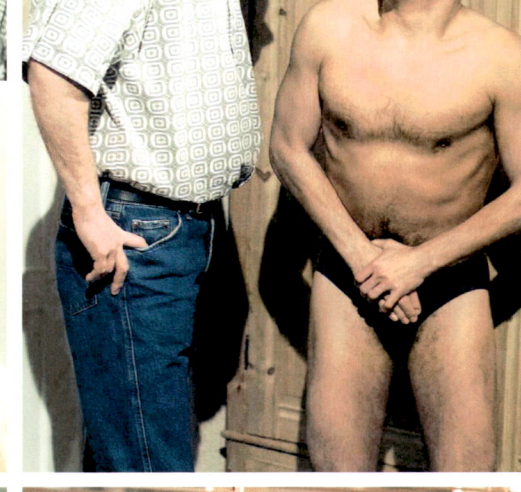

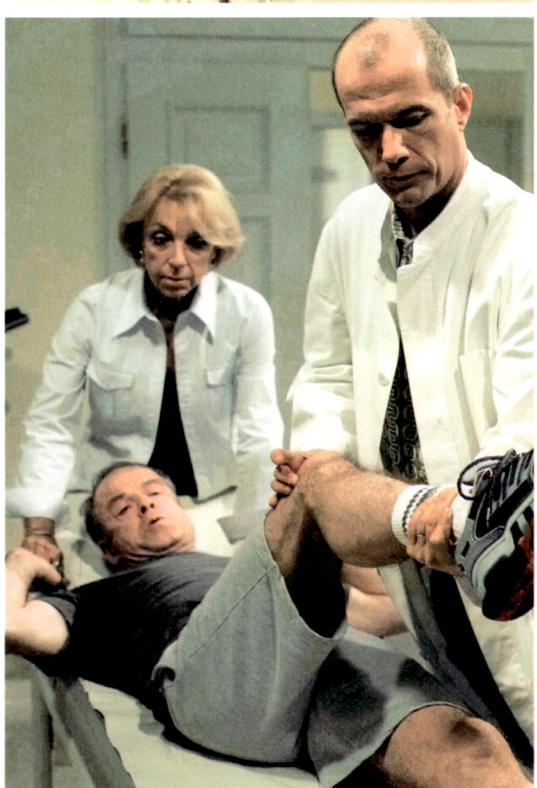

Buch: Michael Meisheit ■ Regie: Herwig Fischer ■ Kamera: Kurt Mikler ■ Redaktion: Lucia Keuter

867 | Kaiserwetter

14. JUL 02

Alex unter Druck: Er schuldet dem Musikproduzenten Korbik Geld und zu allem Überfluss will seine Ex-Freundin samt dem gemeinsamen Töchterchen in Urlaub fahren. Als Mary den Vorschuss für ihre Reise nach Griechenland bringt, nimmt er das Geld an sich. ■ Nach ihrem erneuten Zusammenbruch ist Berta endlich bereit, sich professionell helfen zu lassen. Sie sucht einen Therapeuten auf, um die traumatischen Erlebnisse des Überfalls in Isoldes Wohnung aufzuarbeiten. Hajo geht nach seinem Sportunfall zwar an Krücken, ist aber sehr glücklich über Bertas Entscheidung. ■ Vasily macht sich Sorgen um Panaiotis. Der Gesundheitszustand seines Vaters im fernen Griechenland hat sich verschlechtert. Da Vasily nicht selbst zu ihm reisen kann, bittet er Mary, mit Nikos gen Süden zu fahren. Er hofft, dass die Anwesenheit des Enkels eine gute Medizin ist.

Buch: Michael Meisheit ■ Regie: Herwig Fischer ■ Kamera: Kurt Mikler ■ Redaktion: Lucia Keuter

868 | Nachwuchs

Pat steht überraschend vor der Tür und präsentiert dem verdutzten Erich seine Enkelin. Pat plant eine Tour durch Nepal – und die Kleine soll mit. Erich wirft seiner Tochter mangelndes Verantwortungsbewusstsein vor. Nach einem Streit packt Pat ihre Sachen – allerdings nicht alle. Das Baby lässt sie bei Erich zurück.

■ Geldnot in der Dresdner WG: Klaus meint, die rettende Idee zu haben und inszeniert mit seinen Mitbewohnern eine okkulte Sitzung. Ein Reporterteam berichtet und zahlt ein entsprechendes Salär. Philipp erklärt abends Carmen, dass er sie nicht liebt.

■ Alex schlummert neuerdings öfters im Reisebüro ein. Denn aus Geldmangel muss er Nachtschichten als DJ schieben. Als Alex kleinlaut gesteht, dass er in die Geschäftskasse gegriffen hat, verzeiht ihm Helga. Sie fühlt sich an eine Geschichte aus ihrer eigenen Vergangenheit erinnert.

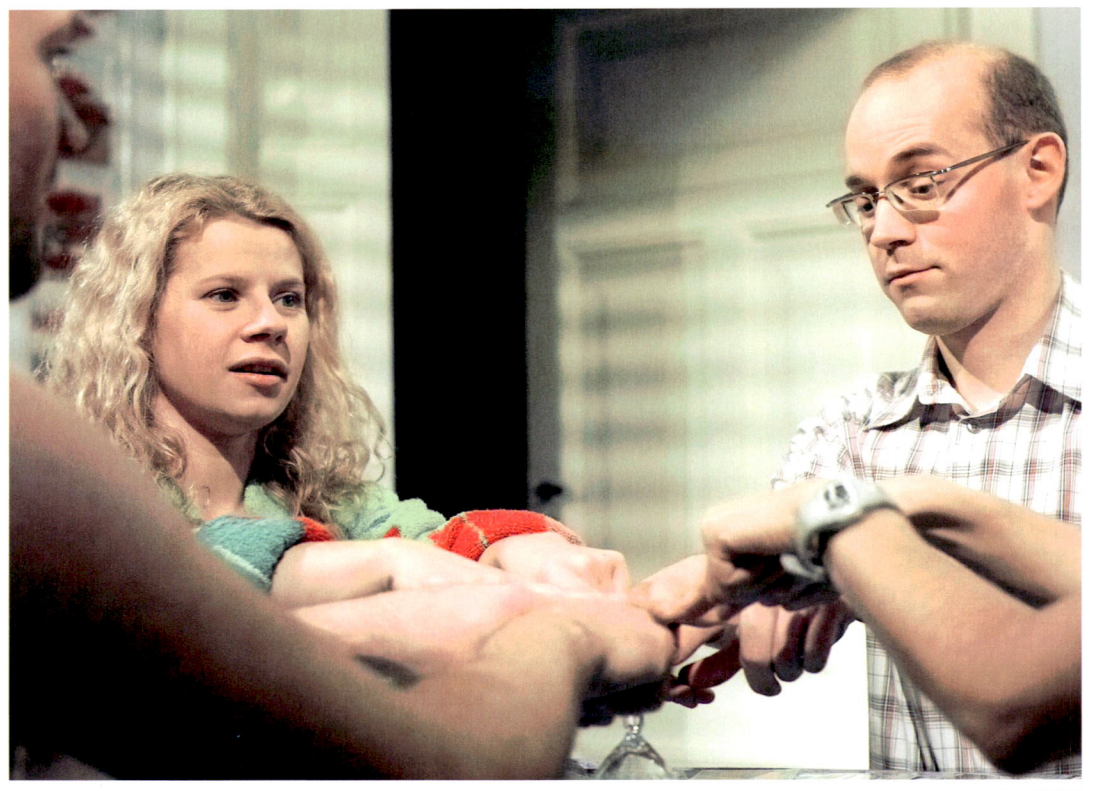

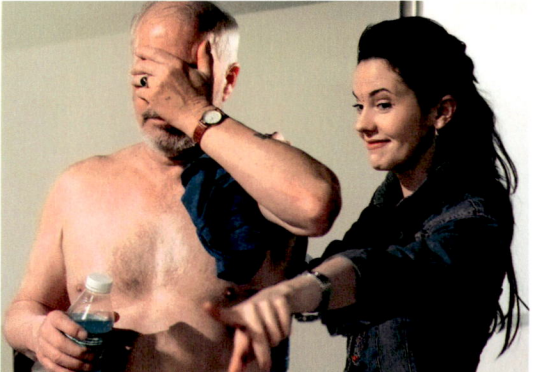

Buch: Michael Meisheit ■ Regie: Herwig Fischer ■ Kamera: Kurt Mikler ■ Redaktion: Lucia Keuter

869 | Gerüche

Pat hat sich zum Urlaub in den Himalaja abgesetzt und ihr Töchterchen Popocatepetl zurückgelassen. Das bedeutet für Erich schlaflose Nächte und Windeln wechseln. Das größte Problem bereitet Erich aber der Name. Kurzerhand tauft er die Kleine in Wendy um. ■ Anna macht sich Sorgen um Sarah, die sich merkwürdig verhält. Mit mütterlicher Intuition erfasst Anna, wie sehr ihre Älteste unter ihrem Gewicht leidet und trotzdem wesentlich mehr isst als früher. Noch verheimlicht Sarah ihre Fressattacken. Nachts ertappt Anna dann aber Sarah, wie sie sich auf der Toilette erbricht. ■ Momos großer Tag. Nach mehr als zwei Jahren Gefängnis wird er endlich entlassen. Die ersten Stunden in Freiheit verbringt er mit Söhnchen Nico und Iffi, die extra aus Köln angereist sind. ■ Mit ihrer Fürsorge um die schwangere Lisa macht Valerie den ganzen Zenker-Clan verrückt.

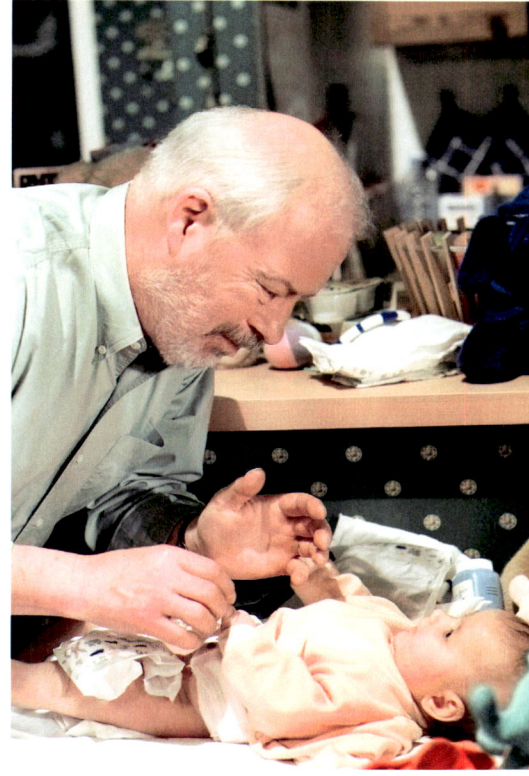

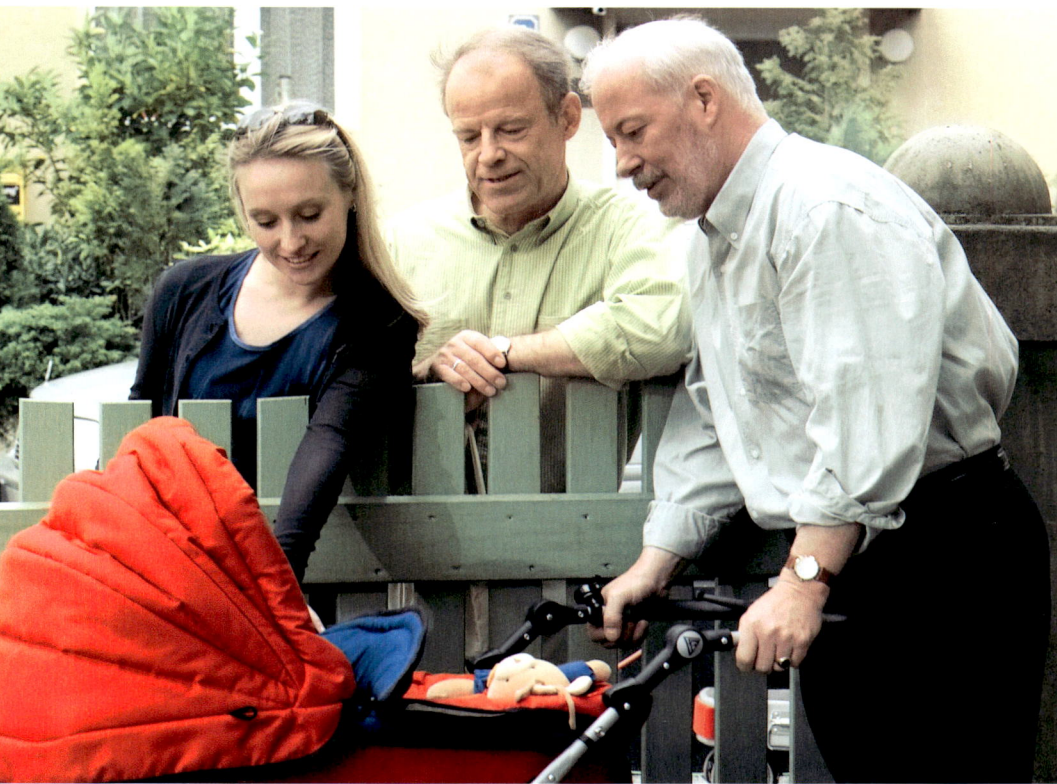

Buch: Michael Meisheit ■ Regie: Herwig Fischer ■ Kamera: Kurt Mikler ■ Redaktion: Lucia Keuter

870 | Überreizt

4. AUG 02

Sarah entwickelt sich für Hans und Anna zum Sorgenkind. Alle Anzeichen sprechen dafür, dass ihre Tochter unter Bulimie leidet. Da die Eltern mit der Situation überfordert sind, ziehen sie einen Psychologen zu Rate. Sarah fühlt sich von den sorgenden Eltern bespitzelt. Schließlich willigt sie ein, ins Ferienlager zu fahren. ■ Iffi hält sich in München auf und trifft Momo zum Frühstück. Bei dieser Gelegenheit erfährt Momo, dass sich Nico in Köln überhaupt nicht wohl fühlt. Um dem Kleinen eine Freude zu machen, verspricht Momo, ihn bald am Rhein zu besuchen. ■ Angelas ständige Besuche im Café nerven Gabi zusehends. ■ Lisa und Valerie nötigen Andy, das Mobiliar für das Baby aufzubauen. Abends will der gestresste Andy dann Lisa auf die Straße setzen – was starke Schmerzen in Lisas Bauch verursacht. Sollte Andy an einer Fehlgeburt schuldig werden?

Buch: Michael Meisheit ■ Regie: Herwig Fischer ■ Kamera: Kurt Mikler ■ Redaktion: Lucia Keuter

871 Sehr wichtig

11. AUG 02

Alex trifft Lisa und erfährt erstmals von ihrer Schwangerschaft. Sofort erinnert er sich an die Liebesnacht mit Lisa am Valentinstag. Zu seiner Erleichterung erklärt Valerie, das Kind sei von einem Unbekannten. ■ Dressler freut sich über ein Päckchen von Frank. Das ändert sich, als er den Inhalt sieht: Frank schickt ein gutes Dutzend Briefe von Dressler ungeöffnet zurück. Tief verletzt sucht der Doktor Trost bei Carsten. Der ist aber wenig gut auf Dressler zu sprechen und fragt ihn noch einmal wegen des Mordes an Sonia aus. Was beide nicht wissen: Jack und Felix belauschen das Gespräch. ■ Erich ist erleichtert. Tochter Pat soll heute aus ihrem Urlaub zurückkehren. Doch dann steht nicht Pat, sondern Frau Esser von einem noblen Kinderheim vor der Tür, die das Kind im Auftrag der Mutter abholen soll. Erich aber will plötzlich Wendy behalten.

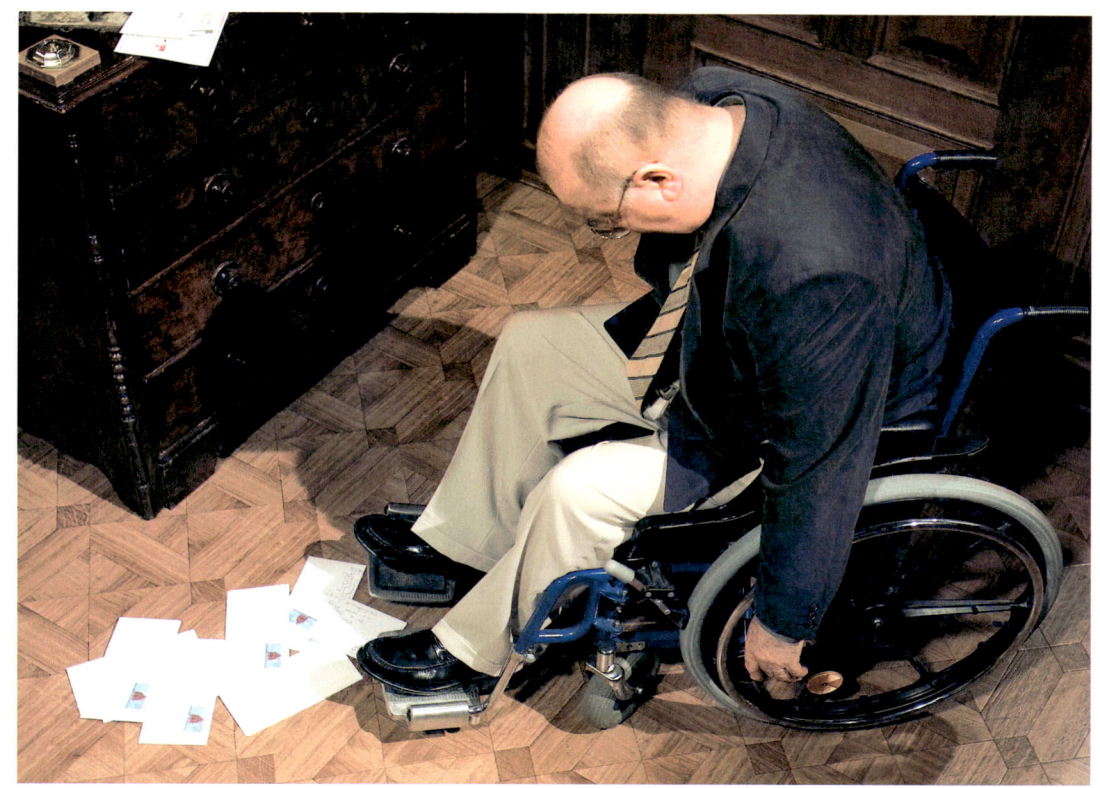

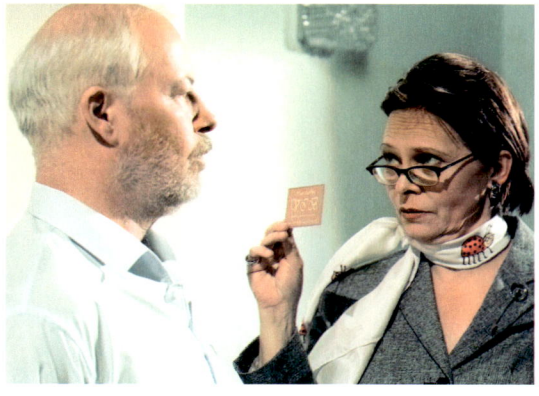

Buch: Michael Meisheit ■ Regie: Herwig Fischer ■ Kamera: Kurt Mikler ■ Redaktion: Lucia Keuter

872 | Sonia

18. AUG 02

Jack und Felix stellen Nachforschungen über Tanjas tote Ex-Freundin Sonia an. Anlass ist ein Gespräch zwischen Carsten und Dressler, das die beiden belauscht haben. Sonias Eltern aber wollen mit ihrer Tochter nichts zu tun haben. Das ehemalige Straßenkind Jack sieht Parallelen zu ihrem eigenen Leben und beschließt, Sonia zu rächen – und zwar an Dressler. ■ Ines möchte die Verlobung mit Olaf im »Café Bayer« feiern. Gabi meint, dass Ines sich mit Olaf ins Unglück stürzen wird und will die Feier verhindern. Sie verlangt eine viel zu hohe Tagesmiete. Als sie die Einladung zum Fest verweigert, droht Ines, die Freundschaft und ihren Job zu kündigen. ■ Momo macht eine Stippvisite in Köln. Gemeinsam mit Söhnchen Nico besucht er Heiko, der in der Dom-Stadt als Beleuchter beim Fernsehen arbeitet. Heiko ermöglicht einen Blick in die Studios.

Buch: Michael Meisheit ■ Regie: Claus Peter Witt ■ Kamera: Jürgen Kerp ■ Redaktion: Lucia Keuter

873 | Die Verlobung

Gabis Geduld wird von Angela auf eine harte Probe gestellt. Eigentlich wollte Gabi bei der Wohnungssuche helfen. Als Angela ihr aber eröffnet, dass sie am liebsten bei ihr wohnen würde, ist Gabi fassungslos. ■ Olaf und Ines haben zur Verlobungsfeier mit Haxen und Semmeln ins »Café Bayer« geladen. Allerdings lassen sich nur wenige Bewohner der Lindenstraße als Gast blicken. Schließlich sind es Olli und Murat, die aus der trostlosen bayerischen Feier noch ein rauschendes orientalisches Fest machen. ■ Klaus bringt die WG in Dresden auf Vordermann. Grund: Hans hat sein Kommen angekündigt. Der fühlt sich sofort wohl und unterhält sich angeregt mit Suzanne. Gute Laune auch bei Philipp: Er bekommt ein Praktikum in Fernost. Zur Feier des Tages bringt Nina eine lebende Schlange mit. Noch besser: Später hält Nina bei Hans um die Hand von Klaus an.

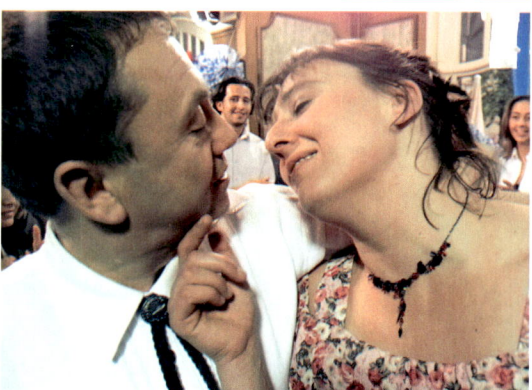

Buch: Michael Meisheit ■ Regie: Claus Peter Witt ■ Kamera: Jürgen Kerp ■ Redaktion: Lucia Keuter

874 | Ja

1. SEP 02

Hans ist immer noch zu Gast in der Dresdner Wohngemeinschaft. So wird er Zeuge, wie sein Sohn Klaus formvollendet mit Ring und Blumen um die Hand seiner geliebten Nina anhält. Hans selbst führt weiterhin sehr gute Gespräche mit Suzanne. ■ Phil Seegers will das Haus Nr. 3 verkaufen. Als Käufer hat Phil einen bekannten rechtsradikalen Verleger auserkoren. In der Hausgemeinschaft regt sich Widerstand gegen diesen Plan. Ausgerechnet Gabi ist die einzige, die Phil ins Gewissen reden kann. Allerdings steht sie mit ihrem Ex-Lover auf Kriegsfuß. ■ Olli und Murat wollen einen Imbiss in der Türkei eröffnen. Olli lernt fleißig die Landessprache. Sein türkischer Kumpel bemüht sich, das Geld dafür aufzutreiben: Er will Sexfilme in sein Heimatland verkaufen. Als die Ware geliefert wird, kommt die Ernüchterung: Die Filme zeigen gleichgeschlechtliche Liebe.

Buch: Michael Meisheit ■ Regie: Claus Peter Witt ■ Kamera: Jürgen Kerp ■ Redaktion: Lucia Keuter

875 Der Übervater

Opa Erich kümmert sich weiterhin aufopferungsvoll um Wendy. Im Lauf des Tages kommt überraschend Pat vorbei. Sie will direkt weiter nach Kanada und Wendy sofort mitnehmen. Erich bittet sie, samt Kind in München zu bleiben. ■ Gabi soll Phil davon abbringen, das Haus Nr. 3 an den rechtsradikalen Verleger Hey zu verkaufen. Widerwillig tritt Gabi den schweren Gang zu Phil an. Der setzt der Hausgemeinschaft eine Frist: Wenn sie bis zum Abend einen anderen Käufer präsentiert, der 1,5 Millionen Euro für das Haus bezahlt, wird Phil nicht an Hey verkaufen. ■ Nach Gabis Rückkehr treffen sich alle zur Krisensitzung im »Cafe Bayer«: Fieberhaft überlegen die Nachbarn, wie sie die enorme Summe aufbringen können. Berta hat die rettende Idee. Sie geht zu Isolde und bittet sie, statt auf Ischia in der Lindenstraße zu investieren. Gerührt stimmt Isolde zu.

Buch: Marcus Hertneck ■ Regie: Claus Peter Witt ■ Kamera: Jürgen Kerp ■ Redaktion: Lucia Keuter

876 Damenwahl

15. SEP 02

Kaum sind Tanja und Franziska von Rhodos zurück, kommt es zum Streit. Tanja reagiert eifersüchtig, als ein fremder Mann mit ihrer Freundin flirtet. Keine News auch von Brenner. Der spekuliert auf eine schwangere Franzi und eine Großfamilie. Aber Franziska hat nicht einmal Erfahrungen mit Männern. Genervt sagt Tanja, dann solle sie es ausprobieren. ■ Jack und Felix wollen noch immer den Tod von Sonia rächen. Besonders Jack drängt auf eine baldige Aktion. Sie will Dressler eine Lektion erteilen, die er sein Leben lang nicht vergessen wird. In einem Horrorfilm hat sie gesehen, wie einem Mörder ein »M« auf die Stirn gebrannt wurde. Felix kommen Zweifel. ■ Erich ist traurig über die Trennung von seinem Enkelkind. Pat ist mit der Kleinen nach Kanada abgereist. Da kommt es gelegen, dass Isolde ihn als nebenberuflichen Hausmeister engagiert.

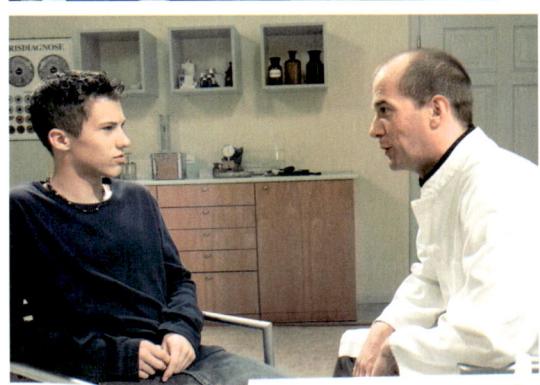

Buch: Marcus Hertneck ■ Regie: Claus Peter Witt ■ Kamera: Jürgen Kerp ■ Redaktion: Lucia Keuter

877 Der Demokrat

Ausgerechnet Ex-Chef Hein ist Wahlleiter in dem Bezirk, dem Hans zugeteilt ist. Jack und Felix, die Hans besuchen, wollen Hein mit Pillen ruhig stellen. Leider trinkt Hans den präparierten Kaffee und taumelt vor Müdigkeit. Jack hat die Idee, mit einem Feueralarm Hans aus seiner misslichen Lage zu befreien. Während alle panisch den Raum verlassen, bewacht Hans schlafend die Urne und wird am Ende zum Retter der Wahlstimmen. ■

Freude bei Paolo: Marcella kehrt heim aus den USA. Ihre Schwester Giovanna kann diese Freude nicht teilen – schließlich hat Marcella ihr den Freund ausgespannt. Marcella ist reumütig und bittet Giovanna um Verzeihung. ■ Franziska möchte testweise mit einem Mann schlafen. Schon der Vorsatz reicht aus, um Tanja eifersüchtig zu stimmen. Als sie dann noch sieht, wie Franzi mit einem Jungen flirtet, macht Tanja ihr eine Szene.

Buch: Michael Meisheit ■ Regie: Claus Peter Witt ■ Kamera: Jürgen Kerp ■ Redaktion: Lucia Keuter

878 — M wie Mörder

29. SEP 02

Jack und Felix schreiten zur Tat. Sie wollen Dressler bestrafen, weil er für den Tod von Sonia verantwortlich ist. Felix kommen kurz vor dem Einsatz noch Bedenken, die Jack aber schnell zerstreuen kann. Dann dringen die beiden Teenager maskiert in die »Villa Dressler« ein. Kurz vor dem Höhepunkt der Misshandlung sackt der Doktor zusammen – Herzinfarkt? ■ Philipp ist zu Besuch in München. Es ist sein letzter Tag vor der Abreise nach Hongkong, wo er ein sechswöchiges Praktikum absolvieren wird. Vor der langen Reise will er noch einmal seinen Bruder Momo treffen. ■ Vorher kommt ihm Franziska dazwischen. Sie findet in Philipp endlich ihre »Testperson« und verführt den erstaunten Brillenträger. Ausgerechnet Tanja beobachtet das Schäferstündchen. Am Abend stellt sie Franziska zur Rede und droht mit Rauswurf. Die reagiert ausgesprochen kühl.

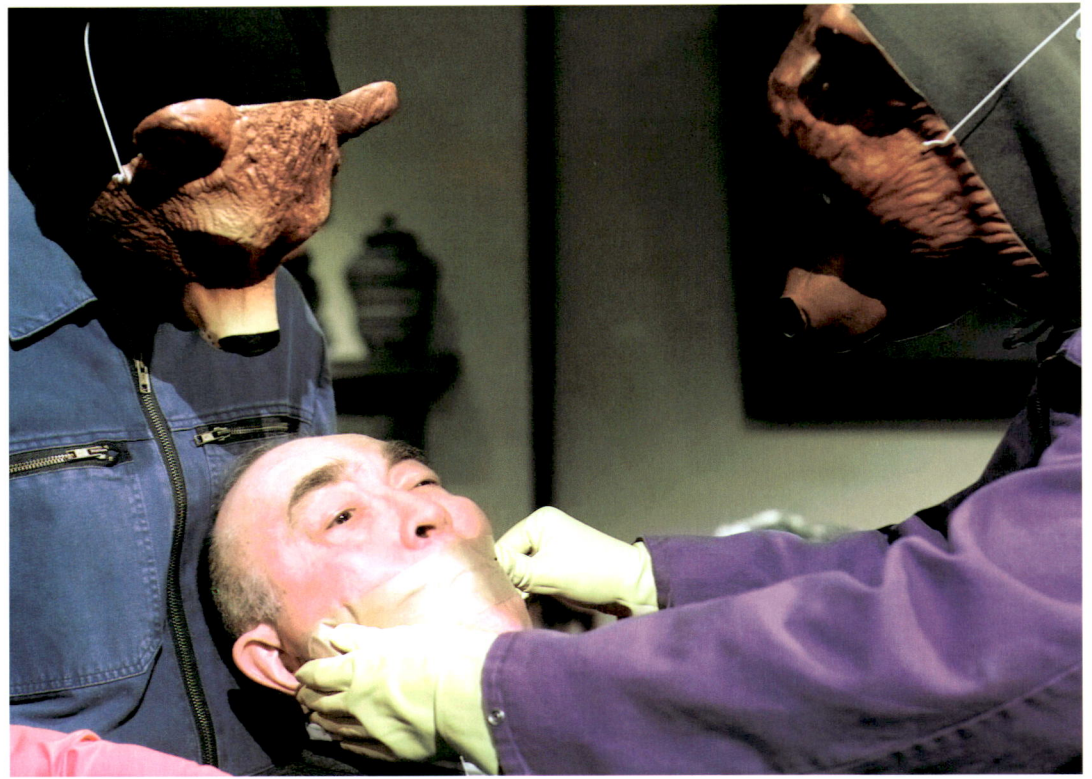

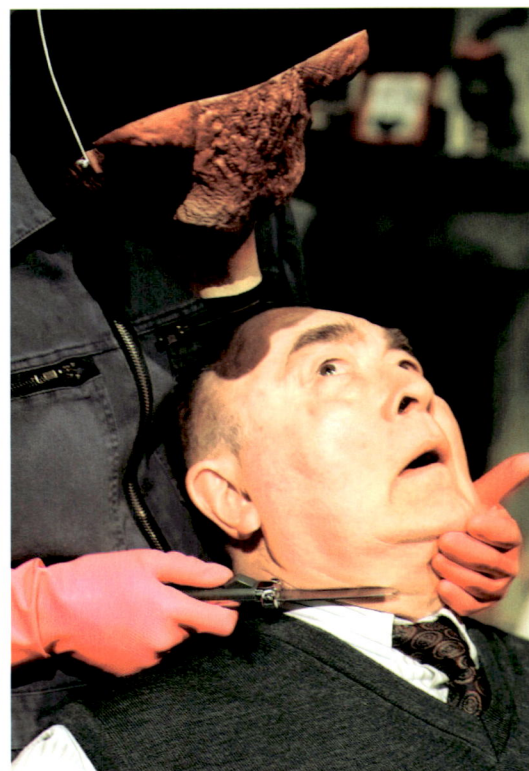

Buch: Marcus Hertneck ■ Regie: Claus Peter Witt ■ Kamera: Jürgen Kerp ■ Redaktion: Lucia Keuter

879 | Der Verrat

Dressler hat den brutalen Überfall überlebt. Felix plagen Schuldgefühle und Alpträume, Jack reagiert abgebrüht. Hans findet in seiner Wohnung ein Beweisstück, das zweifelsfrei auf Jack und Felix als Täter hinweist. Während Jack lügt, gesteht Felix entnervt die Tat. Carsten und Hans berichten Ludwig, wer die Täter sind. Dressler reagiert seltsam gefasst. ■ Gabi erzählt im Reisebüro, dass Lisas Schwangerschaft das Ergebnis einer Liebesnacht vom Valentinstag ist und der Vater ein alter Bekannter sei. Alex will die Wahrheit erfahren und stellt Lisa zur Rede. Andy erzählt wiederum Valerie, dass Alex der Vater ist. ■ Hans und Anna machen sich weiter Sorgen um Sarah. Nach wie vor besteht der Verdacht, dass sie an Bulimie leidet. Obwohl sich Sarah in den letzten Wochen nicht auffällig verhalten hat, wollen die besorgten Eltern wachsam sein.

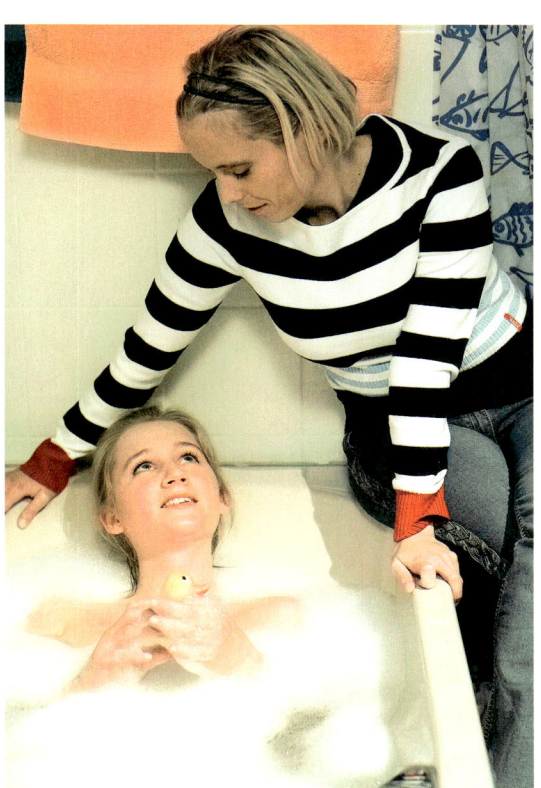

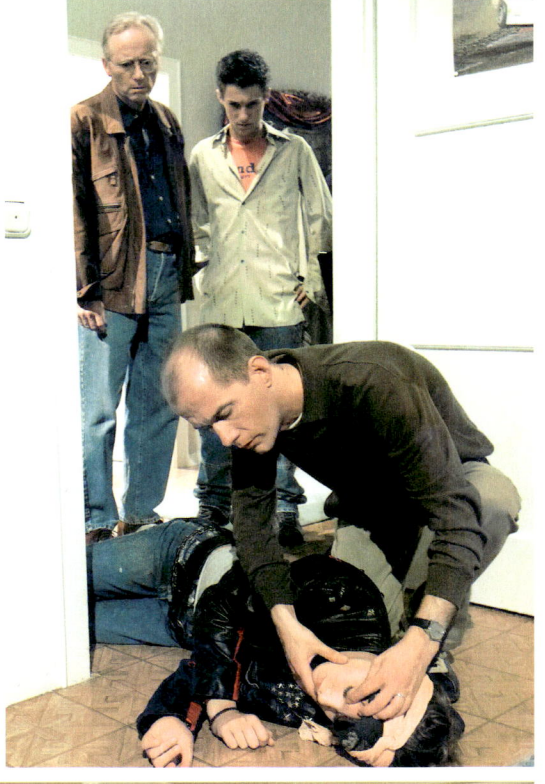

Buch: Hans W. Geißendörfer, Michael Meisheit ■ Regie: Claus Peter Witt ■ Kamera: Jürgen Kerp ■ Redaktion: Lucia Keuter

880 | Die Verurteilung

Nach Franziskas Sex-Experiment mit Philipp hat Tanja ihre Freundin aus der Wohnung geworfen. Jetzt wird die Blondine von Liebeskummer gequält, da sie Franzi vermisst. Zu allem Überfluss flattert auch noch ein Liebesbrief von Philipp ins Haus. Trotzdem kommt es zur Versöhnung. ■ Käthe und Carsten meinen, bei Felix' Erziehung versagt zu haben. Jack und Felix werden von Hans und Carsten »verurteilt«. Sie müssen als Sühne für den Überfall auf Dressler 52 Wochenenden sozialen Dienst in einem Altersheim verrichten. Dressler selbst vergibt den Teenagern und will sich nun wegen Sonias Tod selbst anzeigen. ■ Lisa will weiter verheimlichen, wer der Erzeuger ihres Kindes ist. Um Vater Alex mundtot zu machen, schließt sie mit ihm einen Vertrag: Alex muss auf alle Rechte, die das Kind betreffen, verzichten. Außerdem darf er nicht zugeben, der Vater zu sein.

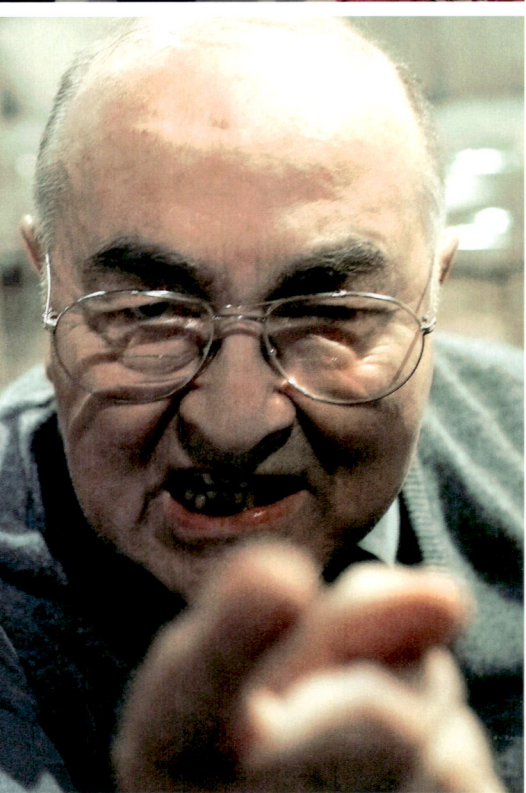

Buch: Hans W. Geißendörfer, Michael Meisheit ■ Regie: Claus Peter Witt ■ Kamera: Jürgen Kerp ■ Redaktion: Lucia Keuter

881 — Gute Nacht, ihr Sorgen, leckt mich am Arsch, bis morgen

20. OKT 02

Hans hat einen Termin mit Rechtsanwältin Rosenbauer. Er soll zum Überfall auf Dressler aussagen. Die Anwältin vertritt Dressler, der sich wegen des Todes von Sonia selbst anzeigen will. Obwohl Dressler klar ist, dass er mit einer langen Gefängnisstrafe rechnen muss, kann er nicht länger mit der Schuld leben. ■ Helga will Marion besuchen. Die fühlt sich in Indien nicht nur wohl, sondern hat auch ihre große Liebe gefunden. Helga will vor allem den jungen Mann kennen lernen, der Marion den Kopf verdreht. Vor der Abreise gilt es allerdings noch einige Hindernisse zu überwinden. ■ Andy und Gabi kehren aus Barcelona zurück. Lisa und Valerie haben die Zeit genutzt und ungefragt das Wohnzimmer in ein Kinderzimmer verwandelt. Nicht mal Gabi schafft es, den aufgebrachten Andy zu beruhigen. Lisa fleht Andy an, sie nicht auf die Straße zu setzen.

Buch: Hans W. Geißendörfer, Michael Meisheit ■ Regie: Claus Peter Witt ■ Kamera: Jürgen Kerp ■ Redaktion: Lucia Keuter

882 | Dunkelheit

27. OKT 02

Andy hat sich durchgesetzt: Lisa muss ausziehen. Valerie schließt sich ihrer Freundin an und verlässt ebenfalls die Wohnung. Darüber ist Gabi sehr verärgert und macht Andy Vorwürfe. Als dieser Gabi dann auch noch eine Eifersuchtsszene wegen Oskar Krämer macht, kommt es zum Krach zwischen den Eheleuten. ■ Hans erhält unerwarteten Besuch: Suzanne aus Dresden steht vor seiner Türe. Sie hat ein Vorstellungsgespräch in München. Hans gewährt ihr gerne Einlass, da sich Suzanne vor dem wichtigen Termin noch hübsch machen will. Als Hajo seinen Freund Hans besucht, staunt er nicht schlecht, als er die ebenso attraktive wie leicht bekleidete Frau vorfindet. ■ Dressler macht ernst: Er will sich tatsächlich bei der Staatsanwaltschaft wegen des Todes von Sonia selbst anzeigen. Tanja unternimmt einen letzten Versuch, ihn umzustimmen – mit Erfolg.

Buch: Hans W. Geißendörfer ■ Regie: Claus Peter Witt ■ Kamera: Jürgen Kerp ■ Redaktion: Lucia Keuter

883 Drei auf einem Rad

3. NOV 02

Andy und Gabi leben zwar in derselben Wohnung, sind aber von Tisch und Bett getrennt. Gabi klagt Iffi ihr Leid, die mit Nico zu Besuch in München ist. Der Rotschopf hat aber selber genug Probleme mit Heiko. Um sich abzulenken, unternehmen Iffi, Momo und Nico eine Radtour. Nico will nie wieder zurück nach Köln.
■ Während Ines' Neffe David durch Israel reiste, war Olaf ständiger Gast bei seiner Geliebten. Heute kehrt David zurück, und Olaf muss wieder zu Else ziehen. Auch Ines erhält schlechte Kunde: Ihr Noch-Ehemann Ingo wurde bei einem Bundeswehreinsatz im Kosovo schwer verletzt. ■ Nina und Klaus kehren von ihrem Urlaub aus Thailand zurück. Zur Feier des Tages hat Suzanne ein Frühstück vorbereitet. Auch Carmen heißt die Urlauber überschwänglich willkommen. Sie würde gerne Philipps Zimmer in der WG beziehen, solange der noch in Hongkong weilt.

Buch: Hans W. Geißendörfer ■ Regie: Claus Peter Witt ■ Kamera: Jürgen Kerp ■ Redaktion: Lucia Keuter

884 | Kriegsfolgen

10. NOV 02

Zwischen Andy und Gabi tobt nach wie vor der Ehekrieg. Keiner von beiden ist bereit, auf den anderen zuzugehen. Iffi kommt die ganze Situation kindisch vor und sie beschließt einzugreifen. Gemeinsam mit Momo und Nico arrangiert sie ein Versöhnungsessen. Andy und Gabi sind gerührt und fallen sich um den Hals. ■ Erich rückt mit Handwerkern in Helgas Wohnung ein. Er hat seiner Ex versprochen, sich in ihrer Abwesenheit um die überfällige Renovierung ihrer Gemächer zu kümmern. ■ Onkel Franz erzählt Hilde vom Krieg und seiner Zeit in Russland und erklärt, eigenhändig einen Verräter exekutiert zu haben. Hilde ist entsetzt. ■ Ines und Olaf wollen schnellstmöglich heiraten. Da gibt es aber ein Problem: Ines' Noch-Ehemann Ingo hat die Scheidungspapiere noch nicht unterschrieben. Der willigt ein, wenn er bis zu seiner Genesung bei Ines wohnen kann.

Buch: Hans W. Geißendörfer ■ Regie: Claus Peter Witt ■ Kamera: Jürgen Kerp ■ Redaktion: Lucia Keuter

885 — Die Schatten der Vergangenheit

17. NOV 02

Ines hat ihren Noch-Ehemann Ingo aufgenommen. Olaf reagiert eifersüchtig auf die neue Situation. Dabei hat Ines gute Gründe, Ingo bei seiner Genesung zu unterstützen. Je eher er wieder gesund ist, desto schneller kann Ingo die Scheidungspapiere unterschreiben. ■ Hans' Küche verwandelt sich in eine Backstube. Gemeinsam mit Urszula und den Kindern backt er Törtchen. Nur Sarah zeigt kein Interesse an dem Zuckergebäck. Sie ist in David verknallt. Ein Annäherungsversuch schlägt jedoch gründlich fehl und Sarah sucht gekränkt das Weite. Abends wird Sarah von Hans bei einer Essattacke erwischt. ■ Weil sich Onkel Franz an sein Geständnis von letzter Woche nicht mehr erinnern kann, beschließt Hilde, der Sache auf den Grund zu gehen. Sie macht einen Kriegskameraden von Onkel Franz ausfindig und fragt ihn aus. Der rät ihr, nicht weiter zu forschen.

Buch: Hans W. Geißendörfer ■ Regie: Herwig Fischer ■ Kamera: Petra Engelhardt ■ Redaktion: Lucia Keuter

886 | Ungewissheit

24. NOV 02

Hans und Anna sind schockiert: Es besteht kein Zweifel mehr, dass ihre Tochter Sarah ernsthaft an Bulimie erkrankt ist. Carsten empfiehlt, Sarah sofort für acht Wochen in eine Spezialklinik einzuweisen, um die Essstörung kompetent zu behandeln. Nach langem Hin und Her willigt Sarah ein. ■ Unerwartet setzen bei Lisa die Wehen ein. Ausgerechnet Erzeuger Alex ist in der Nähe und bringt Lisa samt ihrer Freundin Valerie auf die Entbindungsstation. Dank seinem Einsatz geht alles gut, und Lisa schenkt einem gesunden Jungen das Leben. ■ Helga kehrt aus Indien zurück und ist überglücklich. Bald wird Marion mit ihrem Verlobten Rashid nach München kommen. Nachdem Helga die frisch renovierte Wohnung begutachtet hat, macht sie sich auf den Weg ins Reisebüro. Dort erlebt sie eine Überraschung: Moser hat ein Porträt von ihr aufs Pflaster malen lassen.

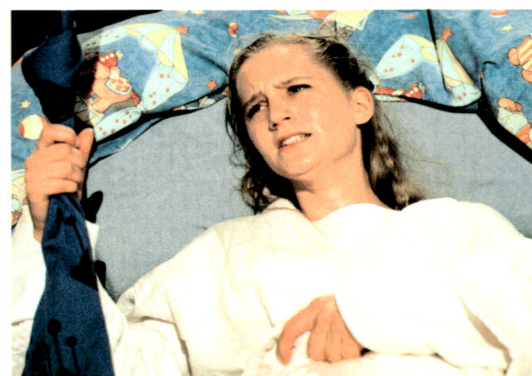

Buch: Irene Fischer ■ Regie: Herwig Fischer ■ Kamera: Petra Engelhardt ■ Redaktion: Lucia Keuter

887 | Bittere Stunden

1. DEZ 02

Hans und Anna begleiten ihre Tochter beim schweren Gang in die Spezialklink für Jugendpsychiatrie. Die leitende Ärztin erklärt ihnen, dass sich Sarah in Sachen Bulimie auf eine lange Therapie einstellen muss. ■ Valerie macht bei Lisas Baby eine alarmierende Entdeckung: Der kleine Paul hat ein Muttermal oberhalb der Hüfte. Das gleiche Muttermal hat Valerie bei Alex in ihrer Liebesnacht gesehen. Wie von Sinnen rast sie zu ihm, um ihn zur Rede zu stellen. Als sie erkennt, dass Alex tatsächlich der Vater ist, setzt sich Valerie in einen Bus und verschwindet spurlos. ■ Schlechte Nachricht für Ingo: Carsten teilt ihm mit, dass seine Hand, die er sich bei einem Bundeswehreinsatz schwer verletzt hat, für immer gelähmt sein wird. Ingo ertränkt seinen Kummer im Alkohol und wird dabei sentimental. Er gesteht Ines, dass er sie immer noch liebt.

Buch: Irene Fischer ■ Regie: Herwig Fischer ■ Kamera: Petra Engelhardt ■ Redaktion: Lucia Keuter

888 Entscheidungen

8. DEZ 02

Früher als erwartet taucht Klaus bei Helga auf. Er will sich in München bei einer Zeitung für ein Praktikum vorstellen. Die Nachricht von Klaus' geplanter Heirat mit Nina löst bei Helga große Glücksgefühle aus. Hilde weigert sich, Onkel Franz weiter zu betreuen. Er scheint tatsächlich im Krieg einen Deserteur erschossen zu haben. ■ Erleichterung bei Zenkers: Andy konnte Valerie finden und nach Hause holen. Valerie leidet sehr darunter, dass Alex und Lisa sie belogen haben und fasst einen wichtigen Entschluss: Sie will nach Mexiko auswandern. ■ Jack ist vom Strafjob im Altersheim total genervt. Sie benimmt sich so daneben, dass sich das Altersheim schriftlich über ihr Verhalten beschwert. Aber das lässt Jack ebenso kalt wie die Versuche von Felix, sie eines Besseren zu belehren. Sie lässt den Beschwerdebrief kurzerhand verschwinden.

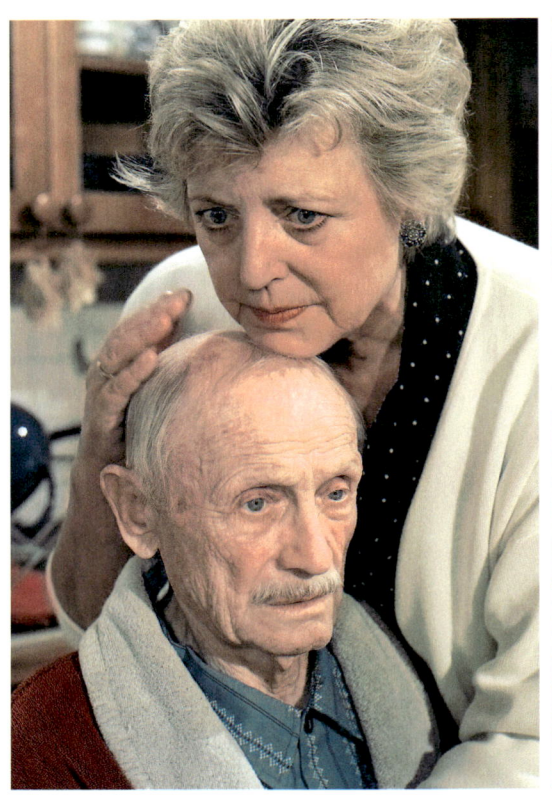

Buch: Irene Fischer ■ Regie: Herwig Fischer ■ Kamera: Petra Engelhardt ■ Redaktion: Lucia Keuter

889 | Vergangenheit

Helga weiß nicht mehr, wo ihr der Kopf steht, seit Hilde die Pflege für Onkel Franz verweigert. Jetzt muss sich Helga nicht nur um ihr Reisebüro kümmern, sondern auch noch um ihren verwirrten Onkel. ■ Philipp hat sein Praktikum in Hongkong beendet und ist nach Dresden zurückgekehrt. Philipp hegt den Verdacht, dass sein Professor an der Uni Gutachten über die Strahlenbelastung durch Mobilfunkmasten zu Gunsten der Industrie fälscht. Um sich Gewissheit zu verschaffen, konfrontiert er den Hochschullehrer mit den Vorwürfen. ■ Olaf packt die Eifersucht: Noch immer pflegt Ines ihren Noch-Ehemann Ingo. Langsam bekommt Olaf den Eindruck, dass seine Zukünftige mehr als nur Nächstenliebe für Ingo empfindet. Was er nicht ahnt: Ines ist mittlerweile geschieden und heißt wieder Krämer. Olaf verlangt unterdessen, dass Ingo auszieht – als Liebesbeweis.

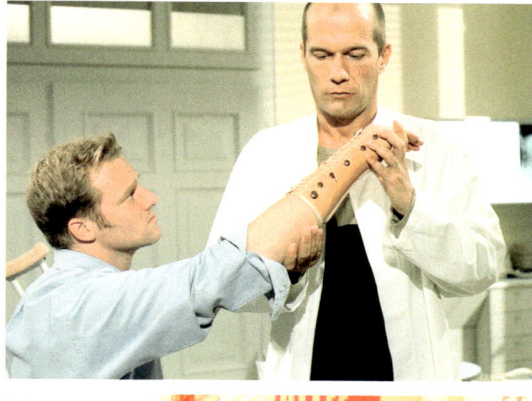

Buch: Irene Fischer ■ Regie: Herwig Fischer ■ Kamera: Petra Engelhardt ■ Redaktion: Lucia Keuter

890 | Ausgestorben

22. DEZ 02

Hans und Anna werden über die ersten Ergebnisse der Therapie informiert. Hans ist schockiert: Sarah fühlt sich von ihm nicht geliebt. Eine Schlüsselrolle kommt ihrem leiblichen Vater Friedhelm zu, der sich vor Jahren das Leben nahm. Sarah wirft Anna vor, ihn in den Tod getrieben zu haben. ■ Helga macht die Doppelbelastung aus Reisebüro und der Pflege von Onkel Franz schwer zu schaffen. Sie ist so erschöpft, dass sie fast die Rückkehr von Marion verschläft. Marion hat in Indien ihre große Liebe gefunden. Rashid wird Marion demnächst in die Lindenstraße folgen. Die sucht schon mal eine Wohnung. ■ Olaf ist wieder glücklich: Endlich wohnt Ingo nicht mehr bei Ines in der Wohnung. Und da die Scheidung der beiden durch ist, kann Olaf Hochzeitspläne schmieden. Olaf ist derart guter Laune, dass er Ingos Versöhnungsversuch akzeptieren kann.

Buch: Irene Fischer ■ Regie: Herwig Fischer ■ Kamera: Petra Engelhardt ■ Redaktion: Lucia Keuter

891 | Das Festessen

Helga bereitet ein Festessen für die ganze Familie vor, zu dem sogar Maja und Enkelkind Lea erwartet werden. Dann spielt der Gastgeberin die Technik einen Streich: Während der Weihnachtsbraten schon in der Röhre schmort, wird das Haus von einem Stromausfall heimgesucht. Später bricht Helga zusammen – sie hat sich übernommen. ■ Sarah besucht heute ihre Familie und teilt einen Entschluss mit. Sie will Hans ab sofort nur noch mit seinem Vornamen ansprechen. Als der mit Tom und Sophie zum Essen bei Helga aufbricht, setzen sich Anna und Sarah zum Mutter-Tochter-Gespräch zusammen. ■ Elena ist zu Besuch und streitet gleich wieder mit ihrer Schwiegertochter. Mary dolmetscht neuerdings ehrenamtlich für die Hilfsorganisation »Asyl pro nobis«. Elena befürchtet, dass Mary dadurch ihre Pflichten sowohl als Ehefrau als auch als Wirtin vernachlässigt.

Buch: Irene Fischer ■ Regie: Herwig Fischer ■ Kamera: Petra Engelhardt ■ Redaktion: Lucia Keuter

892 — Entweder – Oder

Nach ihrem Zusammenbruch diagnostiziert Carsten bei Helga eine Herzstörung. Vor ihren Kindern spielt sie weiter die Gesunde, bis Marion von Carsten erfährt, wie ernst die Lage tatsächlich ist. Aus Sorge um ihre Mutter fassen Klaus und Marion einen schweren Entschluss: Onkel Franz muss ins Heim. ■ Käthe auf Freiersfüßen: Er will Carsten endlich heiraten. Der Umworbene zögert jedoch. Carsten vermisst die Leidenschaft in der Beziehung und hat zudem unschöne Erinnerungen an seine erste Trauung mit Theo. Er fragt Dressler und Tanja um Rat, und dann ist Carsten klar: Er will Käthe heiraten. ■ Irina und Sophie haben von einem Wettbewerb erfahren. Motto: »Eltern tanzen für ihre Kinder«. Die Kinder des Gewinnerpaares dürfen einen Zirkus hautnah erleben. Mangels tanzwilliger Ehepaare wollen Irina und Sophie, dass Urszula und Hans für sie antreten.

Buch: Irene Fischer ■ Regie: Herwig Fischer ■ Kamera: Petra Engelhardt ■ Redaktion: Lucia Keuter

893 | Richtig oder falsch?

Onkel Franz zieht ins Seniorenheim. Schweren Herzens hat Helga dem Druck von Marion und Klaus nachgegeben, denn nur so kann sie der Doppelbelastung aus Pflege und Reisebüro entgehen. Helga macht die neue Situation sehr traurig. ■ Irina und Sophie sind immer noch auf der Suche nach Freiwilligen für den Tanzwettbewerb. Sie haben Glück, denn als sie Berta ihr Herz ausschütten, ist diese begeistert. Bei der Balz um Berta hatte ihr »Nicki« damals geprahlt, was für ein Supertänzer er sei. Sie ahnt nicht, dass Hajo geflunkert hatte. ■ Die Dresdner WG ist alarmiert. Nina und Suzanne haben zufällig gesehen, wie Carmen mit einer Freundin aus der alten Nazi-Clique um die Häuser zog. Voller Sorge, sie könne erneut abdriften, laden sie Carmen in die WG ein. Später finden sie ein verdächtiges Schriftstück – Carmen ist wieder in der rechten Szene aktiv.

Buch: Susanne Kraft ■ Regie: Herwig Fischer ■ Kamera: Petra Engelhardt ■ Redaktion: Lucia Keuter

894 | Herzensangelegenheiten

19. JAN 03

Helga hat Furcht vor der bevorstehenden Herz-Operation. Die ganze Familie spricht ihr Mut zu, besonders Klaus kümmert sich liebevoll um seine Mutter. Alex arbeitet Marion im Reisebüro ein und somit gibt es für Helga keinen Grund, die Operation zu verschieben. Für den Fall der Fälle hat sie schon ihr Testament geschrieben. Sogar Else fühlt mit Helga. ■ Mit viel Elan macht sich Isolde ans Tagwerk. Als neue Hausbesitzerin muss sie nicht lange nach Problemen suchen. Der erst kürzlich renovierte Keller hat feuchte Wände. Noch schlimmer: Das Haus muss komplett saniert werden – für mindestens 150.000 Euro. ■ Carmen will mit einer Freundin aus ihrer alten Clique das Konzert einer rechten Musikgruppe besuchen. Philipp ist besorgt und versucht sie von dem Besuch abzuhalten. Als die WG-ler weg sind, taucht Carmens rechte Freundin Sylvia auf.

Buch: Susanne Kraft ■ Regie: Herwig Fischer ■ Kamera: Petra Engelhardt ■ Redaktion: Lucia Keuter

895 | Es reicht!

Isolde bestellt einen Gutachter. Ergebnis: Die Außenwand im Haus Nr. 3 ist undicht und muss aufwändig saniert werden. Isolde stellt Seegers zur Rede, doch der wiegelt ab: Beim Verkauf sei der Schaden unbekannt gewesen. Mit Hilfe des Verlegers Hey beweist Isolde, dass Seegers lügt. ■ Helga hat die Herz-Operation gut überstanden. Marion vertritt ihre Mutter im Reisebüro, was Alex sichtlich gefällt. Beim Streichen von Marions neuer Wohnung kommen sie sich näher. ■ Sarah ist wieder zu Hause. Hans ist beeindruckt, wie offen Sarah über ihre Krankheit spricht. Da eröffnet sich Hans ein neues Problem. Jack steht im Altenheim vor dem Rausschmiss. Wie immer ist sie sich keiner Schuld bewusst. Hans reicht es nun endgültig. Er stellt Jack vor die Wahl: Entweder Jack reißt sich in Zukunft zusammen, oder Hans ist es egal, wie es mit ihr weitergeht.

Buch: Susanne Kraft ■ Regie: Herwig Fischer ■ Kamera: Petra Engelhardt ■ Redaktion: Lucia Keuter

ns, zumal sie Hans versprochen hatte, ihre Strafe weiter abzu-
896 | Paso doble

2. FEB
03

Jack schwänzt ihren Dienst im Altenheim, damit sie sich um ihren kranken Freund kümmern kann. Felix hat dafür kein Verständnis, zumal sie Hans versprochen hatte, ihre Strafe weiter abzuarbeiten. Als Jack auch noch Carstens Rezeptblock stiehlt, rastet Felix aus. ■ Hajo hat Berta seine »wilde Seite« nur vorgetäuscht. Weder kann er tanzen, noch hat er irgendein Rhythmus-Gefühl. Die bestens gelaunte Berta möchte jedoch sofort mit dem Tanz-Training beginnen. Hajo flüchtet aus der Wohnung, macht aus der Not eine Tugend. Heimlich nimmt er Unterricht bei Vasily. ■ Carmen will zurück in die alte rechtsradikale Clique. Als Beweis für die rechte Gesinnung verwüstet Carmen die Inneneinrichtung der WG. Als Klaus & Co. zurückkommen, treffen sie auf eine aufgelöste Carmen. Kleinlaut gesteht sie, ganz allein für die Zerstörung verantwortlich zu sein.

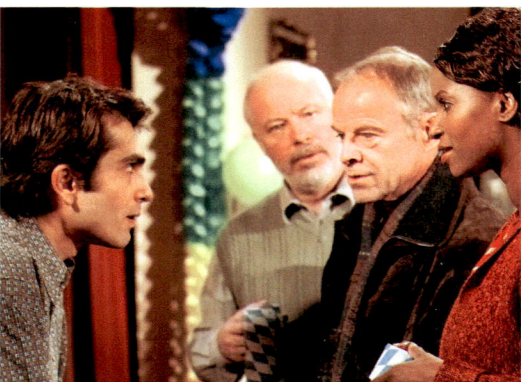

Buch: Marcus Hertneck ■ Regie: Herwig Fischer ■ Kamera: Petra Engelhardt ■ Redaktion: Lucia Keuter

897 | Unser Lied

Carmen wird in die WG vorgeladen. Sie soll erklären, warum sie die Wohnung in Trümmer gelegt hat. Verzweifelt berichtet sie, wie einsam und verlassen sie sich fühlt. Nun machen sich auch Philipp, Klaus und Suzanne schwere Vorwürfe. Sie wollen Carmen eine zweite Chance geben. ■ Als Rosi auf dem vereisten Fußweg vor dem »Café Moorse« stürzt, kommt es zwischen Urszula und Paolo zum Streit. Paolo fühlt sich in die Enge gedrängt und erzählt Urszula, dass sie ihren Laden allein seiner Großzügigkeit verdankt. Urszula will Paolo aber auf keinen Fall etwas schuldig sein. ■ Zwischen Alex und Marion hat es mächtig gefunkt. Doch Marion kann ihre Gefühle nicht einordnen und ist verunsichert. In wenigen Wochen wird Rashid, ihre große Liebe aus Indien, zu ihr nach München ziehen. Alex bietet ihr an, ganz aus ihrem Leben zu verschwinden, wenn sie es will.

Buch: Marcus Hertneck ■ Regie: Herwig Fischer ■ Kamera: Petra Engelhardt ■ Redaktion: Lucia Keuter

898 | Der alte Narr

16. FEB
03

Marion kann sich nicht zwischen Alex und Rashid entscheiden. Alex ist bedrückt, akzeptiert aber, dass Marion zunächst auf Abstand geht. Rashid hat sich bereits angekündigt. Er kommt in vier Wochen nach München. ■ Urszula will Paolo nicht dankbar sein müssen und zahlt den von ihm übernommenen Mietkostenzuschuss zurück. Paolo wiederum schenkt den Betrag der verblüfften Rosi als Schmerzensgeld. Paolos reuige Geste der Versöhnung lässt selbst die wütende Urszula schmunzeln. Parallel dazu läuft Paolos Umzug nach Moosach. ■ Nicht nur Ines und Olaf wollen heiraten, auch Oskar scheint eine Liebschaft zu haben. Was außer ihm niemand weiß: Er hat es auf Gabi abgesehen. Mit ihr will er sich zur Ruhe setzen und hat dafür ein Angebot von einem romantischen Haus am See eingeholt. Gabi und Ines rätseln, wer die geheimnisvolle Liebe sein könnte.

Buch: Marcus Hertneck ■ Regie: Wolfgang Frank ■ Kamera: Jochen Wrobel ■ Redaktion: Lucia Keuter

899 | Üben, üben, üben!

Berta und Hajo trainieren unter Vasilys Anleitung im »Akropolis«. Zumindest was das Tanzen anbelangt, scheinen die beiden noch nicht das perfekte Paar zu sein. Als sie sich ein Tanzvideo anschauen und auch das gelieferte Kleid keine Zustimmung findet, kommen Berta Zweifel. Sollen sie an dem Wettbewerb teilnehmen? ■ Gabi rätselt weiter, wer die heimliche Liebe Oskars sein könnte. Als der ihr bei einem gemeinsamen Abendessen offenbart, dass niemand anderes als sie selbst seine Auserkorene sei, flüchtet die verschreckte Gabi. Oskar bleibt enttäuscht zurück. ■ Carsten und Käthe geben sich auf dem Standesamt das Ja-Wort. Leider kommt es nicht zu der geplanten Feier, denn Jacks Medikamentenhandel mit Carstens Rezeptblock fliegt auf und Jack aus dem Wohnheim raus. Jack will nur noch eines – weg. Da bietet ihr Dressler an, beim ihm einzuziehen.

Buch: Hans W. Geißendörfer ■ Regie: Wolfgang Frank ■ Kamera: Jochen Wrobel ■ Redaktion: Lucia Keuter

900 | Heldentum

Heute steigt der große Tanzwettbewerb. Berta ist euphorisch und fürchtet keine Konkurrenz. Sie ahnt nicht, dass Hajo unter einer Knieverletzung leidet. Trotzdem tanzt sich Hajo tapfer durch das Programm – so lange, bis er auf der Tanzfläche kollabiert. Schöner Trost: Sie gewinnen den Wettbewerb. ∎ Iffi freut sich auf den Besuch aus Köln. Allerdings sagt ihr Heiko via Anrufbeantworter kurzfristig ab. Noch schlimmer: Sie weiß nicht, wann und mit welchem Zug Nico ankommt. Da sie Heiko nicht erreicht, macht sich Iffi auf die Suche nach ihrem Sohn. Später sagt sie Gabi, dass sie nicht mehr zu Heiko zurück will. ∎ Jack bezieht ihre neue Bleibe bei Dr. Dressler. Trotz des Überfalls ist Dressler fest entschlossen, Jack eine Heimat zu bieten und positiv auf sie einzuwirken. Aus eigener Erfahrung warnt Hans ihn jedoch vor dem unberechenbaren Teenager.

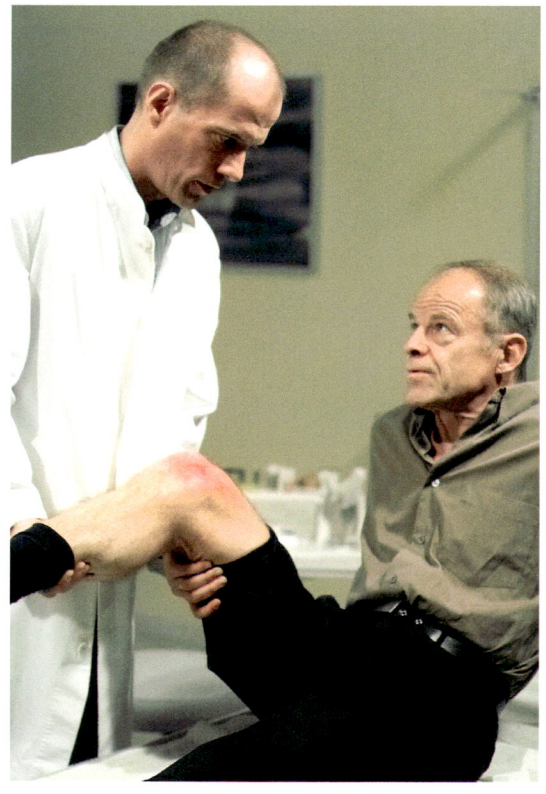

Buch: Hans W. Geißendörfer ∎ Regie: Wolfgang Frank ∎ Kamera: Jochen Wrobel ∎ Redaktion: Lucia Keuter

901 | Bedrohliches Schweigen

Andy stolpert im Treppenhaus über den schlafenden Heiko. Der ist nach München geeilt, nachdem Iffi ihm per Telefon mitgeteilt hatte, dass sie nicht mehr nach Köln zurückkehren will. Heiko will Iffi nun persönlich umstimmen. Der Versuch misslingt: Iffi macht endgültig Schluss mit ihm. ■ Jack fühlt sich in ihrem neuen Heim noch gar nicht heimisch. Sie misstraut Dressler und seinen angeblich edlen Motiven. Um den alten Doktor aus der Reserve zu locken, lässt Jack keine Gelegenheit aus, ihn zu provozieren – indem sie permanent schweigt. ■ Alex leidet wie ein Hund. Bis über beide Ohren hat er sich in Marion verliebt. Die geht aber auf Distanz zu ihm, da die Ankunft ihres indischen Freundes Rashid kurz bevor steht. Weil Alex keinen Ausweg mehr sieht, will er aus Marions Leben verschwinden und kündigt seinen Job bei Helga. Die fragt nach den Gründen.

Buch: Hans W. Geißendörfer ■ Regie: Wolfgang Frank ■ Kamera: Jochen Wrobel ■ Redaktion: Lucia Keuter

902 | Einer für mein Baby

16. MÄR 03

Marion holt ihren indischen Freund Rashid vom Flughafen ab. Der will mit Marion in der Lindenstraße ein neues Leben beginnen. Rashid ist überaus freundlich und bringt sogar Alex ein Geschenk mit. Er ahnt nicht, dass auch Alex in Marion verliebt ist. ■ Vasily will das »Akropolis« renovieren. Über Oskar bestellt er neue Tische. Während er Tapeten und Farben aussucht, ruft die Asylhilfe an und bittet Mary um Hilfe. Im Krankenhaus liegt die hochschwangere Alota aus Nigeria. Die junge Frau leidet an Aids und ist nach Deutschland gekommen, da nur hier die Chance besteht, ihr Baby gesund zur Welt zu bringen. ■ Tanja wundert sich über ihre Chefin Urszula. Die legt seit einiger Zeit ein gesteigertes Interesse an der Person von Hans Beimer an den Tag. Höflich aber bestimmt erinnert sie ihre Freundin daran, dass Hans glücklich verheiratet ist.

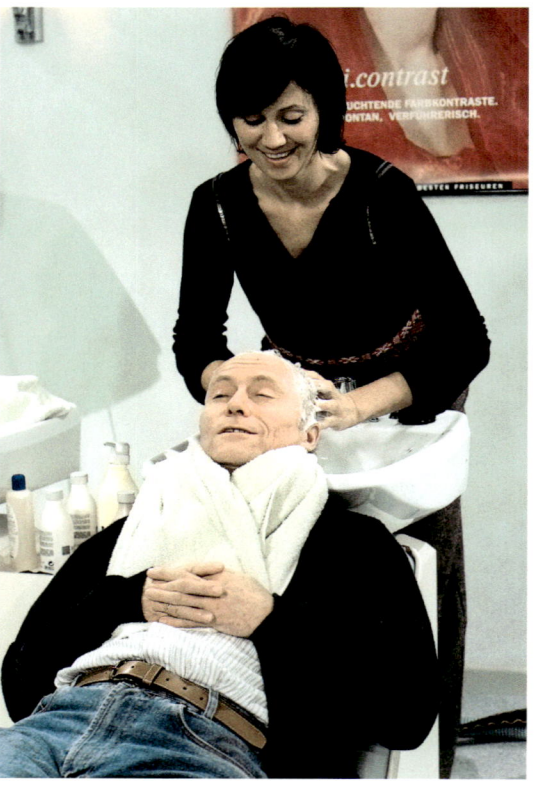

Buch: Michael Meisheit ■ Regie: Wolfgang Frank ■ Kamera: Jochen Wrobel ■ Redaktion: Lucia Keuter

903 Komm flieg mit mir

Helga geht Klaus und Nina gewaltig auf die Nerven. Ungefragt übernimmt Helga die gesamte Planung der Hochzeit, ohne die Wünsche des Brautpaares auch nur im geringsten zu berücksichtigen. ■ Mary ist betroffen: Eine junge Asylantin aus Nigeria ist bei der Geburt ihres Kindes gestorben. Sie litt an Aids. Mary erfährt, dass die Schwester der Nigerianerin infiziert wurde und ebenfalls schwanger ist. Aber es gibt ein Medikament, das verhindern könnte, dass das Neugeborene ebenfalls HIV-positiv auf die Welt kommt. Mary wendet sich an den Pharmakonzern, der dieses Medikament vertreibt. ■ Murats Lieblingsonkel liegt im Sterben. Von seiner Familie hat er den Auftrag, den Onkel nach dessen Ableben in die türkische Heimat zu bringen. Da Murat unter Flugangst leidet, schlägt Olli vor, den Leichnam in einem Behälter auf dem Autodach zu transportieren.

Buch: Michael Meisheit ■ Regie: Wolfgang Frank ■ Kamera: Jochen Wrobel ■ Redaktion: Lucia Keuter

904 Mein Weg

30. MÄR 03

Murats Onkel ist verstorben und muss auf Geheiß der Familie in die Türkei gebracht werden. Murat und Olli wollen den Leichnam in einer Box auf dem Autodach transportieren. Alles läuft nach Plan, bis Else über den im Hinterhof zwischengelagerten toten Onkel stolpert. ■ Es fällt Marion schwer, sich an das Leben mit Rashid zu gewöhnen. Ihr indischer Freund hat außer ihr keine Bezugspersonen in seiner neuen Heimat; Marion fühlt sich eingeengt. Nina droht derweil, die Hochzeit mit Klaus abzusagen, falls sich Helga weiterhin so vehement in die Planungen einmischt. ■ Dressler versucht unverzagt, das Vertrauen seiner neuen Untermieterin Jack zu erlangen. Die macht es ihm aber nicht gerade einfach. Tapfer trotzt Dressler allen Unverschämtheiten, die Jack sich unermüdlich ausdenkt. Dagegen ist es um Gungs Nervenkostüm nicht so gut bestellt.

Buch: Michael Meisheit ■ Regie: Wolfgang Frank ■ Kamera: Jochen Wrobel ■ Redaktion: Lucia Keuter

905 | Liebe und Heirat

Mary hat einen Termin beim Pharma-Vorstand Wenniger. Sie will ihn dazu bewegen, dass sein Konzern Aids-Infizierten in Afrika mit Medikamenten hilft. Doch Wenniger lässt das Treffen platzen. Abends kommt er dennoch ins »Akropolis« und sagt überraschend Mary seine Hilfe zu. ■ In Dresden läuten die Hochzeitsglocken. Fernab von Helga geben sich Klaus und Nina das Ja-Wort. Suzanne und Philipp sind die stolzen Trauzeugen. Klaus macht sich Sorgen, wie seine Mutter auf die heimliche Hochzeit reagieren wird. Als Helga davon erfährt, gerät sie außer sich vor Wut. ■ Im Friseursalon taucht ein fremder Mann auf und möchte ausdrücklich von Urszula frisiert werden. Der Fremde hat die hübsche Polin im Internet gesehen, als Beate mit versteckten Kameras ihre Idee der weltweiten WG verwirklichen wollte. Nun möchte er persönlich Urszulas Bekanntschaft machen.

Buch: Michael Meisheit ■ Regie: Wolfgang Frank ■ Kamera: Jochen Wrobel ■ Redaktion: Lucia Keuter

906 — Das können sie mir nicht nehmen

13. APR 03

Tanja und Franziska beschließen, ihrer Mitbewohnerin Urszula bei der Suche nach einem Mann unter die Arme zu greifen. Ohne sie zu fragen, geben sie im Internet eine Kontaktanzeige auf. Währenddessen lernt Urszula einen netten Mann im Friseursalon kennen und verabredet sich mit ihm zum Abendessen. ■ Schwerer Stand für den frisch vermählten Klaus. Helga ist stocksauer auf ihn, weil er hinter ihrem Rücken in Dresden geheiratet hat. Der Gescholtene versucht seine Mutter mit einer weiteren großen Neuigkeit zu besänftigen: Mit seiner Frau Nina zieht er nach München. ■ Gabi erhält einen seltsamen Brief. Offensichtlich wurde eine Agentur für Personensuche beauftragt, sie zu finden. Auftraggeber ist ein gewisser Bruno Skabowski. Gabi ist geschockt. Bruno ist ihr leiblicher Vater, von dem sie seit 40 Jahren weder etwas gehört noch gesehen hat.

Buch: Michael Meisheit ■ Regie: Wolfgang Frank ■ Kamera: Jochen Wrobel ■ Redaktion: Lucia Keuter

907 | Es war ein sehr gutes Jahr

Carsten macht sich Sorgen um seine Sprechstundenhilfe Horowitz. Die hat eine schwere Erkältung verschleppt. Anscheinend ist ihr die Krankheit auf das Herz geschlagen. Umgehend schickt Carsten sie in die Klinik. Zugleich macht er sich Vorwürfe, weil er den Ernst der Lage zu spät erkannt hat. ■ Olaf ist entsetzt: Er findet bei Ines eine Broschüre über Sterilisation. Und das, obwohl Olaf sich doch nichts mehr als einen Stammhalter wünscht. Wütend und verletzt stellt er Ines zur Rede. Else rät später, sich wieder mit Ines zu versöhnen. ■ Erich erwartet die Ankunft seiner Tochter und seines Enkelkindes Popo. Groß ist die Enttäuschung, als Pat ohne die kleine Popo aus Kanada anreist. ■ Schöne Bescherung: Als Herr Krämer die Tische für Vasilys Lokal anliefern lässt, traut der Grieche seinen Augen nicht. Die Tischplatten zeigen asiatische Dekorationen.

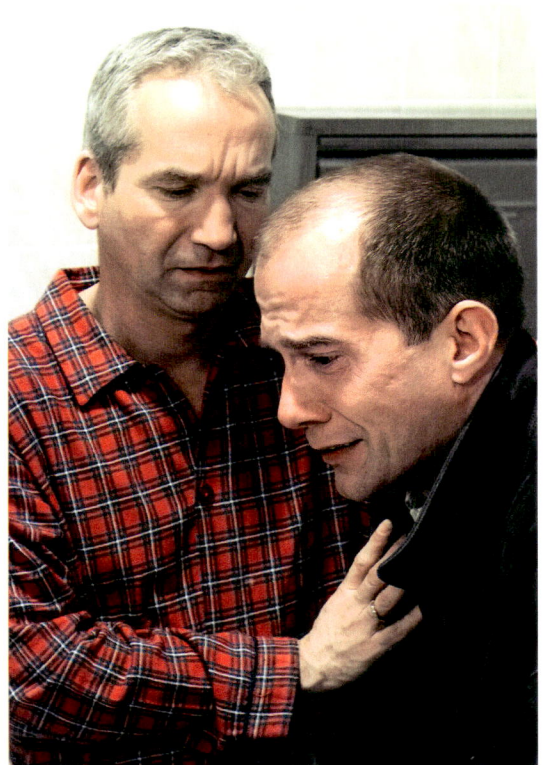

Buch: Michael Meisheit ■ Regie: Wolfgang Frank ■ Kamera: Jochen Wrobel ■ Redaktion: Lucia Keuter

908 So ist das Leben

Carsten ist am Boden zerstört. Frau Horowitz ist an den Folgen einer Endokarditis gestorben. Carsten fühlt sich schuldig, weil er die Erkrankung nicht rechtzeitig erkannt hat. Er zweifelt an seiner Berufung und will ab sofort nicht mehr praktizieren. ■ Marion ist eifersüchtig. Nicht etwa, weil Rashid einer anderen schöne Augen macht. Nein: Pat ist ihr ein Dorn im Auge, die heftig mit Alex flirtet. Aber auch Rashid beginnt zu merken, dass sein »Schmetterling« mit den Gedanken ganz woanders ist. ■ Tanja und Franziska haben für Urszula eine Kontaktanzeige im Internet aufgegeben. Dann passiert eine Panne: Ohne sich abzusprechen, haben beide getrennt voneinander einen Bewerber ins »Akropolis« eingeladen. Somit hat Urszula gleich zwei Dates am selben Abend. Kurzerhand übernimmt Tanja die eine Verabredung und gibt sich als Urszula aus.

Buch: Michael Meisheit ■ Regie: Wolfgang Frank ■ Kamera: Jochen Wrobel ■ Redaktion: Lucia Keuter

909 Was Dummes

Hans und Helga haben für Nina und Klaus eine Überraschungsparty organisiert, um deren Hochzeit nachzufeiern. Ort des Geschehens ist die Wohnung von Hans und Anna. Hier warten Verwandte, Bekannte und Nachbarn auf das junge Paar. ■ Derweil haben es sich Klaus und Nina in der Beimer-Wohnung gemütlich gemacht und die Einladung glatt vergessen. Als Hans auftaucht, haben sie wenig Verständnis für sein herzliches Drängen. Sie ahnen ja nicht, dass die Einladung nur ein Vorwand war und sich ihre Freunde in der Ziegler-Wohnung die Beine in den Bauch stehen. ■ Rashid geht aufs Ganze: Er will die Party zum Anlass nehmen, seiner großen Liebe Marion vor allen Leuten einen Heiratsantrag zu machen. In der Aufregung verliert Rashid aber die Verlobungsringe. Noch schlimmer: Alex fordert Marion öffentlich auf, Rashid zu verlassen und sich zu ihm zu bekennen.

Buch: Michael Meisheit ■ Regie: Wolfgang Frank ■ Kamera: Jochen Wrobel ■ Redaktion: Lucia Keuter

910 Was jetzt, meine Liebe?

11. MAI 03

Auch eine Woche nach der Überraschungsparty für Klaus und Nina leiden die Betroffenen immer noch an den Nachwehen des Festes. Am tiefsten sitzt der Schock bei Helga. Sie kann Marion und Alex nicht verzeihen, was sie Rashid angetan haben. ■ Isolde hat alle Hände voll zu tun. Am Haus Nr. 3 beginnen die Bauarbeiten, um den feuchten Keller wieder trocken zu legen. Die Hausgemeinschaft interessiert sich allerdings mehr für den arabischen Mieter in der ehemaligen Varese-Wohnung. Else vermutet, es handele sich um einen Terroristen. ■ Gabi fällt aus allen Wolken. Vor ihr steht plötzlich ihr leiblicher Vater Bruno Skabowski. Er hatte sie und ihre Mutter vor 40 Jahren verlassen und nie wieder etwas von sich hören lassen. Gabi ist empört über Brunos Verhalten und setzt ihn vor die Tür. Da kommt Rosi und überlegt, woher sie diesen Mann wohl kennt.

Buch: Michael Meisheit ■ Regie: Wolfgang Frank ■ Kamera: Jochen Wrobel ■ Redaktion: Lucia Keuter

911 | Seemannsgarn

18. MAI 03

Seit Bruno aufgetaucht ist, macht sich Gabi Sorgen um das Seelenheil ihrer Mutter. Noch ahnt Rosi nicht, dass Bruno den Kontakt zur Familie sucht. Gabi fordert daher Bruno auf, aus ihrem und Rosis Leben zu verschwinden. ■ In der Praxis geht es drunter und drüber. Dressler vertritt Carsten, der sich seit dem Tod von Frau Horowitz weigert, weiter zu praktizieren. Da sich auch noch Berta krankgemeldet hat, will der völlig überforderte Gung den Praxisbetrieb in den Griff bekommen. Lisa bewirbt sich als Hilfe und bittet ausgerechnet Berta, sie dabei zu unterstützen. ■ Klaus und Nina kehren Dresden den Rücken. Während sich Klaus auf seine alte Heimat freut, ist Nina traurig. Schließlich muss sie ihre beste Freundin Suzanne verlassen. Auch Philipp wechselt den Ort; er setzt sein Studium in Berlin fort. ■ Rashid reist heute zurück nach Indien.

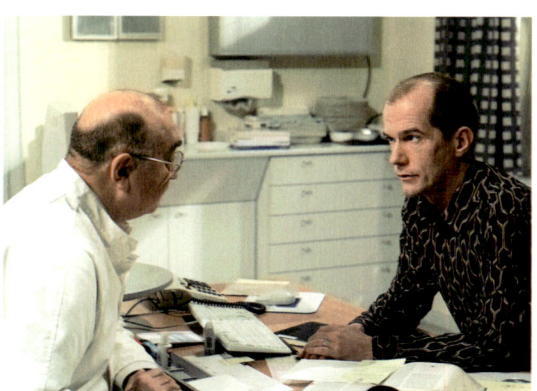

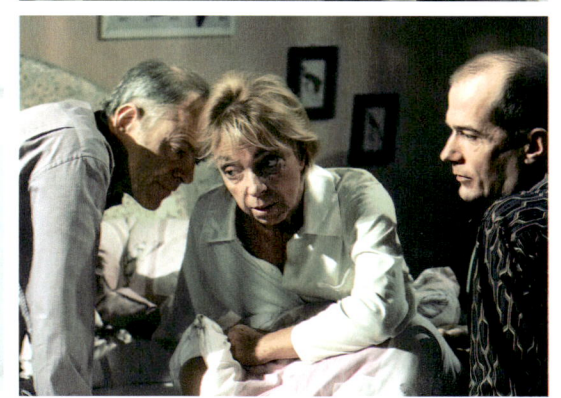

Buch: Irene Fischer ■ Regie: Susanne Zanke ■ Kamera: Matthias Skorupa ■ Redaktion: Lucia Keuter

912 | Frost

25. MAI 03

Helga kann Marion nicht verzeihen, dass sie wegen Alex ihren Freund Rashid verlassen hat. Einziger Lichtblick: Klaus und Nina werden bei Marion einziehen. ■ Ines hat eine schwerwiegende Entscheidung getroffen: Sie will definitiv kein Kind mehr, da sie den Tod ihres Sohnes Kevin nicht überwinden kann. Für Olaf bricht eine Welt zusammen. Schließlich wünscht er sich nichts sehnlicher als einen Stammhalter. Olaf überlegt, die Hochzeit mit Ines kurzfristig abzusagen. ■ Berta im Zwiespalt: Eigentlich ist sie froh, dass Carsten wieder praktiziert. Probleme hat sie allerdings mit Lisa, die nun als Sprechstundenhilfe arbeitet. ■ Im Praxis-Computer stößt Carsten auf Frau Horowitz´ Privatdateien. Ein gewisser Karl hat der Verstorbenen unzählige Liebesbriefe per eMail geschickt. Ob der unbekannte Freund noch gar nichts vom Tod seiner Angebeteten weiß?

Buch: Irene Fischer ■ Regie: Susanne Zanke ■ Kamera: Matthias Skorupa ■ Redaktion: Lucia Keuter

913 — Der Schläfer

Olaf eröffnet Olli, dass er nicht sein Trauzeuge sein wird. Außerdem pfändet er Ollis Gehalt für den Schaden an seinem Auto. Als Olli dann auch noch mit Murat in Streit gerät, ist das Maß voll. Olli verschwindet wütend von der Bildfläche. ■ Über Monate erhielt die kürzlich verblichene Frau Horowitz elektronische Verehrerpost von einem Mann namens Karl. Carsten und Käthe treffen sich mit Karl und erzählen ihm vom Tod Horowitz'. Karl erklärt Carsten, dass dieser mit Sicherheit nicht Schuld an ihrem Tod sei. ■ Isolde steht das Wasser bis zum Hals – und das wortwörtlich. Die Rinne vor dem Haus hat sich über Nacht in einen Wassergraben verwandelt. Erich muss den Bewohnern des Hauses das Wasser abdrehen und informiert alle Nachbarn. Lediglich der neu eingezogene Araber ist nicht zu erreichen – obwohl in seiner Wohnung seltsame Dinge geschehen.

Buch: Irene Fischer ■ Regie: Susanne Zanke ■ Kamera: Matthias Skorupa ■ Redaktion: Lucia Keuter

914 | Hochzeitsglocken

8. JUN 03

Olaf und Ines feiern ihre Hochzeit. Die Freude ist allerdings getrübt: Else liegt nach einem Schlaganfall in einer Klinik, und Olaf macht sich große Sorgen um seine Mutter. Ursprünglich wollte er sogar die Hochzeit verschieben, aber Else selbst war dagegen. ■ Gabi ist entsetzt, als sie unter den Gästen bei Olafs und Ines' Feier Bruno entdeckt. Da Rosi auch zur Hochzeitsgesellschaft geladen ist, versucht Gabi alles Erdenkliche, um die Aufmerksamkeit ihrer Mutter auf sich zu lenken. Als sich Hilde dann verplappert, erkennt Rosi doch ihren Ex-Mann. Wutentbrannt verkündet sie, nie wieder etwas mit Gabi zu tun haben zu wollen. ■ Nach den Vorgängen der vergangenen Woche hat der arabische Mieter aus dem vierten Stock sein Mietverhältnis gekündigt. Auch Isoldes Entschuldigung kann ihn nicht davon abhalten, wieder in seine Heimat zurückzukehren.

Buch: Irene Fischer ■ Regie: Susanne Zanke ■ Kamera: Matthias Skorupa ■ Redaktion: Lucia Keuter

915 | Experimente

15. JUN 03

Alex hat für drei Monate einen Job als Animateur angenommen, und Marion begleitet ihn. So können beide der noch immer wütenden Helga aus dem Weg gehen. ■ Der Einstieg auf dem neuen Revier wird Nina nicht einfach gemacht. Sie versucht verzweifelt, Klaus von ihren Sorgen zu erzählen. Der aber hat momentan kein offenes Ohr, weil er selbst zu sehr beschäftigt ist. Seine Mutter will, dass er im Reisebüro mitarbeitet. ■ Anna hat Urlaub, und die Familie feiert mit einem Frühstück im Bett. Die Stimmung schlägt um, als Anna erklärt, mit der ganzen Familie aus der Lindenstraße ausziehen zu wollen. ■ Rosi steht mit Gabi auf Kriegsfuß. Sie kann ihrer Tochter nicht nachsehen, dass sie sie nicht über das Auftauchen ihres Ex-Mannes Bruno aufgeklärt hat. Als dann auch noch besagter Bruno mit einem Blumenstrauß vor der Türe steht, platzt Rosi der Kragen.

Buch: Irene Fischer ■ Regie: Susanne Zanke ■ Kamera: Matthias Skorupa ■ Redaktion: Lucia Keuter

916 | Dreiunddreißig

22. JUN 03

Tanja feiert Geburtstag und lädt zum Brunch. Ihre Freunde und Nachbarn erscheinen vollzählig und haben jede Menge Überraschungen im Gepäck. Tanjas Freude ist allerdings getrübt. Ausgerechnet Franziska scheint den Geburtstag völlig vergessen zu haben. Im Gespräch mit Carsten fragt sie, ob die Beziehung zu Franziska überhaupt noch eine Zukunft hat. ■ Iffi hat Sorgen: Sie ist auf der Suche nach einer bezahlbaren Wohnung für sich und Nico. Iffi hat das Gefühl, Gabi und Andy mit Nico auf die Nerven zu gehen. ■ Anna sucht für Hans aus den Anzeigen der Zeitung eine Stelle heraus. Und zwar nach dem Prinzip Zufall mit geschlossenen Augen. Das Ergebnis ist ausgerechnet ein Job im Hotelgewerbe. Da war Hans schon einmal, und nicht nur Anna hat böse Erinnerungen an diese Zeit. ■ Oskar will seinen Laden aufgeben und die Lindenstraße verlassen.

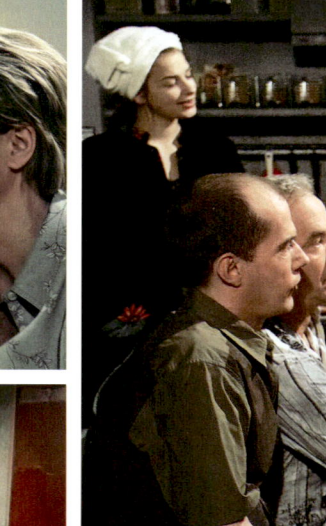

Buch: Irene Fischer ■ Regie: Susanne Zanke ■ Kamera: Matthias Skorupa ■ Redaktion: Lucia Keuter

917 | Gladiolen

29. JUN 03

Oskar verlässt die Lindenstraße. Den Humanitasladen will er eigentlich für immer schließen, aber Bruno hat eine Idee, wie das Geschäft erhalten bleiben kann: Rosi hätte das Zeug, den Laden zu führen. Die denkt aber gar nicht daran, sich über Bruno anheuern zu lassen. ■ Mary erfährt von Herrn Wenniger, dass das Baby von Alotas Schwester Bariya bei der Geburt gestorben ist. Mary will nun die HIV-positive Bariya nach Deutschland holen. Schließlich hat sie Alota am Sterbebett versprochen, sich um ihre Schwester zu kümmern. ■ Die Reparaturen am Haus Nr. 3 sind beendet und werden heute vom TÜV geprüft. Zu Isoldes Erleichterung hat der Gutachter an den Bauarbeiten nichts zu beanstanden. Isolde ihrerseits begutachtet den TÜV-Mann. Der heißt Marek, ist Pole und wäre eigentlich der perfekte Mann für Urszula. Isolde will die beiden zusammenbringen.

Buch: Irene Fischer ■ Regie: Susanne Zanke ■ Kamera: Matthias Skorupa ■ Redaktion: Lucia Keuter

918 — Ein netter Abend unter Freunden

6. JUL 03

Tanja freut sich auf zwei Wochen Rhodos-Urlaub mit Franziska. Die möchte aber plötzlich nicht mehr auf die griechische Insel, sondern nach Sylt. Hier findet eine gigantische Party statt. Tanja stellt Franziska vor die Wahl: Wenn sie wirklich nach Sylt fährt, ist es aus zwischen ihnen. ■ Nina hat große Probleme mit ihren neuen Kollegen, die offenbar keine Frau als Vorgesetzte akzeptieren können. Um das Eis zu brechen, lädt Nina die Gesetzeshüter zu einer bayerischen Brotzeit in ihre Wohnung ein – vergebens. Unter fadenscheinigen Gründen sagen die Kollegen am Abend ab. ■ Mary hat beschlossen, die aidsinfizierte Bariya zu sich zu holen und deren Pflege zu übernehmen. Mit ihrem Plan stößt sie nicht nur bei Vasily auf Unverständnis. Trotzdem will Mary alles für die Ankunft der schwerkranken Nigerianerin vorbereiten. Hilfe bietet ihr nur Hajo an.

Buch: Susanne Kraft ■ Regie: Susanne Zanke ■ Kamera: Matthias Skorupa ■ Redaktion: Lucia Keuter

919 Kinderkrankheiten

Olaf wächst die Arbeit in den »Aloisius Stub'n« über den Kopf. Seitdem Olli spurlos verschwunden ist, muss Olaf die Geschäfte im Imbiss alleine führen. Olaf will nun Murat zum Dienst am Grill verpflichten. Andernfalls verrät er dessen Beteiligung am Überfall auf den Supermarkt. ■ Ein Lehrer von Jacks Schule kündigt sich bei Dressler an. Jack verspürt jedoch keine Lust, dem Lehrkörper zu begegnen und sucht das Weite. Und das aus gutem Grund: Sie hat mehrfach nicht nur die Schule geschwänzt, sondern auch noch Dresslers Unterschrift auf den Entschuldigungen gefälscht. Zu Jacks Überraschung nimmt Dressler sie vor dem Lehrer in Schutz. ■ Franziska ist nur noch ein Häufchen Elend. Anstatt mit Tanja den Urlaub auf Rhodos zu genießen, liegt sie mit einer Sommergrippe im Bett. Jetzt wartet das Partygirl ungeduldig auf Nachricht von ihrer Geliebten.

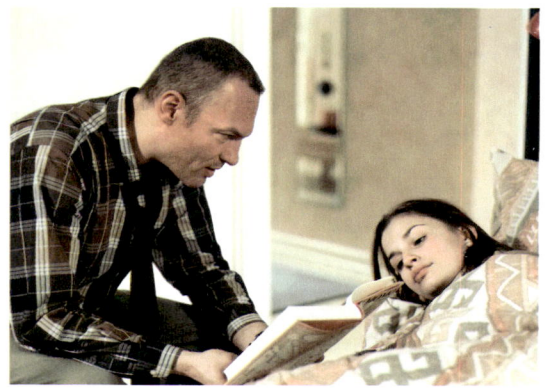

Buch: Susanne Kraft ■ Regie: Kerstin Krause ■ Kamera: Petra Engelhardt ■ Redaktion: Lucia Keuter

920 Liebe und andere Probleme

20. JUL 03

Rosi hat den »Humanitas«-Laden in der Kastanienstraße übernommen und arbeitet mit Hochdruck an der Neueröffnung. Alles wäre prima, wenn da nicht ihr treuloser Ex-Mann Bruno wäre. Der will Rosi unbedingt seine Hilfe aufzwingen. ■ Dressler wundert sich, dass Jack neuerdings wieder so verschlossen ist. Carsten versichert seinem Stiefvater, dass nicht er der Grund für Jacks Verstimmung ist. Nein: Carsten weiß von Felix, dass die frühreife Jack mit ihrem Freund endlich das berühmte erste Mal erleben will. Aber genau davor fürchtet sich Felix. Käthe rät Felix, mit Jack zu sprechen. ■ Urszula macht zu Tanja eine folgenschwere Bemerkung. Sie erzählt ihrer Mitbewohnerin, dass sie tatsächlich für kurze Zeit in Hans Beimer verliebt war. Was Urszula nicht ahnt: Irina und Sophie sind unfreiwillig Zeugen des Gesprächs und befürchten nun Schlimmes.

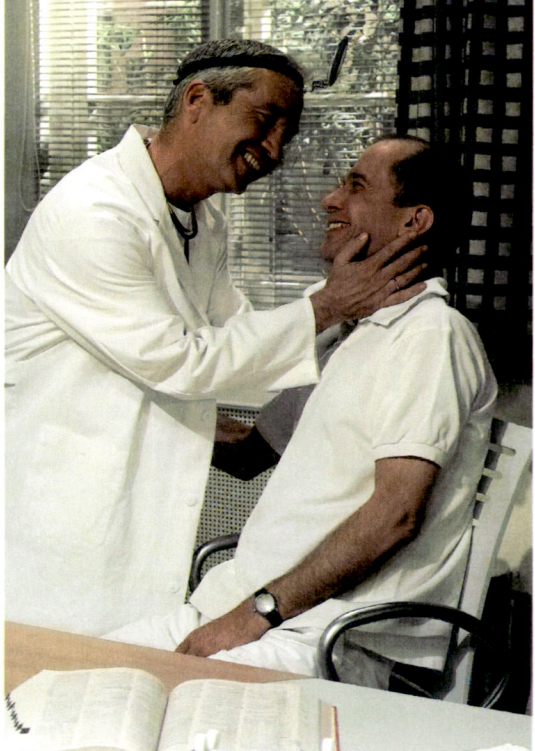

Buch: Susanne Kraft ■ Regie: Kerstin Krause ■ Kamera: Petra Engelhardt ■ Redaktion: Lucia Keuter

921 | Mobbing

Hans wundert sich sehr über das seltsame Verhalten seiner Töchter. Er kann nicht ahnen, dass Sarah und Sophie glauben, ihr Vater habe eine Affäre mit Urszula. Um Gewissheit zu bekommen, bitten die Mädchen Irina, deren Mutter Urszula auszufragen. ■ Helga holt Onkel Franz aus dem Seniorenheim, um mit ihm seinen 90. Geburtstag zu feiern. Es könnte eine einsame Feier werden. Klaus lehnt dankend ab, da er Onkel Franz nicht schätzt, und Marion weilt noch auf den Malediven. Später tauchen dann doch unerwartet Gäste auf: Hans, Hilde, Berta, Hajo und Nina machen dem alten Herrn ihre Aufwartung. ■ Nina kommt völlig aufgelöst zu Klaus ins Reisebüro. Der Konflikt auf ihrer Wache ist eskaliert. Bei einem Einsatz haben sie ihre Kollegen im Stich gelassen. Sie sieht nur eine Möglichkeit, dem Mobbing zu entgehen: Nina will zurück nach Dresden.

Buch: Susanne Kraft ■ Regie: Kerstin Krause ■ Kamera: Petra Engelhardt ■ Redaktion: Lucia Keuter

922 | Die Familien-WG

3. AUG
03

Iffi ist genervt. Seit Wochen sucht sie nach einer bezahlbaren Unterkunft für sich und Nico. Dabei läge das Glück so nah: Die ehemalige Wohnung von Paolo steht immer noch leer, ist aber für Iffi allein zu teuer. Momo erklärt sich bereit, mit einzuziehen. ■ Nina liegt die Situation an ihrem Arbeitsplatz schwer auf der Seele. Sie hat sich sogar krankgemeldet, um weiteren Mobbingversuchen ihrer Kollegen aus dem Weg zu gehen. Nur gut, dass Suzanne zur moralischen Unterstützung in München zu Besuch ist. Überraschend kommt Ex-Kollege Röber vorbei. Er redet Nina zu, auf keinen Fall aufzugeben. ■ Vasilys Patensohn Mikis ist arbeitslos geworden und soll eine Weile bei den Sarikakis' unterkommen. Das findet Mary ungerecht. Warum darf er hier wohnen und nicht Bariya? Mary will Bariya im Fitnesskeller unterbringen; die Hobbysportler willigen ein.

Buch: Marcus Hertneck ■ Regie: Kerstin Krause ■ Kamera: Petra Engelhardt ■ Redaktion: Lucia Keuter

923 | Gastgeber und Gäste

Urszula ist sauer auf ihre Mitarbeiterin Tanja. Sie kann es nicht gutheißen, dass Tanja neuerdings mit Franziska die Nächte auf Partys durchfeiert. Die Blondine ist derart übermüdet, dass ihre Arbeit darunter leidet. Um ein Haar verkokelt sie einer Kundin die Haare. ■ Sarah will endlich Gewissheit: Hat Hans ein Verhältnis mit Urszula? Mit einem Fernrohr bewaffnet, heftet sie sich an seine Fersen. Als Hans in Urszulas Wohnung verschwindet, scheint sich Sarahs Verdacht zu bestätigen. Sie vertraut sich Helga an. ■ Bei Familie Sarikakis geht es drunter und drüber: Mary erwartet die Ankunft der Nigerianerin Bariya. Die junge Frau leidet an Aids und soll hier gepflegt werden. Elena hat ganz andere Sorgen: Eigentlich sollte Vasilys Patensohn Mikis heute erscheinen. Der taucht mit erheblicher Verspätung auf und wird sofort in die Arbeit eingespannt.

Buch: Marcus Hertneck ■ Regie: Kerstin Krause ■ Kamera: Petra Engelhardt ■ Redaktion: Lucia Keuter

924 | Wiederholungstäter

17. AUG 03

Helga kann nicht glauben, dass Hans ein Verhältnis hat und konfrontiert ihn mit dem Verdacht, er begehe Ehebruch mit Urszula. Hans streitet zwar alles ab, aber damit gibt sich Helga nicht zufrieden. ■ Urszula im Glück: Franziskas Vater hat große Sympathien für sie entwickelt. Bei einem Brunch in ihrer Wohnung kommen sich Urszula und Herr Brenner schnell näher. Ihr Schäferstündchen wird jedoch unsanft unterbrochen. Helga wähnt Hans in den Armen von Urszula und will die beiden in flagranti erwischen. Wenig später stattet Hans seiner Ex-Frau einen Besuch ab. Von deren Entschuldigungen will er nichts wissen. Hans wird nicht zulassen, dass Helga ihn und seine Familie in den Wahnsinn treibt. ■ Für die allein erziehende Lisa werden ihre Arbeitszeiten zum Problem. Sie hat niemanden, der ihren kleinen Sohn Paul nachmittags vom Hort abholen kann.

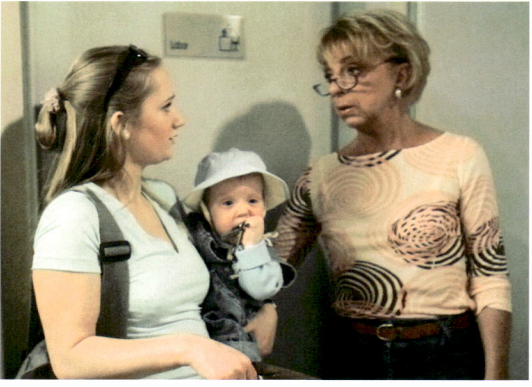

Buch: Marcus Hertneck ■ Regie: Kerstin Krause ■ Kamera: Petra Engelhardt ■ Redaktion: Lucia Keuter

925 Schlaf, Kindlein, schlaf

24. AUG 03

Mary macht sich Sorgen um Bariya. Anstatt sich medizinisch versorgen zu lassen, will die junge Frau wieder in ihre Heimat Nigeria zurück. Und zwar mit dem Baby ihrer verstorbenen Schwester Alota. Dafür macht sie sich heimlich auf den Weg nach Hamburg. ■ Urszula und Brenner sind jetzt ein Paar. Brenner macht sich Gedanken darüber, wie Franziska auf die neue Liebe reagiert. Schließlich ist er mit ihrer Mitbewohnerin liiert. Franziska gibt zu, eifersüchtig zu sein. ■ Helga beißt mit ihrem Versuch, sich bei Urszula zu entschuldigen, auf Granit. ■ Lisa ist verzweifelt: Sie sucht händeringend einen Babysitter für ihren kleinen Paul. Da aber keine Hilfe in Sicht ist, sieht sie keine andere Möglichkeit, als das Kleinkind mit in die Praxis zu bringen. Damit Carsten und Berta nichts merken, stellt Lisa den kleinen Paul mit einem Medikament ruhig.

Buch: Marcus Hertneck ■ Regie: Kerstin Krause ■ Kamera: Petra Engelhardt ■ Redaktion: Lucia Keuter

926 | Die Berufung

31. AUG
03

Nina leidet. Tag für Tag ist sie auf der Wache den Attacken ihres Kollegen Stoiner ausgesetzt. Carsten diagnostiziert ein Magengeschwür und schreibt Nina krank. Aber selbst zu Hause hat sie keine Ruhe: Unangemeldet kommt Stoiner vorbei und macht einen ungeheuerlichen Vorschlag. Sie soll den Dienst quittieren und Mutter werden. ■ Langsam gewinnt Bruno das Vertrauen von Rosi. Ungebeten, aber effektiv unterstützt der Charmeur seine »Ex« im »Humanitas«-Laden. Als Rosi sich mit einer Einladung zum Essen bedanken will, sorgt Bruno aber durch Unachtsamkeit für einen großen Scherbenhaufen. ■ Mary verzweifelt über Bariyas Sturheit. Trotz ihrer Krankheit lässt sich die Afrikanerin nicht davon abbringen, wieder nach Nigeria zurückzukehren. Mary bittet Hajo um Hilfe, der aber auch keinen Rat weiß. Schweren Herzens lässt Mary ihre Freundin ziehen.

Buch: Marcus Hertneck ■ Regie: Kerstin Krause ■ Kamera: Petra Engelhardt ■ Redaktion: Lucia Keuter

927 Außenseiter

7. SEP 03

Die Familien-WG von Iffi und Momo ist bezugsfertig. Momo kocht zur Feier des Tages und lädt den Zenker-Clan zur Einweihung ein. Zu Iffis großer Verwunderung hat Rosi keine Einwände, dass auch Bruno zu dem kleinen Fest geladen ist. Auch Gabi ist plötzlich milde gestimmt und bietet Bruno das »Du« an. ■ Klaus und Nina holen zum Gegenschlag aus. Sie locken Stoiner in ihre Wohnung, und Klaus filmt mit, wie der Polizist plötzlich handgreiflich wird. Das Videoband überzeugt auch Ninas Vorgesetzten. Nina erreicht eine Versetzung, Stoiner wird degradiert. ■ Lisa ist in Not: Nach wie vor weiß sie nicht wohin mit ihrem Baby während der Arbeitszeit. Also stellt sie den kleinen Paul weiter mit Tabletten ruhig und deponiert das schlafende Kind in der Praxistoilette. Berta findet jedoch den »blinden Passagier«. Carsten will daraufhin Lisa entlassen.

Buch: Marcus Hertneck ■ Regie: Dominikus Probst ■ Kamera: Petra Engelhardt ■ Redaktion: Lucia Keuter

928 | Tempo

14. SEP
03

Tanja im Rausch: Nach einem Streit mit Franziska unternimmt sie einen Selbstversuch mit einer Partydroge, die sie im Zimmer ihrer Freundin findet. Urszula ist entsetzt, als sie zu Hause eine total aufgedrehte und aggressive Tanja findet. ■ Käthes großer Tag: Er ist der neue Star in einer Krankenhausserie, und heute wird die erste Folge im Fernsehen ausgestrahlt. Sowohl Carsten als auch Felix verpassen allerdings den ersten Auftritt. ■ Erich ist wieder einmal als Opa gefordert. Weil Pat eine längere Abenteuerreise an den Amazonas plant, soll Erich sein Enkelkind beaufsichtigen. Kein Problem: Erich hätte seine Enkelin am liebsten das ganze Jahr um sich. Das sieht Pat aber ganz anders. ■ Trotz Lisas Vertrauensbruch gibt Carsten der jungen Mutter noch eine Chance. Lisa scheint sich redlich zu bemühen und erledigt ihre Arbeit mit größter Sorgfalt.

Buch: Michael Meisheit ■ Regie: Dominikus Probst ■ Kamera: Hubert Schick ■ Redaktion: Lucia Keuter

929 | Nichts wird so heiß gegessen

21. SEP 03

Tanja leidet unter den Nachwirkungen ihres Drogenrauschs. Rätselhaft ist ein Besenstiel, den Franziska bei ihrer Freundin gefunden hat. An dem Holzstab sind deutliche Spuren von Blut. Später stellt sich heraus: Tanja hatte auf Harry eingeschlagen. ■ Erich macht sich Sorgen um die kleine »Popo«. Seine Enkelin weint ununterbrochen, und Erich hat den Verdacht, dass die Kleine krank ist. Vorsorglich bringt er das Kind zu Carsten in die Praxis. Der findet nichts und schlägt vor, einen Kinderarzt zu konsultieren. Am Abend hat »Wendy« über 40 Grad Fieber. ■ Ines fühlt sich mit dem Job als Kellnerin im »Café Bayer« nicht mehr ausgelastet. Olaf schlägt seiner Frau vor, den Kuchenheber gegen ein Grillbesteck zu tauschen und bei ihm im Imbiss einzusteigen. Begeistert serviert Ines ihrem Olaf die Idee, auch leichte Speisen anzubieten. Das lehnt Olaf ab.

Buch: Michael Meisheit ■ Regie: Dominikus Probst ■ Kamera: Hubert Schick ■ Redaktion: Lucia Keuter

930 | Dominique

28. SEP 03

Für Jack ist das »Akropolis« neuerdings viel attraktiver geworden. Schließlich übt Vasilys gut aussehender und musikalischer Patensohn Mikis eine große Anziehung auf Jack aus. Dressler beobachtet die Vorgänge argwöhnisch. ■ Erich ist in großer Sorge um sein Enkelkind. Die kleine »Popo« leidet an einer rätselhaften Krankheit, und die Ärzte wissen keinen Rat. Die Lösung kommt von Käthe. In seiner Krankenhaussoap ging es um eine Lebensmittelallergie – und »Wendy« hat, wie sich später herausstellt, tatsächlich eine Allergie gegen Weizen. ■ Überraschung für Helga: Unangemeldet klopft Dominique an Helgas Türe – jene Dominique, die vor Jahren als Austauschschülerin bei den Beimers wohnte. Helga freut sich sehr über das Wiedersehen. Gleichzeitig ist sie auch neugierig, warum Dominique nach so langer Zeit wieder in der Lindenstraße auftaucht.

Buch: Michael Meisheit ■ Regie: Dominikus Probst ■ Kamera: Hubert Schick ■ Redaktion: Lucia Keuter

931 Vorlage

Ludwig hakt bei Jack nach, ob sie nun endlich mit Felix gesprochen hat. Jack verspricht, demnächst mit dem Freund zu reden. Auch Felix hat mittlerweile gemerkt, dass Jack ihn nur noch zurückweist. Er fragt seine Freundin, ob sie ihn noch mag. Jack bestätigt das – nur habe sie im Moment keine Lust auf Kuscheln. ■ Ines hat bei ihrer ehrenamtlichen Arbeit im Kinderheim den kleinen Moritz kennengelernt. Der Sechsjährige ist ihr so ans Herz gewachsen, dass Ines ihn sogar adoptieren will. Olaf lehnt zunächst spontan ab, bietet dann aber an, sich das Ganze noch einmal zu überlegen. ■ Dominique gesteht Helga unter Tränen ihre missliche Situation: Sie ist pleite. Die bevorstehende Auktion in München sieht sie als letzte Chance, ihr verlorenes Geld zurück zu gewinnen. Dabei braucht sie allerdings einen Strohmann. Helga bietet an, das zu übernehmen.

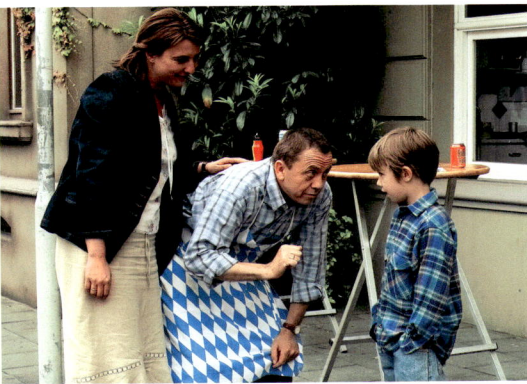

Buch: Michael Meisheit ■ Regie: Dominikus Probst ■ Kamera: Hubert Schick ■ Redaktion: Lucia Keuter

932 | Drachen

Olaf und Ines sind in Sachen Familienplanung unterschiedlicher Meinung: Ines will Moritz aus dem Kinderheim adoptieren. Das kommt für Olaf jedoch nicht in Frage. Er möchte mit seiner Frau ein eigenes Kind großziehen. ■ Eigentlich will Momo im »Café Moorse« für die Uni lernen. Dennoch hat er Mühe, sich auf seine Bücher zu konzentrieren. Seine Aufmerksamkeit gilt einer jungen Dame. Ihr Name ist Isabell, und zwischen den beiden entwickelt sich ein angeregter Flirt. Auf Iffis Frage erklärt Momo später, er habe keine Lust auf eine Beziehung. ■ Helga beschließt, Dominique zu helfen. Die Französin hat mit dem Kunsthandel ihres Vaters geschäftlich Schiffbruch erlitten. Aber sie plant einen Coup, der sie mit einem Schlag aus dieser misslichen Lage befreien würde. Dafür soll Helga bei einer Kunstauktion für ein bestimmtes Gemälde mitsteigern.

Buch: Michael Meisheit ■ Regie: Dominikus Probst ■ Kamera: Hubert Schick ■ Redaktion: Lucia Keuter

933 | Die Auktion

Helga soll bei einer Kunstauktion ein Bild für Dominique ersteigern. Im entscheidenden Moment ist sie aber unpässlich, und Dominique verliert eine Menge Geld. In dieser Notlage greift Helga auf Onkel Franz' Vermögen zurück und stellt Dominique einen Scheck über den entgangenen Betrag aus. ■ Momo lädt Isabell zu einem romantischen Abendessen ein. Er bietet seine ganzen Kochkünste auf, um der Studentin zu imponieren. Leider kehren Iffi und Nico im unpassenden Moment zurück, und Isabell geht. ■ Erich liest seiner Tochter die Leviten. Pat hat ihm nicht erzählt, dass die kleine »Popo« an einer Weizenmehlallergie leidet. Er wirft seiner Tochter vor, eine schlechte Mutter zu sein. Um in Zukunft solche Vorfälle zu vermeiden, soll Pat samt Enkelin nach München ziehen. Pat schlägt stattdessen vor, dass Erich das Kind ganz alleine großziehen soll.

Buch: Michael Meisheit ■ Regie: Dominikus Probst ■ Kamera: Hubert Schick ■ Redaktion: Lucia Keuter

934 | Lehrstunden

26. OKT 03

Erich entschuldigt sich bei Pat. Denn die hatte den Allergiepass über »Wendys« Weizenmehlallergie gar nicht vergessen. Er war lediglich hinter Erichs Kommode gerutscht. Erich hat mittlerweile auch Pats Muttergefühle wahrgenommen. So sollte das Kind vielleicht doch besser bei ihrer Mama bleiben. ■ Trickbetrug im Kunstbetrieb: Dominique und ihr Mann, die von Helga einen Scheck ergaunert haben, sind tatsächlich ein polizeilich gesuchtes Betrügerpaar. Marion kam die ganze Geschichte komisch vor, und gemeinsam mit Alex und Helga kann sie die beiden Diebe stellen. ■ Dressler wundert sich über Jack. Die hat neuerdings ihre musikalische Ader entdeckt und möchte Klavierunterricht bei Berta nehmen. Dressler ahnt nicht, dass Jack sich in den jungen Musiker Mikis verguckt hat. Der fände Jack bestimmt interessanter, wenn sie ein Instrument beherrscht.

Buch: Michael Meisheit ■ Regie: Dominikus Probst ■ Kamera: Hubert Schick ■ Redaktion: Lucia Keuter

935 | Zauberei

2. NOV 03

Felix ist am Boden zerstört. Jack hat mit ihm Schluss gemacht. Felix vermutet, dass Jack in den griechischen Gitarrenspieler aus dem »Akropolis« verliebt ist. Am Abend sieht er die beiden tatsächlich zusammen und rastet aus. Felix zerstört Mikis' Gitarre. ■ Bruno ist von Isolde sehr angetan. Als Kavalier alter Schule stattet er ihr samt Präsent einen Besuch ab. Bei den Klängen von Pavarotti und dem Prickeln des Champagners kommen die beiden sich näher. Isolde lädt Bruno ein, am Wochenende mit ihr zu verreisen. ■ Helga ist zerknirscht. Sie kann nicht fassen, dass sie auf einen Trickbetrug hereingefallen ist. Dass ausgerechnet Dominique die Drahtzieherin des dreisten Coups war, schlägt dem Fass den Boden aus. Immerhin erreicht Helga auch eine schöne Nachricht: Hajo erzählt, ihretwegen habe sich Erich geschworen, nie wieder zu lügen.

Buch: Michael Meisheit ■ Regie: Dominikus Probst ■ Kamera: Hubert Schick ■ Redaktion: Lucia Keuter

936 | Berta Griese

9. NOV 03

Bruno ist das schlechte Gewissen in Person: Er hatte Nico einen Ausflug nach Hamburg versprochen, war aber stattdessen mit Isolde in Mailand. Der Familie flunkerte er eine Geschichte vom kranken Freund vor. Durch Zufall erfährt ausgerechnet Rosi die Wahrheit und stellt Bruno zur Rede. ■ Schreckliche Nachricht: Berta Griese ist tot. Carsten und Käthe sind entsetzt, als ein Polizeibeamter ihnen den tragischen Unglücksfall schildert, bei dem Berta ums Leben kam. Während sie einer Frau zur Hilfe eilte, die überfallen wurde, ist Berta eine Treppe heruntergestürzt. Carsten und Käthe überbringen Hajo die Todesnachricht. ■ Erich ist überrascht: Helga hat ihn zu einem Frühstück in ihre Wohnung eingeladen. Erich weiß nicht wie er zu der Ehre kommt. Aber endlich bietet sich nach langer Zeit die Gelegenheit, mit Helga in Ruhe ein Gespräch zu führen.

Buch: Michael Meisheit ■ Regie: Dominikus Probst ■ Kamera: Hubert Schick ■ Redaktion: Lucia Keuter

937 | Erste Hilfe

16. NOV 03

Das schreckliche Ereignis der vergangenen Woche überschattet die Lindenstraße. Alle Bewohner sind fassungslos über Bertas Tod. Hajo kann Bertas Ableben nicht verkraften. Rührend kümmert Andy sich um seinen Freund, aber Hajo lässt niemanden an sich heran. ■ Aufregung im Hause Beimer-Ziegler. Erich berichtet von einer Familie in Kanada, die ein Aupairmädchen sucht. Sarah ist außer sich vor Freude, da es ihr großer Traum ist für ein Jahr ins Ausland zu gehen. Die Sache hat nur einen Haken: Sarah müsste die Reise bereits in einer Woche antreten. Davon sind ihre Eltern überhaupt nicht begeistert. ■ Bruno hat einen schweren Stand bei seinen Frauen. Zwar versteht er sich mit Isolde immer besser. Das aber ist der Grund, warum er bei Gabi und Rosi erneut in Ungnade gefallen ist. Isolde fühlt sich ebenfalls schuldig und versucht die Wogen zu glätten.

Buch: Irene Fischer ■ Regie: Herwig Fischer ■ Kamera: Petra Engelhardt ■ Redaktion: Lucia Keuter

938 | Nach Kanada!

23. NOV 03

Für Sarah geht ein Traum in Erfüllung. Sie fliegt heute nach Kanada und bleibt dort für ein Jahr als Aupairmädchen. Hans und Anna fällt der Abschied nicht so leicht. ■ Felix muss ein neues Instrument für Mikis kaufen und dafür seine gesamten Ersparnisse opfern. Als er Mikis das Instrument ins »Akropolis« bringt, erlebt Felix eine unangenehme Überraschung: Jack hat für ihren Liebsten bereits eine Gitarre besorgt. ■ Schlechtes Zeichen: Carsten diagnostiziert eine Pilzinfektion bei Felix. Er macht sich große Sorgen wegen der eindeutigen Symptome. Verzweifelt fragt Felix, ob die Krankheit ausgebrochen ist. Hat er jetzt Aids? ■ Anstatt im Salon zu stehen, turtelt Tanja mit Franziska in der Wanne. Urszula ist deswegen stocksauer. Kurze Zeit später geraten Franziska und ihr Vater aneinander. Die Wohnung ist für zwei Liebespaare wohl zu klein.

Buch: Irene Fischer ■ Regie: Herwig Fischer ■ Kamera: Petra Engelhardt ■ Redaktion: Lucia Keuter

939 Väter und Söhne

30. NOV
03

Carsten und Käthe sind in großer Sorge um Felix und seine Aids-Erkrankung. Carsten versucht, Felix mit Medikamenten zu stabilisieren. Sollte das nicht gelingen, würde sich der Zustand des Teenagers dramatisch verschlechtern. ■ Hajo kommt nicht über Bertas Tod hinweg. Hilde besucht ihren Sohn und findet die Wohnung in desolatem Zustand vor. Hajo ist die ganze Nacht wach gewesen und verweigert die Nahrungsaufnahme. Auch seine Arbeit als Modellbauer bleibt unerledigt liegen. Die völlig überforderte Hilde bittet Isolde und Bruno um Hilfe. ■ In der Praxis Flöter tobt das Chaos. Lisa kommt erstens zu spät und zweitens mit ihrem Kind zur Arbeit. Da sie niemanden hat, der sich um Paul während ihrer Arbeitszeit kümmern kann, bringt sie den Kleinen zu Vater Alex. Marion springt als Betreuerin ein. Am Abend stellt Lisa dann Paul vor Alex' Wohnung ab.

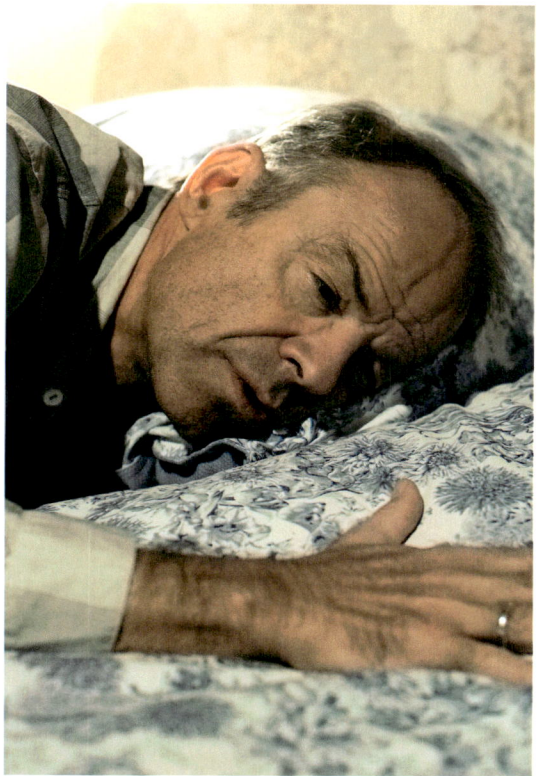

Buch: Irene Fischer ■ Regie: Herwig Fischer ■ Kamera: Petra Engelhardt ■ Redaktion: Lucia Keuter

940 — Feuer und Flamme

7. DEZ 03

Jack möchte Keyboard spielen lernen, um möglichst bald in einer Band mitzumischen – am liebsten natürlich mit ihrem Schwarm Mikis. Ihre gute Laune ändert sich schlagartig, als sie Felix einen Besuch abstattet. Zufällig belauscht sie ein Gespräch zwischen Käthe und Carsten und erfährt, wie ernst Felix' Zustand ist. ■ Vater werden ist nicht schwer, Vater sein dagegen sehr. Diese Erfahrung muss auch Alex machen. Lisa nimmt ihn neuerdings bei der Erziehung von Paul in die Pflicht – auch finanziell. Marion hat eine Idee: Alex soll bei ihr einziehen und so mit der Mietersparnis Lisa und seinen Sohn finanziell unterstützen. ■ Mary hat einen Entschluss gefasst. Sie will mit Nikos nach Nigeria reisen, damit der Kleine die Heimat seiner Mutter kennenlernt. Zunächst muss sie jedoch Vasily überzeugen. Der ist von der Idee gar nicht begeistert.

Buch: Irene Fischer ■ Regie: Herwig Fischer ■ Kamera: Petra Engelhardt ■ Redaktion: Lucia Keuter

941 | Der Versuch

Das Verhältnis zwischen Helga und Erich entwickelt sich immer besser. Erich nutzt die Gunst der Stunde und lädt Helga zu einem Abendessen ein. Allerdings vertun sich beide mit dem Ort des Treffens. Helga wartet wie Erich vergeblich auf ihren Tischgast. ■ Vasily hat Probleme: Zum einen hält er gar nichts von den Reiseplänen seiner Frau, zum anderen muss er Mikis disziplinieren. Weil der junge Grieche die Unzuverlässigkeit in Person ist, hat Vasily ihm zur Strafe Küchendienst aufgebrummt. ■ Ist Momo nun verliebt oder nicht? Diese Frage stellt sich nicht nur Iffi, sondern auch Momo selbst. Eigentlich ist er sehr angetan von der jungen Isabell, traut sich aber nicht, in die Offensive zu gehen. Iffi ermutigt ihren Ex-Freund dazu und überlässt ihm die Wohnung. Weil er sich abends noch immer nicht zu Isabell bekennt, räumt die kurzerhand das Feld.

Buch: Irene Fischer ■ Regie: Herwig Fischer ■ Kamera: Petra Engelhardt ■ Redaktion: Lucia Keuter

942 | Was lange währt …

21. DEZ
03

Hans kommt von der Nachtschicht nach Hause. Da erhält er einen alarmierenden Anruf aus dem Hotel. Die Polizei hat eine Durchsuchung angeordnet, und Hans hat Angst, dass er sich im Zuge der Ermittlungen wegen Schwarzarbeit verantworten muss. ■ Momo hat einen Entschluss gefasst: Er will Isabell endlich zeigen, was er für sie empfindet. Er überrascht die Dame seines Herzens in der Frauen-WG und gibt ihr eine leidenschaftliche Liebeserklärung ab. ■ Brenner verblüfft Urszula mit einer Reise nach Lanzarote in den Weihnachtsferien. Urszula ist außer sich vor Freude. Anders Irina: Die äußert lautstark ihr Missfallen an der Reise. Irina ist eifersüchtig auf Brenner, weil Urszula kaum noch Zeit für sie hat. ■ Mit einem selbstgemalten Bild überrascht der Postbote Stephan Kettner Gabi im »Café Bayer«. Die »Zuckerbäckerin« lädt ihn auf einen Kaffee ein.

Buch: Irene Fischer ■ Regie: Herwig Fischer ■ Kamera: Petra Engelhardt ■ Redaktion: Lucia Keuter

943 | Pech

28. DEZ 03

Helga freut sich über den Besuch von Maja und Lea an den Weihnachtstagen. Maja ihrerseits ist gar nicht erfreut, dass auch Erich zu Helgas Festtagsessen eingeladen ist. Schließlich war er es, der sie einst verleumdete. Als Erich am Nachmittag dann noch bei der Beaufsichtigung Leas versagt, ist Helga gefragt: Sie bekennt sich zu Erich. ■ Hans ist am Boden zerstört. In dem Hotel, in dem er als Nachtportier arbeitet, wurde eine Razzia durchgeführt. Da Hans dort schwarz gearbeitet hat, ist er vor dem Auge des Gesetzes ein Wirtschaftskrimineller, und ihm droht eine drastische Strafe. Anna versucht, ihren verzweifelten Ehemann zu trösten. ■ Lisa ist als Christkind unterwegs. Unangemeldet stört sie die traute Zweisamkeit von Alex und Marion. Und damit noch nicht genug: Mit eindeutigen Absichten übergibt sie Alex ein kitschiges Weihnachtsgeschenk.

Buch: Irene Fischer ■ Regie: Herwig Fischer ■ Kamera: Petra Engelhardt ■ Redaktion: Lucia Keuter

944 | Katerstimmung

4. JAN 04

Helga tanzt in den siebten Himmel – und das beim traditionellen Silvestertanz auf der Lindenstraße. Erich und sie sind wieder ein Paar und verliebt wie am ersten Tage. Nach langer Trennung freuen sie sich auf eine gemeinsame Zukunft im neuen Jahr. ■ Für Olaf beginnt das neue Jahr mit einer großen Überraschung. Sein alter Spezi Olli kehrt in die Lindenstraße zurück. Und dieses Mal mit Pauken und Trompeten: Er fährt in einer Limousine vor und ist laut eigenem Bekunden zu Reichtum gekommen. ■ Lisa überfällt in der Frühe die verkaterten Bewohner der WG in der Kastanienstraße. Sie verlangt von Alex, sich noch intensiver um den kleinen Paul zu kümmern. Alex versucht Lisa von dem Gedanken abzubringen, sie seien eine kleine, harmonische Familie. Er erwartet, dass Lisa seine neue Beziehung zu Marion toleriert. Lisa aber will sich Alex zurückholen.

Buch: Susanne Kraft ■ Regie: Herwig Fischer ■ Kamera: Petra Engelhardt ■ Redaktion: Lucia Keuter

945 | Die Traumfrau

11. JAN 04

Lisa träumt von einer glücklichen Familie. Dabei ist ihr aber Marion im Weg. Durch Telefonterror und falsche Verdachtsspuren will sie Alex bei Marion in Misskredit bringen. Sie schafft es sogar, einen Haustürschlüssel zur WG zu stehlen. ■ Hajo leidet nach wie vor unter dem Tod seiner geliebten Berta. Er kann weder schlafen noch essen. Nur gut, dass sich Bruno und Isolde geradezu liebevoll um ihn kümmern. Trotz seiner Trauer entgeht Hajo nicht, dass Bruno immer mehr für Isolde schwärmt. Er ermutigt Bruno, seiner Angebeteten mit einem romantischen Abend vollendet den Hof zu machen. ■ Vasily ist traurig. Grund: Mary reist heute mit Nikos für längere Zeit in ihre Heimat Nigeria. Vasily befürchtet, dass seine Frau vielleicht gar nicht mehr zu ihm zurückkommt. Auch Elena hat ein ungutes Gefühl. Sie fordert Vasily auf, Mary noch umzustimmen.

Buch: Susanne Kraft ■ Regie: Herwig Fischer ■ Kamera: Petra Engelhardt ■ Redaktion: Lucia Keuter

946 | Liebeszauber

18. JAN 04

Carsten ist verzweifelt: Felix reagiert nicht wie gewünscht auf die Medikamente, die Carsten ihm verordnet hat. Zu Felix' körperlicher Pein gesellt sich seelische. Ausgerechnet ihm berichtet Jack von ihrem Liebeskummer mit Mikis. Carsten hat den Eindruck, dass Jack dem Heilungsprozess Felix' schadet. Er will ihre Besuche unterbinden. ■ Neuerdings verteilt Stephan Kettner die Post in der Lindenstraße. Besonders wohl fühlt sich er bei Gabi im »Café Bayer«. Gabi genießt die Avancen, die ihr der fesche Stefan macht. Am Abend trifft sie ihn zufällig im »Akropolis« und nimmt seine Einladung auf ein Glas Wein gerne an. ■ Bruno hat sich für Isolde etwas ganz Besonderes einfallen lassen: Er will seine Angebetete in das Rom der 50-er Jahre entführen und ihr einen romantischen Abend bereiten. Mit Hajos Hilfe baut er das »Café Bayer« zur Filmkulisse um.

Buch: Susanne Kraft ■ Regie: Herwig Fischer ■ Kamera: Petra Engelhardt ■ Redaktion: Lucia Keuter

947 | Falsches Spiel

25. JAN 04

Nico hat Probleme in der Schule. Eine Mitschuld scheint die Lehranstalt zu haben. Um den Ursachen auf den Grund zu gehen, trifft sich Iffi mit dem Lehrer Günzel. Iffi sagt dem Pädagogen unverblümt ihre Meinung. ■ Erleichterung bei Carsten und Käthe: Felix ist auf dem Weg der Besserung. Carsten führt Felix' Gesundheitszustand auch darauf zurück, dass er Jack Besuchsverbot erteilt hat. Jack gelingt es, dieses Verbot zu umgehen. Als Dressler auf Felix aufpasst, findet sie Einlass. Carsten kommt später zurück und ist über den Besuch außer sich vor Wut. ■ Lisas Plan, Alex und Marion auseinander zu bringen, zeigt erste Erfolge. Eine fein gesponnene Intrige lässt Marion glauben, dass Alex ein Verhältnis mit einer Anderen pflegt. Sie kann nicht ahnen, dass Lisa sie auf eine falsche Fährte lockt. Wütend stellt Marion den unschuldigen Alex zur Rede.

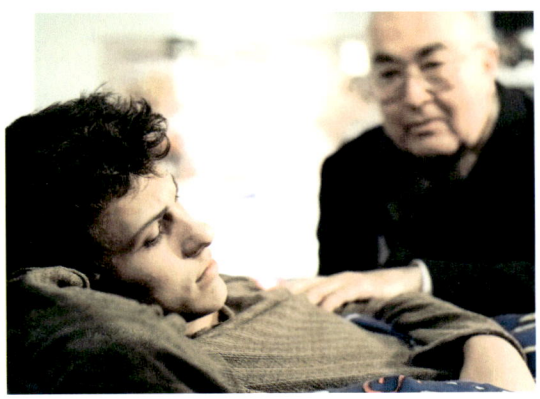

Buch: Susanne Kraft ■ Regie: Herwig Fischer ■ Kamera: Petra Engelhardt ■ Redaktion: Lucia Keuter

948 | Durchgeknallt

1. FEB 04

Gabi hat sich von Stephan zu einem Konzert einladen lassen. Ihrem Mann Andy lügt sie vor, sie ginge alleine zu der Veranstaltung. Andy lässt es sich nicht nehmen, sie zu dem Konzert zu chauffieren. Um ein Haar sieht er, mit wem sich Gabi trifft. ■ Lisa treibt ihre Hinterlist gegen Marion und Alex auf die Spitze. Sie hat sich in den Kopf gesetzt, das Liebespaar auseinander zu bringen, um mit Alex eine glückliche Familie zu gründen. Dabei ist Lisa jedes Mittel recht. Sie schickt Marion ein Paket mit Alex' Boxershorts. ■ Olli protzt vor seinen Freunden Olaf und Murat mit einem lukrativen Immobiliendeal, den er eingefädelt hat. Zufällig wird auch Klaus Zeuge der Prahlerei. Er schlägt Olli vor, einen Bericht über ihn in die Zeitung zu bringen. Olli ist in Zugzwang und gesteht Murat, dass er gelogen hat. Murat soll ihm aus der Patsche helfen.

Buch: Susanne Kraft ■ Regie: Herwig Fischer ■ Kamera: Petra Engelhardt ■ Redaktion: Lucia Keuter

949 — Der Angeber

8. FEB 04

Die finanzielle Lage im Hause Beimer-Ziegler ist prekär. Seit Hans seinen Job im Hotel verloren hat und zudem noch eine Strafe wegen Schwarzarbeit zahlen muss, ist das Geld knapp. Ausgerechnet jetzt will Tom mit seiner Schule in den Skiurlaub fahren. Weil Hans das Geld nicht hat, leiht es sich Tom bei Helga. Zu allem Überfluss fährt Anna den Wagen zu Schrott. ■ Das hätte Iffi dem jungen Lehrer Jan nicht zugetraut: Nicht nur, dass der Pädagoge ihrem Nico Nachhilfe gibt. Darüber hinaus verstehen sich alle drei auch noch sehr gut. So gut, dass Momo später Iffi und Jan im Bett überrascht. ■ Tag der Wahrheit für Olli: Für die Reportage von Klaus gibt er ein Penthouse seines Chefs Seegers als seine Luxuswohnung aus. In das Interview platzt Phil mit einer Freundin. Mit Mühe gelingt es Olli, Murat und Klaus, aus der brenzligen Lage heraus zu kommen.

Buch: Marcus Hertneck ■ Regie: Herwig Fischer ■ Kamera: Petra Engelhardt ■ Redaktion: Lucia Keuter

950 | Ein Traumauto

15. FEB 04

Momo ist eifersüchtig. Grund: Iffi hat sich Hals über Kopf in Nicos Lehrer Jan verliebt. Eigentlich sollte Momo das egal sein, da er selber seit kurzem mit der hübschen Isabell liiert ist. ■ Tom ist sauer auf Vater Hans. Weil im Hause Beimer-Ziegler notorische Geldknappheit herrscht, kann er nicht mit seinen Klassenkameraden in den Skiurlaub fahren. Um seinem Sohn die Reise doch noch zu ermöglichen, muss Hans zum Rektor gehen und um einen Zuschuss bitten. ■ Hajo hat einen Oldtimer erstanden. Bruno hilft ihm, das gute Stück abzuholen. Gemeinsam mit Isolde hofft er, dass die Arbeit an dem alten Auto Hajo von seiner Trauer ablenkt. Allerdings legt Hajo zunächst wenig Eifer an den Tag, sich mit dem Gefährt zu beschäftigen. Dann stürzt auch noch Hilde beim Gardinenaufhängen von der Leiter und muss ins Krankenhaus. Hajo ist zutiefst deprimiert.

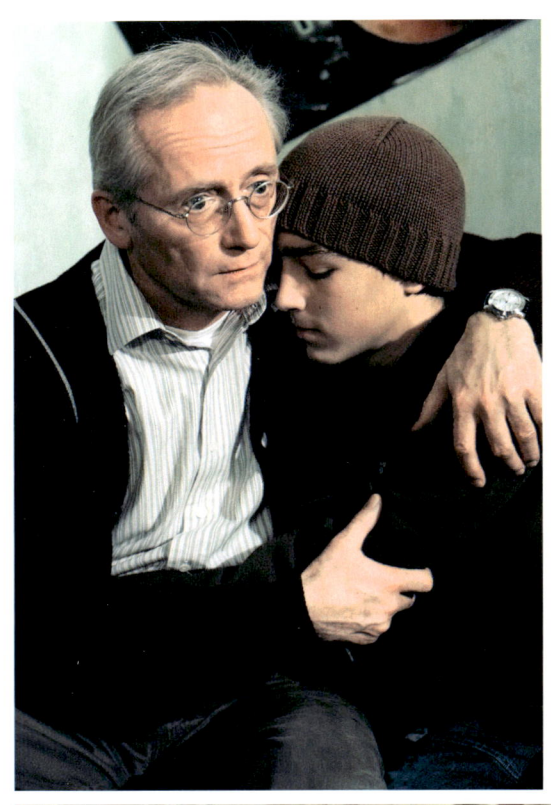

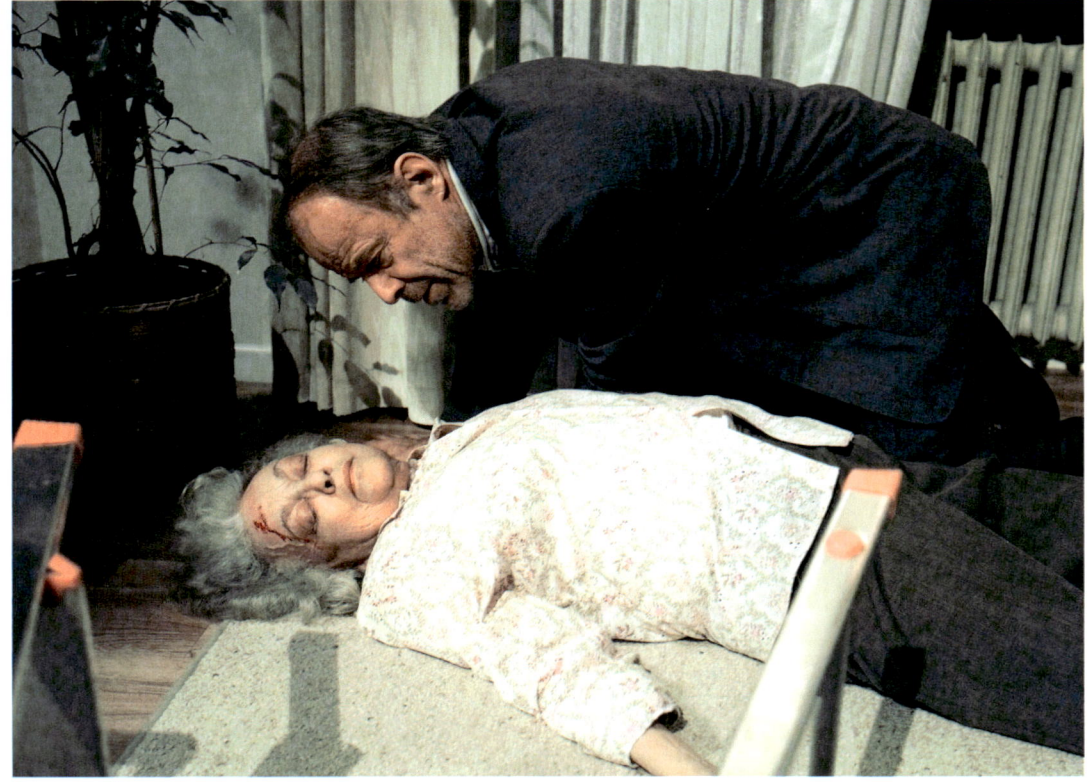

Buch: Marcus Hertneck ■ Regie: Wolfgang Frank ■ Kamera: Jochen Wrobel ■ Redaktion: Lucia Keuter

951 | Fasching

22. FEB 04

Mit ihren Kollegen von der Sitte hebt Nina ein illegales Bordell aus und trifft auf eine völlig verstörte Prostituierte. Die Frau wurde misshandelt. Dabei handelt es sich um Pia Lorenz, die einst mit Olaf Kling sowohl geschäftlich als auch privat liiert war. Pia weigert sich, den Namen des Vergewaltigers zu nennen. ■ Erich hat die Nase vom Servieren voll. Und das nicht nur, weil eine Gruppe wild gewordener Karnevalisten durch das »Akropolis« tobt. Erich würde gerne an seinen alten Platz im Reisebüro zurückkehren. Aber Helga hat klare Vorstellungen: Sie will Beruf und Privatleben nicht noch einmal vermischen. ■ Hajo besucht seine Mutter im Krankenhaus. Trotz ihrer unpässlichen Lage ermahnt Hilde ihren deprimierten Sohn energisch, endlich nach vorne zu blicken. Hajo nimmt sich die Worte zu Herzen und beginnt, seine Wohnung aufzuräumen.

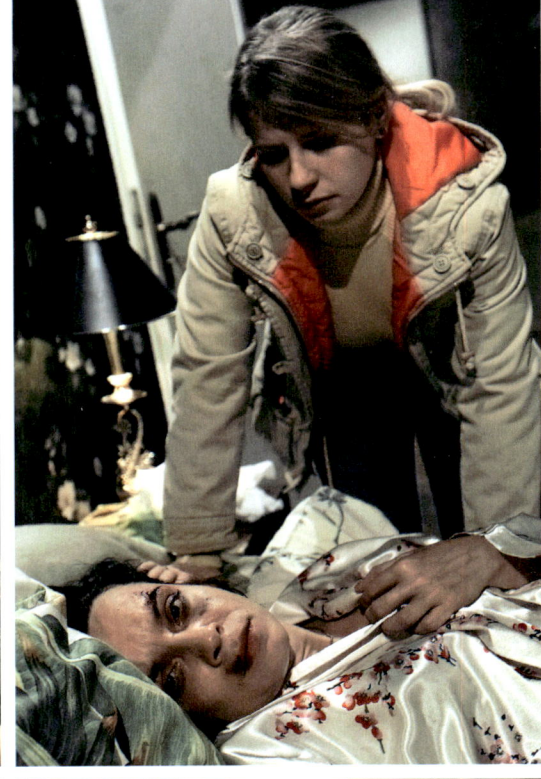

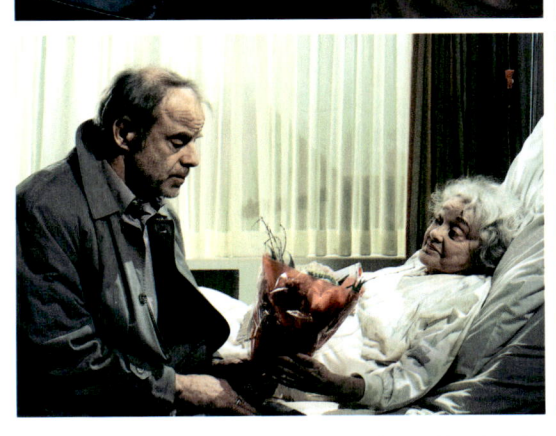

Buch: Marcus Hertneck ■ Regie: Wolfgang Frank ■ Kamera: Jochen Wrobel ■ Redaktion: Lucia Keuter

952 | Der Freier

29. FEB 04

Gabi kennt sich selber nicht mehr. Anfangs hat sie die Annäherungsversuche von Stephan nicht ernst genommen. Jetzt ist sie drauf und dran, sich in den Postboten zu verlieben. Aber Gabi ist eine verheiratete Frau und will Stephan deshalb nicht mehr treffen. Der Verschmähte überreicht Gabi ein Abschiedsgeschenk. ■ Urszula und Christian sind frisch verliebt, und eigentlich sollte der Himmel voller Geigen hängen. Für Missklänge sorgt Urszulas Tochter Irina. Der Teenager ist eifersüchtig, da ihre Mutter kaum noch Zeit für sie hat. Und das bekommt Christian zu spüren: Irina straft ihn mit Missachtung. ■ Nina traut ihren Ohren nicht, als Pia den Namen ihres Peinigers preisgibt. Hausverwalter Hülsch soll sie geschlagen und vergewaltigt haben. Nina stellt den Beschuldigten zur Rede. Hülsch hat für die Tatzeit ein Alibi. Angeblich war er bei Olaf.

Buch: Marcus Hertneck ■ Regie: Wolfgang Frank ■ Kamera: Jochen Wrobel ■ Redaktion: Lucia Keuter

953 | Doppelleben

7. MÄR 04

Gabi lässt ihren Gefühlen freien Lauf. Sie hat ihr Herz an Stephan verloren. Heimlich tauschen die beiden in »Café Bayer« Liebesbriefe aus. Allerdings nicht ganz unbeobachtet. Bruno scheint etwas zu ahnen. Abends erwischt er die beiden beinahe beim geheimen Treff im Café. ■ Nina erlebt eine Überraschung: Olaf steht vor ihrer Türe und gesteht, dass er Hülsch zu einem falschen Alibi verholfen hat. Laut Aussage der Prostituierten Pia soll der Hausverwalter sie vergewaltigt haben. Nina macht sich sofort auf den Weg zu Hülsch und legt ihm Handschellen an. ■ Elena ist in einen unbefristeten Streik getreten. Grund für die Arbeitsniederlegung: Sohn Vasily ist nur noch deprimiert, weil er schon seit Wochen von Mary und Nikos getrennt ist. Und Mikis zeigt nach wie vor kaum Interesse an der Gastronomie. Ihm ist die Musik wichtiger als die Moussaka.

Buch: Marcus Hertneck ■ Regie: Wolfgang Frank ■ Kamera: Jochen Wrobel ■ Redaktion: Lucia Keuter

954 | Sortieren

14. MÄR 04

Die Affäre um Pia zieht immer größere Kreise in der Lindenstraße. Nachdem Hülsch beschuldigt wurde, kommt nun Olaf in Erklärungsnot – und zwar seiner Frau gegenüber. Obwohl Olaf das immer abgestritten hat, erfährt Ines, dass ihr Ehemann Stammkunde bei der Prostituierten war. Olaf fleht Ines an, ihn nicht zu verlassen. ■ Nina ist sauer. Hülsch ist wieder auf freiem Fuß und kostet diesen Erfolg auch noch aus. Nina ist sich sicher, dass Hülsch die Prostituierte Pia vergewaltigt hat. Aber im Moment kann Nina nichts unternehmen, um den Übeltäter zu überführen. ■ Gabi und Stephan achten darauf, dass ihre Liebe unentdeckt bleibt. Eine Unachtsamkeit von Gabi führt jedoch dazu, dass ihr Bruno auf die Schliche kommt. Gabi bricht in Tränen aus und will Andy nicht länger betrügen. Bruno rät seiner Tochter dringend davon ab, Andy die Wahrheit zu sagen.

Buch: Marcus Hertneck ■ Regie: Wolfgang Frank ■ Kamera: Jochen Wrobel ■ Redaktion: Lucia Keuter

955 | Die Besucherin

In die WG flattert eine Telefonrechnung über mehrere hundert Euro. Offensichtlich wurde mehrfach und ausgiebig eine einschlägige Sexhotline angerufen. Nina und Marion verlangen von Klaus und Alex eine Erklärung. Lisa schleicht sich nachts in die WG und filmt die Schlafenden. ■ Ines will die Wahrheit über Olafs Vergangenheit herausfinden. Deshalb möchte sie ein ausführliches Gespräch mit Anna führen. Die warnt Ines: Wenn sie ihr über Olaf die Augen öffnet, wird nichts mehr sein, wie es vorher war. ■ Die Beziehung zwischen Erich und Helga steht vor einer Zerreißprobe. Erich hat erfahren, dass Alex Platz machen will, so dass Erich wieder in seinen alten Beruf zurückkehren könnte. Helga aber ist gegen diesen Plan; sie möchte Beruf und Privates trennen. Wütend stürmt Erich ins Reisebüro und stellt Helga zur Rede. Helga entschuldigt sich später.

Buch: Michael Meisheit ■ Regie: Wolfgang Frank ■ Kamera: Jochen Wrobel ■ Redaktion: Lucia Keuter

956 | Das Video

Gabi möchte ungestörte Stunden mit ihrem Geliebten Stephan verbringen. Deshalb flunkert sie Andy vor, dass sie am Wochenende zu einer Weiterbildung fährt. In Wahrheit will sie sich mit Stephan treffen. Auf der Fahrt ins Liebesnest verunglückt sie jedoch schwer. ■ In der WG taucht ein mysteriöses Videoband auf. Hauptdarsteller sind Marion und Alex. Offensichtlich ist jemand in die Wohnung eingedrungen und hat die beiden im Schlaf gefilmt. Klaus beschließt, eine Funk-Webcam zu installieren. So könnte Alex im Reisebüro per Computer beobachten, ob jemand die Wohnung betritt. ■ Ines hat Olaf vor die Türe gesetzt, da sie seine Lügen nicht mehr ertragen kann. Gemeinsam mit Murat und Olli räumt er sein Hab und Gut aus der Wohnung. Olaf will die Trennung von seiner Frau jedoch immer noch nicht akzeptieren. Er bittet Ines um eine letzte Chance.

Buch: Michael Meisheit ■ Regie: Wolfgang Frank ■ Kamera: Jochen Wrobel ■ Redaktion: Lucia Keuter

957 | Stille

Andy und Rosi sind besorgt: Seit ihrem Unfall liegt Gabi im künstlichen Tiefschlaf in der Klinik. Der ahnungslose Stephan fragt sich derweil, wo seine Gabi steckt. Als er von Bruno erfährt, was geschehen ist, reagiert er geschockt. ■ Klaus hat große Neuigkeiten für seine Mutter: Ein Fernsehteam will Helga aufsuchen und mit ihr ein Interview über erfolgreiche Kleinunternehmer führen. Helga meint, er wolle sie in den April schicken, und macht den vermeintlichen Scherz mit. Am Abend wird Helgas Interview tatsächlich im TV ausgestrahlt. Sie schämt sich nun für ihre blamablen Aussagen. ■ Momo hat Geburtstag und freut sich über den Kuchen von Iffi und Nico. Auch Isabell gratuliert ihrem Freund an seinem Ehrentag. Als jedoch Iffis Geliebter Jan auftaucht, verdüstert sich Momos Laune. Isabell fragt Momo, ob er noch immer in Iffi verliebt ist.

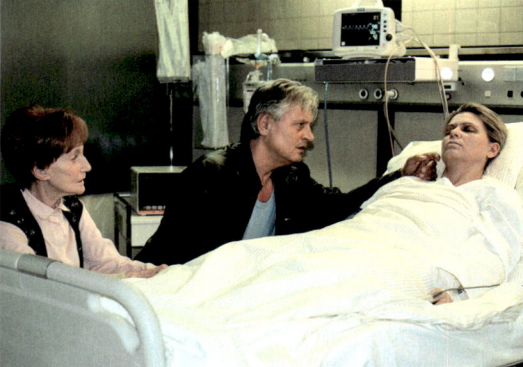

Buch: Michael Meisheit ■ Regie: Wolfgang Frank ■ Kamera: Jochen Wrobel ■ Redaktion: Lucia Keuter

958 | Die drei Affen

11. APR 04

Keine frohe Ostern für Gabi: Seit ihrem Autounfall ist sie ertaubt. Die Ärzte wissen nicht, ob Gabi mit einer späteren Operation geholfen werden kann. Bruno arrangiert ein Treffen mit Stephan. Just zu dieser Stunde will auch Rosi ihre Tochter besuchen. Dank Bruno laufen sich Rosi und Stephan jedoch nicht über den Weg. ■ Lisas Hass auf Marion wird immer größer. Um die Rivalin loszuwerden, ist Lisa jedes Mittel recht. Sie dringt erneut in die WG ein und präpariert Marions Kosmetika mit Säure. Murat bekommt Lisas Besuch mit und bringt sie dazu, ihre Tat rückgängig zu machen. Lisa bittet ihn, sie nicht zu verraten. ■ Im »Café Moorse« gesteht Momo seiner Isabell, dass er Iffi immer noch liebt. Das bedeutet nicht nur das Ende seiner Beziehung mit Isabell, sondern auch noch quälende Eifersucht. Schließlich ist Iffi in den jungen Lehrer Jan verliebt.

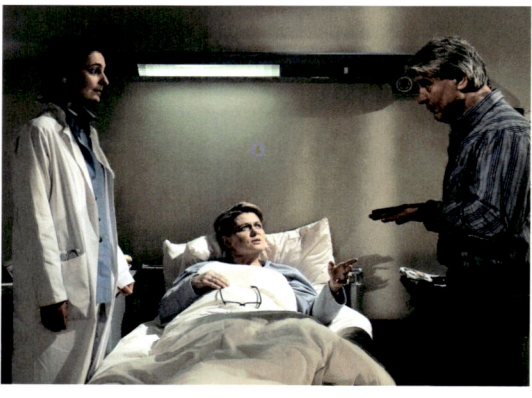

Buch: Michael Meisheit ■ Regie: Wolfgang Frank ■ Kamera: Jochen Wrobel ■ Redaktion: Lucia Keuter

959 | Probefahrt

18. APR 04

Irina führt ihren Kleinkrieg gegen die neue Liebe ihrer Mutter weiter. Urszula und Christian haben Freunde für den Abend zum Essen eingeladen. Diese Gelegenheit nutzt Irina, um sich den Gästen gegenüber von ihrer unfreundlichsten Seite zu zeigen. Damit nicht genug: Später verkündet sie der verdutzten Urszula, dass sie in ein Internat will. ■ Olli wundert sich über seinen Kumpel Murat. Der interessiert sich neuerdings für Lisa und fragt ihn über die Blondine aus. Olli warnt Murat eindringlich vor Lisa. Den stört das aber herzlich wenig, und er lädt Lisa ins Kino ein. ■ Heute wird Hilde aus dem Krankenhaus entlassen. Als besonderes Schmankerl für Hilde organisieren Hajo und Bruno eine Probefahrt im Oldtimer. Die findet allerdings vor dem Diaprojektor statt. Später bietet Hajo seiner Mutter an, bei ihm einzuziehen. Hilde reagiert gerührt.

Buch: Michael Meisheit ■ Regie: Wolfgang Frank ■ Kamera: Jochen Wrobel ■ Redaktion: Lucia Keuter

960 | Ins Leere

25. APR 04

Gabi wird aus der Klinik entlassen. Um sie aufzumuntern, bereitet Andy ihr zu Hause ein feudales Frühstück. Und Aufmunterung hat Gabi nötig. Als Folge ihres schweren Verkehrsunfalls ist sie nach wie vor ohne Hörvermögen. Nachmittags trifft sie sich heimlich mit Stephan. ■ Urszula ist ratlos. Ihre Tochter Irina will unbedingt in ein Internat. Der Teenager kann und will sich mit der neuen Situation zu Hause einfach nicht anfreunden. Die Beziehung ihrer Mutter zu Christian ist Irina ein zu großer Dorn im Auge. Urszula bittet Hans um Hilfe. ■ Generöser Doktor Dressler: Für die jungen Musikanten Jack und Mikis hat Dressler einen Musik-Computer angeschafft. Mikis ist aber nur teilweise zufrieden. Anstatt seinen eigenen Probenkeller zu bekommen, soll er künftig in der Villa Dressler musizieren. Jack hingegen findet dieses Arrangement wunderbar.

Buch: Michael Meisheit ■ Regie: Wolfgang Frank ■ Kamera: Jochen Wrobel ■ Redaktion: Lucia Keuter

961 | Töchter

2. MAI 04

Gabi in Not: Nicht nur, dass sie sich an ein Leben ohne Gehör gewöhnen muss. Ihre innere Stimme sagt ihr, dass Stephan der Richtige für sie ist. Sie kann Andys Fürsorge nicht mehr ertragen. Dann stattet sie Rosi einen Besuch ab und erzählt, sie habe sich nun endgültig mit Bruno versöhnt. Schließlich sei ihr Vater doch ein guter Mensch. Davon möchte Rosi allerdings gar nichts hören. ■ Elena und Erich bereiten eine kleine Willkommensfeier vor. Grund: Nach einem langen Urlaub in Nigeria kehren Mary, Vasily und Nikos heute heim. Für Erich ist es allerdings gleichzeitig eine Abschiedsfeier, da er in seinen alten Beruf im Reisebüro zurückkehrt. ■ Die jüngste Bewohnerin der Frauen-WG verlässt das schützende Nest. Irina packt ihre sieben Sachen und siedelt – auf eigenen Wunsch – in ein Internat um. Tanja nimmt Ludwigs Einladung zum Abendessen an.

Buch: Michael Meisheit ■ Regie: Wolfgang Frank ■ Kamera: Jochen Wrobel ■ Redaktion: Lucia Keuter

962 | Vergehen

9. MAI 04

Gabi will Andy reinen Wein einschenken und ihm gestehen, dass sie künftig mit einem anderen Mann leben möchte. Vorher trifft sie sich noch einmal mit Stephan, um Pläne für die gemeinsame Zukunft zu schmieden. Das Treffen verläuft jedoch anders, als von Gabi erwartet: Stephan will auf Distanz gehen. ■ Aufregung in der Villa Dressler: Jack und ihr Schwarm Mikis machen es sich gerade gemütlich, als Gung herein platzt. Der Vietnamese setzt den jungen Griechen vor die Türe. Daraufhin kommt es zwischen Gung und Jack zu einer handfesten Auseinandersetzung, die Dressler schlichten muss. ■ Erich kehrt an seine alte Wirkungsstätte zurück und wird wieder Seite an Seite mit Helga arbeiten. Vorgänger Alex kann ihm seinen Schreibtisch überlassen, weil er eine Ausbildung zum Flugbegleiter macht. Am Abend gibt Erich seinen Ausstand im »Akropolis«.

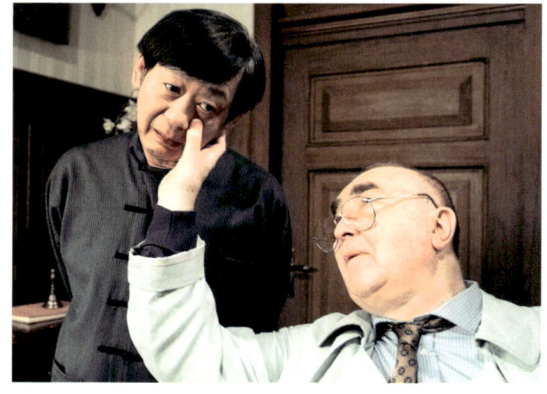

Buch: Michael Meisheit ■ Regie: Wolfgang Frank ■ Kamera: Jochen Wrobel ■ Redaktion: Lucia Keuter

963 | Verhandlungssache

16. MAI 04

Gabi ist verzweifelt: Sie wollte mit ihrer großen Liebe Stephan ein neues Leben beginnen. Aber der fühlt sich der neuen Situation nicht gewachsen. ■ Heute beginnt der Prozess gegen Hausverwalter Hülsch, der die Prostituierte Pia vergewaltigt haben soll. Nina hegt Zweifel an einer Verurteilung des Übeltäters. Zu Recht: Der Prozess wird vertagt. Am Abend steht Olaf vor Ninas Tür. Er bietet an, gegen Hülsch auszusagen – aber nur, wenn Nina ihn darum bittet. Die kommt ins Grübeln: Wenn herauskommt, dass Klings Aussage, um die sie ihn gebeten hat, falsch ist, ist Nina mit dran. Wenn nicht, hat er auf ewig etwas gegen sie in der Hand. ■ Felix verlässt München für einen längeren Aufenthalt auf der griechischen Insel Rhodos. Dort will er sich weiter von seiner Aids-Erkrankung erholen. Felix trifft sich zum Abschied mit Jack im »Café Moorse«.

Buch: Susanne Kraft ■ Regie: Susanne Zanke ■ Kamera: Frank Hlawitschka ■ Redaktion: Lucia Keuter

964 | Ein schöner Tag!

23. MAI 04

Urszula und Christian sind mit Carsten und Käthe zum Kochen verabredet. Aus dem geplanten heiteren Tag wird jedoch nichts. Denn: Für Christian ist die Herstellung von kalten und warmen Speisen eine ernste Angelegenheit. So wird er in der lustigen Runde rasch zur Spaßbremse. Als es um das Thema Homosexualität geht, entgleist Brenner völlig – es kommt zum Eklat. ■ Nina im Zwiespalt: Eigentlich könnte sie sich darüber freuen, dass Hausverwalter Hülsch nach einer Aussage von Olaf zu zwei Jahren Haft verurteilt wurde. Die Sache hat aber einen Haken. Nina musste einen Handel mit Olaf eingehen und steht jetzt in seiner Schuld. ■ Suzanne ist zu Besuch in der WG Kastanienstraße. Sie hat ein Vorstellungsgespräch bei einem Münchener Verlag. Das Gespräch verläuft so gut, dass sie vielleicht bald wieder mit ihrer besten Freundin Nina vereint ist.

Buch: Susanne Kraft ■ Regie: Susanne Zanke ■ Kamera: Frank Hlawitschka ■ Redaktion: Lucia Keuter

965 — Das Geständnis

30. MAI 04

Andy kümmert sich weiter rührend um seine Frau. Für Gabi ist die Situation jedoch unerträglich. Obwohl Stephan sie verlassen hat, sind ihre Gefühle für Andy erloschen. Sie liebt ihn nicht mehr. Auch wenn die Konsequenzen für Gabi unabsehbar sind, gesteht sie Andy die Affäre mit Stephan. Der rastet völlig aus. ■ Urszula ist total genickt. Grund: Ihr Freund Christian ist mit Carsten und Käthe derart zerstritten, dass nun totale Funkstille herrscht. Keine Seite will sich entschuldigen. Tanja findet das kindisch. ■ Suzanne bekommt den Job in München. Zwischenzeitlich wird sie in der Frauen-WG einziehen. ■ Helga freut sich über den Besuch von Maja und Lea. Die Freude ist jedoch nur von kurzer Dauer. Einerseits scheint Maja gesundheitlich angeschlagen. Andererseits ist sie jedoch fit genug, um bei der Erwähnung von Erichs Namen in Rage zu geraten.

Buch: Susanne Kraft ■ Regie: Susanne Zanke ■ Kamera: Frank Hlawitschka ■ Redaktion: Lucia Keuter

966 | Venus und Mars

6. JUN 04

Die Tage der Ehe von Gabi und Andy scheinen gezählt zu sein. Nachdem Andy eine Woche lang spurlos verschwunden war, packt er wütend und verletzt seine sieben Sachen. Voller Schuldgefühle räumt jedoch Gabi vorher das Feld. Sie überlässt Andy die Wohnung und zieht zu Ines. Iffi versucht, ihrem verzweifelten Vater Trost zu spenden. ■ Helga macht sich Sorgen um Majas Gesundheit. Sie klagt über Bauchschmerzen und leidet an Appetitlosigkeit. Ohne Majas Billigung macht Helga einen Termin in der Praxis Flöter. Carsten besteht auf weitere Untersuchungen bei einem Spezialisten. ■ Momo bekommt seine Eifersucht nicht in den Griff. Er kann die Verliebtheit zwischen Jan und Iffi nicht ertragen – erst recht nicht in der gemeinsamen Wohnung. Es kommt, wie es kommen muss: Momo gerät mit Jan aneinander. Klaus rät Momo, aus der WG mit Iffi auszuziehen.

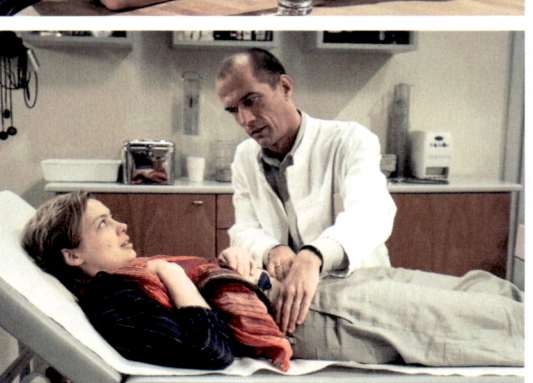

Buch: Susanne Kraft ■ Regie: Susanne Zanke ■ Kamera: Frank Hlawitschka ■ Redaktion: Lucia Keuter

967 | Notdienst

13. JUN 04

Nach einer durchzechten Nacht kommt Momo total betrunken nach Hause. Eigentlich will er Iffi seine Liebe gestehen, aber die macht Urlaub an der Ostsee. Bewusstlos sinkt er in der Küche zusammen. Ausgerechnet Jan hilft Momo, wieder auf die Beine zu kommen. ■ Maja und Helga bereiten eine Geburtstagsüberraschung für Lea vor. Plötzlich krümmt sich Maja vor Schmerzen. Der herbeigeeilte Carsten diagnostiziert einen Darmverschluss und verständigt sofort den Notarzt. Maja muss so schnell wie möglich operiert werden. ■ Suzanne ist glücklich: Sie bekommt einen Job in München und fühlt sich in der Frauen-WG pudelwohl. Hier kann sie solange wohnen, bis sie ein eigenes Heim findet. Besonders mit Tanja versteht sie sich auf Anhieb blendend. Käthe braucht eine »Alibi-Frau« für seine Homepage. Nach längerer Suche fällt die Wahl auf Suzanne.

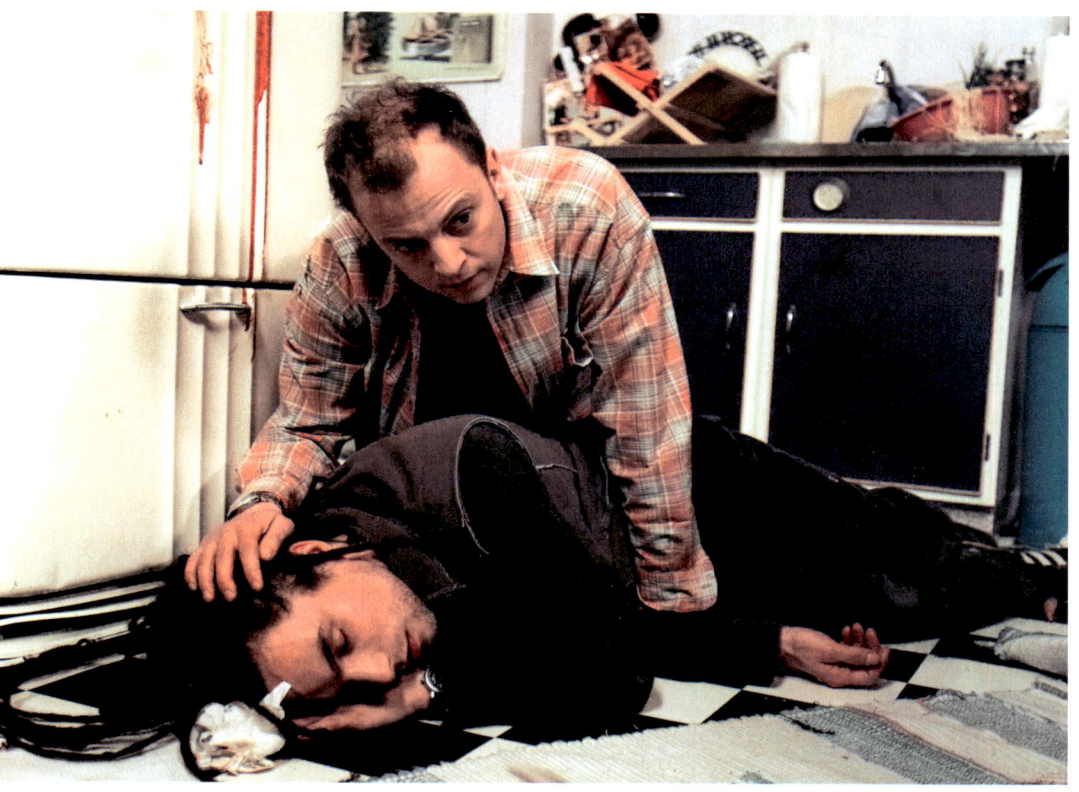

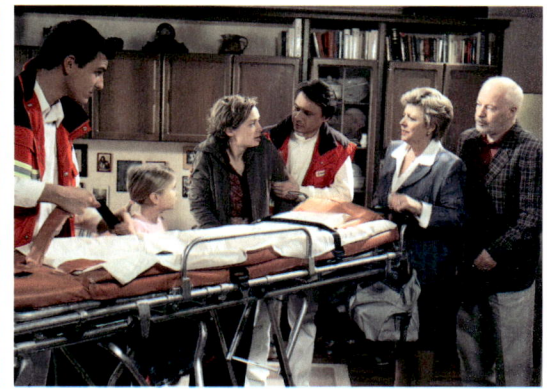

Buch: Susanne Kraft ■ Regie: Susanne Zanke ■ Kamera: Frank Hlawitschka ■ Redaktion: Lucia Keuter

968 | Schicksalsschläge

20. JUN 04

Andy rastet aus: Er entdeckt den Postboten Stephan auf der Lindenstraße – jenen Mann, der seine Ehe zerstört hat. Außer sich vor Zorn stürzt Andy sich auf Stephan und schlägt wütend auf ihn ein. Hajo begleitet den verletzten Stephan zur Praxis Flöter. Per SMS teilt Stephan später Gabi mit, dass er sich versetzen lässt. ■ Bitterer Tag für Helga: Sie erfährt, dass Maja an Darmkrebs leidet. Die Diagnose ist eindeutig. Das bedeutet, dass Maja sich einer Chemotherapie und einer weiteren Operation unterziehen muss. Die junge Mutter gibt sich kämpferisch: Sie will die Krankheit besiegen. ■ Murat wandelt auf Freiersfüßen: Die hübsche Lisa hat es dem Türken angetan. Also lädt Murat die Blondine zum Essen in seine Wohnung ein. Und das, obwohl ihn sein Kumpel Olli erneut vor dem blonden Gift warnt. Mehr noch: Olli drängt ihn, das Treffen abzusagen.

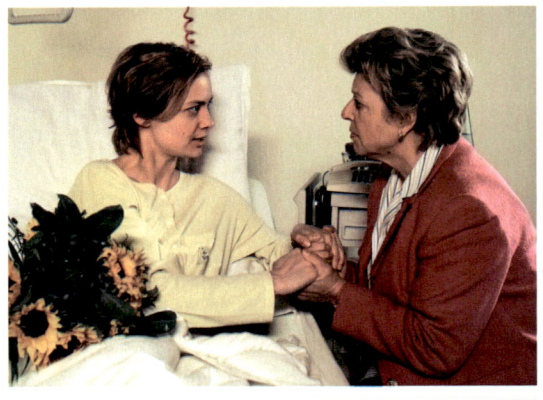

Buch: Susanne Kraft ■ Regie: Susanne Zanke ■ Kamera: Frank Hlawitschka ■ Redaktion: Lucia Keuter

969 | Homestory

Käthe hat Suzanne überredet, als seine Schein-Ehefrau für die Fotogeschichte im Internet zu fungieren. Schließlich wollen die vielen Fans von Käthes Krankenhausserie wissen, wie es in »Dr. Sonnenbergs« Privatleben aussieht. Nur gut, dass Tanja als Maskenbildnerin engagiert wurde. ■ Suzanne schüttet ihr Herz bei Nina aus. Die fragt Suzanne, ob sie sich etwa in Tanja verliebt hat. ■ Hajo bereitet den Oldtimer für einen ersten Ausflug vor. Er will mit Bruno und Isolde eine Fahrt in die Berge machen. Die wirkliche Jungfernfahrt hat allerdings ein anderes Ziel: Hajo fährt zu Bertas Grab. ■ Murat wirbt weiter um die schöne Lisa. Olli will nicht mit ansehen, wie sein Kumpel offenen Auges in sein Unglück rennt. Also fordert er Lisa ultimativ auf, die Finger von seinem Freund zu lassen. Lisa denkt gar nicht daran und nimmt die Kampfansage von Olli an.

Buch: Susanne Kraft ■ Regie: Susanne Zanke ■ Kamera: Frank Hlawitschka ■ Redaktion: Lucia Keuter

970 | Ahnungslos verliebt

4. JUL 04

Ines ist genervt: Wie früher hockt Olaf jeden Morgen im »Café Bayer« und lässt sich von ihr ein Frühstück servieren. Olaf will Ines zurückerobern – auch wenn die gar nichts mehr von ihm wissen will. Als Ines mit einem Gast flirtet, wird Olaf eifersüchtig und macht handfest seine Besitzansprüche geltend. ■ Suzanne und Tanja planen ein gemeinsames Buchprojekt über chemiefreie Kosmetika. Die neue Zusammenarbeit soll mit einem Abendessen im »Akropolis« gefeiert werden. Als ihre Zweisamkeit von Franziska gestört wird, verlässt Suzanne das Lokal. ■ Hajos Oldtimer erfreut sich ungeahnter Beliebtheit. Ein gewisser Herr Ritter meldet sich bei Hajo, weil er Bilder des Wagens im Internet gesehen hat. Der Autoliebhaber begutachtet Hajos Juwel zunächst eingehend und behauptet später, das gute Stück sei ihm vor einiger Zeit gestohlen worden.

Buch: Lieselotte Kinskofer ■ Regie: Susanne Zanke ■ Kamera: Frank Hlawitschka ■ Redaktion: Lucia Keuter

971 — Halbe Wahrheiten

Maja darf das Krankenhaus verlassen. Leider gibt es keinen Grund zur Entwarnung. Maja ist noch immer sehr schwach und kommt ohne Pflege nicht aus. Helga macht sich große Sorgen. Damit aber nicht genug: Lea fragt, was passiert, wenn Maja sterben muss. ■ Bruno und Isolde schmieden Reisepläne. Isolde möchte mit ihrem Geliebten auf den Bahamas die karibische Sonne genießen. Bruno stimmt begeistert zu, hat allerdings ein Problem. Er vertraut Gabi an, dass er total pleite ist. Isolde soll aber nicht erfahren, dass er sich den kostspieligen Urlaub eigentlich nicht leisten kann. ■ Mikis arbeitet weiter an seiner Musikkarriere. Mary animiert ihn, an einem Festival für Nachwuchskünstler in Schottland teilzunehmen. Mikis würde gerne dorthin reisen, verfügt jedoch nicht über die nötigen Mittel. Dressler erklärt sich bereit, finanziell einzuspringen.

Buch: Lieselotte Kinskofer ■ Regie: Kerstin Krause ■ Kamera: Petra Engelhardt ■ Redaktion: Lucia Keuter

972 | Der letzte Gast

18. JUL 04

Hans ist genervt. Tom sitzt schon am frühen Morgen am Rechner und beschäftigt sich mit Computerspielen. Als es Hans zu bunt wird, zieht er kurzerhand den Stecker. Einen Grund zur Freude hat der gestresste Vater dann doch: Sarah kehrt aus Kanada zurück. ■ Maja geht es sehr schlecht. Als Folge der Chemotherapie fallen ihr die Haare aus. Aber Maja will die Dinge selber in die Hand nehmen und lässt sich von Urszula eine Glatze schneiden. Maja bittet Helga, sich nach ihrem Tod um Lea zu kümmern. ■ Jack hat Dressler überzeugt, die Reise nach Schottland zu bezahlen, damit Mikis an einem Musikfestival teilnehmen kann. Zudem findet es Jack auch klasse, dass sie mit ihrem Schwarm in Urlaub fahren kann. Mikis aber denkt nicht daran, sie mitzunehmen. Dressler fordert Mikis auf, Jack zu sagen, dass er sie nicht mehr liebt. Andernfalls zahlt er nichts.

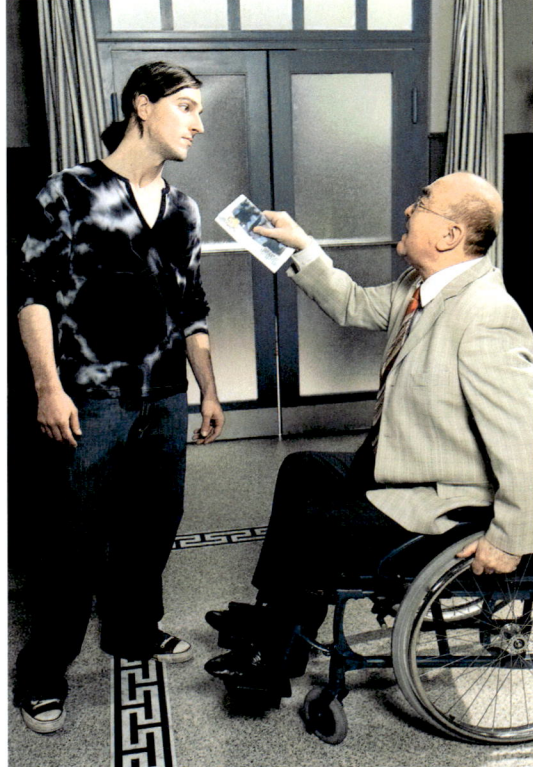

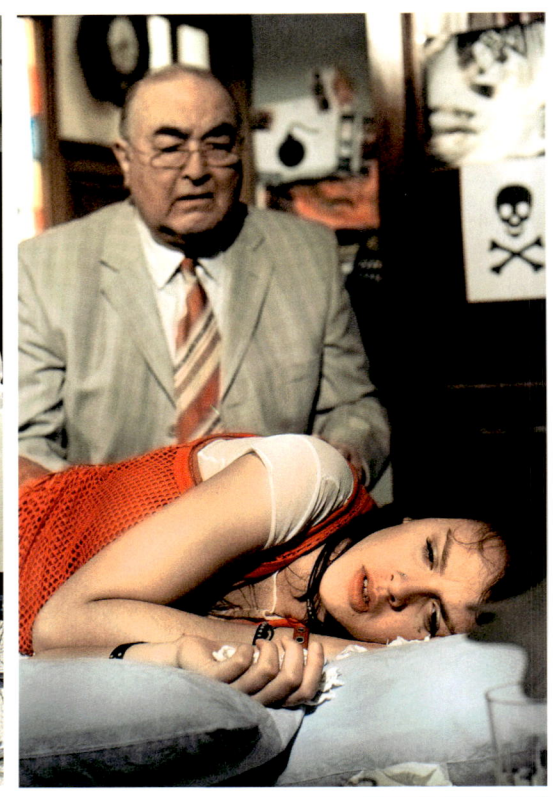

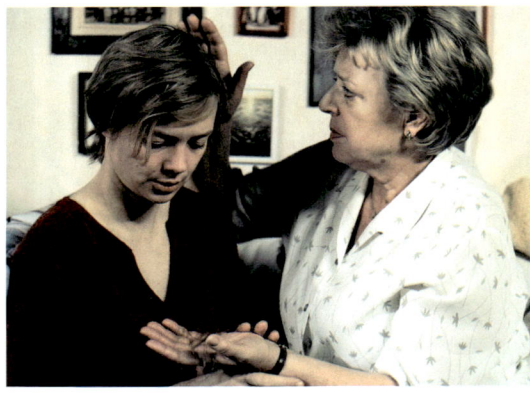

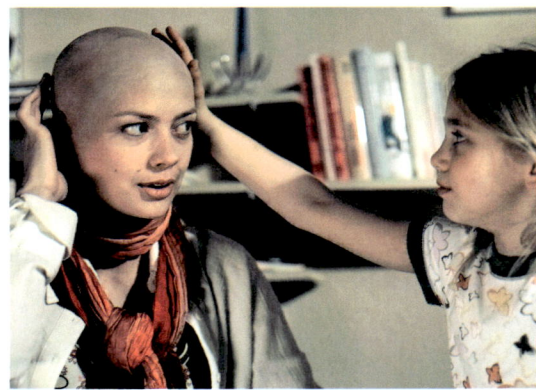

Buch: Klaus Jochmann ■ Regie: Kerstin Krause ■ Kamera: Petra Engelhardt ■ Redaktion: Lucia Keuter

973 | Hin und weg

25. JUL 04

Große Freude bei Suzanne: Mit Tanjas tatkräftiger Unterstützung hat sie endlich eine Wohnung gefunden. Und das Beste ist, dass die neue Bleibe auch in der Lindenstraße liegt. Vor lauter Freude fallen sich Suzanne und Tanja um den Hals. Dabei bleibt es aber nicht: Die beiden küssen sich innig. ■ Dressler kann es nicht lassen. Wieder einmal mischt er sich in Angelegenheiten ein, die ihn eigentlich nichts angehen. Mit finanziellem Druck bringt er den widerspenstigen Mikis dazu, dass der seine Beziehung zu Jack beendet. ■ Hans gerät mal wieder mit Tom aneinander. Der hat sich ausgerechnet von Helga ein sündhaft teures Teil für seinen Computer zum Geburtstag gewünscht. Aber damit noch nicht genug: Als Hans in Toms Zimmer aufräumt, macht er eine unangenehme Entdeckung. Tom hat die Grafikkarte, die er so dringend braucht, anscheinend gestohlen.

Buch: Klaus Jochmann ■ Regie: Kerstin Krause ■ Kamera: Petra Engelhardt ■ Redaktion: Lucia Keuter

974 | Küsse

1. AUG 04

Suzanne schüttet ihrer Freundin Nina das Herz aus. Es will ihr nicht in den Kopf, dass sie sich in Tanja verliebt hat. Schließlich ist Tanja eine Frau, die auch noch in einer Beziehung lebt. Nur gut, dass Tanja erst einmal in den Urlaub fährt. Tanja wiederum denkt nur noch an Suzanne. ■ Weiterhin buhlen Olli und Lisa wechselseitig um die Gunst von Murat. Ob ihrer weiblichen Reize hat Lisa eindeutig die besseren Karten. Zudem überrascht die Blondine Murat mit einem kühnen Vorhaben: Sie will während Dresslers Urlaub in dessen Villa einbrechen. Murat zögert noch. ■ Isolde wundert sich über Bruno. Der charmante Schlawiner wirkt in letzter Zeit sehr müde, vergisst Verabredungen und glänzt durch häufige Abwesenheit. Was Isolde nicht weiß: Bruno arbeitet neuerdings in einem illegalen Spielcasino, um das Geld für die Reise mit Isolde zu verdienen.

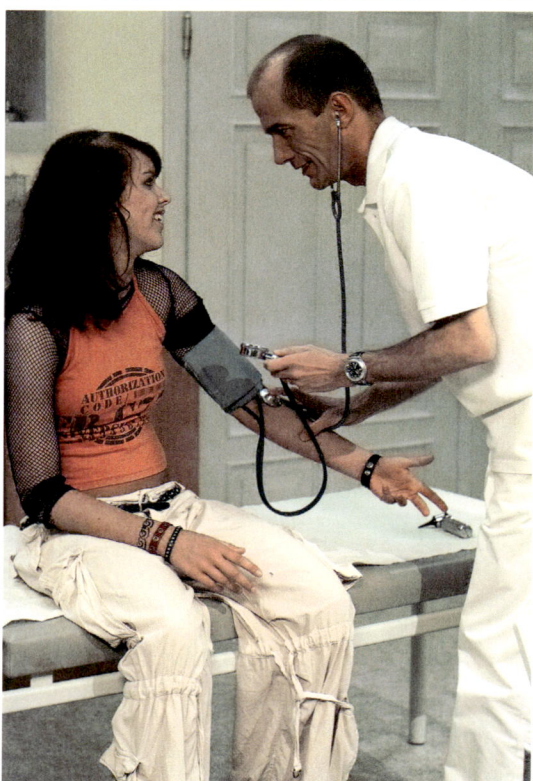

Buch: Michael Meisheit ■ Regie: Kerstin Krause ■ Kamera: Petra Engelhardt ■ Redaktion: Lucia Keuter

975 | Kasino

Tom will sich einen Job suchen, um seine Schulden zu begleichen, die er durch den Diebstahl angehäuft hat. Da er sowieso ein väterlich verordnetes Computerverbot hat, kann er auch arbeiten. Bei Andy wird Tom fündig: Der fährt drei Wochen in den Urlaub und benötigt einen Housesitter. Tom nimmt den Job gerne an – nicht zuletzt, weil Andy auch einen Computer hat. ■ Isolde packt ihre Koffer für den Karibikurlaub mit Bruno. Als ihr Geliebter am Abend erneut zu einer ominösen Verabredung verschwindet, reißt Isolde der Geduldsfaden. Sie nimmt die Verfolgung auf. Als sie sieht, dass es Bruno in das verrufene Bahnhofsviertel zieht, reagiert sie entsetzt. Sie will nie wieder etwas mit ihm zu tun haben. ■ Lisa und Murat nutzen die Gunst der Stunde und brechen in die Villa Dressler ein. Lisa legt falsche Spuren, die den Verdacht auf Olli lenken sollen.

Buch: Michael Meisheit ■ Regie: Kerstin Krause ■ Kamera: Petra Engelhardt ■ Redaktion: Lucia Keuter

976 | Komplott

15. AUG 04

Gut gelaunt kehren Dressler und Jack vom Mallorca-Urlaub zurück. Die gute Laune verfliegt rasch, als sie die Spuren des Einbruchs entdecken. Sofort verständigt Dressler die Polizei. Die entdecken im Haus eine verräterische Zigarettenschachtel und die Fingerabdrücke von Olli. Auch im Wagen werden verdächtige Gegenstände entdeckt, die Lisa dort deponiert hat. Olli wird angesichts der Beweislage verhaftet. Murat ist erschrocken über Lisas Skrupellosigkeit. ■ Bruno ist am Boden zerstört. Isolde ist ohne ihn in die Karibik gedüst. Grund: Isolde meint, dass Bruno regelmäßig einen verruchten Sexshop besucht hat. Bruno bittet Hajo, sofort Kontakt zu Isolde aufzunehmen und ihr die Wahrheit zu erzählen. ■ Jack ist sauer auf Dressler, weil der Mikis mit den Schottland-Tickets erpresst und ihre Freundschaft beendet hat. Jack will für immer verschwinden.

Buch: Michael Meisheit ■ Regie: Kerstin Krause ■ Kamera: Petra Engelhardt ■ Redaktion: Lucia Keuter

977 | Köder

22. AUG 04

Tanja kehrt aus dem Urlaub zurück. Ihren ersten Anruf macht sie bei Suzanne. Die beiden haben sich gegenseitig vermisst. Suzanne fragt Nina um Rat, und Tanja berichtet Carsten von ihrer Gefühlslage. Franziska fragt später Tanja, ob die etwas mit Suzanne hat. ■ Ines ist genervt. Jeden Morgen sitzt Olaf im »Café Bayer« und lässt sich von ihr ein Frühstück servieren. Zudem hat er Ines' Vater angerufen, damit er ein gutes Wort für ihn bei seiner Tochter einlegt. Als Olaf dann auch noch Moritz aus dem Kinderheim einspannt, um das Herz seiner Liebsten zurück zu erobern, platzt Ines der Kragen. ■ Jack hat Dressler den Rücken gekehrt. Zerknirscht berichtet er Carsten, dass er Druck auf Mikis ausgeübt hat, damit dieser Jack den Laufpass gibt. Carsten reagiert entsetzt. Er sieht nur eine Möglichkeit: Dressler muss sich bei beiden entschuldigen.

Buch: Michael Meisheit ■ Regie: Kerstin Krause ■ Kamera: Petra Engelhardt ■ Redaktion: Lucia Keuter

978 | Könige

29. AUG 04

In der Frauen-WG stehen die Zeichen auf Sturm. Tanja kann ihre Gefühle für Suzanne vor Franziska nicht mehr verheimlichen. Während sich die Studentin in ihrem Zimmer verbarrikadiert, fasst Tanja einen Entschluss: Sie will Abstand gewinnen und Suzanne eine Zeitlang nicht sehen. ■ Isolde hat sich aus dem Karibikurlaub bei Hajo gemeldet, und der hat sofort ein flammendes Plädoyer für seinen Freund Bruno gehalten. Zum Dank lädt Bruno ihn zu einem Pokerspiel in Isoldes Wohnung ein. Er muss eine alte Rechnung begleichen und Hajo soll ihm dabei helfen. Leider kehrt Isolde unerwartet zurück und platzt mitten in die Pokerrunde. ■ Olaf hat im »Café Bayer« Hausverbot, was der Bayer jedoch geflissentlich übersieht. So weist ihm Ines lautstark und vor den Augen der Nachbarschaft die Türe. Olaf ist davon überzeugt, dass er Opfer eines Komplotts ist.

Buch: Michael Meisheit ■ Regie: Kerstin Krause ■ Kamera: Petra Engelhardt ■ Redaktion: Lucia Keuter

979 | Kronen

Franziska ist am Boden zerstört. Sie will nicht wahrhaben, dass die Beziehung mit Tanja beendet sein soll. Noch immer liebt sie Tanja, aber die will nicht mehr. Franziska schüttet Christian ihr Herz aus. Der versucht, seine Tochter zu trösten. ■ Nach den Vorkommnissen der vergangenen Woche möchte Bruno am liebsten vor Scham im Boden versinken. Sein Schuldbewusstsein ist so groß, dass er sogar die Stadt verlassen will. Rosi nimmt die Chance wahr und wettert vehement über Bruno, wird aber von Isolde in die Schranken gewiesen. Einmal in Fahrt, schickt sie Bruno eine Vespa als Liebesgruß. Die Liebe siegt und beide versöhnen sich. ■ Da Helga einen wichtigen Banktermin wahrnehmen muss, begleitet Hans die geschwächte Maja in die Klinik. Heute erfährt sie, ob die Chemotherapie Wirkung zeigt. Das Ergebnis der Untersuchung ist niederschmetternd.

Buch: Michael Meisheit ■ Regie: Dominikus Probst ■ Kamera: Hubert Schick ■ Redaktion: Lucia Keuter

980 | Kerzen

12. SEP 04

Schock für Helga: Maja krümmt sich vor Schmerzen, und Erich muss den Notarzt rufen – Notoperation in der Klinik. Der Eingriff ist zwar erfolgreich, aber die Ärzte haben kaum noch Hoffnung. Maja fasst einen Entschluss: Sie will keine Chemo mehr, sondern nur noch nach Hause. ■ Urszula hat von Utes ständigen Unverschämtheiten genug: Sie erklärt der Blondine die Kündigung. So fehlt ihr aber demnächst eine Fachkraft am Frisiertisch. Aber Käthe weiß Rat. Sein Kollege Lotti, seines Zeichens Maskenbildner, würde den Job gerne übernehmen. ■ Durch Zufall findet Iffi bei Jans Sachen einen Verlobungsring. Da das Schmuckstück nur für sie bestimmt sein kann, genehmigt sich Iffi ein Glas Sekt. Als Momo von der angeheiterten Iffi die Neuigkeit erfährt, ist er entsetzt. Er tritt die Flucht nach vorne an und gesteht Iffi seine Liebe. Die beiden landen im Bett.

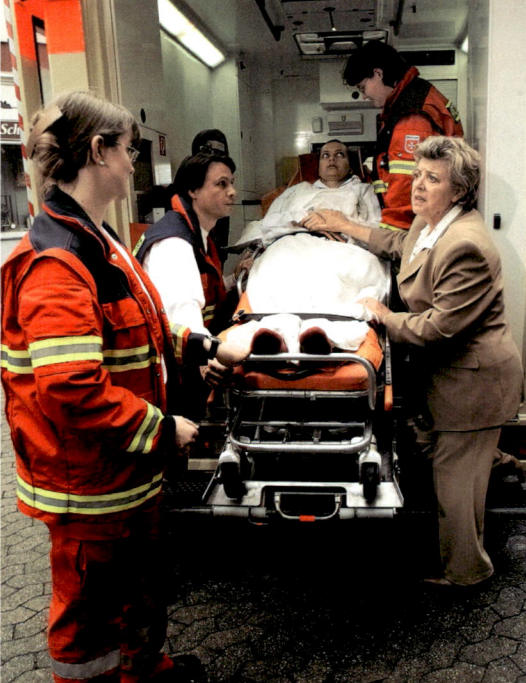

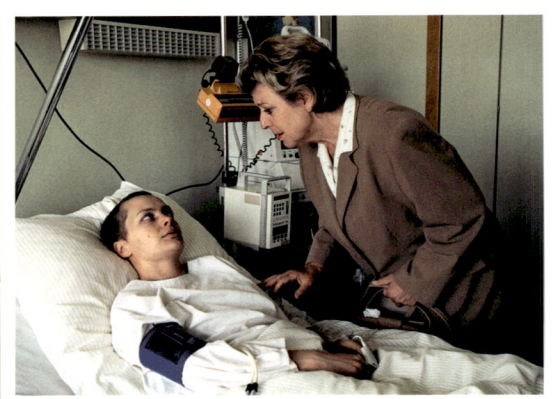

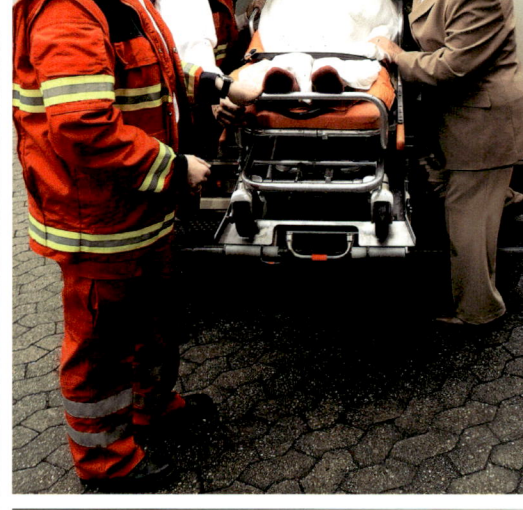

Buch: Michael Meisheit ■ Regie: Dominikus Probst ■ Kamera: Hubert Schick ■ Redaktion: Lucia Keuter

981 | Kollision

19. SEP 04

Iffi geht Momo aus dem Weg. Nach dem Liebesgeständnis der vergangenen Woche ist sie verunsichert und verkriecht sich bei Jan. Momo sieht in dem jungen Lehrer wieder nur den Nebenbuhler. Jan kann die neue Feindseligkeit nicht verstehen. ■ Endlich taucht Jack wieder auf. Dressler nutzt die Gelegenheit, um sich bei ihr zu entschuldigen. Leider ohne Erfolg: Jack will nur ihre Sachen holen und dann aus Dresslers Leben verschwinden. Sie möchte bei Carsten und Käthe einziehen. ■ Klaus arbeitet neuerdings für eine Münchner Boulevardzeitung. Die Blattmacher schicken ihn zu einem Autounfall, bei dem eine Frau ums Leben kam. Der Unfallverursacher ist flüchtig. Klaus meint, den Täter auf dem Phantombild zu erkennen: Das muss Christian Brenner sein. Als die Zeitung abends mit Klaus' Artikel erscheint, stellt Brenner den Nachwuchs-Journalisten zur Rede.

Buch: Michael Meisheit ■ Regie: Dominikus Probst ■ Kamera: Hubert Schick ■ Redaktion: Lucia Keuter

982 | Krebs

Maja ist von ihrer Krankheit schwer gezeichnet. Trotzdem hält sie für Lea eine Überraschung bereit. Sie schenkt ihrer Tochter ein Fotoalbum mit Aufnahmen ihrer kleinen Familie: Mama Maja, Vater Benny und Tochter Lea. Maja bittet zudem Helga, die gesamte Familie und die Freunde zu Kaffee und Kuchen einzuladen. Im Kreis der Lieben schließt Maja später für immer die Augen. ■ Klaus hat mit seinem Zeitungsartikel in der Boulevardzeitung Urszulas Freund Christian in große Bedrängnis gebracht. Die Zeitung wirft Brenner vor, der Fahrerflucht mit Todesfolge schuldig zu sein. Brenner ähnelt nicht nur dem mutmaßlichen Täter auf dem Phantombild, er hat auch für die Tatzeit kein Alibi. ■ Fassungslos muss Franziska mit ansehen, wie sich Tanja und Suzanne immer näher kommen. Franziska sieht nur eine Lösung: Sie zieht aus der gemeinsamen Wohnung aus.

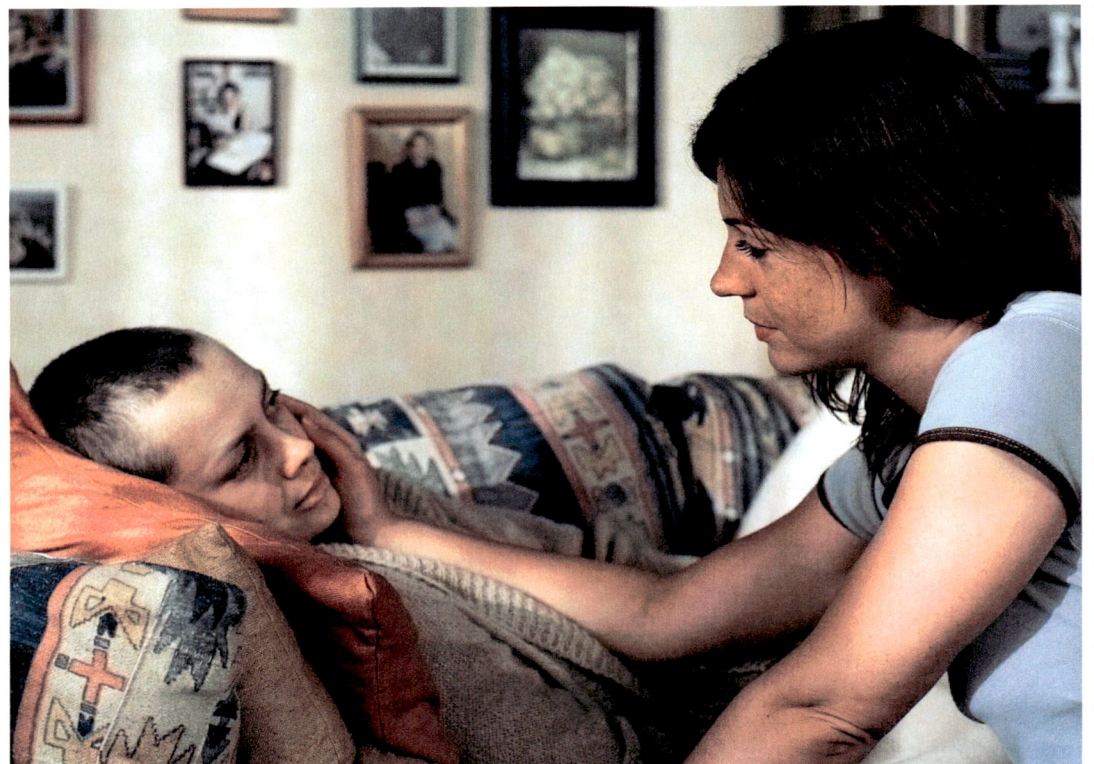

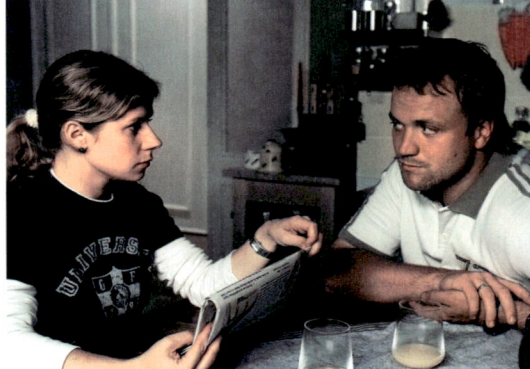

Buch: Michael Meisheit ■ Regie: Dominikus Probst ■ Kamera: Hubert Schick ■ Redaktion: Lucia Keuter

983 | Mama …?

Hans fährt nach Schweinfurt, um Majas Hausstand aufzulösen. Während Hans sich um den Nachlass kümmert, besucht Helga das Grab der Verstorbenen. Sie hat das Sorgerecht für Lea bekommen und kümmert sich rührend um ihre Enkelin. Die fühlt sich ohne ihre Mama sehr alleine. ■ Klaus recherchiert weiter in Sachen Brenner. Ein Informant erhebt neue Anschuldigungen gegen den Autohändler. Als Klaus ihn mit den Vorwürfen konfrontiert, schlägt Christian ihm die Türe vor der Nase zu. Klaus fühlt sich in seinen Vermutungen bestätigt und attackiert Brenner erneut mit einem Zeitungsartikel. Abends droht Brenner, Urszula zu verlassen, wenn sie ihm nicht traut. ■ Klare Verhältnisse: Weil die Pampigkeiten von Ute nicht mehr zu ertragen sind, wird sie von Urszula auf die Straße gesetzt. Lotti kann seinen Dienst im Salon daher früher als verabredet antreten.

Buch: Irene Fischer ■ Regie: Dominikus Probst ■ Kamera: Hubert Schick ■ Redaktion: Lucia Keuter

984 | Eine Affaire?

10. OKT 04

Sarah ist geschockt: Anna gesteht ihr, dass sie seit einigen Wochen eine Affäre mit ihrem Chef hat. Der Teenager ist entsetzt und befürchtet, dass die Familie auseinander bricht. Sarah will von ihrer Mutter wissen, ob sie Hans noch liebt. ■ Christian ist mit den Nerven am Ende. Er wird Tag und Nacht von Reportern verfolgt. Und das ist noch nicht alles: Auch von Urszula ist er enttäuscht, weil sie ihm nicht vertraut. Die kann wiederum nicht verstehen, warum Christian ihr nicht verrät, wo er zur Zeit des Unfalls war. ■ Ines bekommt am Abend von einer flüchtigen Bekannten kosmetische Produkte auf Naturheilbasis präsentiert. Sie hat auch ein paar Damen aus der Nachbarschaft eingeladen. Leider erfüllt die Präsentation aus unterschiedlichen Gründen nicht die Erwartungen. ■ Olaf bittet nun auch Anna, bei Ines ein gutes Wort für ihn einzulegen.

Buch: Irene Fischer ■ Regie: Dominikus Probst ■ Kamera: Hubert Schick ■ Redaktion: Lucia Keuter

985 | Der Liebhaber

Anna beendet die Affäre mit ihrem Chef. Sarah ist sehr glücklich über die Entscheidung ihrer Mutter. Aber so einfach, wie Anna sich das vorstellt, lässt sich der Ehebruch nicht aus der Welt schaffen. Unerwartet steht ihr angetrunkener Chef in der Tür und will eine Erklärung. Als dann auch noch Hans nach Hause kommt, wird die Lage für Anna prekär. ■ Mary traut ihren Augen und Ohren nicht: Trotz Hausverbot steht Olaf vor ihr im »Akropolis«. Ausgerechnet sie soll bei Ines ein freundliches Wort für Olaf einlegen. Als Mary ihn entschieden abweist, wird der Bayer handgreiflich. Mikis stellt sich Olaf in den Weg und fordert dafür später von Mary eine »Belohnung«. ■ Der Fall Brenner nimmt für Klaus eine unerwartete Wendung. Der wahre Schuldige am Autounfall wird verhaftet und Christian ist rehabilitiert. Klaus entschuldigt sich bei Brenner.

Buch: Irene Fischer ■ Regie: Dominikus Probst ■ Kamera: Hubert Schick ■ Redaktion: Lucia Keuter

986 Schlechte Nachrichten

24. OKT 04

Schlechte Nachrichten für Olaf: Per Post erfährt er, dass Ines die Scheidung von ihm verlangt. Olaf flippt aus. Er will nicht wahrhaben, dass sich seine große Liebe tatsächlich von ihm trennen will. Olaf stürmt ins »Café Bayer« und macht Ines eine Szene. Die Gescholtene bekommt es langsam mit der Angst zu tun. Sie bittet Nina um Hilfe. ■ Vasily war eine Woche auf einer Fachmesse und ist nach Hause zurückgekehrt. Er bemerkt eine merkwürdige Spannung zwischen Mary und Mikis. Was Vasily nicht ahnt: Mikis hatte der schönen Wirtin eindeutige Avancen gemacht. Mary aber lässt sich bislang nicht auf eine Affäre ein. ■ Gabi hat erfahren, dass Andy mit der Steuererklärung überfordert ist. Kurzerhand beschließt sie, ihm ihre Hilfe anzubieten. Der gut gemeinte Vorschlag geht aber gründlich daneben. Andy bekommt einen Wutanfall und setzt Gabi vor die Türe.

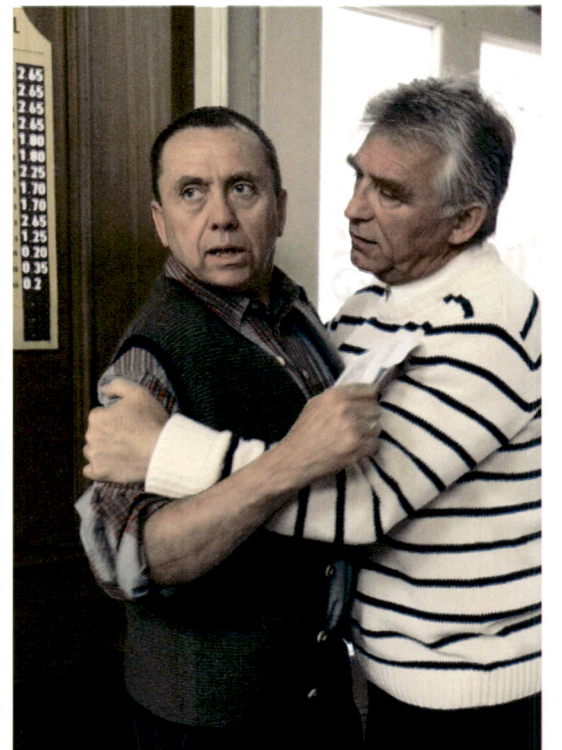

Buch: Irene Fischer ■ Regie: Dominikus Probst ■ Kamera: Hubert Schick ■ Redaktion: Lucia Keuter

987 Die Party

31. OKT 04

Anna möchte mit Hans spontan eine Woche nach Venedig verreisen. Hans sieht jedoch weder zeitlich noch finanziell die Möglichkeit zu einem Kurztrip. Über die unterschiedlichen Meinungen kommt es zwischen den Eheleuten zum Disput. Im Verlauf des Streits gesteht Anna das Verhältnis mit ihrem Chef. Hans reagiert entsetzt und verlässt die Wohnung. ■ Die Noch-Eheleute Kling gehen mehr denn je getrennte Wege: Während Olaf sich verkriecht und seine Wunden leckt, stellt sich Ines einer neuen beruflichen Herausforderung. Sie wird Vertreterin für Kosmetikprodukte und macht ihren ersten Umsatz. ■ Urszulas neuer Mitarbeiter Lotti gibt seinen Einstand in der Lindenstraße: Er lädt alle Kunden und Freunde in den Salon ein. Hier steigt eine »Party des schlechten Geschmacks«, zu der Lotti in einem besonderen Kostüm auftritt. Er verkleidet sich als Boy George.

Buch: Irene Fischer ■ Regie: Dominikus Probst ■ Kamera: Hubert Schick ■ Redaktion: Lucia Keuter

988 | Der Schock

Eisige Atmosphäre zwischen Hans und Anna: Seit ihrem Geständnis redet Hans kein Wort mit seiner Frau und behandelt sie wie Luft. Anna leidet sehr unter der Situation. Nach mehreren Anläufen kommt es zur Aussprache. Beim anschließenden Besuch im »Café Moorse« erblicken sie Tom in Begleitung eines Mädchens. ■ Momo erklärt das Experiment Familien-WG für gescheitert. Iffi ist kaum noch in der gemeinsamen Wohnung, weil sie nur noch bei ihrem Freund Jan übernachtet. Nico wohnt ohnehin bei Opa Andy. Derweil hat Iffi ein ganz anderes Problem: Sie ist schwanger, weiß aber nicht genau, von wem. ■ Lotti leidet unter den Folgen einer Zahnbehandlung. Käthe würde sich gerne um seinen Freund kümmern, muss jedoch arbeiten. Also bittet er Carsten, den Leidenden zu pflegen. Der willigt nur ungern ein, weil er den extrovertierten Frisör nicht sonderlich mag.

Buch: Irene Fischer ■ Regie: Dominikus Probst ■ Kamera: Hubert Schick ■ Redaktion: Lucia Keuter

989 — Der Wahnsinn!

Mikis singt ein Lied über Mary und ihren ersten Kuss. Vasily wird misstrauisch. Anscheinend läuft da etwas zwischen Mikis und Mary. Als Vasily den Text findet, gesteht ihm Mary den Kuss. Vasily ist stocksauer und wirft Mikis hinaus – trotz Elenas Protest. Auch Mary kommt nicht besser weg: Sie könne ebenfalls gehen, wenn sie will. ■ Iffi schläft schlecht. Sie erzählt Nina, dass sie schwanger ist. Auf deren Rat hin informiert sie auch Jan. Der ist überglücklich. Nico findet das Ganze weniger toll und erzählt prompt Momo davon. Der reagiert geplättet. Anscheinend meinen es Iffi und Jan mit ihrer Liebe doch ernst. Derweil bittet Jan bei Andy um Iffis Hand. ■ Helga sorgt sich um Lea. Die beteiligt sich kaum noch am Unterricht und spricht nur das Nötigste. ■ Klaus könnte ein Praktikum in Südafrika absolvieren; Nina ist davon wenig begeistert.

Buch: Susanne Kraft ■ Regie: Herwig Fischer ■ Kamera: Petra Engelhardt ■ Redaktion: Lucia Keuter

990 | Die Paar-Probleme

21. NOV 04

Hans und Anna versuchen, wieder Normalität in ihr Leben zu bringen. Hans fällt das jedoch schwer. Zu tief ist die Wunde, die Annas Affäre hinterlassen hat. Zufällig belauscht er ein Gespräch zwischen Sarah und Anna und erfährt, dass seine Stieftochter über den Ehebruch informiert war. Hans ist tief enttäuscht und fasst einen folgenschweren Entschluss. ■ Vasily ist zornig. Seit er vom Kuss zwischen Mary und Mikis erfahren hat, zeigt er seiner Frau die kalte Schulter. Schlimmer noch: Er behandelt sie wie eine Hilfskraft. Der Verzweiflung nahe, sieht Mary nur noch einen Ausweg. ■ Gabi fühlt sich ausgeschlossen: Erst durch Nico erfährt sie, dass Iffi und Jan ein Kind bekommen und heiraten wollen. Sie eilt zu Andy, um mit ihm Hochzeitsvorbereitungen zu besprechen. Doch Andy weist sie ab und erklärt, dass sie nicht mehr Teil der Familie ist.

Buch: Susanne Kraft ■ Regie: Herwig Fischer ■ Kamera: Petra Engelhardt ■ Redaktion: Lucia Keuter

991 | Dampfnudeln!

28. NOV 04

Hans ist vergangene Woche tatsächlich ausgezogen und kommt nur noch tagsüber vorbei, um den Haushalt zu versorgen. Anna hat derweil eine Abmahnung erhalten. Anscheinend will sie ihr Chef nun mit allen Mitteln fertig machen. ■ Else liegt mit Lungenentzündung im Bett. Olaf gibt sich seinen Erinnerungen an Ines hin und verspricht, dass sie wieder zusammen kommen. Nach einem offenen Disput mit Anna fasst Olaf einen fatalen Entschluss: Er will sich an allen Frauen rächen, die ihn und seine Ines auseinander gebracht haben. ■ Gabi ist noch immer traurig, dass sie weder Nico sehen noch zur Hochzeit von Iffi und Jan darf. Die beiden wollen am 30. Januar heiraten. ■ Unterdessen wird in der Lindenstraße ein Wettbewerb um die beste Weihnachtsdekoration ausgelobt. Bruno hat eine Idee, wie sich die Bewohner im Haus Nr. 3 daran beteiligen könnten.

Buch: Susanne Kraft ■ Regie: Herwig Fischer ■ Kamera: Petra Engelhardt ■ Redaktion: Lucia Keuter

992 — Der Wettbewerb

Der Wettbewerb um die schönste Weihnachtsdekoration in der Lindenstraße ist in vollem Gange. Besonders die Bewohner im Haus Nr. 3, die das Gebäude zum lebenden Adventskalender umgestalten, sind mit Eifer dabei. Bruno bastelt pausenlos an Lichterketten, Isolde versucht, die Konkurrenz im Friseursalon auszuschalten, und Hajo spielt zur Öffnung des zweiten Türchens auf der Trompete. Nur Olaf klinkt sich komplett aus. ■ Vasily hat keine Zeit für weihnachtliche Deko, weil ihm Mikis an allen Ecken und Enden fehlt. Bald könnte es noch einsamer um Vasily werden. Mary hat neue berufliche Pläne – und die könnten sie weg aus München führen. Vasily möchte, dass zumindest Nikos bei ihm bleibt. ■ Lea wirkt noch immer depressiv und abwesend. Plötzlich ist sie dann auch noch spurlos verschwunden. Zu aller Erleichterung taucht sie später in der WG auf.

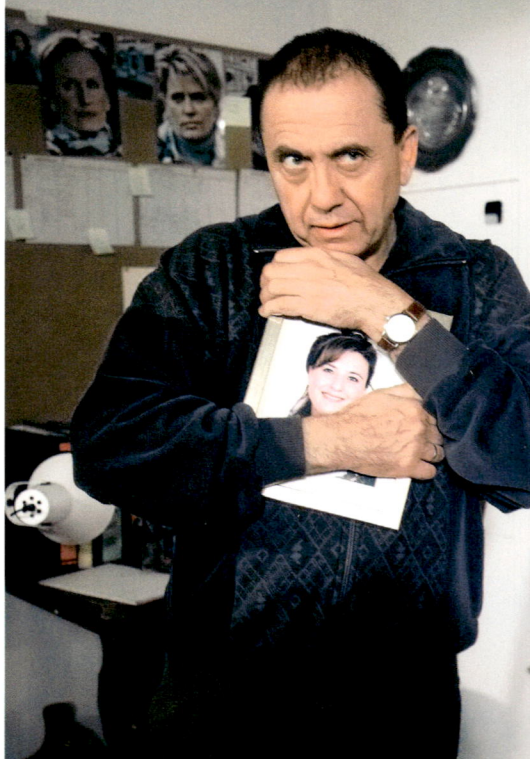

Buch: Susanne Kraft ■ Regie: Herwig Fischer ■ Kamera: Petra Engelhardt ■ Redaktion: Frank Tönsmann

993 | Fluchthelfer

Alex kommt bekokst vom Plattenauflegen aus dem Club. Marion ist darüber alles andere als begeistert – zumal dies der vorerst letzte gemeinsame Tag von Alex und Marion ist: Sie geht für ein Bauprojekt nach Leipzig. ■ Mary packt Nikos und die Koffer und macht sich zur Abfahrt bereit. Elena will die Abreise verhindern und sucht Rat bei Dressler – vergebens. Mary fährt los, bevor Vasily vom Einkauf zurück kommt. Vasily will notfalls per Gericht das Sorgerecht für seinen Sohn erstreiten. ■ Auch Olaf ist entsetzt, dass Mary erst einmal weg ist. Das bringt seinen Racheplan durcheinander. ■ Jan hat eine Stelle in München bekommen. Andy schlägt einen Wohnungstausch vor, damit Iffi, Jan und die Kinder in der Nähe bleiben können. Momo reagiert entsetzt, als er hört, dass er aus der Wohnung mit Iffi ausziehen und in Jans Appartement übersiedeln soll.

Buch: Susanne Kraft ■ Regie: Herwig Fischer ■ Kamera: Petra Engelhardt ■ Redaktion: Frank Tönsmann

994 | Allein gegen alle

19. DEZ 04

Momo weigert sich beharrlich, in Jans Appartement zu wechseln und boykottiert damit alle Umzugspläne. Iffi pocht auf ihren Mietvertrag. Als das nicht hilft, knöpft sich Jan den Mann mit dem Rastalook vor. Jan weist auf die Schwangerschaft hin und fordert Momo auf, seine zukünftige Frau nicht länger zu terrorisieren. ■ Olaf ist sauer, weil Iffi ihn nicht zur Hochzeit einlädt. Auch Gabi ist wütend – und zwar auf Andy, der ihr nichts vom Wohnungstausch erzählt hat. ■ Jack langweilt sich bei ihrem Praktikum in der Praxis Flöter. Der ständige Streit zwischen Lisa und Andrea geht ihr zusätzlich auf die Nerven. Doch es gibt auch gute Neuigkeiten: Felix kehrt aus Rhodos zurück. ■ Da hilft keine Creme: Frau Schuster setzt Ines unter Druck. Sie soll mehrere tausend Euro Schulden bezahlen, die sich durch die »Jaloha«-Lieferungen angehäuft haben.

Buch: Susanne Kraft ■ Regie: Herwig Fischer ■ Kamera: Petra Engelhardt ■ Redaktion: Frank Tönsmann

995 | Weihnachtsgeschichten

26. DEZ 04

Obwohl sie ständig auf »Jaloha«-Verkaufstour ist, erhält Ines eine Mahnung für nicht bezahlte Ware. Gabi entdeckt den Brief und fordert ihre Freundin auf, aus der Sache auszusteigen. Stattdessen bittet Ines ihren Vater um Geld. Sie will sich noch höher in die »Jaloha«-Hierarchie einkaufen. ■ Weihnachten überall: Jack bringt Hans ein Geschenk. Der erzählt ihr dabei vom Zerwürfnis mit Anna. Später geht Hans mit Lea zum Friedhof. Für Lea gibt es trotz aller Trauer einen Lichtblick: Alex will ihr eine selbst gemixte CD aufnehmen. ■ Kürung der Sieger im Weihnachts-Dekorationswettbewerb: Harry erhält den Preis für die originellste Deko, und in der Gesamtwertung macht der »lebende Adventskalender« vom Haus Nr. 3 das Rennen. Nach der Siegerehrung gibt es eine besondere Überraschung. ■ Olaf beschenkt sich selbst: Er bestellt eine Waffe mit Zielfernrohr.

Buch: Susanne Kraft ■ Regie: Herwig Fischer ■ Kamera: Petra Engelhardt ■ Redaktion: Frank Tönsmann

996 | Schlechte Karten

Zwist ohne Ende: Erneut gibt es heftige Auseinandersetzungen zwischen Elena und Vasily. Sowohl in Sachen Nikos als auch in der Beurteilung von Mikis haben Mutter und Sohn verschiedene Ansichten. Der neue Kellner, den Vasily für Mikis engagiert hatte, sagt obendrein ab – und im Lokal geht es drunter und drüber. Als Elena das Chaos über den Kopf wächst, übernehmen kurzerhand Jack, Gung und Dressler die Arbeit. ■ Hans lädt Suzanne und Tanja zum Abendessen ein. Tanja ist seit einiger Zeit sauer auf Suzanne, die in der Öffentlichkeit ihre Liebe zu Tanja verleugnet. Als Suzanne auch vor Hans Ausflüchte im Blick auf das Zusammenleben mit Tanja sucht und frühzeitig das Essen verlässt, kommt es zum Streit mit Tanja. ■ Der Aufenthalt auf Rhodos hat Felix augenscheinlich verändert. Neuerdings interessiert er sich für Esoterik und legt mit Käthe Karten.

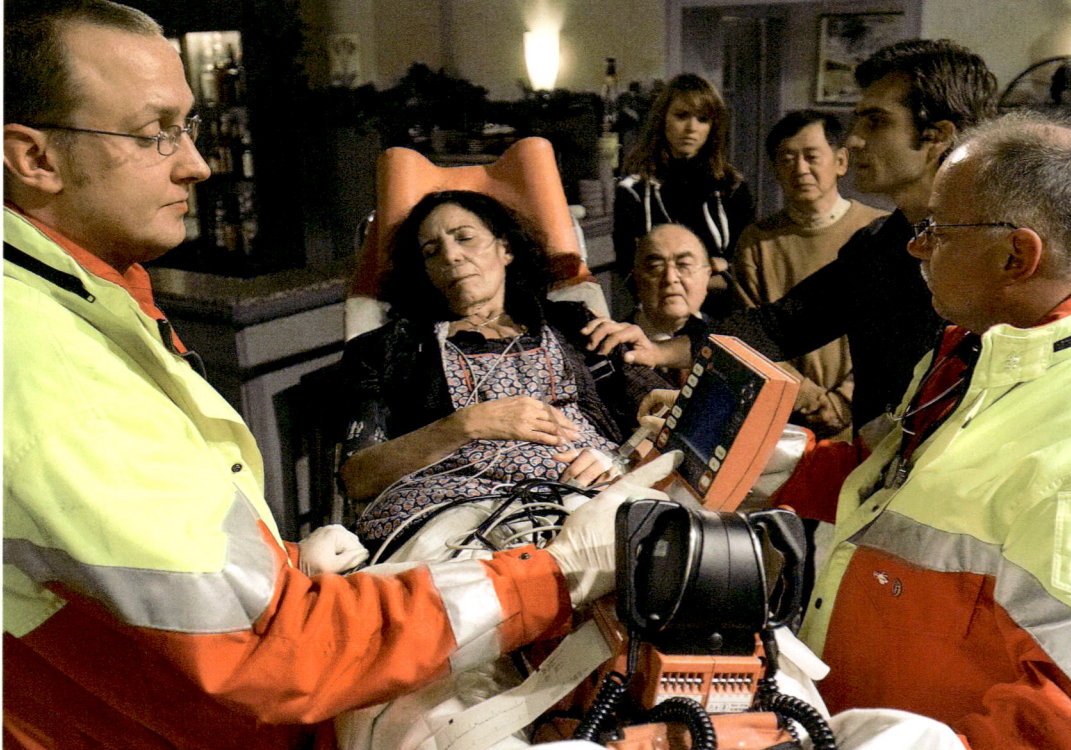

Buch: Gisela Wiehe ■ Regie: Herwig Fischer ■ Kamera: Petra Engelhardt ■ Redaktion: Frank Tönsmann

997 Dünnes Eis

Weil Elena bis auf weiteres an Töpfen und Tiegeln ausfällt, muss Gung noch immer im »Akropolis« mithelfen. In dieser misslichen Lage taucht Mikis auf. Vasily kommt Mikis erstmals gelegen. Er bittet sein Patenkind, wieder auf Dauer mitzuarbeiten. ■ Nina stellt Alex wegen dessen Kokainkonsums zur Rede. Doch Alex wiegelt ab – er habe alles unter Kontrolle. Nina plagen andere Probleme. Sie berichtet von modernen »Sklavenhändlern«, die Frauen aus dem Ostblock entführen und hier zur Prostitution zwingen. ■ Hans ist krank. Weil er sich nicht von Anna pflegen lassen will, bringt ihm Jack seine Medizin. Jack erzählt später Sarah, dass Hans sehr enttäuscht von ihr ist, weil sie von Annas Verhältnis wusste. Jacks Vorschlag: Sarah soll sich einen Trick einfallen lassen. Dadurch könnte sie die Lage entspannen und Anna und Hans wieder zusammenbringen.

Buch: Gisela Wiehe ■ Regie: Herwig Fischer ■ Kamera: Petra Engelhardt ■ Redaktion: Frank Tönsmann

998 | Rückholaktion

16. JAN 05

Olaf hat sich ein Gewehr besorgt und beginnt mit Zielübungen Richtung »Akropolis«. Rasch stellt er fest, dass er von der Kling-Wohnung aus keine gute Schussposition erreicht. Da Else noch einen Nachschlüssel hat, verschafft er sich Zutritt zu Ines' Wohnung und sondiert die Lage. Später fährt Olaf in den Wald und übt das Zielschießen. Sein Plan steht fest: An Iffis Hochzeit in zwei Wochen will er Anna, Nina, Mary sowie Gabi erschießen. ■

Jack schleicht sich in die Arztpraxis, um Material für ihren Geheimplan zu besorgen. Sie will Sarah helfen, bei ihren Eltern Mitleid zu erregen und sie dazu zu bewegen, sich gemeinsam um Sarah zu kümmern. Dabei könnten sich Anna und Hans endlich wieder näher kommen. ■ Alex schmuggelt zum ersten Mal Koks. Nina ist sauer, dass das Kokain in der Wohnung liegt. Alex soll es für immer verschwinden lassen.

Buch: Gisela Wiehe ■ Regie: Herwig Fischer ■ Kamera: Petra Engelhardt ■ Redaktion: Frank Tönsmann

999 Nächste Woche

23. JAN 05

Probleme bei Iffi und Jan: Momo weigert sich noch immer, in Jans Wohnung zu ziehen. Mangels geeignetem Koch wird nun Gung das Hochzeitsmahl im »Akropolis« bereiten. Und Andy will nach wie vor nicht zur Feier kommen, wenn auch Gabi erscheint. Als Gabi daraufhin verzichtet, mag auch Andy nicht mehr: Er will Gabi nicht als Gönnerin dastehen lassen. Angesichts dieses Hin und Her ist Iffi stocksauer. Jan hat die Lösung parat: Er nimmt Andy als Trauzeuge in die Pflicht. Dann aber muss auch Gabi kommen dürfen. ■ Olaf übt das Zielschießen. Dem ahnungslosen Murat erklärt er, dass der Imbiss später in jedem Fall an Ines geht. Anschließend schreibt Olaf einen Abschiedsbrief an Ines. ■ Sarahs Trick funktioniert: Hans schläft jetzt zumindest auf der Couch. Als Anna und Hans dann Sarah auf die Schliche kommen, reagieren sie ganz anders als erwartet.

Buch: Michael Meisheit ■ Regie: Herwig Fischer ■ Kamera: Petra Engelhardt ■ Redaktion: Frank Tönsmann

1000 | Herzlichen Glückwunsch

Ein großer Tag für Iffi und Jan: Heute geben sich die beiden das Ja-Wort. Während die Trauung ohne Probleme verläuft, türmen sich bei der anschließenden Feier im »Akropolis« gleich mehrere Hindernisse auf. Dazu kommt, dass Momo das neue Glück seiner Ex-Freundin noch immer nicht akzeptieren will. Die Geduld des frisch gebackenen Paares wird auf eine harte Probe gestellt. ■ Ines' Bluse wurde mit Wein bekleckert. Sie läuft in ihre Wohnung, um sich umzuziehen. Dort ist bereits seit einiger Zeit Olaf samt Gewehr in Stellung gegangen, um vier weibliche Gäste der Hochzeitsgesellschaft auf offener Straße zu exekutieren. ■ Helga und Hans wollen das Hochzeitsgeschenk holen. Auf dem Weg in die Wohnung bleiben sie im Aufzug stecken. Die vermeintliche Vertrautheit wird rasch zum Alptraum: Helga und Hans rechnen die Versäumnisse der letzten Jahre auf.

Buch: Irene Fischer, Hans W. Geißendörfer, Susanne Kraft, Michael Meisheit ■ Regie: Dominikus Probst ■ Kamera: Hubert Schick ■ Redaktion: Lucia Keuter

Das Who is who der »Lindenstraße«

Wichtig: Alle Biographien sind fiktiv und können aus dramaturgischen Gründen jederzeit geändert werden!

Aichinger, Jaqueline
(Cosima Viola)
Geboren am 19. November 1988 in Berlin / Ost.
Wohnt bei Dressler und macht eine Schulausbildung. War erstmals in Folge 808 (Sendung am 27. Mai 2001) zu sehen.

Altmann, Carmen
(Manja Schaar)
Geboren am 6. März 1981 in Potsdam. Demolierte die Dresdner WG und blieb nach deren Auflösung in Dresden zurück. War erstmals in Folge 842 (Sendung am 20. Januar 2002) zu sehen.

Backhaus, Walter
(Heinz W. Krückeberg)
Geboren am 6. März 1933. Kümmerte sich eine Zeit lang um Tom Ziegler. War vorbestraft und sitzt wegen Eigentumsdelikten im Gefängnis. War erstmals in Folge 671 (Sendung am 11. Oktober 1998) zu sehen.

Barnsteg, Chris
(Silke Wülfing / Stefanie Mühle)
Geboren am 9. November 1964. Hat ihre Lehre zur Rechtsanwaltsgehilfin abgebrochen und schlägt sich mit Gelegenheitsjobs durch. Ist aus der Lindenstraße weggezogen. War erstmals in Folge 1 (Sendung am 8. Dezember 1985) zu sehen.

Behrend, Alexander
(Joris Gratwohl)
Geboren am 14. November 1975. Vater von Lisas Baby Paul, ist aber mit Marion liiert und wohnt mit ihr in der WG Kastanienstraße. Macht eine Ausbildung zum Flugbegleiter. War erstmals in Folge 781 (Sendung am 19. November 2000) zu sehen.

Beimer, Benny †
(Christian Kahrmann)
Geboren am 14. Dezember 1971. Macht sein Abitur in einer Abendschule nach. Als er auf dem Weg zum zweiten Hochzeitsversuch seiner Mutter ist, kommt er bei einem Busunglück ums Leben. War erstmals in Folge 1 (Sendung am 8. Dezember 1985) zu sehen.

1012

Beimer, Hans
(Joachim Hermann Luger)
Geboren am 3. Oktober 1943. Heiratet 1992 zum zweiten Mal und hat mit Anna Ziegler drei Kinder. Nachdem er seinen Job verloren hat, geht er in seiner neuen Rolle als Hausmann auf. War erstmals in Folge 1 (Sendung am 8. Dezember 1985) zu sehen.

Beimer, Helga
(Marie-Luise Marjan)
Geboren am 24. März 1940. Nach der Scheidung von Hans heiratet sie 1996 Erich Schiller. Ist zur Zeit Geschäftsführerin von »Ehrlich Reisen«. Kümmert sich nach dem Tod von Maja um ihre Enkelin Lea. War erstmals in Folge 1 (Sendung am 8. Dezember 1985) zu sehen.

Beimer, Klaus
(Moritz A. Sachs)
Geboren am 17. Oktober 1987. Studiert Soziologie und Kommunikationswissenschaft und heiratet im Frühjahr 2003 Nina in Dresden. Wohnt zur Zeit wieder in München, wo er als freier Mitarbeiter seine ersten Erfahrungen als Journalist macht. War erstmals in Folge 1 (Sendung am 8. Dezember 1985) zu sehen.

Beimer, Marion
(Ina Bleiweiß / Ulrike C. Tscharre)
Geboren am 21. Mai 1969. Nach der Trennung von Rashid lebt sie mit Alex Behrend zusammen. Sie steht dem neuen Beruf ihres Lebensgefährten skeptisch gegenüber. War erstmals in Folge 1 (Sendung am 8. Dezember 1985) zu sehen.

Beimer, Nina
(Jacqueline Svilarov)
Geboren am 13. Mai 1978. Ist Polizeikommissarin im gehobenen Dienst und heiratet am 6. April 2003 Klaus in Dresden. Hat nach der Versetzung zur Sitte auch ihr berufliches Glück wiedergefunden. War erstmals in Folge 744 (Sendung am 5. März 2000) zu sehen.

Bennarsch, Josef Maximilian †
(Herbert Steinmetz †)
Geboren am 19. Januar 1907. Heiratet 1937 Philo und unterhält mit ihr einen Honig-, Kräuter-, Steinöl- und Heimaterdehandel bis zu seinem Tod am 13. November 1986. War erstmals in Folge 1 (Sendung am 8. Dezember 1985) zu sehen.

Bennarsch, Philomena †
(Johanna Bassermann †)
Geboren am 12. Juli 1912. Nach der Heirat mit Joschi bekommt sie Sohn Paul. Sie stirbt am 11. Februar 1988. War erstmals in Folge 1 (Sendung am 8. Dezember 1985) zu sehen.

Besirsky, Sonia †
(Nika von Altenstadt)
Geboren am 19. September 1964. Hat ein lesbisches Verhältnis mit Tanja. Ist drogenabhängig und stirbt am 29. Januar 1998 an einer Überdosis Morphium. War erstmals in Folge 474 (Sendung am 1. Januar 1995) zu sehen.

Birkhahn, Elisabeth †
(Hanna Burgwitz)
Geboren am 8. März 1925. Verheiratet mit einem Schlesier. Befreundet mit Rosi, in deren Bett sie am 7. April 2002 stirbt. War erstmals in Folge 568 (Sendung am 20. Oktober 1996) zu sehen.

Bödefeld, Lothar
(Heinrich Cuipers)
Geboren am 6. April 1940. Alter Freund von Hans Beimer. Referatsleiter im Städtischen Bauamt, wird jedoch wegen krummer Geschäfte vom Dienst suspendiert. War erstmals in Folge 237 (Sendung am 17. Juni 1990) zu sehen.

Bogner, Christoph
(Michael Dillschnitter)
Geboren am 16. August 1968. Lebt bei seiner Mutter, die ganztägig berufstätig ist, und wird als Spastiker von Zivildienstdienstleistenden betreut. Erstmals in Folge 235 (Sendung am 3. Juni 1990) zu sehen.

Brenner, Christian
(Klaus Nierhoff)
Geboren 1958 in Göttingen. Als Besitzer eines Autohauses wohlhabend mit bürgerlich-konservativer Grundhaltung. Witwer und allein erziehender Vater von Franziska. Ist seit 2003 mit Urszula liiert. War erstmals in Folge 803 (Sendung am 22. April 2001) zu sehen.

Brenner, Franziska
(Ines Lutz)
Geboren am 20. Oktober 1982. Führt trotz ihres konservativen Vaters, bei dem sie aufgewachsen ist, eine lesbische Beziehung mit Tanja. Wohnt in der »Frauen-WG« und geht ab April 2003 auf eine Modeschule. Zieht nach der Trennung von Tanja wieder zu ihrem Vater. War erstmals in Folge 798 (Sendung am 18. März 2001) zu sehen.

Dagdelen, Dr. Ahmet
(Hasan Ali Mete)
Geboren am 6. Februar 1965 in der Türkei. Arbeitet als Allgemeinarzt zunächst als Vertretung für Dr. Dressler und übernimmt die Praxis offiziell am 1. Oktober 1998. Nachdem sein illegaler Medikamentenhandel aufgeflogen ist, verlässt er die Lindenstraße und geht nach Berlin. War erstmals in Folge 624 (Sendung am 16. November 1997) zu sehen.

Dagdelen, Canan
(Ceren Dal)
Geboren am 5. Mai 1976. Als Reiseverkehrskauffrau wird sie von Helga als Urlaubsvertretung im Reisebüro eingestellt. Nimmt nach einer unglücklichen Liaison mit Klaus einen Job in Berlin an. War erstmals in Folge 668 (Sendung am 20. September 1998) zu sehen.

Dagdelen, Murat
(Erkan Gündüz)
Geboren 1973. Hat türkisch-nationalistische Grundhaltung und überfällt mit seinem Freund Olli Klatt den Supermarkt in der Lindenstraße. Arbeitet in Olafs Imbiss und macht zur Zeit Lisa den Hof. Lässt sich aus Liebe von ihr zu einem Einbruch überreden. War erstmals in Folge 716 (Sendung am 22. August 1999) zu sehen.

Däuble, Maria Elisabeth
(Nora Marie Horstkotte)
Geboren am 21. April 1978. Mit vier Jahren Umzug nach Hannover, ab dem Sommersemester 1999 studiert sie Psychologie in München. Trennt sich von Momo, nachdem dieser wegen der Tötung seines Vaters Kurt im Gefängnis sitzt. War erstmals in Folge 738 (Sendung am 23. Januar 2000) zu sehen.

Dressler, Elisabeth †
(Dagmar Hessenland)
Geboren am 18. Februar 1944. Bekommt 1966 Sohn Carsten, sie trennt sich jedoch von Carstens Vater und heiratet am 31. Dezember 1986 Dr. Ludwig Dressler, bei dem sie als Sprechstundenhilfe gearbeitet hat. Vier Jahre später kommt sie bei einem Autounfall in Griechenland ums Leben. War erstmals in Folge 6 (Sendung am 12. Januar 1986) zu sehen.

Dressler, Frank
(Daniel Hajdu / Christoph Wortberg)
Geboren am 31. Oktober 1966. Nach Drogenproblemen Ausbildung zum Restaurator. Er gründet 2002 mit Unterstützung von Isolde eine eigene Werkstatt und geht drei Monate später nach dem Zerwürfnis mit seinem Vater nach Riga. War erstmals in Folge 7 (Sendung am 19. Januar 1986) zu sehen.

Dressler, Dr. Ludwig
(Ludwig Haas)
Geboren am 27. Juni 1933. Arzt für Allgemeinmedizin, seit 1997 im Ruhestand. 1989 wird Dr. Dressler angefahren und sitzt seitdem im Rollstuhl. Hat das Straßenkind Jack bei sich aufgenommen. War erstmals in Folge 1 (Sendung am 8. Dezember 1985) zu sehen.

Drewitz, Wolf
(Dirk Simplizius-Triebel)
Geboren am 26. Januar 1959. Nach Konservatoriumsausbildung arbeitet er als freier Musiker. Lernt 1985 in einem Lokal Chris kennen, mit der er in eine WG zieht. Verlässt später die Lindenstraße. War erstmals in in Folge 9 (Sendung am 2. Februar 1986) zu sehen.

Ecker, Boris
(Thomas Huber)
Geboren am 17. Juni 1965. Als Öko-Bauer heiratet er am 19. April 1996 Valerie Zenker. 1999 schlägt er seine Frau, als er erfährt, dass sie von Zorro schwanger ist. Scheidung am 8. April 2001. War erstmals in Folge 402 (Sendung am 15. August 1993) zu sehen.

Engel, Robert
(Martin Armknecht)
Geboren am 9. September 1965. Ab 1986 studiert er Zeitungswissenschaften, Germanistik und Soziologie in Köln. Er bricht sein Studium 1987 ab und geht nach München, um freier Journalist zu werden. Wandert wegen Drogenhandels in den Knast. War erstmals in Folge 104 (Sendung am 29. November 1987) zu sehen.

Eschweiler, Georg »Käthe«
(Claus Vinçon)
Geboren am 29. März 1959. Zieht 1998 bei Carsten Flöter ein und beginnt eine Beziehung mit ihm. Hochzeit am 23. Februar 2003, in diesem Jahr auch Adoption von Felix. Arbeitet als Schauspieler. War erstmals in Folge 526 (Sendung am 31. Dezember 1995) zu sehen

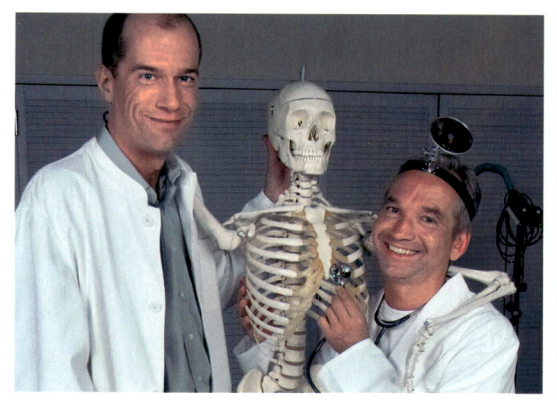

Flöter, Dr. Carsten
(Georg Uecker)
Geboren am 5. März 1966. Hat Medizin studiert und übernimmt nach Dagdelens Erpressungsversuch die Praxis Dressler. Am 23. Februar 2003 Hochzeit mit Käthe und Adoption von Felix. War erstmals in Folge 6 (Sendung am 12. Januar 1986) zu sehen.

Flöter, Felix *(Marc-Oliver Moro)*
Geboren im Oktober 1988. Kennt seinen Vater nicht und ist seit Geburt über seine Mutter HIV-infiziert. Zieht im November 1999 zu Carsten und Käthe, wird vier Jahre später von ihnen adoptiert und heißt seitdem Flöter. Erholt sich auf Rhodos, da im November 2003 seine AIDS-Infektion ausgebrochen ist. War erstmals in Folge 720 (Sendung am 19. September 1999) zu sehen.

Francesco *(Fabio Sarno)*
War ein Freund von Enrico. Arbeitete als Kellner im Restaurant »Casarotti«. Wollte nach dem Tod von Enrico nicht mehr im Restaurant arbeiten, weil er sich mit dem neuen Küchenchef Fausto nicht verstand. Verschwand spurlos, nachdem er Isolde vor Faustos krummen Machenschaften gewarnt hatte. War erstmals in Folge 301 (Sendung am 8. September 1991) zu sehen

Griese, Berta †
(Ute Mora †)
Geboren am 25. Juni 1941. Mit ihrem Mann Gottlieb Griese adoptiert sie den mexikanischen Jungen Manoel über Terre des hommes. Nach ihrer Scheidung von Gottlieb heiratet sie Hajo. Verunglückt am 6. November 2003 tödlich. War erstmals in Folge 1 (Sendung am 8. Dezember 1985) zu sehen.

Griese, Gottlieb
(Fritz Bachschmidt †)
Geboren am 7. Januar 1926. Nach dem Tod seiner ersten Frau gibt er 1978 seinen Beruf als Bibliothekar auf und betreibt einen Kiosk. Hochzeit mit Berta 1986, Scheidung sieben Jahre später. War erstmals in Folge 1 (Sendung am 8. Dezember 1985) zu sehen.

Griese, Manoel
(Marcel Kommissin)
Geboren am 3. Februar 1981 in Mexico City. Wächst als Waisenkind in einem Kinderheim auf und wird 1987 von Berta und Gottlieb adoptiert. Geht 1994 wieder zurück nach Mexico. War erstmals in Folge 95 (Sendung am 27. September 1987) zu sehen.

Günzel, Jan
(Philipp Brammer)
Geboren am 9. Dezember 1974. Hat Grundschulpädagogik studiert und ist Lehrer von Nico. Er lernt Iffi kennen und verliebt sich in sie. War erstmals in Folge 947 (Sendung am 25. Januar 2004) zu sehen.

Guther, Bianca
(Annette Kreft)
Geboren am 3. Mai 1956. Ausbildung zur Maskenbildnerin, bekommt jedoch keine Stelle in ihrem Beruf. Seit 1985 arbeitet sie als Friseurin im Salon Panowak. Ist aus der Lindenstraße weggezogen. War erstmals in Folge 41 (Sendung am 14. September 1986) zu sehen.

Harnisch, Kornelia
(Nina Vorbrodt)
Geboren am 17. Dezember 1971. Freundin von Benny Beimer. Trennung, als Benny sich in die Blumenverkäuferin Claudia verliebt. War erstmals in Folge 148 (Sendung am 2. Oktober 1988) zu sehen.

Hoffmeister, Lisa
(Sontje Peplow)
Geboren am 19. Oktober 1981. Da sie von der Mutter misshandelt wird, wächst sie in einem Heim auf. Seit 2002 ist sie examinierte Krankenschwester und bringt am 24. November Paul zur Welt, dessen Vater Alex Behrend ist. Wird von Murat umworben. War erstmals in Folge 297 (Sendung am 11. August 1991) zu sehen.

Hoffmeister, Dagmar
(Tatjana Blacher)
Geboren am 18. Mai 1956. 1982 bekommt sie Tochter Lisa. Nach Trennung von ihrem Mann, der keinen Unterhalt für Lisa zahlt, zieht sie im Sommer 1991 in die Lindenstraße. Geht nach Augsburg. War erstmals in Folge 304 (Sendung am 29. September 1991) zu sehen.

Horowitz, Nora †
(Marita Ragonese)
Geboren am 17. April 1957. Seit Juni 1998 Arzthelferin in Praxis Dressler. Wird am 17. April 2003 mit Verdacht auf Endokarditis ins Krankenhaus eingewiesen und stirbt wenig später an der Erkrankung. War erstmals in Folge 640 (Sendung am 8. März 1998) zu sehen.

Houeris, Mikis *(Markus Anton)*
Geboren: unbekannt. Sohn griechischer Gastarbeiter und entfernter Neffe von Elena Sarikakis. Als Gitarrenspieler träumt er von einer großen Karriere als Rockstar. Verdreht zunächst dem Straßenkind Jack den Kopf und macht dann Mary schöne Augen. War erstmals in Folge 923 (Sendung am 10. August 2003) zu sehen.

Hülsch, Hans Wilhelm *(Horst D. Scheel)*
Geboren am 29. Februar 1952. Seit 1995 Geschäftsführer der Firma Seegers für den Bereich Mietwohnungen. Außerdem Verwalter der Objekte von Herrn Bayer an der Kastanienstraße und Teilhaber der »Aloisius-Stub`n«. Ist wegen Vergewaltigung von Pia zu zwei Jahren Haft verurteilt worden. War erstmals in Folge 115 (Sendung am 14. Februar 1988) zu sehen.

Kettner, Stephan *(Fritz Egger)*
Postbote. Lernte bei der Arbeit Gabi kennen und verliebte sich in sie. Wollte zunächst mit ihr ein neues Leben beginnen. War sich seiner Gefühle aber dann nicht mehr sicher und gab Gabi wieder frei. Wurde von Andy auf der Straße zusammengeschlagen und ließ sich in einen anderen Bezirk versetzen. War erstmals in Folge 937 (Sendung am 16. November 2003) zu sehen.

Klages, Theo
(David Wilms)
Geboren: unbekannt. Bankkaufmann, Freund von Georg »Käthe« Eschweiler. Als »Käthe« Carsten überraschend mitbringt, verliebt sich dieser Hals über Kopf in Theo. »Hochzeit« mit Carsten am 24. Juli 1997. Verschwindet spurlos 1998. War erstmals in Folge 575 (Sendung am 8. Dezember 1996) zu sehen.

Klatt, Olli
(Willi Herren)
Geboren am 6. Januar 1976. Kriminelle Vergangenheit. Wird Soldat, desertiert und geht 1998 zur Fremdenlegion. Kehrt 1999 in die Lindenstraße zurück. Sitzt wegen angeblichen Einbruchs unschuldig im Gefängnis. War erstmals in Folge 234 (Sendung am 27. Mai 1990) zu sehen.

Kling, Egon †
(Wolfgang Grönebaum †)
Geboren am 7. März 1926. Heiratet Else am 16. Januar 1952, die drei Jahre später Sohn Olaf bekommt. Lässt sich nach 45 Ehejahren von Else scheiden und kommt am 16. Juli 1998 in Paris bei einem Verkehrsunfall ums Leben. War erstmals in Folge 1 (Sendung am 8. Dezember 1985) zu sehen.

Kling, Else
(Annemarie Wendl)
Geboren am 14. Mai 1922. 1952 Heirat mit Egon Kling und 1955 Geburt von Sohn Olaf. Lebt nach Scheidung und Tod von Egon zunächst allein. Seit März 2004 wohnt Sohn Olaf wieder bei ihr. War erstmals in Folge 1 (Sendung am 8. Dezember 1985) zu sehen.

Kling, Olaf
(Franz Rampelmann)
Geboren am 10. November 1955. Nach der Scheinehe mit Mary eröffnet er 2002 die »Aloisius Stub'n« in der Kastanienstraße. Hochzeit mit Ines am 8. Juni 2003, doch bereits neun Monate später ist das Paar wieder getrennt. Bemüht sich um Versöhnung. War erstmals in Folge 387 (Sendung am 2. Mai 1993) zu sehen.

Koch, Hubert †
(Robert Zimmerling)
Geboren am 2. November 1925. 1975 Heirat mit Rosi. War Uhrmacher, ging wegen Verschlechterung seiner Sehkraft in Pension. Wird wegen schlechter Augen pensioniert. Stirbt am 6. Juni 1996 an Embolie im Krankenhaus. Vermacht sein Vermögen Lisa Hoffmeister. War erstmals in Folge 160 (Sendung am 25. Dezember 1988) zu sehen.

Koch, Rosemarie
(Margret van Munster)
Geboren am 19. Oktober 1927. Heiratet Bruno Skabowski und bekommt 1960 Tochter Gabi. 1965 Scheidung. Lernt Hubert Koch kennen, heiratet ein zweites Mal und verwitwet 1996. Betreibt den Humanitas-Laden in der Kastanienstraße. War erstmals in Folge 157 (Sendung am 4. Dezember 1988) zu sehen.

Krämer, David
(Florian Köster)
Geboren am 30. Juni 1983 in München. Zieht 2001 bei seiner Tante Ines ein, weil seine Eltern nach Calgary übersiedeln. Abitur im Juni 2002. Geht nach Israel. War erstmals in Folge 792 (Sendung am 4. Februar 2001) zu sehen.

Krämer, Ines
(Birgitta Weizenegger)
Geboren am 24. Februar 1968. Seit 1999 Verkäuferin im Café Bayer. Nach der Scheidung von Ingo heiratet sie Olaf Kling am 8. Juni 2003, von dem sie sich im Frühjahr 2004 wieder trennt. Geht neue berufliche Wege als Vertreterin für Kosmetika. War erstmals in Folge 731 (Sendung am 5. Dezember 1999) zu sehen.

Krämer, Oskar
(Reinhold Lampe)
Geboren am 20. Dezember 1935. Nach seiner Pensionierung eröffnet er 2001 den Humanitas-Laden. Verliebt sich unglücklich in Gabi und verlässt daraufhin die Lindenstraße. War erstmals in Folge 792 (Sendung am 4. Februar 2001) zu sehen.

Kronmayr, Elfie
(Claudia Pielmann)
Geboren am 15. Juli 1959. Als Kindergärtnerin lernt sie 1985 Sigi kennen, den sie ein Jahr später heiratet. Ist aus der Lindenstraße weggezogen. War erstmals in Folge 1 (Sendung am 8. Dezember 1985) zu sehen.

Kronmayr, Siegfried
(Franz Braunshausen)
Geboren am 16. Oktober 1955. Lernt Elfie kennen und zieht mit ihr zusammen. Hochzeit am 30. Januar 1986. Ist aus der Lindenstraße weggezogen. War erstmals in Folge 1 (Sendung am 8. Dezember 1985) zu sehen.

Lorenz, Pia
(Natascha Bonnermann)
Geboren am 8. September 1968 in Berlin. Arbeitet als Prostituierte in einem Münchner Bordell. Zieht 1999 bei Else und Olaf ein. Wird von Hausverwalter Hülsch vergewaltigt und gewinnt den Prozess dank Olafs Aussage. War erstmals in Folge 678 (Sendung am 29. November 1998) zu sehen.

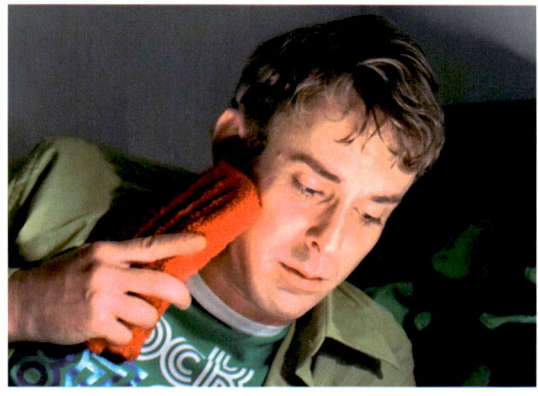

Lottmann, Peter »Lotti«
(Gunnar Solka)
Geboren am 7. Juli 1973. Arbeitet seit dem 30. September 2004 in Urszulas Salon. War erstmals in Folge 979 (Sendung am 5. September 2004) zu sehen.

Marwitz, Amélie von der †
(Anna Teluren)
Geboren am 15. Oktober 1914. Begeht mit ihrem fünften Ehemann Ernst-Hugo von Salen-Priesnitz, der an einem Hirntumor leidet, am 8. Mai 1997 Selbstmord. War erstmals in Folge 203 (Sendung am 22. Oktober 1989) zu sehen.

Marwitz, Julia von der †
(Tanja Schmitz)
Geboren am 19. August 1978. Enkelin von Amélie von der Marwitz. Sie wird die erste große Liebe von Klaus Beimer. Stirbt am 26. September 1996 an Tollwut. War erstmals in Folge 484 (Sendung am 12. März 1995) zu sehen.

Marx, Corinna
(Petra Vieten)
Geboren am 11. Februar 1967. Arbeitet in der Praxis Flöter, wo ihr zum 1. März 1998 von Carsten gekündigt wird. War erstmals in Folge 292 (Sendung am 7. Juli 1991) zu sehen.

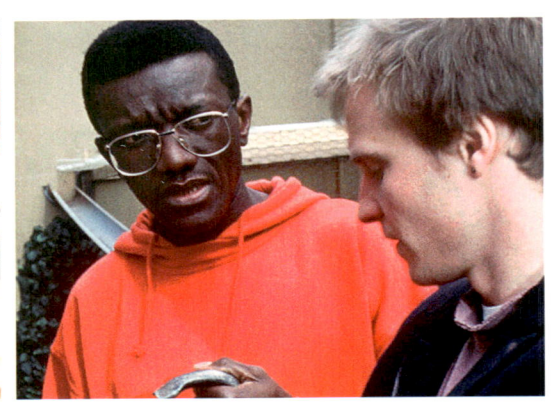

Motibe, David
(Ronnie Mkwanazi)
Geboren am 16. April 1968 in Kapstadt. Kommt 1990 nach München und verliebt sich in Urszula Winicki. Kehrt wegen rassistischer Anfeindungen in seine Heimat zurück. War erstmals in Folge 280 (Sendung am 14. April 1991) zu sehen.

Mourrait, Jean-Luc †
(Gérard Herold †)
Geboren am 8. April 1945 in Paris. 1970 Geburt von Tochter Dominique. Hat eine leidenschaftliche Affäre mit der deutlich jüngeren Tanja Schildknecht. Stirbt am 17. Februar 1994. War erstmals in Folge 162 (Sendung am 8. Januar 1989) zu sehen.

Mourrait, Dominique
(Brigitte Annessy)
Geboren am 4. Mai 1970 in Paris. Kommt 1989 als Austauschschülerin zu den Beimers. Verwickelt Helga 2003 in einen Betrug und wandert dafür ins Gefängnis. War erstmals in Folge 162 (Sendung am 8. Januar 1989) zu sehen.

Neumann, Andrea
(Beatrice Kaps-Zurmahr)
Geboren: unbekannt. Als Arzthelferin arbeitet sie in Praxis Dr. Flöter, wo sie vor allem die Aufgaben der verstorbenen Berta übernimmt. War erstmals in Folge 945 (Sendung am 11. Januar 2004) zu sehen.

Nolte, Lydia †
(Tilli Breidenbach † / Ursula Ludwig)
Geboren am 19. Mai 1908 in Riga. Zieht in den 50ern nach München. Ist für ihre Tochter Berta eine übermächtige Mutter. Ab 1993 lebt sie im Seniorenheim Haus Tannenhöhe, wo sie am 5. Januar 1995 stirbt. War erstmals in Folge 4 (Sendung am 29. Dezember 1985) zu sehen.

Nossek, Stefan †
(Dietrich Siegl)
Geboren am 1. Juni 1954 in Wien. 1982 geht er als Tennistrainer nach München, wo er unter anderem Tanja Schildknecht sportlerisch betreut. Stirbt bei einem Autounfall am 9. Juni 1988. War erstmals in Folge 1 (Sendung am 8. Dezember 1985) zu sehen.

Pavarotti, Enrico †
(Guido Gagliardi †)
Geboren am 9. Januar 1936. Eröffnet mit Ehefrau Isolde in München das Nobelrestaurant »Casarotti«. Verunglückt bei einem Busunfall. Wiedereröffnung des Restaurants durch seinen Zwillingsbruder Natale, der in Schwierigkeiten mit der Mafia gerät. War erstmals in Folge 137 (Sendung am 17. Juli 1988) zu sehen.

Pavarotti, Isolde
(Marianne Rogée)
Geboren am 26. November 1936. Nach dem Tod von Ehemann Hubert heiratet sie 1988 Enrico. Abermals verwitwet, verpachtet sie das Nobelrestaurant »Casarotti« an Fausto, mit dem sie 1999 eine Affäre beginnt. Seit dem 18. Januar 2004 mit Bruno Skabowski liiert. War erstmals in Folge 9 (Sendung am 2. Februar 1986) zu sehen.

Penner Harry
(Harry Rowohlt)
Geboren: unbekannt. Bekennender Trinker und Poet. War erstmals in Folge 482 (Sendung am 26. Februar 1995) zu sehen.

Pham Kien, Gung
(Amorn Surangkanjanajai)
Geboren am 23. Oktober 1958 in Vietnam. Flieht 1979 aus seiner Heimat. Verliert 2001 seine Anstellung als examinierter Krankenpfleger und nimmt eine Haushälterstelle bei Dressler an. Spaßkandidat für die Bundestagswahl 1998. War erstmals in Folge 4 (Sendung am 29. Dezember 1985) zu sehen.

Pichelsteiner, Franz Joseph »Zorro«
(Thorsten Nindel)
Geboren am 9. August 1963. Schwarzes Schaf in der Familie. Hat sein Studium abgebrochen und leidet unter chronischem Geldmangel. Schwängert 1998 Valerie Zenker und verschwindet in Richtung Marokko. War erstmals in Folge 141 (Sendung am 14. August 1988) zu sehen.

Pilsinger, Angela
(Annett Kruschke)
Geboren: unbekannt. Ist die Ehefrau des Mannes, der Gabis Sohn ermordet hat. Wurde mit ihrer Schuld nicht fertig und suchte Kontakt zu Gabi. Wollte, dass Gabi ihr verzeiht. Gabi schickte sie endgültig weg, als sie zu aufdringlich wurde. War erstmals in Folge 853 (Sendung am 07. April 2002) zu sehen.

Quant, Heiko
(Tilmar Kuhn)
Geboren am 1. Mai 1971. Elektriker. Im November 1999 verliert Freundin Iffi das gemeinsame Kind. Beginnt eine Affäre mit Maja, weshalb er von Iffi vor die Tür gesetzt wird. Trotz Versöhnung trennt sich das Paar. Lebt und arbeitet in Köln. War erstmals in Folge 709 (Sendung am 4. Juli 1999) zu sehen.

Rantzow, Claudia †
(Manon Straché)
Geboren am 3. Mai 1961. Im August 1990 kommt sie über Ungarn und Österreich nach Westdeutschland. Heiratet 1994 Olaf Kling. Stirbt am 27. April 1995 bei einem Autounfall. War erstmals in Folge 229 (Sendung am 22. April 1990) zu sehen.

Rantzow, Dieter †
(Steffen Gräbner)
Geboren am 13. November 1957 in Borna. War arbeitslos und schlug sich dann als Drücker durch. Am 16. November 1995 verunglückt er tödlich bei einem Busunfall. War erstmals in Folge 468 (Sendung am 20. November 1994) zu sehen.

Richter, Suzanne
(Susanne Evers)
Geboren am 27. Oktober 1972. Promovierte Literaturwissenschaftlerin. Wird Redaktionsleiterin »Kindersachbuch« im Michel-Verlag und zieht von Dresden nach München. Seit dem 26. September 2004 mit Tanja liiert. War erstmals in Folge 744 (Sendung am 5. März 2000) zu sehen.

Rossini, Fausto
(Antonio Paradiso)
Geboren am 5. Dezember 1960 in Salerno. Als Koch pachtet er das »Casarotti« von Isolde, mit der er eine Beziehung beginnt. Verweigert Mafia-Schutzgeldzahlungen. 2001 Aufgabe des »Casarotti« und Trennung von Isolde. Sitzt wegen diverser Straftaten im Gefängnis. War erstmals in Folge 571 (Sendung am 10. November 1996) zu sehen.

Salen-Priesnitz, Ernst-Hugo von †
(Carlos Werner)
Geboren am 8. April 1920. Lernt Amélie von der Marwitz kennen und lieben. Kurz vor der Hochzeit wird ein Gehirntumor diagnostiziert und er wählt zusammen mit seiner Frau den Freitod. War erstmals in Folge 123 (Sendung am 10. April 1988) zu sehen.

Sarikakis, Beate
(Susanne Gannott)
Geboren am 17. August 1970. Heiratet Vasily am 16. November 1987 in Griechenland. Scheidung vier Jahre später. Zieht nach Berlin und gründet eine Band. Kehrt in die Lindenstraße zurück und geht nach Italien, nachdem sie aus der Frauen-WG rausgeflogen ist. War erstmals in Folge 9 (Sendung am 2. Februar 1986) zu sehen.

Sarikakis, Elena
(Domna Adamopoulou)
Geboren am 8. November 1939 in Saloniki / Griechenland. Hochzeit mit Panaiotis 1962 und ein Jahr später Geburt von Vasily. Geht mit ihrer Familie nach Deutschland, wo sie als Köchin im »Akropolis« arbeitet. War erstmals in Folge 9 (Sendung am 2. Februar 1986) zu sehen.

Sarikakis, Mary
(Liz Baffoe)
Geboren am 21. Januar 1969 in Nigeria. Durch die Scheinehe mit Olaf Kling erhält sie eine Aufenthaltsgenehmigung in Deutschland. Sie kehrt nach einer illegalen Abschiebung aus Nigeria zurück und heiratet 1999 Vasily. 2000 Geburt von Sohn Nikos. War erstmals in Folge 518 (Sendung am 5. November 1995) zu sehen.

Sarikakis, Panaiotis
(Kostas Papanastasiou)
Geboren am 16. November 1937 in Thessaloniki / Griechenland. Kommt mit Frau Elena und Sohn Vasily nach München und betreibt dort die Gaststätte »Akropolis« — zunächst als Pächter, dann als Eigentümer. Lebt aus gesundheitlichen Gründen in Griechenland. War erstmals in Folge 3 (Sendung am 22. Dezember 1985) zu sehen.

Sarikakis, Vasily
(Hermes Hodolides)
Geboren am 14. Februar 1963 in Saloniki / Griechenland. Hilft den Eltern in der Gaststätte »Akropolis« und führt diese später in eigener Regie. Nach Scheidung von Beate heiratet er Mary Kling am 21. Januar 1999. Ihr gemeinsamer Sohn Nikos kommt 2000 zur Welt. War erstmals in Folge 1 (Sendung am 8. Dezember 1985) zu sehen.

Schildknecht, Franz †
(Raimund Gensel †)
Geboren am 2. Dezember 1945. Arbeitet als Lehrer an einer Realschule. 1970 heiratet er Henny, die kurze Zeit später Tanja zur Welt bringt. Fünf Jahre später folgt die zweite Tochter Meike. Erfriert im Vollrausch am 24. Dezember 1992. War erstmals in Folge 2 (Sendung am 15. Dezember 1985) zu sehen.

Schildknecht, Henny †
(Monika Woytowicz)
Geboren am 4. August 1948. 1970 heiratet sie Franz. Mutter von Tanja und Meike. Ab 1985 ist sie Gymnasiallehrerin für Deutsch, Französisch und Sport. Begeht am 29. Januar 1987 Selbstmord. War erstmals in Folge 2 (Sendung am 15. Dezember 1985) zu sehen.

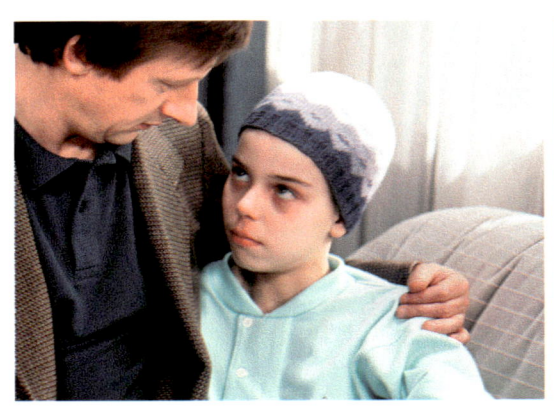

Schildknecht, Meike †
(Selma Baldursson)
Geboren am 4. September 1975. Tochter von Henny und Franz Schildknecht. Geht in die erste Klasse des Gymnasiums und stirbt am 9. Juli 1987 an Leukämie. War erstmals in Folge 7 (Sendung am 19. Januar 1986) zu sehen.

Schildknecht, Tanja
(Sybille Waury)
Geboren am 19. Juni 1970. 1994 heiratet sie Dr. Dressler, Scheidung sieben Jahre später. Arbeitet im Friseursalon und lernt Franziska kennen, mit der sie eine lesbische Beziehung führt. Verlässt Franziska, weil sie sich in Suzanne Richter verliebt. War erstmals in Folge 2 (Sendung am 15. Dezember 1985) zu sehen.

Schildknecht-Sash, Vera
(Ria Schindler)
Geboren am 21. April 1950. Wird 1988 an die Münchener Realschule versetzt, an der auch Franz Schildknecht unterrichtet. Hochzeit von Vera und Franz am 23. März 1988. Ist aus der Lindenstraße weggezogen. War erstmals in Folge 119 (Sendung am 13. März 1988) zu sehen.

Schiller, Betty †
(Marlene Riphahn)
Geboren am 13. August 1929. Millionärin. Kauft mit Schiller Claron-Bridge-Hotel in Irland an der Galway Bay. Plötzlicher Tod, als sie am 7. Juli 1997 mit Onkel Franz in einem irischen Pub ausgelassen feiert. War erstmals in Folge 577 (Sendung am 22. Dezember 1996) zu sehen.

Schiller, Erich
(Bill Mockridge)
Geboren am 23. Juli 1944. Nach zwei geplatzten Hochzeitsversuchen mit Helga heiratet das Paar am 19. September 1996. Scheidung im April 2001. Nachdem er sich mit Helga versöhnt hat, arbeitet er seit dem 9. Mai 2004 wieder im Reisebüro. War erstmals in Folge 301 (Sendung am 8. September 1991) zu sehen.

Schmitt, Marlene
(Renate Koehler)
Geboren am 2. Juli 1942. Ehemals beste Freundin von Helga. Seit einer Affäre mit Erich mit Helga verfeindet. War erstmals in Folge 285 (Sendung am 19. Mai 1991) zu sehen.

Schmitz, Daniela
(Clelia Sarto)
Geboren: unbekannt. Studiert Meteorologie. Verliebt sich in Momo Sperling. Verlässt ihn und die Lindenstraße wegen ihres Studiums. War erstmals in Folge 581 (Sendung am 19. Januar 1997) zu sehen.

Scholz, Hans-Joachim
(Knut Hinz)
Geboren am 9. Juni 1944. Ist farbenblind und stottert leicht. Arbeitet nach einer Nierentransplantation als Modellbauer. Hochzeit mit Berta Griese im September 2000. Verliert Berta durch einen tragischen Unfall. Lebt mit seiner Mutter in der Lindenstraße. War erstmals in Folge 241 (Sendung am 15. Juli 1990) zu sehen

Scholz, Hildegard
(Alice Franz-Engelbrecht / Giselle Vesco)
Geboren am 16. März 1924. Rentnerin. Ehemann Gustav stirbt 1987. Wohnt nach dem Tod von Schwiegertochter Berta bei Sohn Hajo. War erstmals in Folge 316 (Sendung am 22. Dezember 1991) zu sehen.

Seegers, Phil
(Marcus Off)
Geboren am 14. April 1961. 1987 bekommt er mit Gabi Sohn Max. Wegen erpresserischer Geschäfte Verurteilung zu 12 Monaten Gefängnis. Arbeitet als Geschäftsmann in München. War erstmals in Folge 14 (Sendung am 9. März 1986) zu sehen.

Skabowski, Bruno
(Heinz Marecek)
Geboren am 18. Februar 1933. Heiratet Rosi; fünf Jahre später wird Tochter Gabi geboren. Scheidung 1965. Ist seit 2004 mit Isolde liiert. War erstmals in Folge 910 (Sendung am 11. Mai 2003) zu sehen.

Sperling, Dr. Eva-Maria *(Inga Abel †)*
Geboren am 6. August 1947. Hat mit Kurt Sperling die Söhne Moritz (Momo) und Philipp. Nach längerem Aufenthalt in Äthiopien übernimmt sie bis 1995 die Praxis Dressler. Arbeitet anschließend in einer Privatklinik und wird entlassen, als sie einem Patienten eigenmächtig Sterbehilfe erteilt. Lebt und arbeitet in Afrika. Seit Folge 344 (Sendung am 5. Juli 1992) zu sehen.

Sperling, Kurt †
(Michael Marwitz)
Geboren am 12. Januar 1956. Bauingenieur. Heiratet mit 18 Jahren seine schwangere Freundin Eva-Maria. Hat eine Affäre mit Momos Freundin Iffi. Wird von Momo im »Akropolis« erstochen. War erstmals in Folge 384 (Sendung am 11. April 1993) zu sehen.

Sperling, Moritz
(Moritz Zielke)
Geboren am 1. April 1975. Verliebt sich in Iffi Zenker, die 1994 Sohn Nico zur Welt bringt. Trennung von Iffi und Aufenthalt in der Psychiatrie. Wird zu zweieinhalb Jahren Haft wegen Totschlags an seinem Vater verurteilt. Zieht 2003 mit Iffi und Nico in die ehemalige Varese-Wohnung. War erstmals in Folge 346 (Sendung am 19. Juli 1992) zu sehen.

Sperling, Philipp
(Philipp Neubauer)
Geboren am 14. September 1977. Nach seinem Zivildienst studiert er Physik. Zieht mit seinem Freund Klaus Beimer nach Dresden. Lebt und studiert danach in Berlin. War erstmals in Folge 346 (Sendung am 19. Juli 1992) zu sehen.

Starck, Lea
(Anna Sophia Claus)
Geboren am 10. Juni 1996. Tochter von Maja Starck und Benny Beimer. Nach dem Tod ihrer Mutter lebt sie bei Helga und Erich. War erstmals in Folge 684 (Sendung am 10. Januar 1999) zu sehen.

Starck, Maja †
(Christine Stienemeier)
Geboren am 11. Juli 1971. Bringt am 10. Juni 1996 Tochter Lea zur Welt. Wegen Tätigkeit als Drogenkurier zu eineinhalb Jahren Haft verurteilt. Setzt danach ihr Primarstufen-Studium fort und stirbt am 23. September 2004 an Darmkrebs. War erstmals in Folge 684 (Sendung am 10. Januar 1999) zu sehen.

Steinbrück, Matthias †
(Manfred Schwabe)
Geboren am 20. August 1957. Studium der katholischen Theologie. 1985 Übernahme der Pfarrstelle St. Gabriel in München. Legt sein Amt aus Liebe zu Marion Beimer nieder. Wird 1995 von Lisa bei einem Gerangel mit Olli Klatt erschlagen. War erstmals in Folge 64 (Sendung am 22. Februar 1987) zu sehen.

Varese, Giovanna
(Serena Fiorello)
Geboren am 27. Dezember 1985 in Sorrento / Italien. Nach einem sehr guten Zwischenzeugnis macht sie 2004 ihr Abitur. Zieht mit Vater Paolo und Schwester Marcella nach Moosach. War erstmals in Folge 663 (Sendung am 16. August 1998) zu sehen.

Varese, Marcella
(Sara Turchetto)
Geboren am 13. Oktober 1983 in Sorrento / Italien. Nach Hauptschulabschluss macht sie einen Modelkurs. Zieht mit Vater Paolo und Schwester Giovanna nach Moosach. Kellnert im »Café Moorse«. War erstmals in Folge 663 (Sendung am 16. August 1998) zu sehen.

Varese, Paolo
(Sigo Lorfeo)
Geboren am 23. Februar 1952. Obwohl er mit Gina verheiratet ist und zwei Töchter hat, beginnt er eine Affäre mit Urszula. Ihre gemeinsame Tochter Paula stirbt bei einem Wohnungsbrand. Eröffnet 2001 eine eigene Eisdiele und zieht eineinhalb Jahre später nach Moosach. War erstmals in Folge 301 (Sendung am 8. September 1991) zu sehen.

Vogt, Maria
(Dorothea Walda)
Oma von Felix. Setzte sich nach dem Tod von Felix' Mutter dafür ein, dass Carsten und Käthe den Jungen zu sich nahmen. Unterstützte die beiden in ihrem Bestreben, Felix zu adoptieren. War erstmals in Folge 720 (Sendung am 19. September 1999) zu sehen

Weinbauer, Gert
(Günter Barton)
Geboren am 22. September 1962. Bricht sein Germanistik-Studium ab und lässt sich zum Buchhändler ausbilden. Ist aus der Lindenstraße weggezogen. War erstmals in Folge 50 (Sendung am 16. November 1986) zu sehen.

Winicki, Irina
(Geraldine Schüssler / Karolin Dubberstein)
Geboren am 18. Oktober 1990. Tochter von Urszula. Besucht ab September 2001 das Gymnasium und geht mit Sophie in eine Klasse. Lebt ab Mai 2004 im Internat. War erstmals in Folge 326 (Sendung am 1. März 1992) zu sehen.

Winicki, Jaruslav †
(Ryszard Wojtyllo)
Geboren am 7. Juli 1932. Siedelt in die BRD über, weil sein Bauernhof in Polen nicht mehr lukrativ ist. Heiratet 1958 Wanda Winicki, die Tochter Urszula zur Welt bringt. Stirbt am 21. Juli 1994 an Herzversagen. War erstmals in Folge 249 (Sendung am 9. September 1990) zu sehen.

Winicki, Urszula
(Anna Nowak)
Geboren am 10. Februar 1963 in Warschau / Polen. 1990 kommt Tochter Irina zur Welt; sechs Jahre später wird Tochter Paula geboren, die 1999 an Rauchvergiftung stirbt. Übernimmt 1996 Beates Friseursalon und besteht 2002 ihre Meisterprüfung. Seit dem 17. August 2003 mit Christian Brenner liiert. War erstmals in Folge 249 (Sendung am 9. September 1990) zu sehen.

Winicki, Wanda
(Maria Wachowiak)
Geboren am 17. Juli 1938. Heiratet 1958 Jaruslav Winicki und bekommt fünf Jahre später Tochter Urszula. Siedelt 1990 in die BRD über. War erstmals in Folge 249 (Sendung am 9. September 1990) zu sehen.

Wittich, Franz †
(Martin Rickelt †)
Geboren am 24. Juli 1913. Soldat im 2. Weltkrieg. Regelmäßiger Kontakt zu Helga und ihrer Familie. Nach einem Herzinfarkt zieht er in ein Münchener Altersheim, bis er 2003 auf Grund von Altersdemenz in ein Pflegeheim kommt. Stirbt am 8. Juli 2004 im Krankenhaus. War erstmals in Folge 95 (Sendung am 27. September 1987) zu sehen.

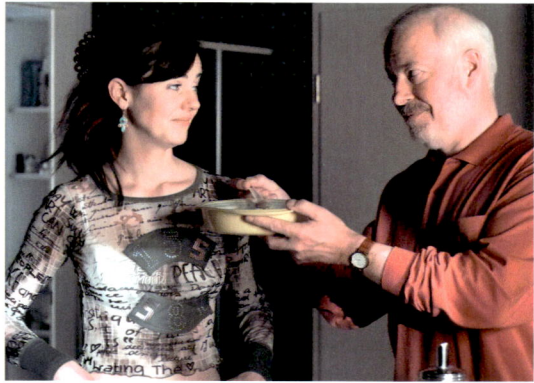

Wolfson, Patricia
(Dana Carlson / Giada Gray)
Geboren am 5. Mai 1972 in Toronto. Tochter von Erich Schiller. Universalerbin von Millionärin Tante Betty. Bekommt im Januar 2002 eine Tochter, die sie Popocatepetl nennt. Lebt in Kanada. War erstmals in Folge 489 (Sendung am 16. April 1995) zu sehen.

Zenker, Andreas
(Jo Bolling)
Geboren am 1. Juli 1947. Vater von Jo, Timo, Iffi und Valerie. Heiratet 1991 Gabi Zimmermann, die er 2004 verlässt, weil diese sich in den Postboten Stephan verliebt hat. War erstmals in Folge 220 (Sendung am 18. Februar 1990) zu sehen.

Zenker, Gabriele
(Andrea Spatzek)
Geboren am 23. Mai 1960 in Salzburg. 1987 heiratet sie Benno Zimmermann, geht mit ihm nach München. Bringt nach einer Affäre mit Phil Seegers dessen Sohn Max zur Welt. Heirat mit Andy Zenker 1991. Als sie sich in Stephan Kettner verliebt, wird sie von Andy verlassen. Ist nach einem Unfall gehörlos. War erstmals in Folge 1 (Sendung am 8. Dezember 1985) zu sehen.

Zenker, Iphigenie
(Rebecca Siemoneit-Barum)
Geboren am 19. August 1978. 1994 Geburt von Sohn Nicolai, dessen Vater Momo ist. Lernt in Rostock den Beleuchter Heiko kennen. Nach der Trennung zieht sie wieder nach München, wo sie sich in Jan Günzel verliebt. War erstmals in Folge 220 (Sendung am 18. Februar 1990) zu sehen.

Zenker, Jo
(Til Schweiger)
Geboren am 18. April 1970. Nach seinem Abitur geht er zur Bundeswehr mit dem Berufsziel Pilot. Ist aus der Lindenstraße weggezogen. War erstmals in Folge 220 (Sendung am 18. Februar 1990) zu sehen.

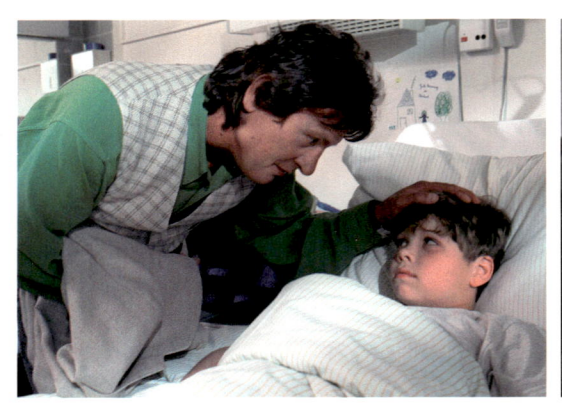

Zenker, Max †
(Moritz Hein)
Geboren am 5. März 1987. Sohn von Gabi und Phil. Wird von Andy Zenker adoptiert, der ihn zuletzt am 8. Januar 1998 lebend sieht. Wird Opfer eines Triebtäters. War erstmals in Folge 67 (Sendung am 15. März 1987) zu sehen.

Zenker, Nicolai
(Lennart Binder / Marcus Venghaus)
Geboren am 12. Mai 1994. Unehelicher Sohn von Iffi und Momo. Wird am 13. September 2000 eingeschult und besucht vier Jahre später das Gymnasium. War erstmals in Folge 441 (Sendung am 15. Mai 1994) zu sehen.

Zenker, Timo
(Michael Laricchia)
Geboren am 13. Juli 1972. Macht Lehre zum Kfz-Mechaniker. War erstmals in Folge 220 (Sendung am 18. Februar 1990) zu sehen.

Zenker, Valerie
(Nadine Spruß)
Geboren am 8. Oktober 1976. Lässt sich zur Krankenschwester ausbilden und heiratet 1996 Boris Ecker. Selbstmordversuch wegen unerfüllter Liebe zu Zorro. Scheidung von Boris im April 2001. Geht nach Mexico. War erstmals in Folge 220 (Sendung am 18. Februar 1990) zu sehen.

Ziegler, Anna
(Irene Fischer)
Geboren am 14. Juli 1959. 1984 Heirat mit Friedhelm Ziegler. Verliebt sich in Hans, den sie 1992 heiratet. 1999 Geburt von Sohn Martin, der mit Down-Syndrom zur Welt kommt. Nach einer Affäre mit ihrem Chef steckt ihre Ehe in einer tiefen Krise. War erstmals in Folge 61 (Sendung am 1. Dezember 1987) zu sehen.

Ziegler, Friedhelm †
(Arnfried Lerche)
Geboren am 15. September 1959. Nach der Mittleren Reife lässt er sich zum Finanzbeamten ausbilden. 1984 Heirat mit Anna. Erhängt sich am 25. Oktober 1992. War erstmals in Folge 100 (Sendung am 1. November 1987) zu sehen.

Ziegler, Martin
(Jan Grünig)
Geboren am 10. Juni 1999. Drittes Kind von Anna und Hans, kommt mit Down-Syndrom zur Welt. Geht in den Kindergarten. War erstmals in Folge 706 (Sendung am 13. Juni 1999) zu sehen.

Ziegler, Sarah
(Julia Stark)
Geboren am 22. Oktober 1987. Seit 1998 besucht sie das Gymnasium und erkrankt 2002 an Bulimie. Verbringt die Zeit von November 2003 bis Juli 2004 in Kanada. War erstmals in Folge 100 (Sendung am 1. November 1987) zu sehen.

Ziegler, Sophie
(Dominique Kusche)
Geboren am 25. Juli 1991. Tochter von Anna und Hans. Besucht seit September 2001 das Gymnasium. War erstmals in Folge 295 (Sendung am 28. Juli 1991) zu sehen.

Ziegler, Tom
(Johannes Scheit)
Geboren am 27. Juli 1989. Sohn von Anna und Hans. Besucht die Realschule. Verbringt seine Freizeit am Computer, was Hans zu unterbinden sucht. Verliebt sich zum ersten Mal in eine Klassenkameradin. War erstmals in Folge 192 (Sendung am 6. August 1989) zu sehen.

Zimmermann, Benno †
(Bernd Tauber)
Geboren am 25. Juli 1952. Nach dem Hauptschulabschluss macht er eine Lehre als Maurer. Zieht mit Gabi, die er 1987 heiratet, in die Lindenstraße. Stirbt 1988 an Aids. War erstmals in Folge 1 (Sendung am 8. Dezember 1985) zu sehen.

Die »Lindenstraße«-Gruppenbilder

Gruppenfoto zum Drehbeginn 1985

unterste Reihe, von links nach rechts:
Annemarie Wendl, Wolfgang Grönebaum, Ute Mora, Tilli Breidenbach, Domna Adamopoulou, Kostas Papanastasiou, Marcus Off

2. Reihe von unten, von links nach rechts:
Annette Kreft, Dietrich Siegl, Marianne Rogée, Christian Kahrmann, Moritz A. Sachs, Herbert Steinmetz, Johanna Bassermann, Claudia Pielmann, Franz Braunshausen

3. Reihe von unten, von links nach rechts:
Dirk Triebel, Andrea Spatzek, Bernd Tauber, Marie-Luise Marjan, Joachim Hermann Luger, Silke Wülfing

4. Reihe von unten, von links nach rechts:
Dagmar Hessenland, Ludwig Haas, Franz Bachschmidt, Monika Woytowicz, Selma Baldursson, Raimund Gensel

5. Reihe von unten, von links nach rechts:
Georg Uecker, Sybille Waury, Amorn Surangkanjanajai, Hermes Hodolides, Susanne Gannott, Ina Bleiweiß und Daniel Hajdu

Gruppenfoto 500. Folge im Jahre 1995

Vorne links: Ute Mora, Knut Hinz.
Vorne rechts: Franz Rampelmann, Annemarie Wendl, Wolfgang Grönebaum
Erste Reihe v.l.: Moritz A. Sachs, Marie-Luise Marjan, Bill Mockridge, Verena Reichertz, Julia Stark, Johannes Scheit, Jo Bolling, Moritz Hein, Nadine Spruß, Andrea Spatzek, Rebecca Siemoneit-Barum, Ludwig Haas, Nika von Altenstadt, Sybille Waury, Marianne Rogée, Guido Gagliardi
Zweite Reihe v.l.: Anna Teluren, Carlos Werner, Sontje Peplow, Tanja Schmitz, Annas Nowak, Amorn Surangkanjanajai, Irene Fischer, Joachim Hermann Luger, Thomas Huber, Moritz Zielke, Inga Abel, Philipp Neubauer, Michael Marwitz, Steffen Gräbner
Dritte Reihe v.l.: Manfred Schwabe, Kostas Papanastasiou, Domna Adamopoulou, Hermes Hodolides, Susanne Gannott, Margret van Munster, Robert Zimmerling, Willi Herren, Horst D. Scheel, Martin Rickelt, Marcus Off

Gruppenfoto 15 Jahre »Lindenstraße«

unterste Reihe, von links nach rechts: Johannes Scheit, Dominique Kusche, Julia Stark, Anna-Sophie Claus, Lennard Binder, Karolin Dubberstein
2. Reihe von unten, von links nach rechts: Margret van Munster, Franz Rampelmann, Annemarie Wendl, Joachim Hermann Luger, Irene Fischer, Hans W. Geißendörfer, Marie-Luise Marjan, Bill Mockridge, Moritz A. Sachs, Martin Rickelt
3. Reihe von unten, von links nach rechts: Willi Herren, Sontje Peplow, Nadine Spruß, Jo Bolling, Andrea

Spatzek, Knut Hinz, Heinz W. Krückeberg, Ute Mora, Inga Abel, Philipp Neubauer, Moritz Zielke, Ulrike Scheel
4. Reihe von unten, von links nach rechts: Georg Uecker, Marc-Oliver Moro, Claus Vincon, Rebecca Siemoneit-Barum, Tilmar Kuhn, Christine Stienemeier, Liz Baffoe, Hermes Hodolides, Domna Adamopoulou, Kostas Papanastasiou, Marianne Rogée, Antonio Paradiso, Renate Köhler
5. Reihe von unten, von links nach rechts: Harry Rowohlt, Amorn Surangkanjanajai, Anna Nowak, Sarah Turchetto, Sigo Lorfeo, Susanne Evers, Jacqueline Svilarov, Hasan Ali Mete, Ceren Dal, Ludwig Haas, Sybille Waury, Marita Ragonese, Horst D. Scheel, Natascha Bonnermann

Gruppenfoto 15 Jahre »Lindenstraße«

unterste Reihe, von links nach rechts: Johannes Scheit, Dominique Kusche, Julia Stark, Anna-Sophie Claus, Lennard Binder, Karolin Dubberstein
2. Reihe von unten, von links nach rechts: Margret van Munster, Franz Rampelmann, Annemarie Wendl, Joachim Hermann Luger, Irene Fischer, Hans W. Geißendörfer, Marie-Luise Marjan, Bill Mockridge, Moritz A. Sachs, Martin Rickelt
3. Reihe von unten, von links nach rechts: Willi Herren, Sontje Peplow, Nadine Spruß, Jo Bolling, Andrea

Spatzek, Knut Hinz, Heinz W. Krückeberg, Ute Mora, Inga Abel, Philipp Neubauer, Moritz Zielke, Ulrike Scheel
4. Reihe von unten, von links nach rechts: Georg Uecker, Marc-Oliver Moro, Claus Vincon, Rebecca Siemoneit-Barum, Tilmar Kuhn, Christine Stienemeier, Liz Baffoe, Hermes Hodolides, Domna Adamopoulou, Kostas Papanastasiou, Marianne Rogée, Antonio Paradiso, Renate Köhler
5. Reihe von unten, von links nach rechts: Harry Rowohlt, Amorn Surangkanjanajai, Anna Nowak, Sarah Turchetto, Sigo Lorfeo, Susanne Evers, Jacqueline Svilarov, Hasan Ali Mete, Ceren Dal, Ludwig Haas, Sybille Waury, Marita Ragonese, Horst D. Scheel, Natascha Bonnermann

Gruppenbild mit 1000

Erste Reihe von unten, von links nach rechts:
Johannes Scheit; Jan Grüning; Dominique Kusche; Anna Sophia Claus; Marcus Venghaus; Daniel Anih; Karolin Dubberstein

Zweite Reihe von unten, von links nach rechts:
Margret van Munster; Franz Rampelmann; Annemarie Wendl; Joachim Herrmann Luger; Irene Fischer; Hans W. Geißendörfer; Marie-Luise Marjan; Bill Mockridge; Moritz A. Sachs; Jacqueline Svilarov

Dritte Reihe von unten, von links nach rechts:
Birgitta Weizenegger; Willi Herren; Sontje Peplow; Erkan Gündüz; Julia Stark; Jo Bolling; Andrea Spatzek; Knut Hinz; Giselle Vesco; Ulrike Tscharre; Joris Gratwohl; Klaus Nierhoff; Anna Nowak

Vierte Reihe von unten, von links nach recht:
Georg Uecker; Marc Oliver Moro; Claus Vincon; Philipp Brammer; Rebecca Siemoneit-Barum; Moritz Zielke; Liz Baffoe; Hermes Hodolides; Domna Adamopoulou; Markus Anton; Marianne Rogée; Heinz Marecek; Ines Lutz

Fünfte Reihe von unten, von links nach rechts:
Harry Rowohlt; Cosima Viola; Ludwig Haas; Amorn Surangkanjanajai; Sybille Waury; Susanne Evers; Horst D. Scheel; Beatrice Kaps-Zurmahr; Gunnar Solka

Die »Lindenstraße«-Starschnitte

Jo Bolling als Andy Zenker

Markus Anton als Mikis Houeris

Manja Schaar als Carmen Altmann

Annemarie Wendl als Else Kling

Harry Rowohlt
als
Penner Harry

Georg Uecker
als
Dr. Carsten Flöter

Moritz A. Sachs
als
Klaus Beimer

Marie-Luise Marjan
als
Helga Beimer

Lindenstraße STARSCHNITT

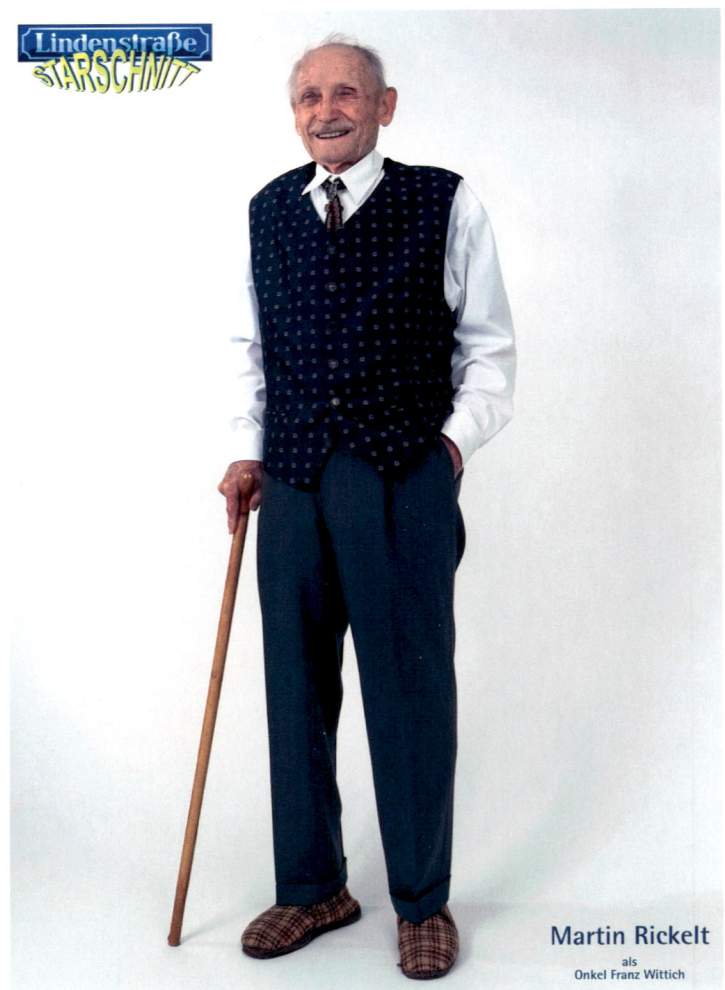

Hermes Hodolides
Joshua Mbah
als
Vasily und Nikos Sarikakis

Lindenstraße STARSCHNITT

Martin Rickelt
als
Onkel Franz Wittich

Lindenstraße STARSCHNITT

Anna Nowak
als
Urszula Winicki

Lindenstraße STARSCHNITT

Willi Herren
als
Olli Klatt

Lindenstraße STARSCHNITT

Franz Rampelmann
als
Olaf Kling

Lindenstraße STARSCHNITT

Irene Fischer
Jan Grünig
als
Anna und Martin Ziegler

Lindenstraße STARSCHNITT

Erkan Gündüz
als
Murat Dagdelen

Lindenstraße STARSCHNITT

Philipp Neubauer
als
Philipp Sperling

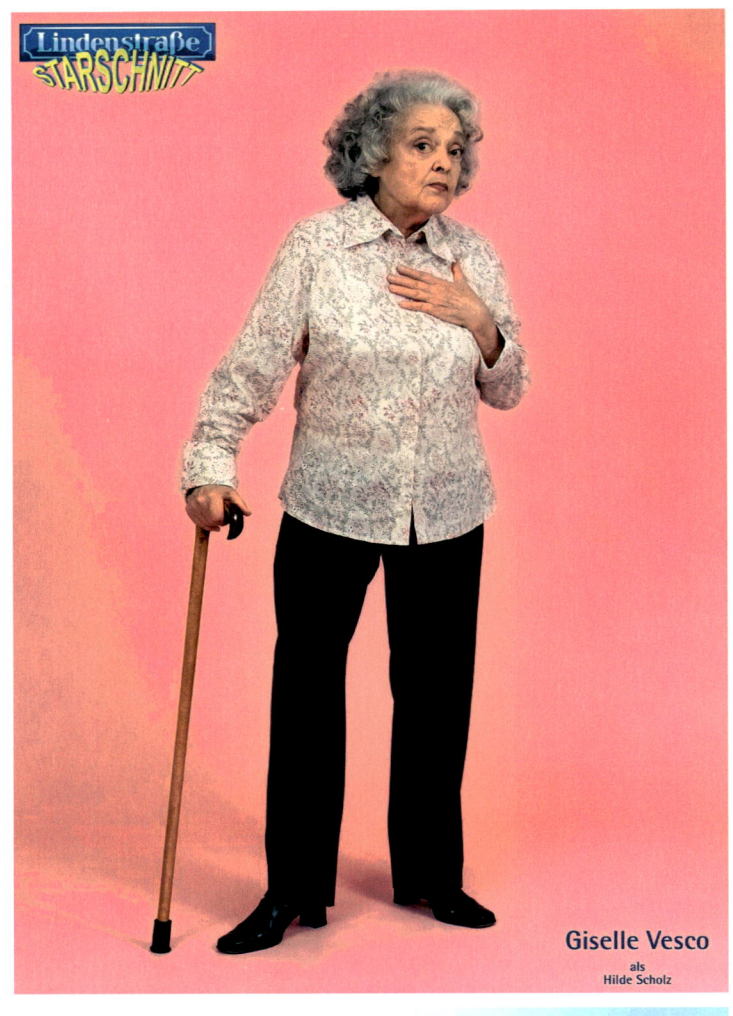

Giselle Vesco
als
Hilde Scholz

Joachim Hermann Luger
und
Jan Grünig

Moritz Zielke
als
Momo Sperling

Sontje Peplow
als
Lisa Hoffmeister

Lindenstraße STARSCHNITT

Giada Gray
als
Pat Wolfson

Lindenstraße STARSCHNITT

Jacqueline Svilarov
als
Nina Beimer

Lindenstraße STARSCHNITT

Christine Stienemeier
Anna-Sophia Claus
als
Maja und Lea Starck

Ines Lutz
als
Franziska Brenner

Bill Mockridge
als
Erich Schiller

Andrea Spatzek
als
Gabi Zenker

Knut Hinz
als
Hajo Scholz

Liz Baffoe
als
Mary Sarikakis

Susanne Evers
als
Suzanne Richter

Sybille Waury
als
Tanja Schildknecht

Harry Rowohlt
als
Weihnachtsmann "Harry"

Das »Lindenstraße«-Fotoalbum

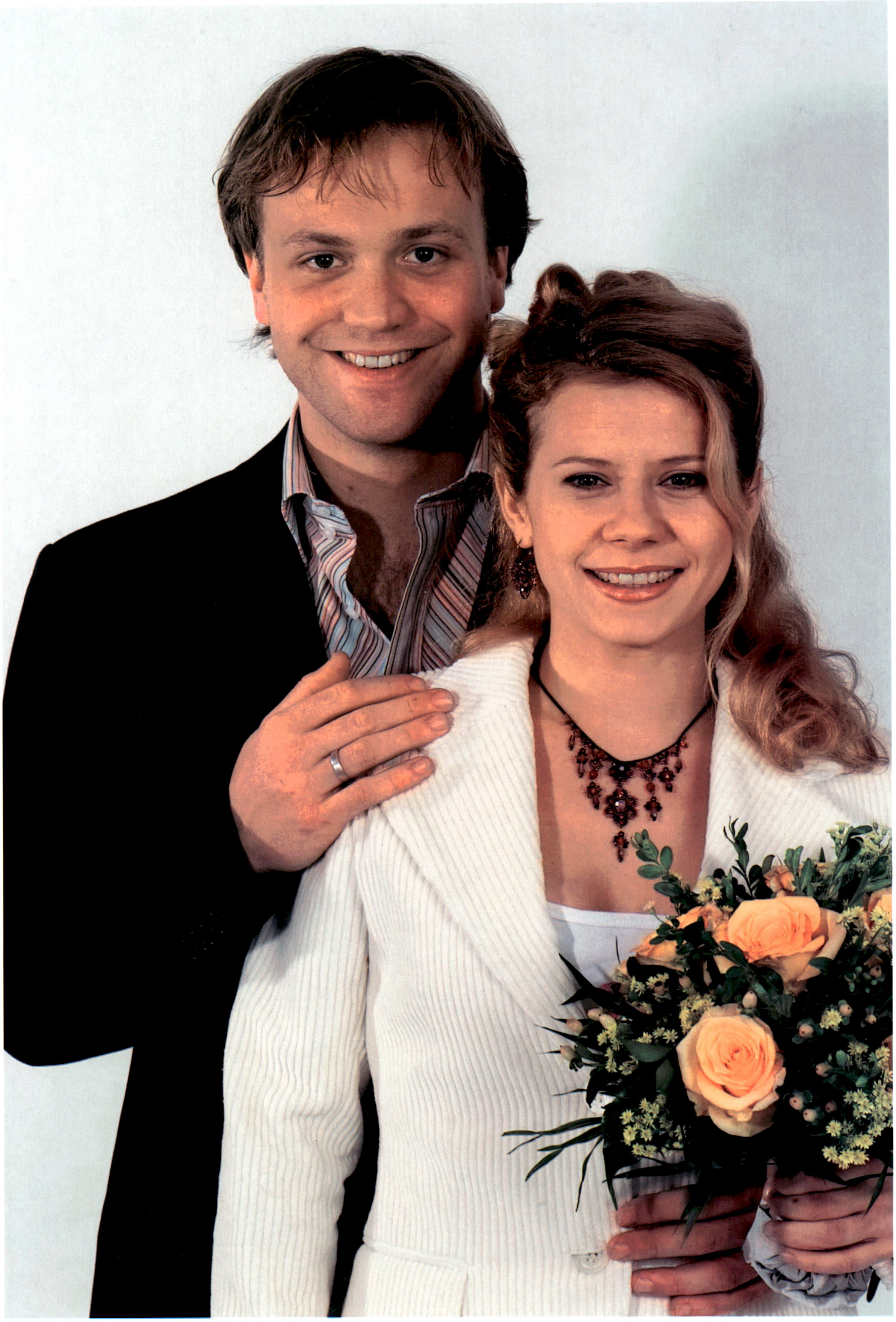

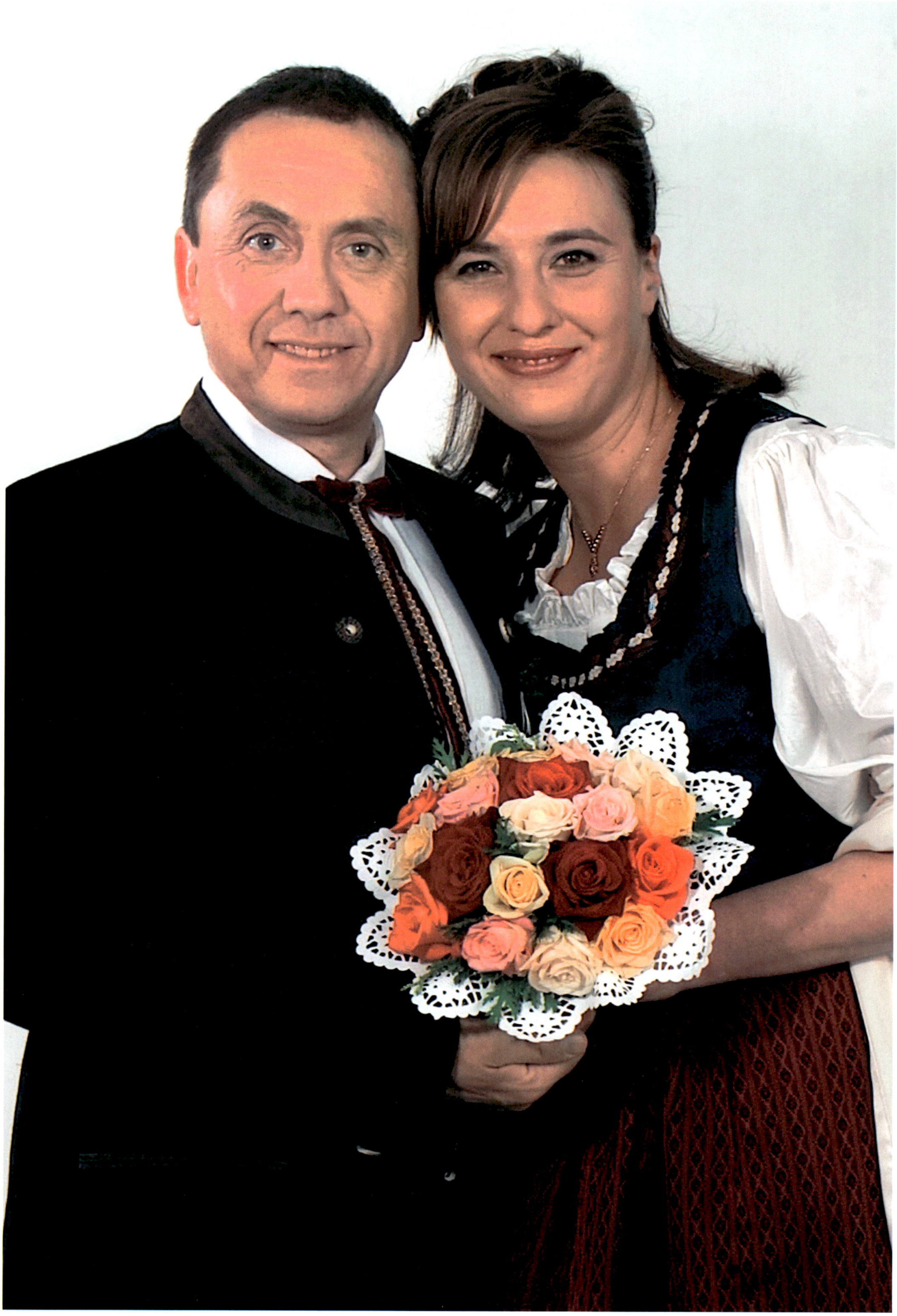

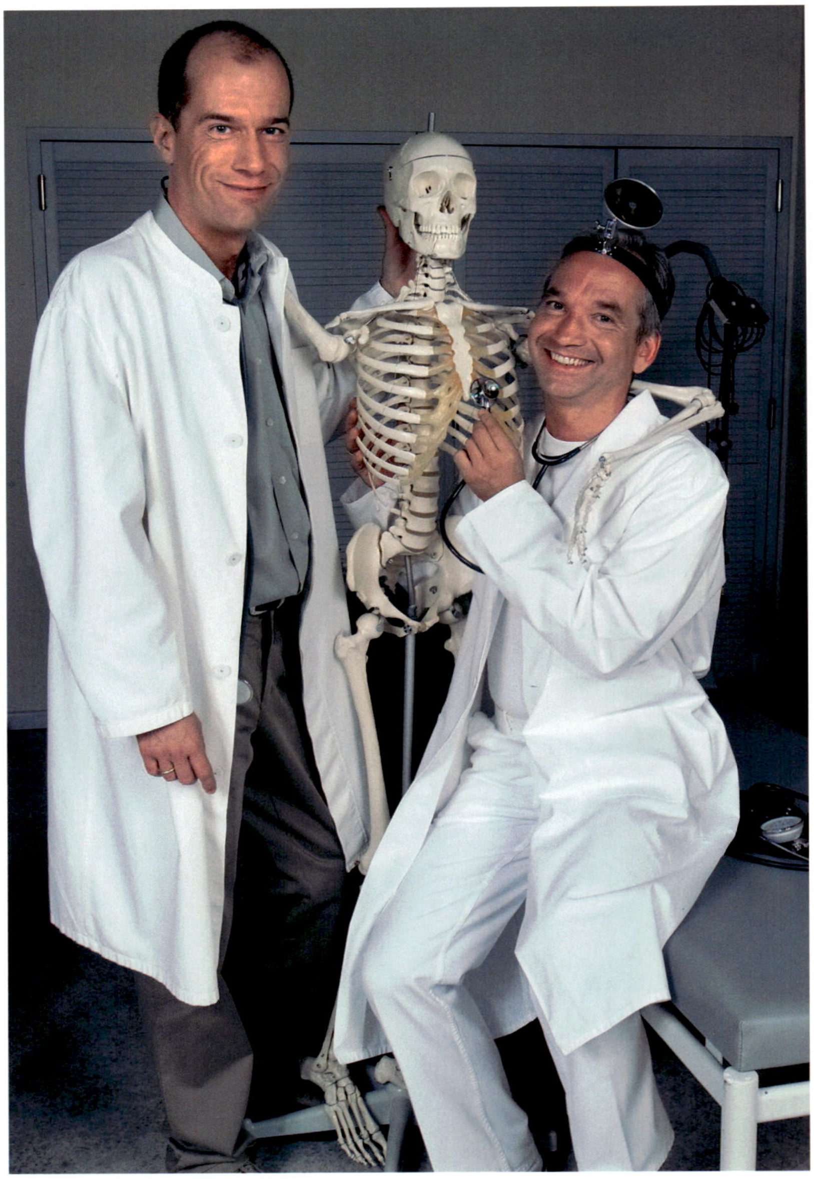

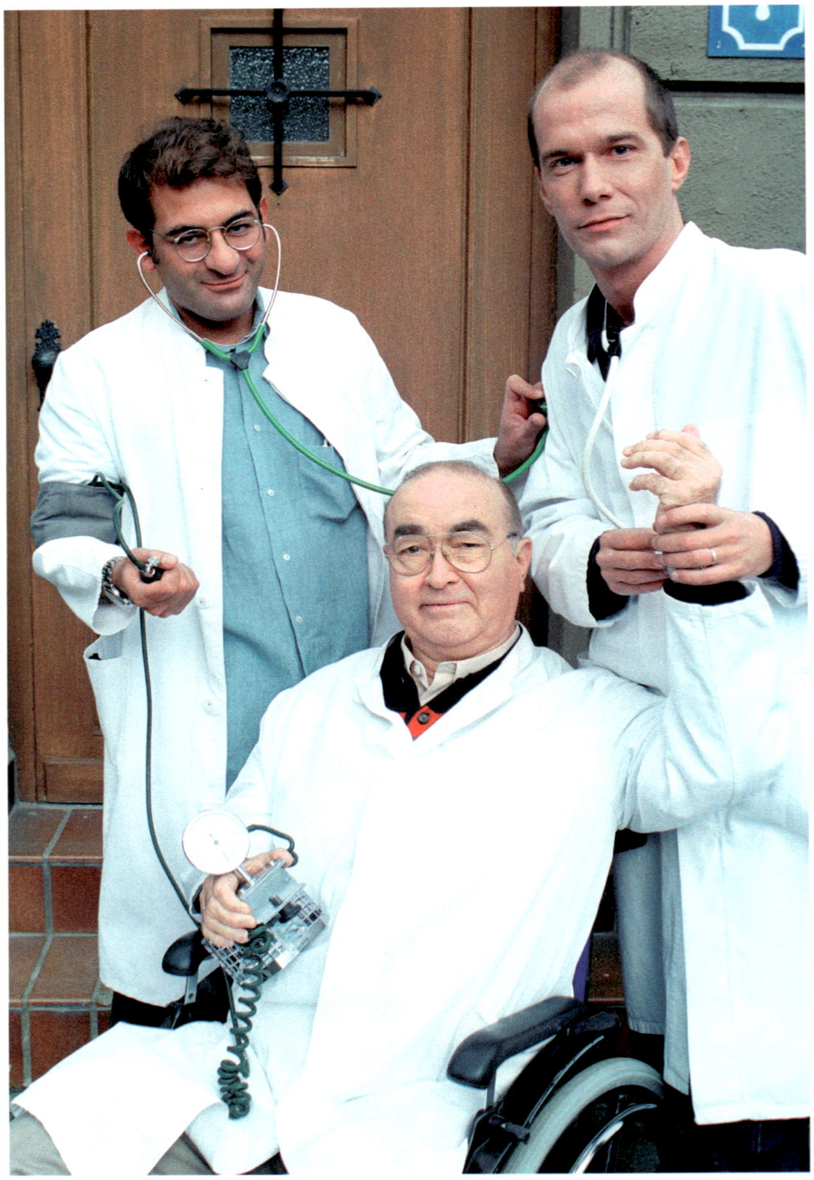

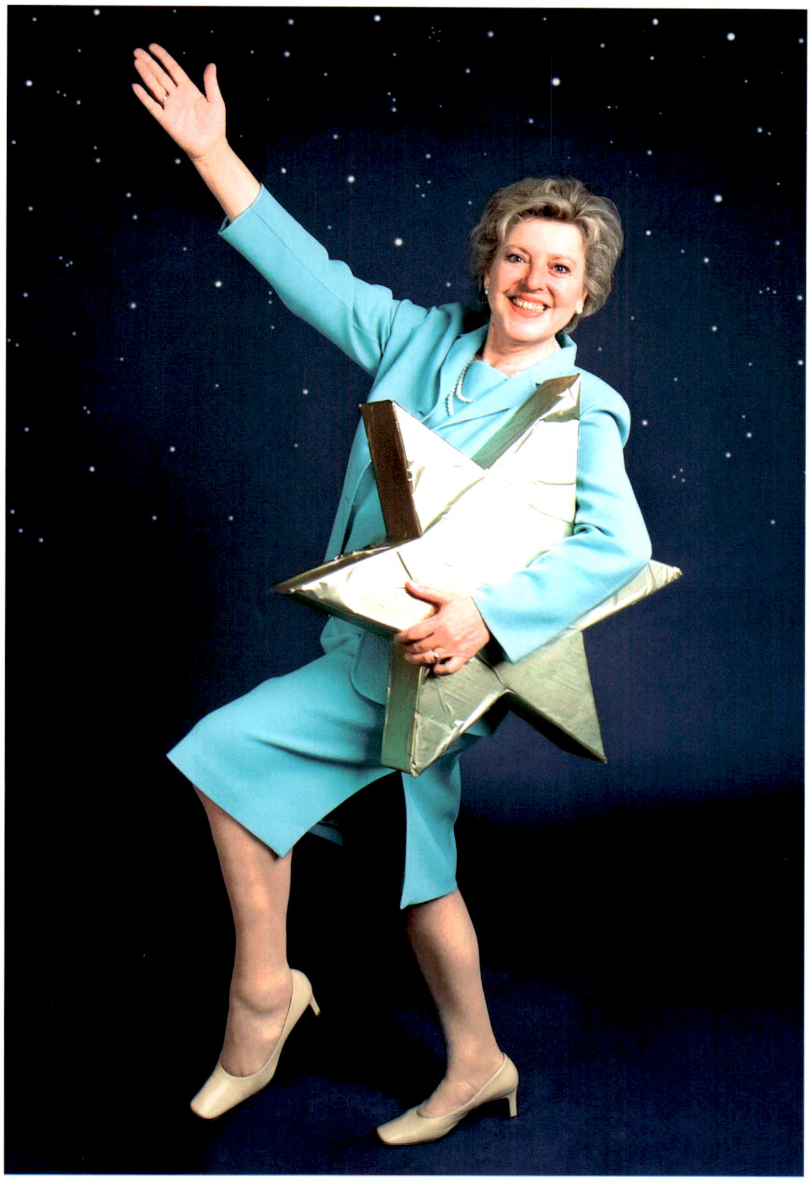

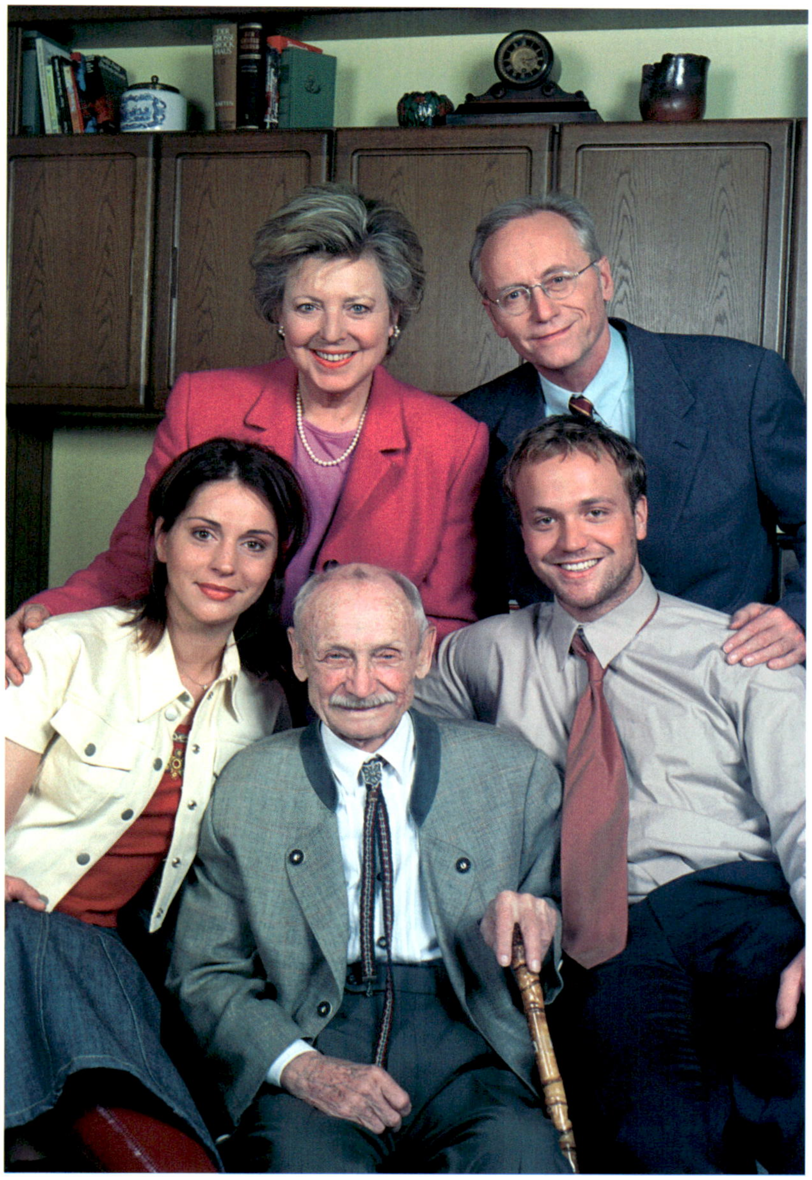

1060

1061

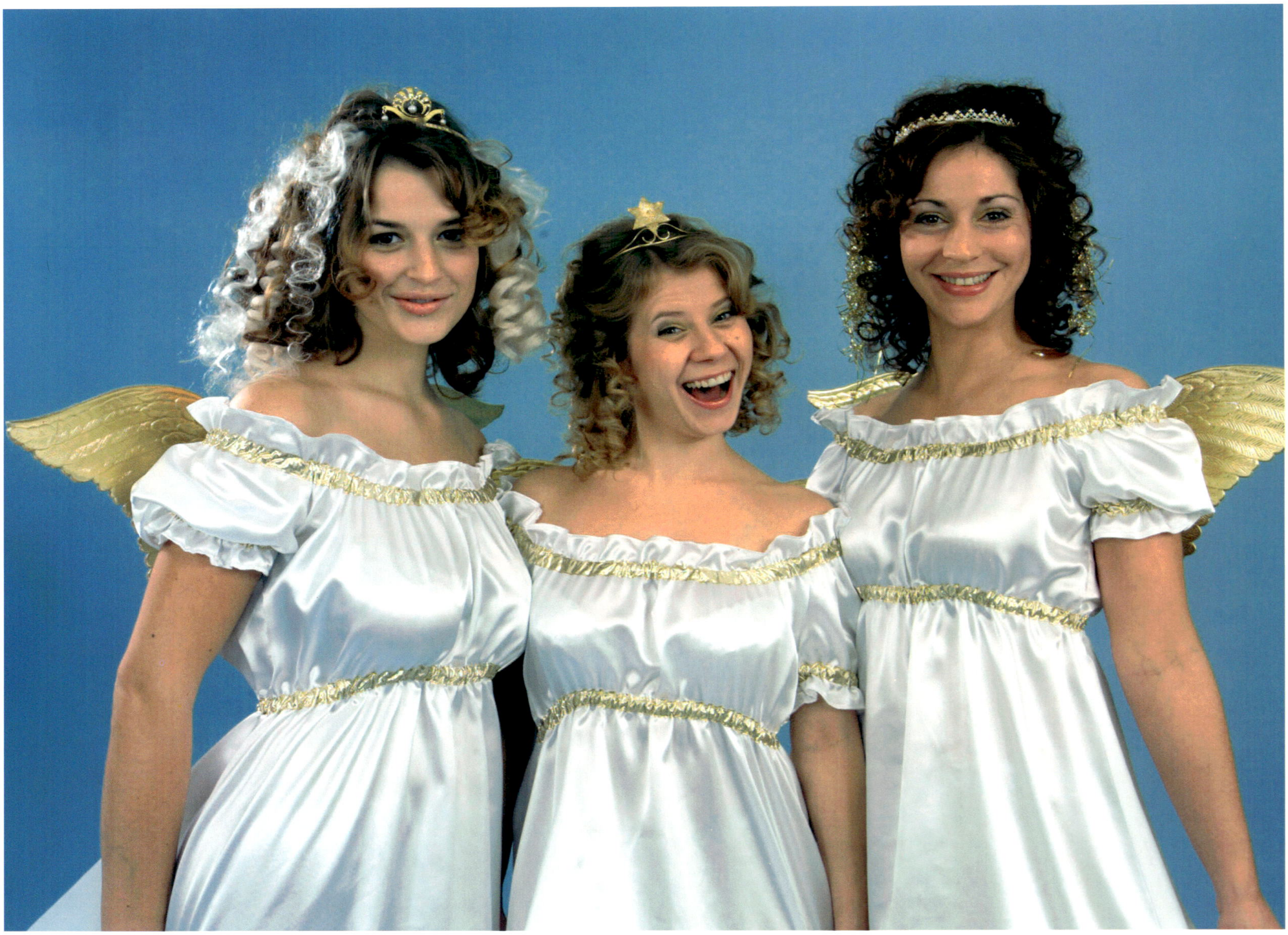

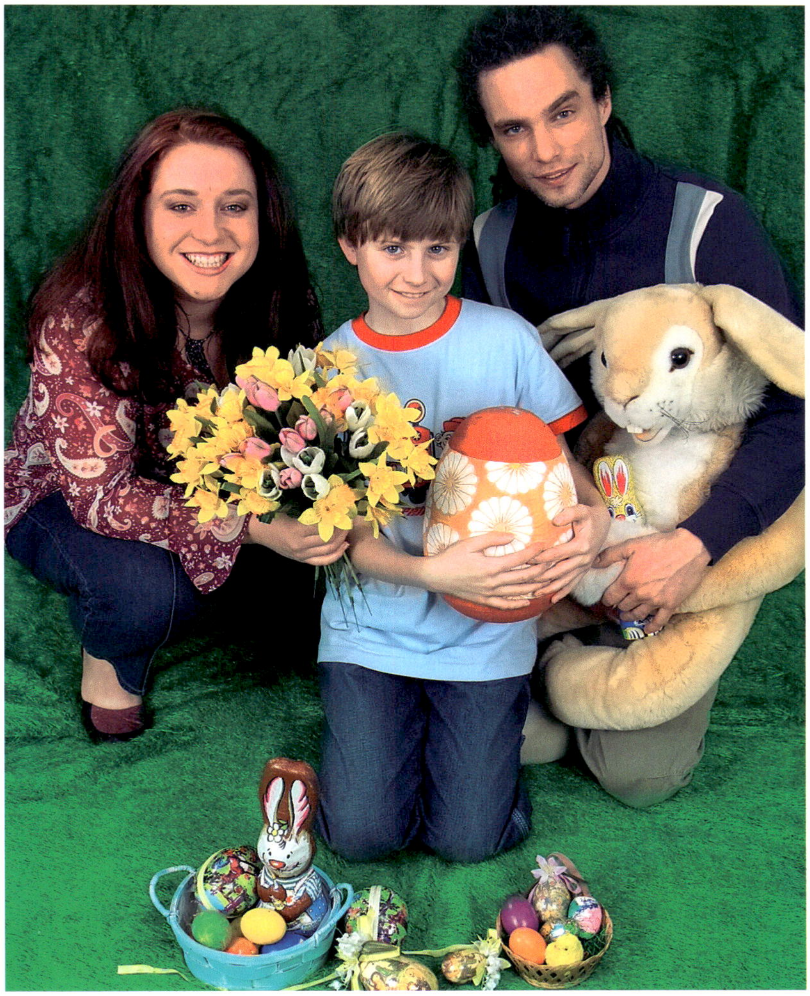

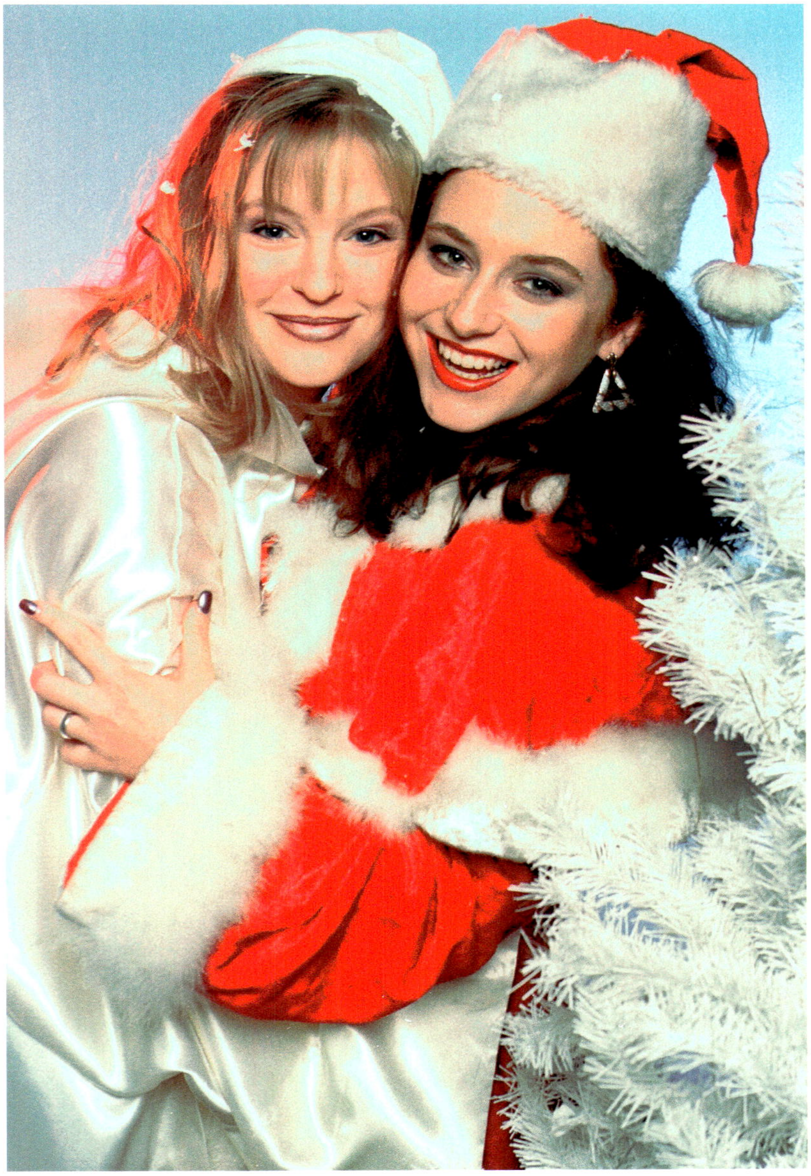

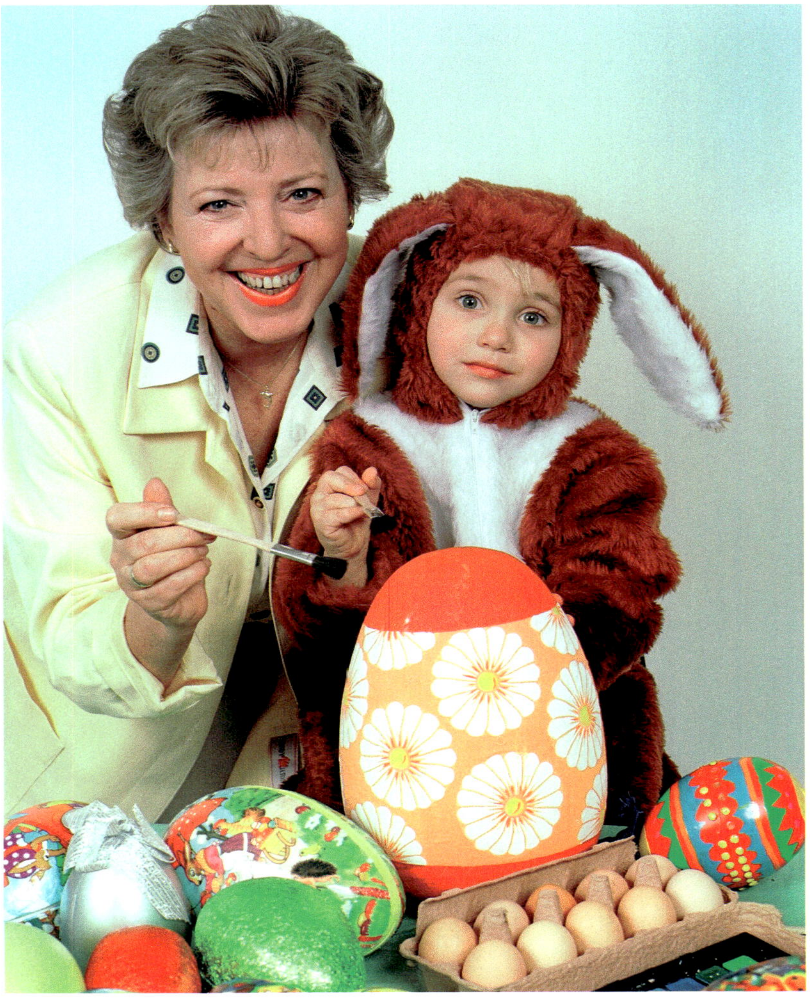

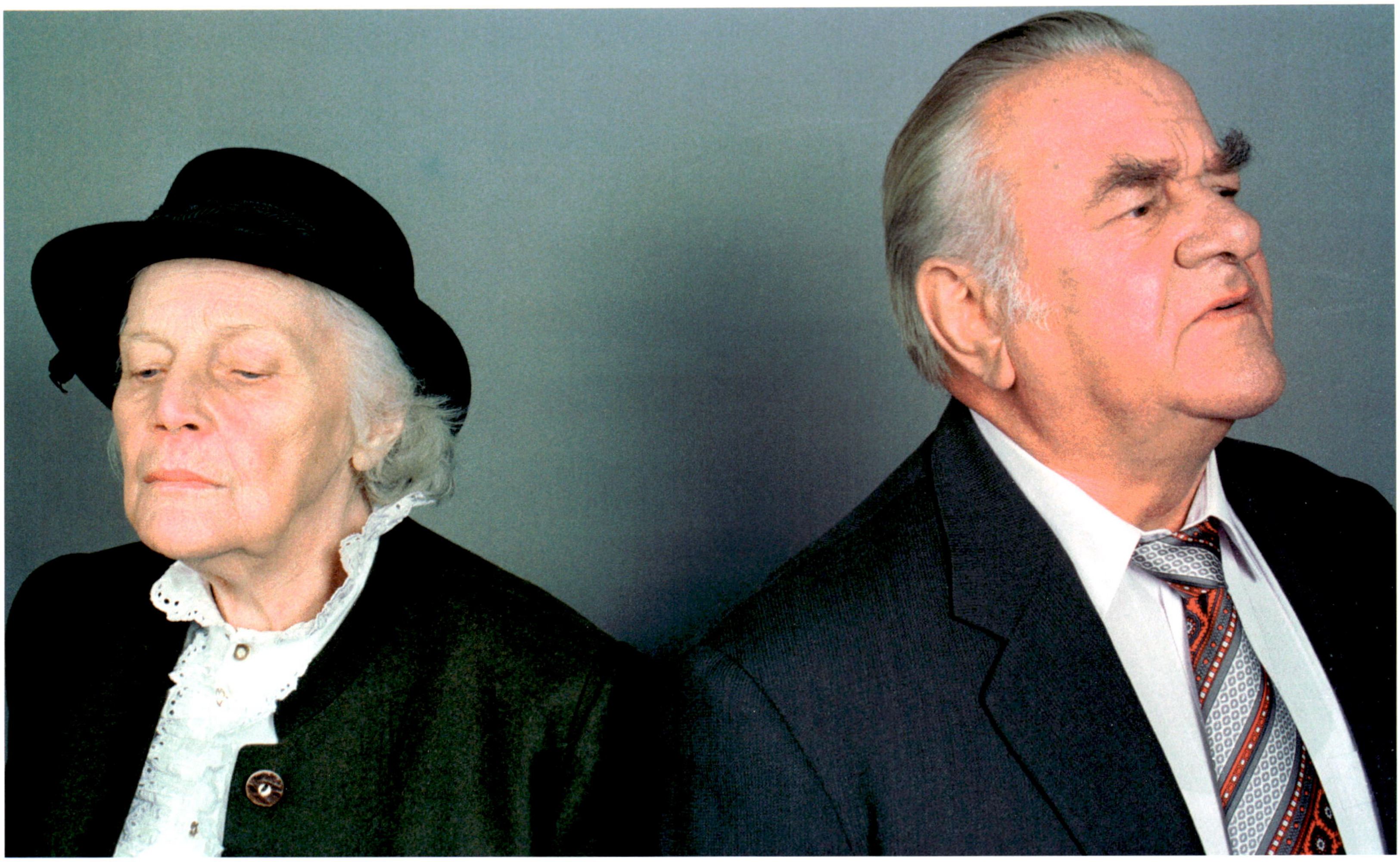

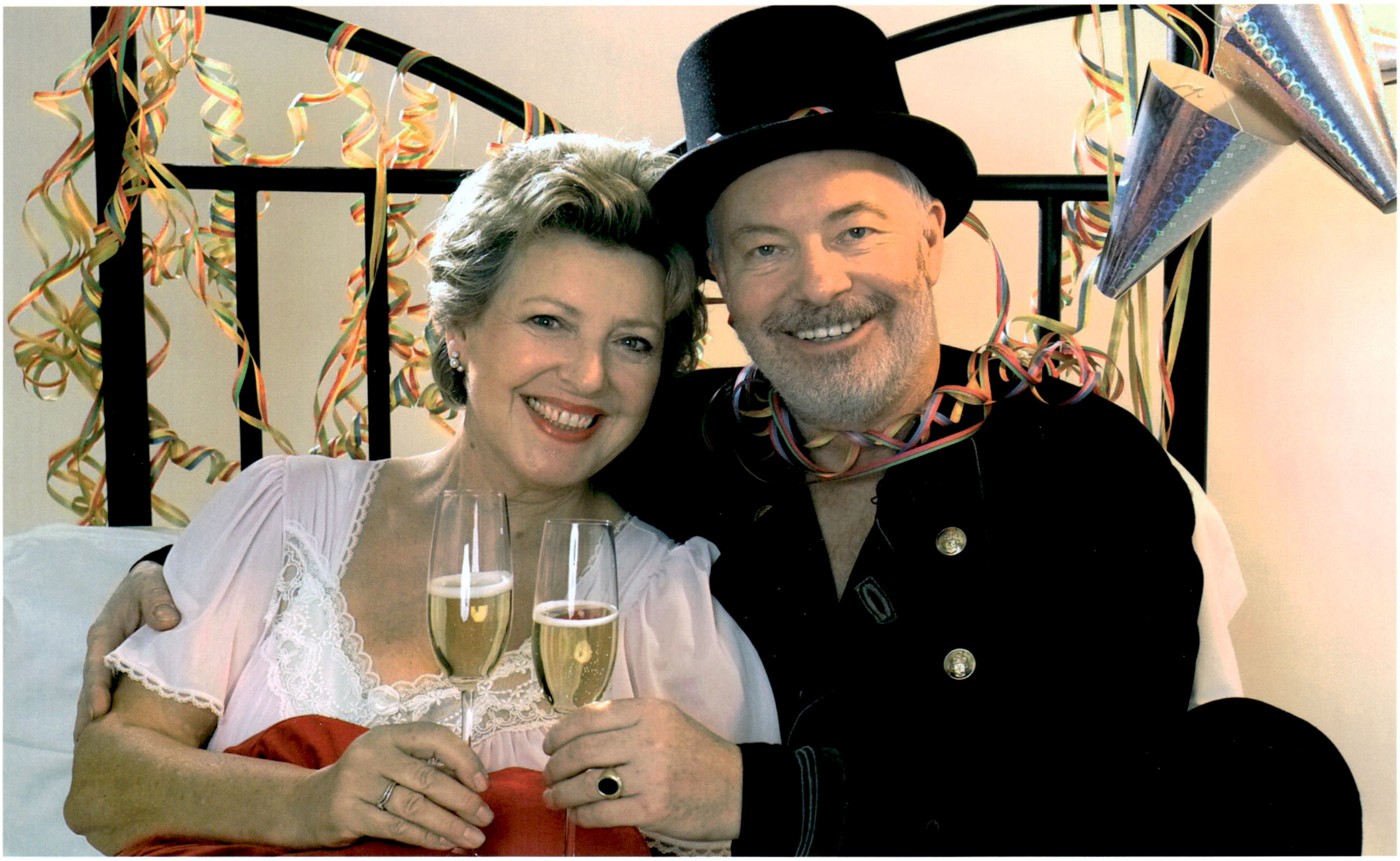

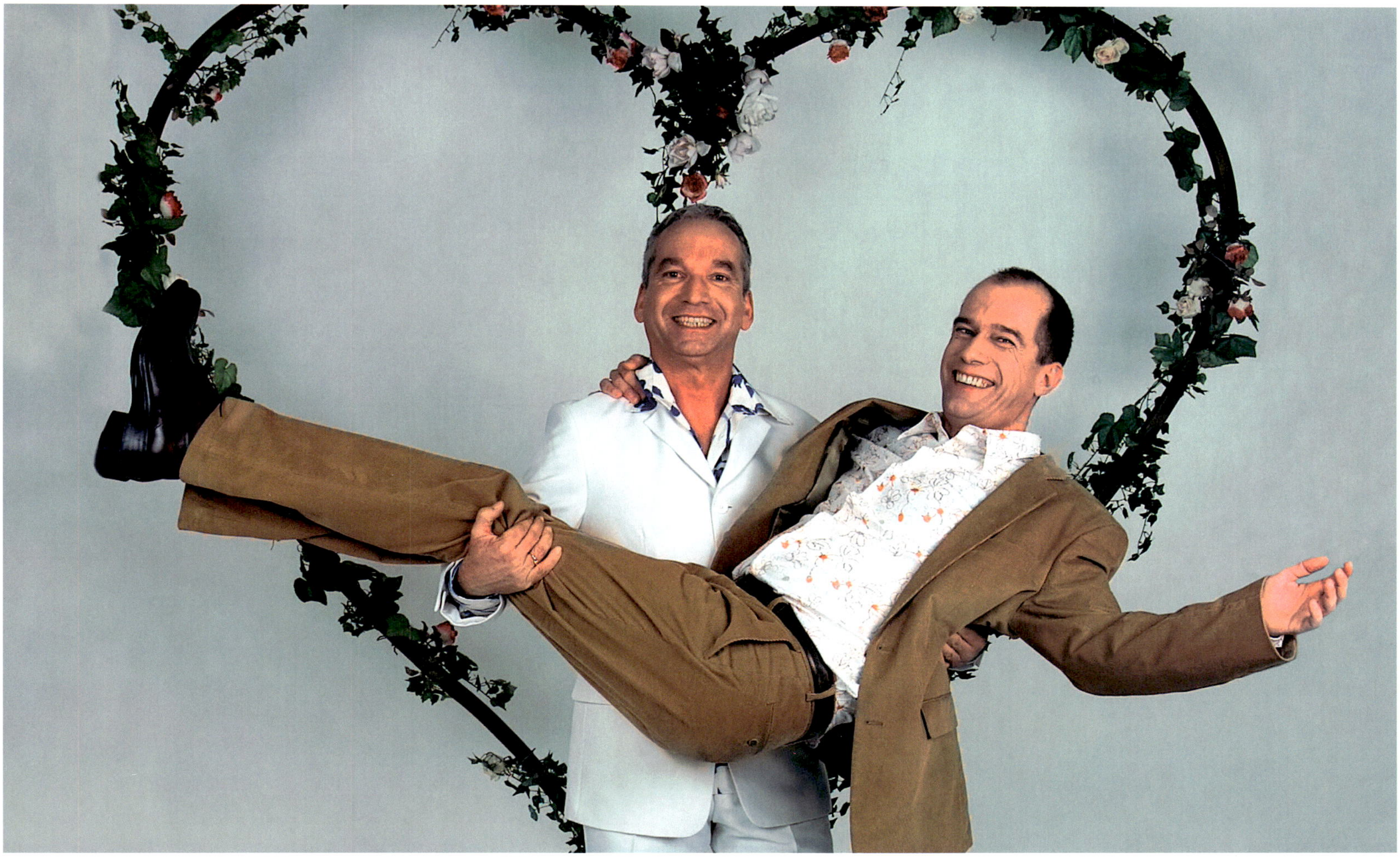

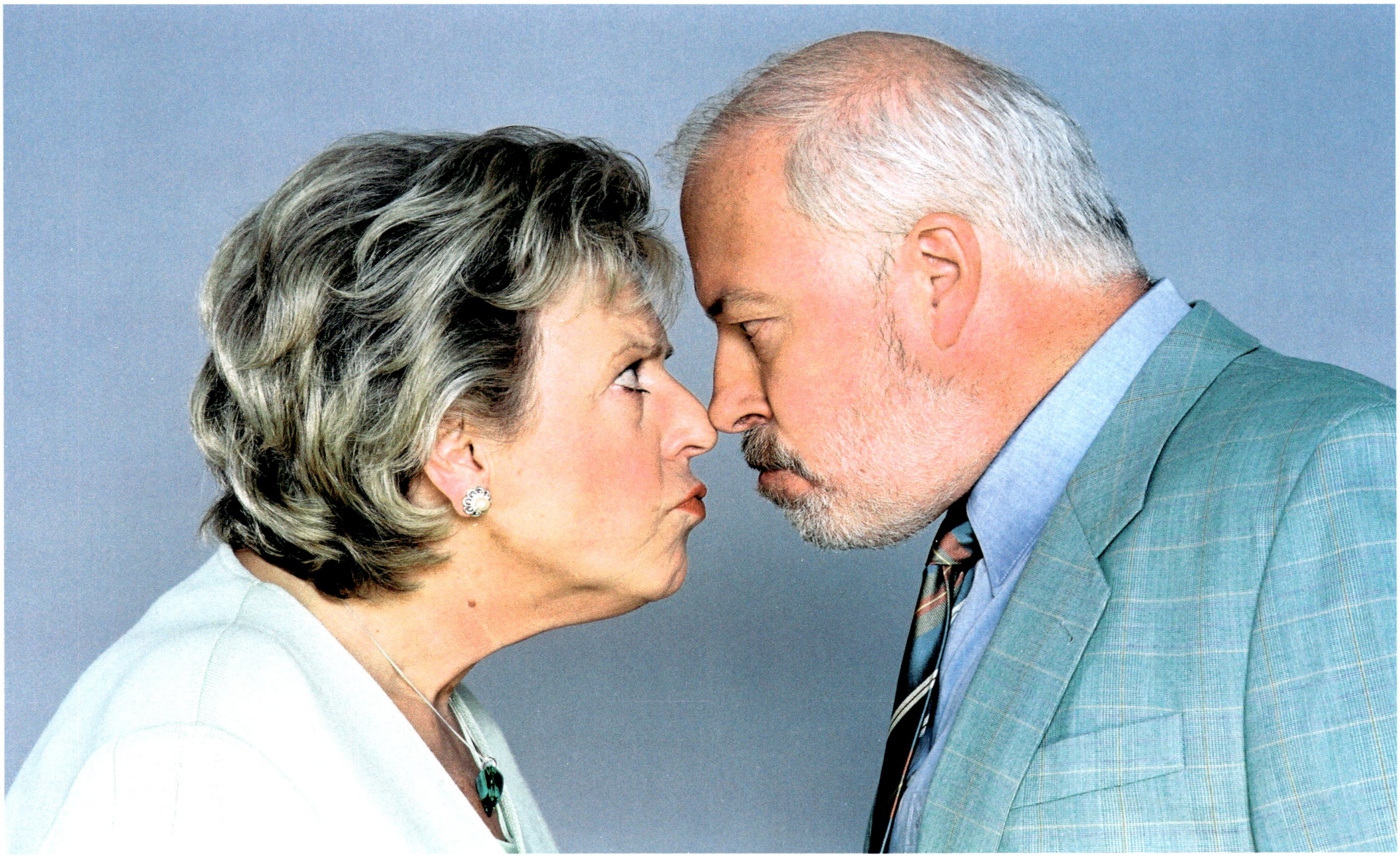

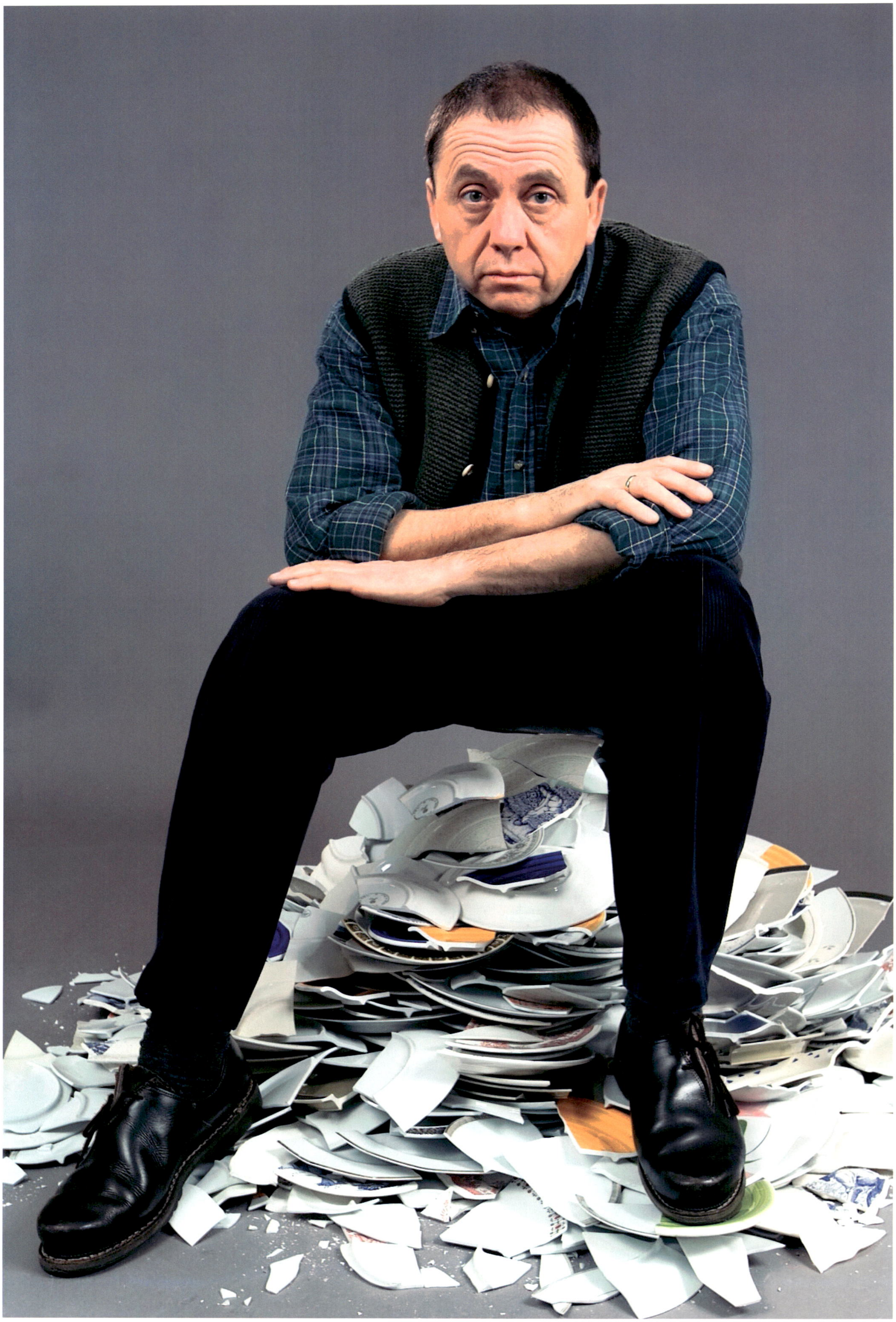

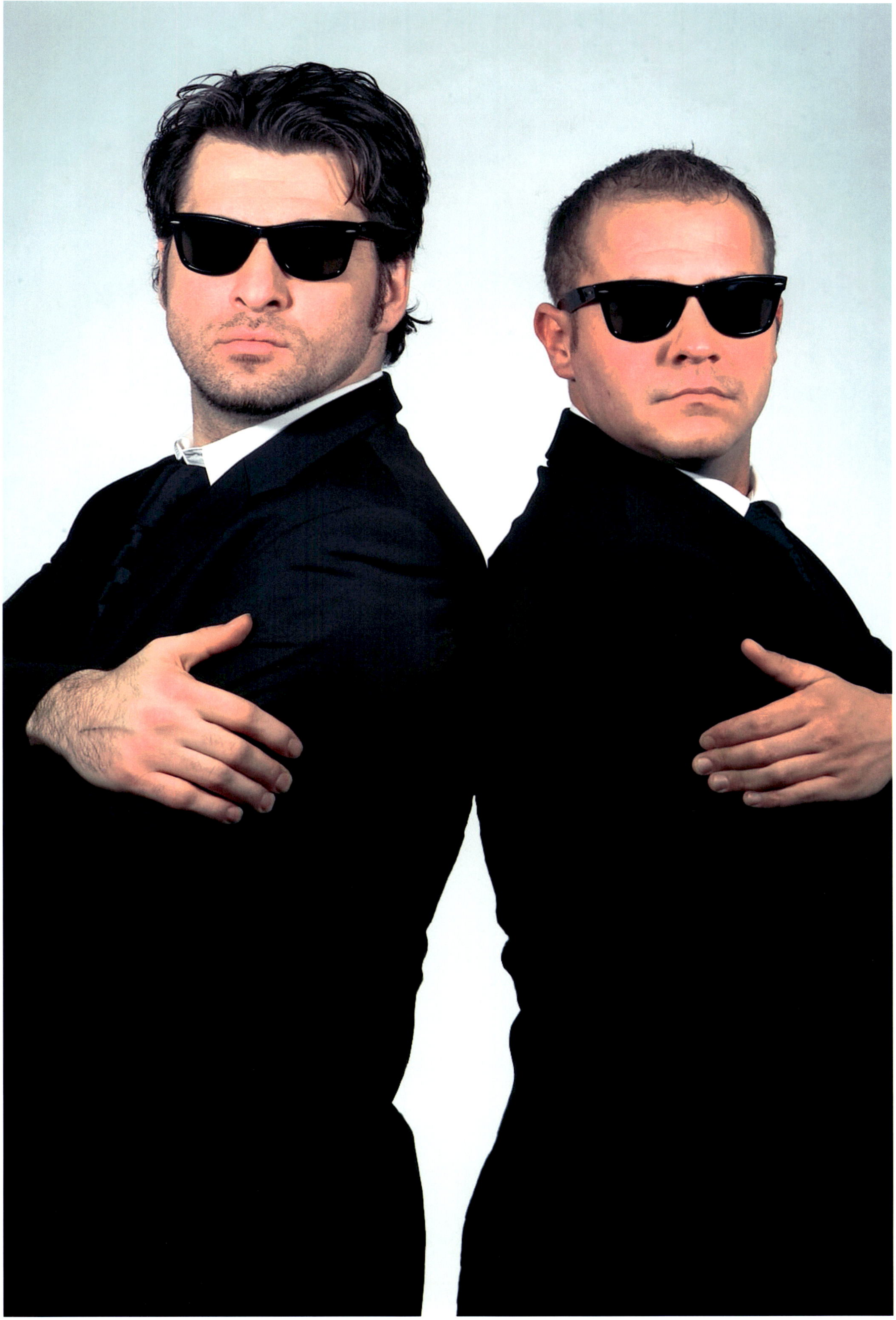

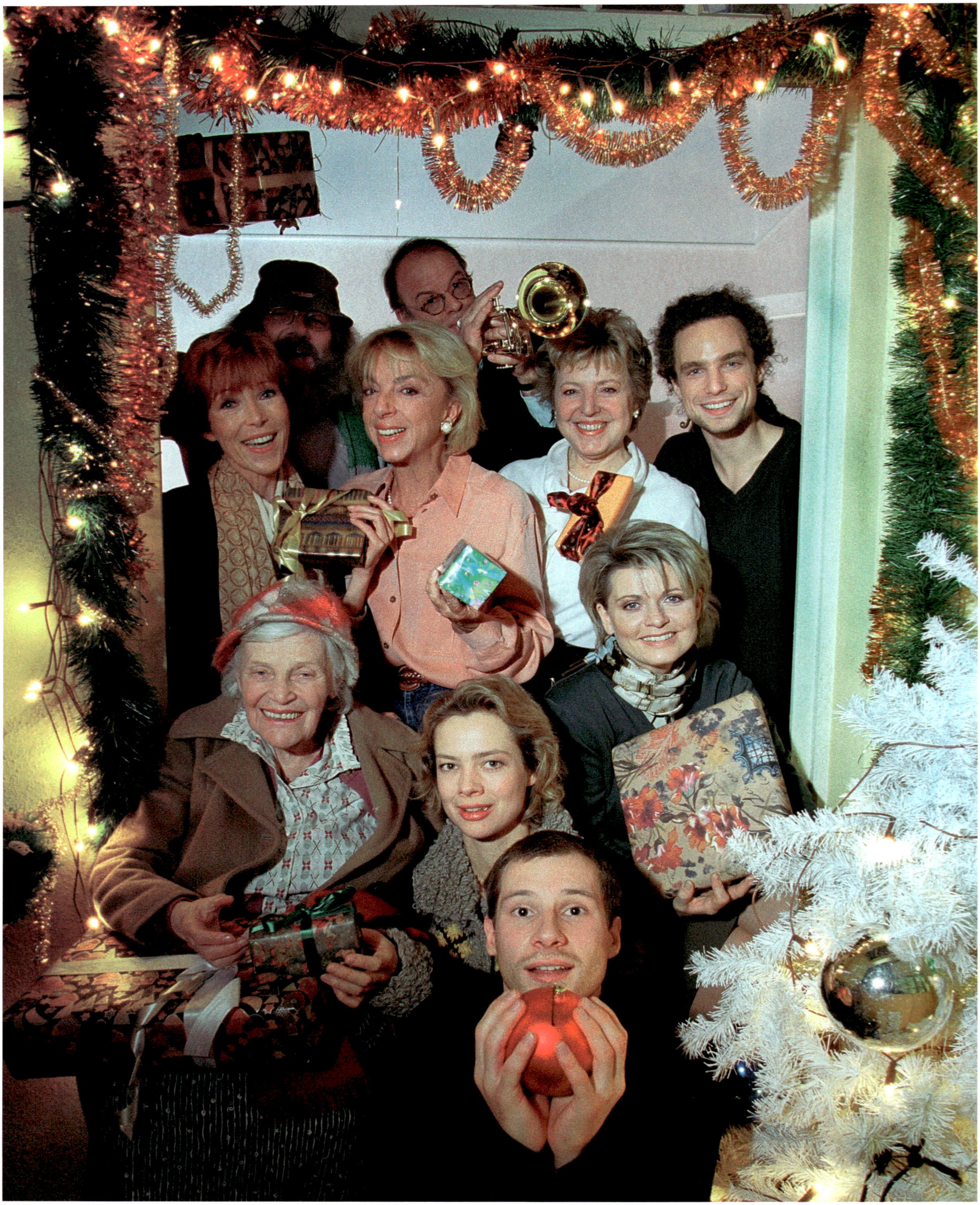

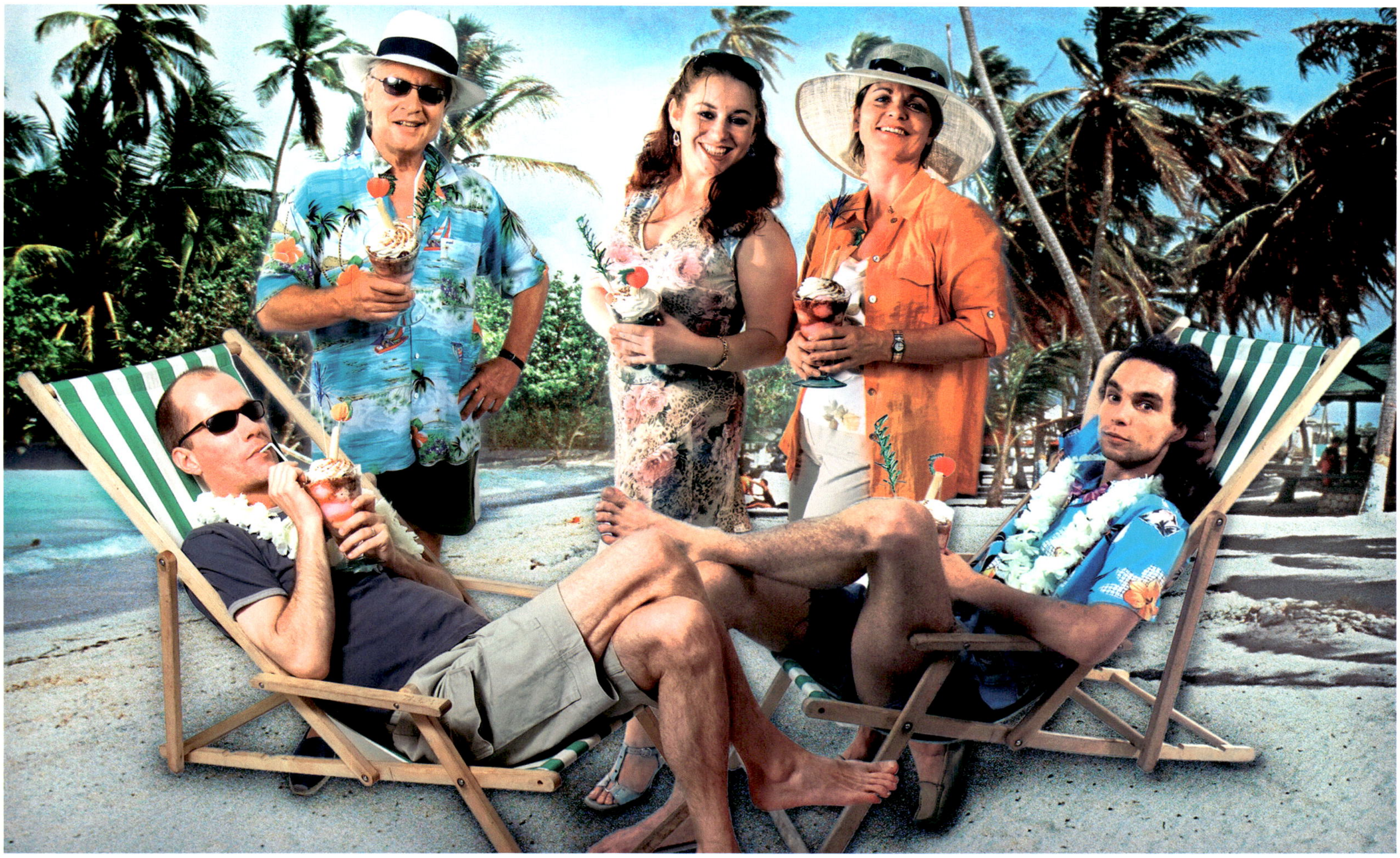

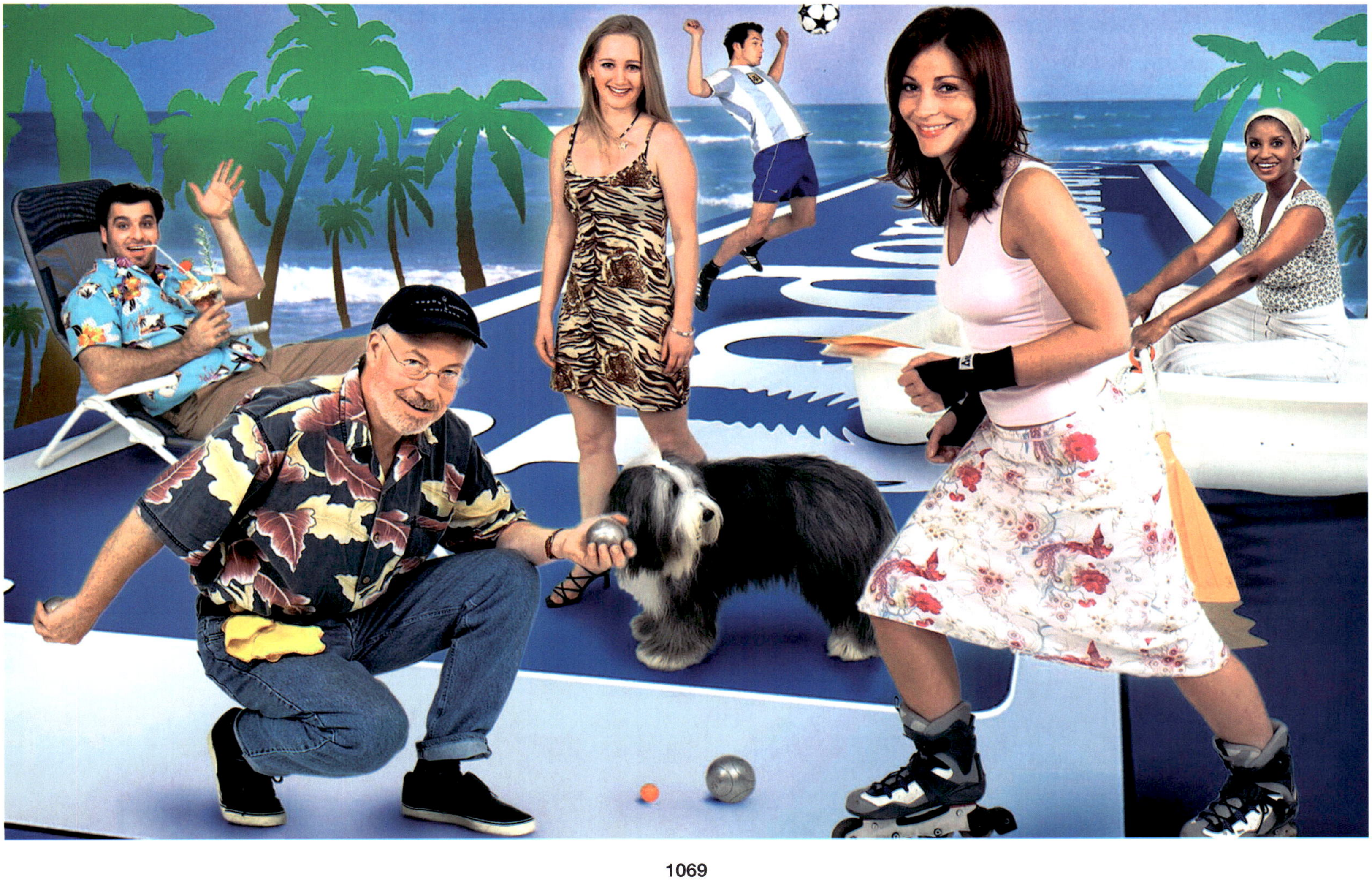

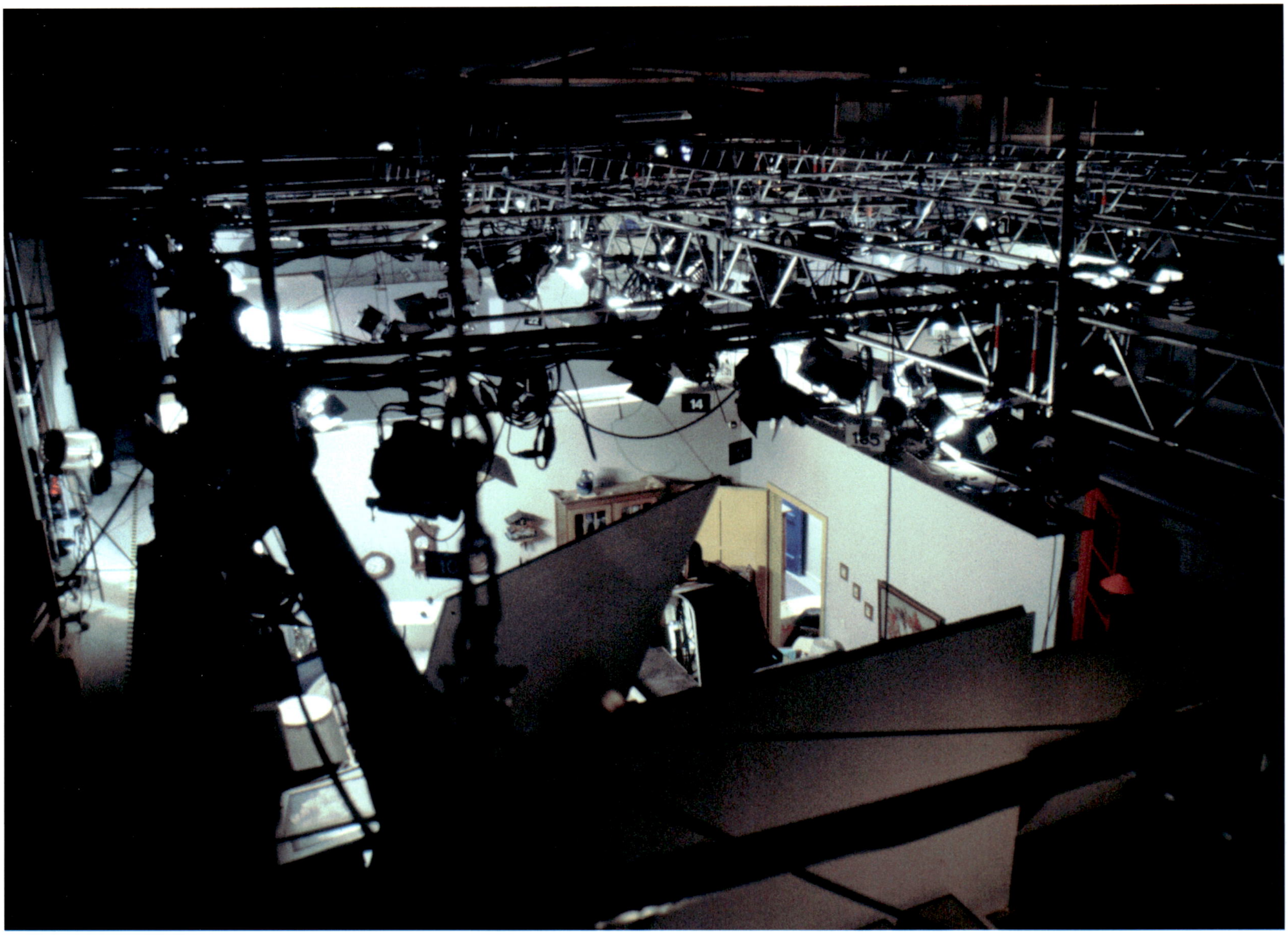

Leserpost

Drehbücher

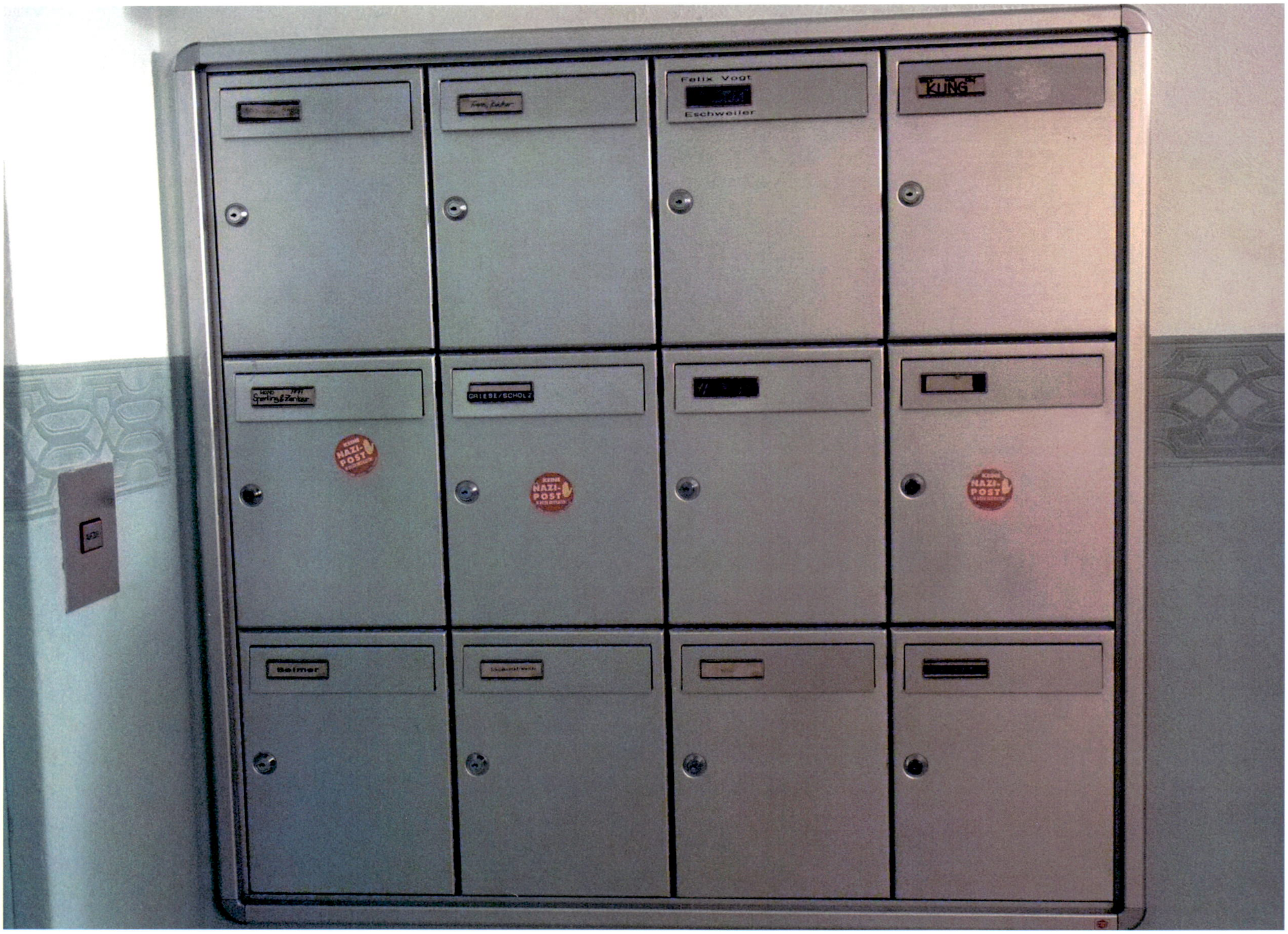
Felix Vogt
Eschweiler
KLING

Lindenstraße
enstraße

HAUSORDNUNG
Den Hausmüll entgiften
Klimaschutz
YOUR HOME FROM HOME IN LEIPZIG
Stadtplan

VARESE
Flöter/Eschweiler
Reitmaier
Zenker
BEIMER
GRIESE/SCHOLZ

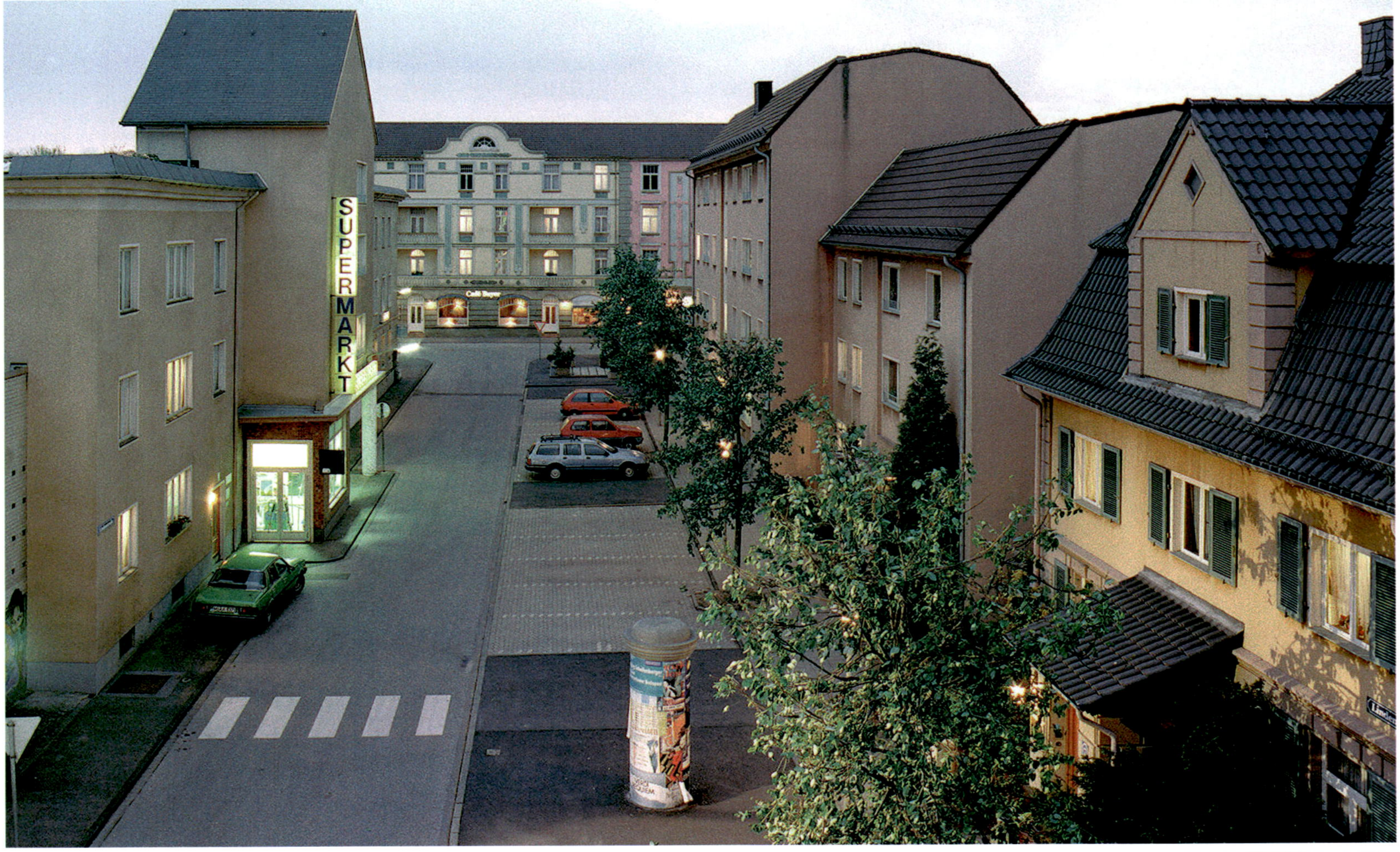
SUPERMARKT

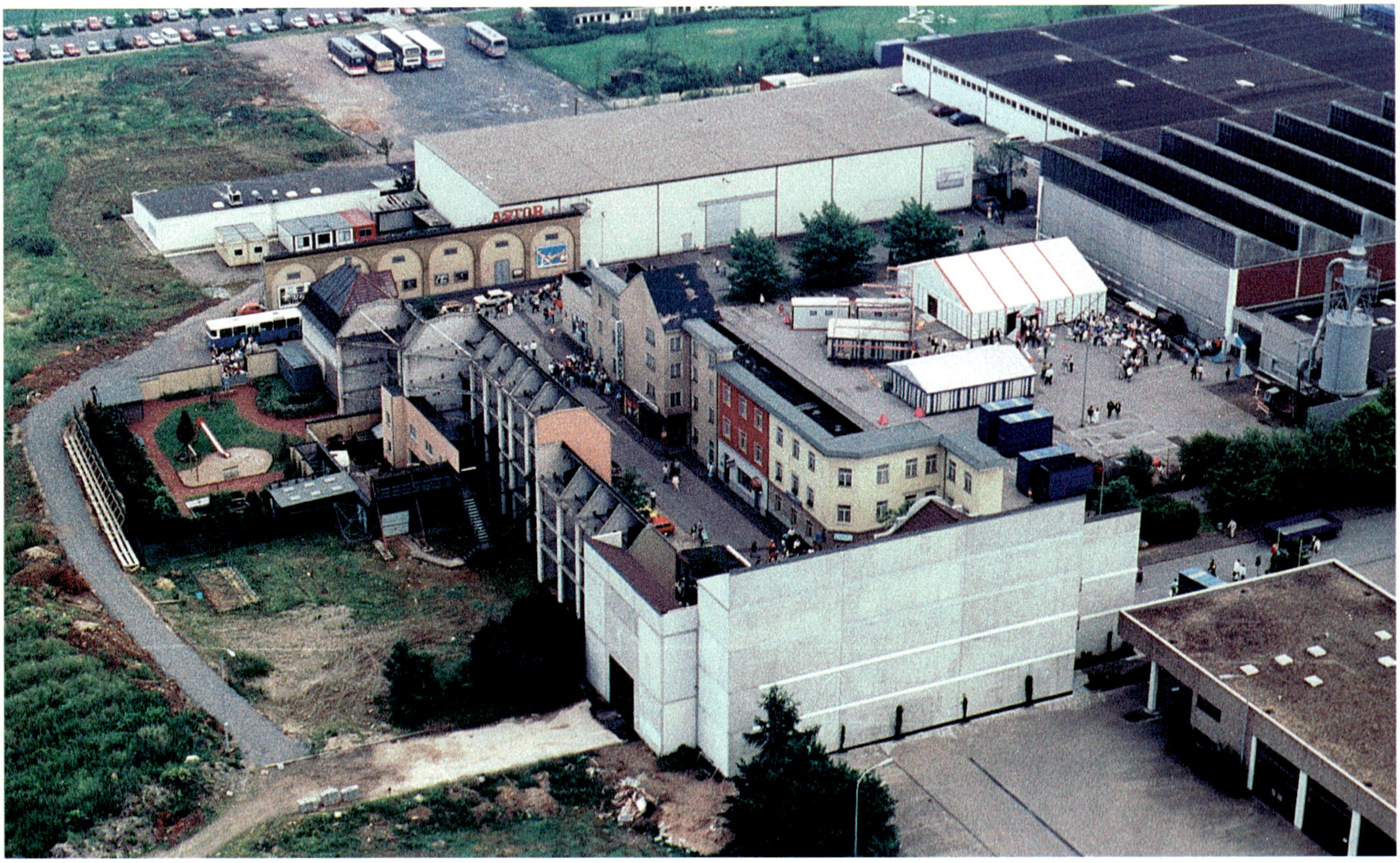
ASTOR

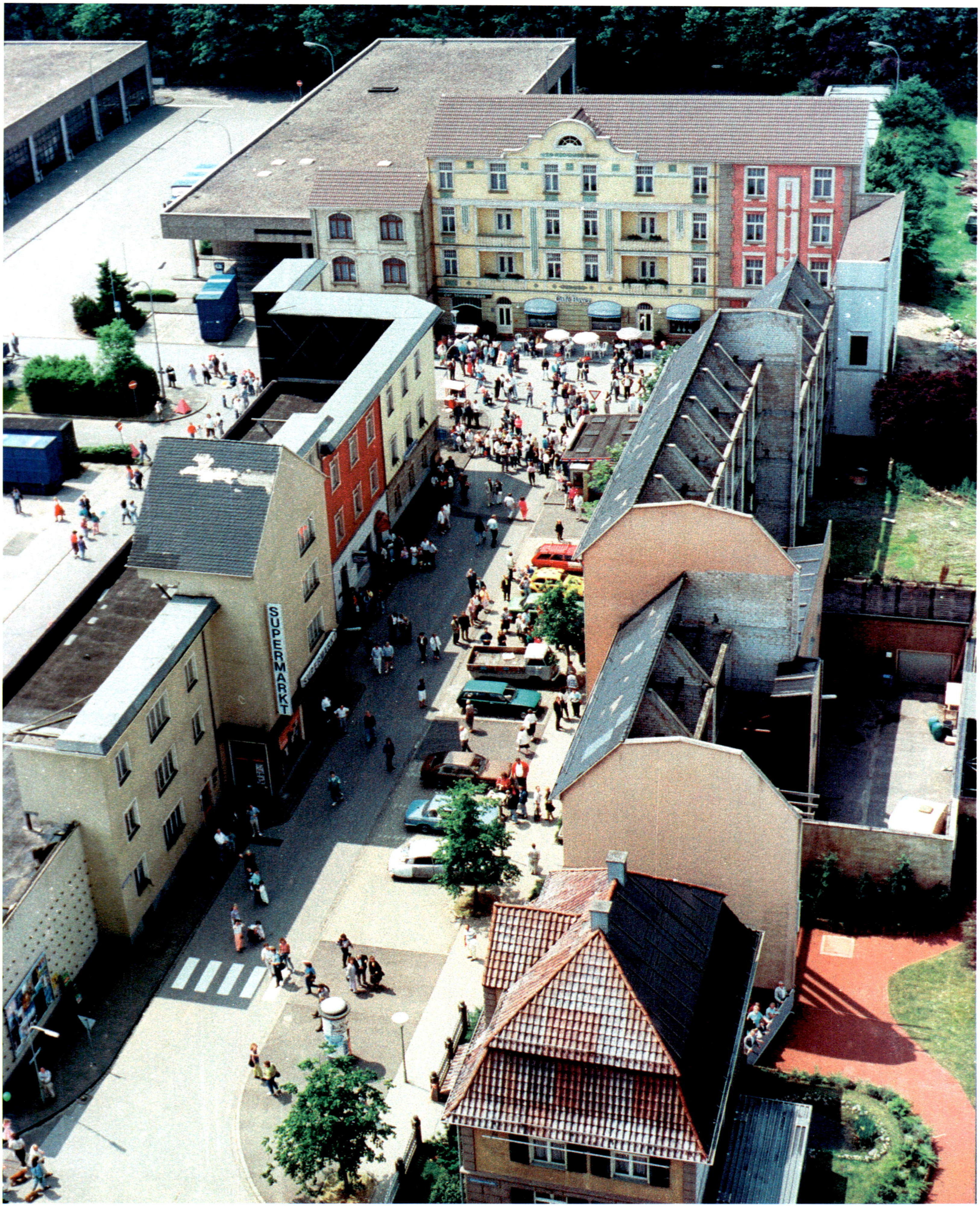
SUPERMARKT

Die »Lindenstraße«-Dreharbeiten

Drangvolle Enge im Treppenhaus: Moritz Zielke (links) muss sich an der Kamera vorbeischlängeln.

Falscher Wein, echte Emotionen: Jacqueline Svilarov und Moritz A. Sachs in einer Drehpause.

Natascha Bonnermann und Franz Rampelmann bei einer Probe vor den »Aloisius Stub'n«.

Angenehmes Warten im Wartezimmer: Set-Aufnahmeleiter Mattis mit Margret van Munster.

Das sogenannte »Rückspiel«: Sybille Waury (Mitte) und Anna Nowak betrachten die gerade abgedrehte Szene.

Letzte Vorbereitungen für den Dreh: Sybille Waury und Gunnar Solka am nächtlichen Set.

Regisseur Dominikus Probst bei der Arbeit mit Marie-Luise Marjan und Bill Mockridge.

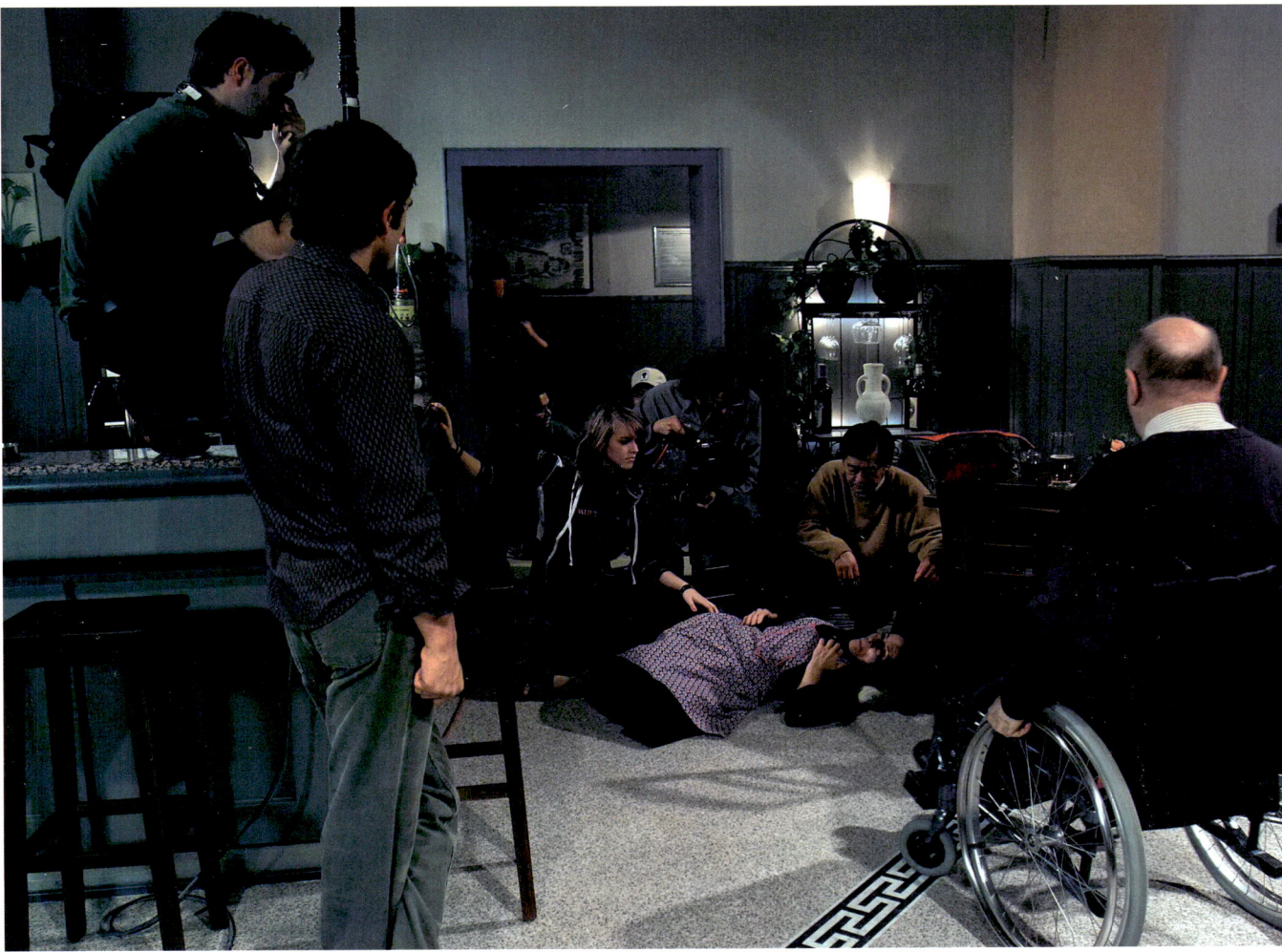

Angst um Elena Sarikakis: Dreharbeiten im Restaurant »Akropolis«.

Idylle mit Zaungästen: Sybille Waury und Ines Lutz bei einer Szene im Park.

»Alles auf Anfang«: Konzentration vor dem Dreh in der Außenkulisse.

Ein bisschen Spaß muss sein: Erkan Gündüz (Mitte) und Heinz Marecek in einer Drehpause.

Energischer Einsatz: Birgitta Weizenegger (Mitte) und Andrea Spatzek warten auf die Anweisungen von Regisseur Herwig Fischer.

Regisseurin Susanne Zanke bei der Schauspielerprobe mit Moritz A. Sachs und Moritz Zielke.

Teil der »Lindenstraße«-Familie: Regisseurin Kerstin Krause mit Marie-Luise Marjan und Joachim Hermann Luger.

»Do schau her!« Regisseur Wolfgang Frank gibt Annemarie Wendl die Anweisungen für die nächste Szene.

Schienen auf der Kastanienstraße: Vorbereitungen für eine längere Kamerafahrt vor dem »Café Bayer«

Wichtige Rollen, inkl. Gast- und Nebenrollen

Alfredo	Moreno Perna	Ottokar	Günter Kasch
Al-Naim-Al-Quadi, Mohammed	Hussi Kutlucan	Panowski	Richard Rogler
Atter, Karin	Monika Herwig	Pauli, Manfred	Dieter Schaad
Barija	Thelma Buabeng	Pichelsteiner, Otto	Werner Possardt
Bayer, Herr	Norbert Wartha	Quant, Rudi	Franz Viehmann
Birnbaum, Gloria	Patricia Thielemann	Rainer	Ronnie Janot
Bogner, Frau	Jeanette Becker	Rantzow, Günther	Fred Delmare
Bolle	Dani Brees	Rantzow, Margot	Käthe Koch
Carola	Sandra Bönnschen	Reitmaier, Ingo	Holger Doellmann
Conrad	Walter Sprungala	Rita	Chantal Wood
Dabelstein, Frau	Martha Marbo	Röber	Marcus Staiger
Dabelstein, Wolf-Dieter	Thomas Frey	Rolf	Michael Dirkmann
Dankor, John	Victor Power	Rosenbauer, Dr. Katharina	Petra Louisa Meyer
Erika	Cordula Bachl-Eberl	Schuchmann, Emmy	Ruth Grossi
Flora	Mites van Oepen	Snyder, Winifred	Dulcie Smart
Fritjof	Winfried Schwarz	Tenge-Wegemann	Hasso Degener
George, Dr.	Wolfram Berger	Traube, Friedemann	Joost Siedhoff
Giancarlo	Marco di Marco	Varese, Gina	Maria Grazia Kinsky
Grauvogel, Jakob Maria	Eric Borner	Vogt, Leonie	Katharina Thayenthal
Hartung	Arved Birnbaum	Weigl, Ute	Rike Scheel
Hein, Georg	Harald Redmer	Wenniger, Axel	Sven Kramer
Herbst, Elke	Nicole Proske-Schmitt	Wessel-Neumann, Frau	Peggy Parnass
Hilmar	Helmut Ehmig	Winter, Nina	Krista Stadler
Hoffmeister, Paul	Julian und Niklas Busse		
Hojonda, Chromo	Ingrid Karera		
Kern, Celin	Joosten Mindrup		
Kirch, Dr. Richard	Horst Kuska		
Koch, Karl	Günther Kornas		
Magirus	Ulrich Schmissat	Wichtig: Diese Liste wurde nach bestem Wissen erstellt und erhebt keinen Anspruch auf Vollständigkeit!	
Moser, Paul	Gerd Lohmeyer		

Die Standfotografen der »Lindenstraße«:

Kevin Benjamin
Edgar Gerhards
Thomas Kost
Harald Köster
Diane Krüger
Mara Lukaschek
Martin Menke
Eckbert Reinhard
Dietmar Seip
Gudrun Stockinger

Zum Erscheinen dieses Buches haben für die »Lindenstraße« folgende Menschen wesentlich und tatkräftig beigetragen:

Dirk Paul Hegner
Corinna Kiesewetter
Oliver Lange
Wolfram Lotze
Mara Lukaschek
Sandra Müller
Natalie Philippi
Birka Saß
Ilonka von Wisotzky
und Hans W. Geißendörfer

Hinweis:

Bei allen Namensnennungen von Schauspielern, Autoren, Redakteuren etc. wurde auf Titel verzichtet und die Schreibweise aus den Abspanntiteln der jeweiligen Folgen übernommen.

Aktuelle Infos zur »Lindenstraße« gibt es unter www.lindenstrasse.de

Impressum

LINDENSTRASSE – EINTAUSEND FOLGEN IN TEXT UND BILD
Herausgegeben von Hans W. Geißendörfer und Wolfram Lotze
Einmalige Sonderausgabe in zwei Bänden und im Schmuckschuber.
ISBN 3-89602-628-3

Diese Sonderausgabe ist auf 2.000 Exemplare limitiert.

© dieser Ausgabe Schwarzkopf & Schwarzkopf Verlag, Berlin 2004

Layout und Gesamtgestaltung: Frank Wonneberg, Berlin

Dieses Werk ist urheberrechtlich geschützt. Kein Teil dieses Buches darf in irgendeiner Form oder durch elektronische, mechanische oder sonstige Mittel reproduziert werden. Das gilt auch für Archivierungs- und Datenbanksysteme, solange keine schriftliche Genehmigung des Verlages bzw. des Fotografen vorliegt. Alle Rechte vorbehalten.

KATALOG
Wir senden gern einen kostenlosen Katalog,
bitte schreiben Sie an:
Schwarzkopf & Schwarzkopf Verlag GmbH
Kastanienallee 32, 10435 Berlin

E-MAIL
info@schwarzkopf-schwarzkopf.de

INTERNET
Aktuelle Informationen zum Verlagsprogramm gibt es unter
www.schwarzkopf-schwarzkopf.de